정치는
왜 실패하는가

정치는 왜 실패하는가

벤 앤셀 지음 | 박세연 옮김

분열의 시대를 극복하기 위한 문제 제기

Why
Politics Fails

Ben Ansell

한국경제신문

이 책을 부모님께 바칩니다.

1부 | 민주주의
'국민의 뜻'과 같은 것은 없다

2부 | 평등
평등한 권리와 평등한 결과는 서로를 약화한다

3부 | 연대
우리는 필요할 때만 연대를 찾는다

한국의 독자를 위해 서문을 쓰게 되어 너무나 기쁘다. 특히 올해에 전 세계의 아주 많은 지역에서 선거가 열린다는 점에서 더욱 그렇다. 2024년에는 전 세계 인구의 절반이 투표소에 갈 것으로 보인다. 그러나 그중 많은 이에게 투표는 별 의미가 없을 것이다. 현재 권력을 장악하고 있는 정권이 야권을 탄압하는 러시아나 베네수엘라가 그렇다. 터키나 파키스탄을 비롯한 여러 나라에서도 선거는 자유롭고 공정한 모습과 거리가 멀 것이다. 그래도 인도와 미국, 영국, 브라질, 인도네시아, 한국을 비롯해 전 세계 20억 인구에게는 민주적으로 정당한 선거가 펼쳐지리라고, 세계가 지금껏 지켜본 집단적인 자율 통치의 가장 위대한 순간이 되리라고 기대한다.

한국의 4월 총선은 2024년에 치러지는 선거 중에서도 대단히 의미 있는 선거가 될 것이다. 세계적인 기준으로 볼 때 한국은 지극히 가난한 나라에서 부유한 나라로, 군부가 통치하는 독재 국가에서 활기찬 민주주의 국가로 도약한 경제적, 민주적 흐름을 대표하는 나라다. 게다가 그 변화는 전례를 찾아보기 힘들 정도로 짧은 시간인 반세기 만에 이뤄졌다. 하지만 다른 많은 민주주의 국가들과 마찬가지로 과제는 남아 있다. 얼마 전 있었던, 야당 대표 이재명 피습 사건은 영국과 일본에서 일어난 정치인 테러와 마찬가지로 민주주의 사회에서 벌어지는 정치 폭력의 흐름에 대한 우려를 잘 보여주는 사례다.

민주주의는 의견 불일치를 해결하기 위한 시스템이다. 민주주의는 사람들의 주장을 자극하고 또 그래야 한다. 결국 시민으로서 우리 각자의 의견은 항상 일치할 수 없기 때문이다. 동시에 우리는 서로 다른 의견을 수긍이 가능한 형태로 표출하는 법을 배워야 한다.

이는 2023년에 내가 BBC 방송국에서 했던 리스 강의(The Reith Lectures)의 주제이기도 하다. 리스 강의는 스티븐 호킹과 힐러리 맨틀, 마거릿 맥밀런, 마크 카니, 로버트 오펜하이머 등 전 세계 지식인들이 매년 참여하는 강연 프로그램이다. 당시 이 강의를 맡게 되어 매우 영광이었다. 특히 전 세계 민주주의를 놓고 볼 때 대단히 중요한 시점에 정치를 주제로 강의할 수 있다는 점에서 그랬다.

나는 민주주의 미래를 주제로 한 첫 강의에서, 《정치는 왜 실패하는가》에서 다룬 민주주의의 덫(Democracy Trap)을 좀 더 포괄적으로 제시했다(우리 사회를 옭아매 꼼짝 못하게 만드는 내재적 딜레마라는 의미에 주목해서 'trap'을 '함정'이 아니라 '덫'으로 옮겼다 - 옮긴이). 그리고 자율 통치가 왜 우리를 때로 불행하게 만드는지 질문했다.

왜 우리는 민주주의의 병폐에 빠져들고 마는가? 이는 민주주의가 세 가지 적(敵)을 맞닥뜨리기 때문이다. 첫째, 엔트로피다. 민주주의는 우리가 적극적으로 나서서 보살피지 않으면 무너질 수밖에 없다. 둘째, 양극화다. 우리가 선호하는 정책이나 정치인에 투표하는 게 아니라 싫어하는 사람들에 '반대하기 위해' 투표하면 정치는 끔찍해지고 그 기능이 몹시 위축된다. 셋째, 기술의 오용이다. 딥페이크 기술을 포함한 인공지능 알고리즘은 허위 정보를 빛의 속도로 퍼뜨린다. 이로써 정치인은 유권자를 개인적인 차원에서 공략하고, 시민들은 소셜미디어의 반향실(echo chamber)에 갇히거나 자신의 의사결정을 AI 아바타에 맡긴다.

민주주의를 보호하고 강화하기 위해 우리는 자원봉사와 시민 연합, 지역 선거를 통해 함께 뭉쳐야 한다. 모두가 적극적으로 나서야 한다. 물론 대단히 힘든 일이다! 이 책에서 살펴보겠지만, 개인의 이기심에 의존하는 접근 방식은 우리가 집단적인 목표에 이르는 과정에 도움이 되지 않는다. 그러므로 우리는 민주주의를, 우리 자신으로부터 보호하는 규범과 제도를 만들어야 한다.

《정치는 왜 실패하는가》는 민주주의와 관련해 우리가 직면하는 모든 형태의 난관과 우리가 원하는 세상을 이루기 위해 받아들여야 하는 타협을 다룬다. 한국에서 이런 도전 과제는 세상 어느 곳만큼이나 중요하다. 혼란이나 양극화의 수렁으로 빠지지 않는 활기찬 민주주의를 유지하는 방법, 경제적 자유를 확장하면서 상대적으로 낮은 한국 사회의 불평등 수준을 유지하는 방법, 대단히 빠른 속도로 고령화 사회로 진입하는 가운데 병들고 나이 많은 시민을 보살피는 방법, 지금 당장은 비용이 들더라도 미래를 위해 친환경 기술을 개발하는 방법 그리고 한국에는 가장 중요한, 한국인이 무엇보다 중요하게 여기는 자유를 지키면서도 때로는 세계적으로 대단히 위험한 곳에서 안보를 강화하는 방법을 알아내야 한다.

　나는 이 책을 통해 한국과 국제 정치에 관해 의미 있는 몇 가지 질문에 대답을 제시했다. 한국 독자들이 이를 알아봐 주길 바란다. 그리고 책에서 직접 제기하지는 않았지만 이 책에서 영감을 얻은 독자들이 던져줄 새로운 질문을 기대한다. 전 세계 독자와 소통할 수 있다는 것은 저자가 누릴 수 있는 엄청난 특권이다. 모쪼록 한국 독자들이 흥미진진하고 매력적이며 깨달음을 던져주는 책이라고 생각해주기를 바랄 뿐이다.

우리가 정치에 실패하는 이유

'지구 온난화는 대기 중 이산화탄소 농도가 증가했기 때문일 것이다.' 〈뉴욕타임스〉 헤드라인은 너무나 분명해서 더 밝힐 것도 없었다. 이 기사를 쓴 발데마르 캠퍼트(Waldemar Kaempffert)는 1861년에 처음 제기됐다가 당시에 다시 주목받았던 이론을 새롭게 조명했다. 그 이론의 핵심은 인간이 방출한 이산화탄소가 대기 온도를 영구적으로 높인다는 내용이었다.

캠퍼트는 이산화탄소 농도가 조금만 증가해도 "열대 사막과 우림으로 바뀌어버린 극지방에서 호랑이가 어슬렁거리고 화려한 앵무새들이 나뭇가지에 앉아 울어대는" 심각한 상황이 벌어질 것이라고 주장했다. 장황한 설명은 제쳐두고, 캠퍼트가 인터뷰한 과학자들은 "지난 60년간" 지구 온도가 상승한 이유는 "인간이 대기 중 이산화탄소 농도를 30퍼센트나 높였기 때문"이라고 주장했다. 그리고 "이에 따라 지구 온도가 한 세기에 1.1도의 속도로 상승"했다고 말했다.

선견지명을 보여준 〈뉴욕타임스〉의 그 기사가 나온 때는 1957년

10월 28일이었다. 그리고 캠퍼트가 언급했던, 전 세계적으로 기온이 상승한 '지난 60년간'은 바로 20세기가 시작된 이후의 시간이었다. 심지어 이런 예측을 뒷받침한 과학 이론은 이미 한 세기 전에 나와 있었다.

이후 다시 60년을 지나오며 지구 온난화는 훨씬 더 실감 나게 다가오고 있다. 지구의 온도는 또다시 1도 상승했으며 그 속도는 더욱 빨라지고 있다. 지금으로서 최상의 시나리오는 추가적인 기온 상승을 1.5도로 억제하는 것이다. 그렇다고 해도 우리가 살아가는 세상은 북극에서 앵무새가 울어대리라는 예측으로 한 걸음 더 나아갈 것이다. 남부 유럽과 인도, 멕시코 지역의 사막화가 진행되고 전염병이 확산되고 수십억 인구가 고향을 떠날 것이다.

그런데도 과학이라는 배심원은 1950년대 말까지 왜 지구 온도가 상승하는지(심지어 정말로 상승하는지)에 대해 명확한 판결을 내놓지 못했다. 하지만 이제 우리는 기후 회의론자들의 온갖 반박에도 불구하고 '무슨 일이 벌어지고 있는지 여전히 알 수 없다'라는 핑계를 더는 댈 수 없게 됐다. 오늘날 우리의 논의 주제는 인간이 기후 변화에 책임이 있는가에서, 책임이 있다면 무엇을 할 수 있는가로 넘어갔다. 상황이 나아졌다고 볼 수 있지만 그래도 중요한 질문은 남아 있다. 재앙이 닥칠 걸 알고 있었음에도 지난 70년간 우리는 대체 뭘 하고 있었단 말인가?

정치가 해결하지 못하는 기후 변화는 사실 간단한 문제다. 여기서 간단하다는 말은 A에서 B로 가는 길(이산화탄소 방출에서 지구 온난화로 나아가는 과정)이 대단히 단순하며 쉽게 이해할 수 있다는 의미다. 이를 해결할 확실한 방법은 탄소 줄이기, 나아가 탄소 배출의 완전한 중지다. 우리는 그 과학을 알고 있다. 우리가 알지 못하는 것은 누군가 이를 위해 뭔가를 하도록 만드는 방법이다(물론 그 뭔가는 우리 모두에게 영향을 미친다). 기후 변화가 인류에게 중대한 위협이 되리라는 사실을 이미 오래전에 알고 있었으면서 인간은 어떻게 그토록 수동적인 태도로 일관했을까?

이산화탄소는 세계적인 문제지만 정치는 국내에 국한되어 있다. 내가 오염 물질을 배출할 때 그 물질은 내가 사는 국가의 경계 안에만 머물러 있지 않다. 그래서 이는 당신의 문제이기도 하며 그 반대 상황도 마찬가지다. 또 내가 아주 작은 나라라면 오염 물질을 배출한다고 해도 큰 문제는 일어나지 않을 것이다. 나 혼자서 전 세계 기후를 바꿀 수는 없기 때문이다. 물론 이는 내게만 해당하는 이야기는 아니다. 대부분 국가도 마찬가지다. 우리는 모두 하던 대로 하면서 다른 누군가가 탄소를 줄이는 비용을 치르길 바란다. 그래서 아직도 실질적인 국제 협약이 없는 상태에서 태연하게 대기를 뜨겁게 달구고 있다. 우리의 정치는 외부 위협에 반응할 만큼 크지 않다.

하지만 정치는 더욱 커질 수 있다. 1992년 리우 지구정상회의 이후 수십 년 동안 사람들을 움직이려는 정치적 노력이 이어졌다. 물론 그런 노력이 항상 성공적이었던 건 아니다. 부유한 나라를 대상으로 구속력 있는 목표를 요구했던 1997년 교토 의정서(Kyoto Protocol)는 아예 가입하지 않거나(미국), 강제할 수 없거나(중국), 탈퇴하는(캐나다) 문제가 발생했다. 그리고 교토 의정서를 되살리고자 했던 2009년 코펜하겐 협정(Copenhagen Accord)은 완전히 실패했다.

그래도 2015년 파리 협약은 미국이 트럼프 행정부 시절에 잠시 탈퇴하기는 했지만, 지금까지 어느 정도 영향력을 발휘하고 있다. 파리 협약의 성공은 유연성, 의도적으로 모호하게 작성한 조항, 결정을 미래로 연기한 선택의 결과물이었다. 파리 협약은 비록 불완전하기는 하지만 정치가 반드시 실패할 운명은 아니라는 사실을 보여줬다.

기후 변화는 우리에게 다섯 가지 핵심적인 정치적 과제를 제시한다. 가장 먼저 '민주주의'와 관련된 질문이다. 과연 우리는 탄소 배출 감소 방안과 관련해 혼돈이나 양극화로 치닫지 않을 안정적인 세계적 합의를 끌어낼 수 있을까? 그리고 '평등'에 관해서도 중요한 질문이 있다. 부유한 국가는 기후 변화에 대처하기 위해 다른 국가보다 더 많이 부담해야 할까? 모든 국가는 오염 물질을 배출할 평등한 권리를 갖고 있는가? 또한 기후 변화는 세계적인 '연대'를 고민하게 만든다. 선진국 국민은 가난한 국가의 국민에게 무엇을 빚지고 있는가? 선진국 사람들은 수면 상승으로 위협받는 해안 마을이나 해변 지역에 사는 사람들을 재정적으로 구제해야 할까?

한편 기후 변화는 잠재적으로 세계적인 '안전'을 위협한다. 앞으로 기후 난민의 집단 이주에 어떻게 대처할 것인가? 국제적인 정치나 법체계가 없는 상황에서 국제기후법을 어떻게 실행에 옮길 것인가? 마지막으로, 가장 중대한 과제는 기후 변화가 우리의 집단적인 '번영'을 위협하고 있다는 사실이다. 우리는 단기적인 이익을 위해 환경을 파괴함으로써 가뭄과 기근, 오염의 대가를 치르고 있을 뿐만 아니라 태양계의 외로운 행성에서 생존을 이어갈 힘을 스스로 갉아먹고 있다.

모두 생존에 관한 정치적 과제다. 그러나 생소한 문제는 아니다. 인류는 수천 년 동안 민주주의와 평등, 연대, 안전, 번영이라는 집단적 목표를 위해 싸워왔다. 또한 기후 변화와 더불어 빈곤과 양극화, 전염병 등 여러 다른 중요한 과제들이 우리를 기다리고 있다. 우리는 해결책을 찾아야 한다. 정치가 불완전한 상황에서 우리의 마지막 희망은 공동의 기반을 발견하는 것이다.

공동의 기반

정치. 참으로 골치 아픈 말이다. 어떤 이들에게 정치는 혐오스럽고 이해타산적인 정치인들의 계략과 정쟁을 의미할지 모른다. 또 어떤 이들에게 정치는 가능성, 즉 혼자서 할 수 없는 일을 함께 이뤄내는 기회일 수 있다. 물론 누군가에겐 혐오의 대상과 기회의 대상 둘 다일 수도 있다.

정치란 사람들이 집단적인 의사결정을 내리는 방식을 말한다. 그리고 불확실한 세상에서 서로 약속하는 방식을 말한다. 또한 정치는 기후 변화, 내전, 세계적 기근, 코로나19 같은 전염병 등 모두의 공통적인 문제를 해결하는 핵심이기도 하다.

그러나 정치는 양날의 검이다. 정치는 문제 해결을 약속하면서 동시에 새로운 문제를 만들어낸다. 우리는 정치를 필요로 하면서도 종종 혐오한다. 그래서 때로 효율적인 시장이나 첨단 기술 혹은 문제를 해결해줄 강력하거나 도덕적인 지도자 같은 대안을 모색하기도 한다. 그러나 정치가 사라진 곳에서 이런 대안은 그저 허상일 뿐이다. 어떤 기술적인 해결책도, 완벽하게 설계된 시장도, '국민을 위한'을 강조하는 도덕적인 지도자도 우리 인간, 늘 반대하고 일치하지 않는 인간의 성향과 충돌하기 마련이다.

정치는 필연적인 불일치에 대처하는 방식이다. 우리는 정치를 외면하거나 피해 달아날 수 없다. 선거에는 반드시 승자가 있고 패자가 있다. 불평등한 세상에서 어떤 사람들은 더 큰 비용을 치른다. 경찰과 군대는 우리를 지켜주지만, 경찰이나 군대로부터는 누가 우리를 지켜줄 것인가? 한 지점에서 정치를 억압하려 할 때, 마치 치약 튜브를 누르듯 다른 지점에서 정치가 튀어나온다. 정치를 혐오하든 사랑하든 우리가 개인의 한계를 뛰어넘어 뭔가를 성취하고자 한다면 결코 정치에서 벗어날 수 없다.

당신과 내가 표면적인 차이에도 불구하고 공통으로 원하는 게 있을까? 우리는 겉으로 보기에 양극화되어 있다고 해도 대부분이 동의하는 지점이 있다. 바로 여기서 말하는 다섯 가지 과제다. 이 다섯 가지는 기후 변화처럼 생존을 위한 도전 과제를 해결하려는 노력의 핵심이며 우리가 벗어나고자 하는 덫들을 보여준다. 이제 이 다섯 가지를 하나씩 살펴보자.

민주주의

민주주의는 확실히 논쟁적인 개념이다. 그러나 여기서는 민주주의를 지도자를 선택하고 갈아치우는 대중의 힘과 능력이라고 생각해보자. 오늘날 세계 인구의 절반이 '민주적'이라고 널리 알려진 나라에서 살아간다. 나아가 전제주의 국가에서 살아가는 이들을 비롯해 훨씬 많은 인구가 민주주의에 매력을 느끼고 있다.

민주주의 국가는 물론 비민주주의 국가에서도 설문조사를 실시하는 세계 가치관 조사(World Values Survey)에 따르면 사람들의 86퍼센트가 민주주의를 국가 운영을 위한 '아주' 혹은 '대단히' 좋은 시스템이라고 생각한다. 심지어 중국, 에티오피아, 이란, 타지키스탄 국민의 90퍼센트 이상이 그렇게 대답했다.

민주주의는 어쩌면 미국보다 이들 전제주의 국가에서 더 인기가 높은지도 모른다. 물론 사람들이 민주주의를 말할 때 그 의미는 저마다 다를 것이다. 그리고 민주주의 사회에서 살아가는 사람들이 오히려 민주주의를 더 회의적으로 여길 수 있다. 그래도 '국민의, 국민에 의한, 국민을 위한'이라는 민주주의 원칙은 계속해서 우리에게 유혹의 손짓을 보낸다.

지난 10년은 민주주의에 대단히 힘든 시절이었다. 1970년대 중반부터 1990년대 초까지 대부분 공산주의 국가를 휩쓸었던, 민주주의를 향한 '제3의 물결'은 21세기 초부터 점차 퇴색됐을 뿐 아니라 거꾸로 거슬러 올라가는 흐름을 보였다. 러시아와 중국의 전제주의 정권은 그들의 군사적 근육을 계속 과시하고 있다. 그리스와 영국, 미국 등 이른바 '민주주의의 고향'은 논란이 들끓는 국민투표와 포퓰리즘 정당의 성공 그리고 주류 언론과 정부 및 전문가에 대한 비난의 소용돌이에서 헤어나오지 못하고 있다.

많은 사람이 여전히 민주주의를 이상적인 개념으로 여기지만, 민주주의는 계속해서 심한 압박에 시달리고 있다. 민주주의 국가들이 중요한 결단을 내리지 못할 때, 사람들은 혼란에 빠지고 정치인들의 우유부단함을 안타까워한다. 정당들이 서로를 비방할 때, 사람들은 정치적 양극화에 따른 증오와 갈등을 우려한다. 그러나 이런 결함에도 불구하고 민주주의는 여전히 대부분 사람이 염원하는 시스템으로 남아 있다. 무엇이 민주주의를 효과적으로 기능하게 만드는지 이해하는 것은 우리 시대의 중요한 도전 과제다.

평등

민주주의처럼 '평등'이라는 개념 역시 사람마다 다르다. 그러나 그 근간에는 모두가 똑같이, 치우침 없이 '공평하게' 대우받아야 한다는 믿음이 깔려 있다. 비록 인종차별과 성차별이 여전히 우리 사회 전반을 병들게 하고 있지만, 사람들을 구조적으로 불평등하게 대우해야 한다고 노골적으로 주장하는 이는 거의 없다. 그러나 평등의 개념은 절차와 공정한 대우를 넘어 기회와 결과로 확장된다. 이와 관련해 열띤 논쟁이 공식적인 차원에서 이어지고 있다. 부유한 국가에서 일반적으로 나타나는 '좌파-우파' 정치는 부유한 사람에게서 세금을 걷어 가난한 사람에게 재분배해야 하는지를 놓고 양쪽으로 갈린다.

그런데 놀랍게도 많은 사람이 평등과 관련해 한 가지 동의하는 지점이 있다. 조사에 따르면 2019년에 부유한 국가에서 살아가는 사람 중에서 자국의 소득 격차가 지나치게 크다는 주장에 동의하지 않은 사람은 7퍼센트에 불과했다. 70퍼센트는 소득 격차를 줄이기 위해 정부가 더 많이 노력해야 한다고 말했다. 또한 안타깝게도 70퍼센트는 자국의 정치인들이 소득 격차를 줄이는 일에 '관심을 기울이지 않았다'라는 주장에 동의했다. 물론 모두가 정확하게 똑같은 소득을 벌어야 한다고 생각하는 사람은 거의 없을 것이다. 하지만 이런 조사 결과는 일상에서 경험하는 불평등의 수준에 많은 이가 만족하지 못한다는 사실을 말해준다.

사람들은 불평등을 싫어하지만 산업화된 세상 전반에 걸쳐 소득과 부의 격차가 커지는 흐름을 막지는 못했다. 우리는 불평등과 관련해 뚜렷한 역설의 시대를 살고 있다. 중국과 인도의 수십억 인구가 빈곤에서 벗어나면서 세계적인 불평등이 전반적으로 감소한 반면, 부유한 국가들의 불평등 수준은 1980년대 이후로 크게 치솟고 있다. 공장이 문을 닫고 근로자 임금이 정체되기 시작하면서 부유한 국가들의 국민은 가난한 국가와의 무역에 반발하고 있다. 그리고 이런 움직임의 정치적 효과는 대단히 강하게 나타나고 있다. '세계주의자'를 비난하는 포퓰리스트들이 선거에서 잇달아 승리하면서 미국과 유럽의 전통적인 좌파-우파 정치는 완전히 허물어졌다. 이제 평등이라는 주제는 우리의 정치적 삶에서 다시 한번 무대의 중앙을 차지하게 됐다.

연대

운명의 장난에서 자유로운 사람은 없다. 우리는 모두 언젠가는 병들고 죽을 운명이다. 어쩌면 내일이라도 버스에 치여 죽을 수 있다. 우리의 경제적인 삶은 좀처럼 A(가난)에서 B(부)로 곧장 나아가지 않으며 때로는 불행을 겪기도 한다. 어려운 상황에 봉착했을 때 우리는 비교적 부유한 이들이 자신을 도와주실 바란다. 이선에 우리가 어려운 사람을 도왔듯이 말이다. 이것이 연대(solidarity)다.

연대는 힘든 시기를 겪는 동료 시민을 위한 지원을 말한다. 누가 연대를 이끌어야 하는지 그리고 얼마나 강한 연대를 형성해야 하는지를 놓고 종종 논쟁이 벌어지곤 한다. 하지만 그 출발점이 국가든, 교회든, 가정이든, 세계의 가난한 이들이든 연대는 언제나 인간의 보편적인 충동이었다.

오늘날 부유한 민주주의 국가에서 인기 높은 정책(이 정책들을 방해하는 부주의한 정치인은 정치적 사망에 이를 수도 있어 '제3의 레일'이라 불리는 정책)은 연대를 강화하는 것들이다. 가령 미국의 사회보장제도나 국가 의료보험 혹은 영국의 '국가 종교'로 여겨지는 국민의료서비스(National Health Service, NHS)가 바로 그 사례다. 부유한 나라에서 살아가는 인구의 약 95퍼센트는 정부가 아픈 사람에게 의료 서비스를 제공할 책임이 있다고 생각한다. 의료 서비스에서 국가의 역할이 미미한 미국에서조차 국민의 85퍼센트가 의료는 정부의 책임이라고 생각한다.

세계적인 연대는 때로 우리가 생각하는 것보다 훨씬 가까이에 있다. 세계적인 공공 의료 제도는 다분히 난해한 주제처럼 보인다. 즉 '그곳에 있는' 사람들의 일이라고 느껴진다. 세계적인 연대는 해외 원조 기구나 국제 구호단체의 목표지, 실질적인 생존의 과제는 아니다. 하지만 코로나19는 위험의 균형점을 완전히 바꿔놨다. 코로나19가 확산되면서 부유한 지역과 가난한 지역 사람들, 잘사는 서구와 남반구에 걸쳐 아픈 사람과 건강한 사람들이 연대를 형성했다.

전염병은 국경을 가리지 않는다. 그리고 코로나19는 의료 서비스의 접근성이 전 세계 국가와 지역에 따라 얼마나 다른지 극명하게 보여줬다. 바이러스가 열대 지역의 빈민가에서 눈부신 맨해튼 펜트하우스로 퍼져나가면서 혹은 반대 방향으로 확산하면서, 이제 우리가 누구와 연대를 형성해야 할지가 그 어느 때보다 중요한 과제가 됐다.

안전

인간으로서 우리의 기본적인 욕구 중 하나는 안전하게 살아가는 것이다. 우리 모두가 동의하는 한 가지가 있다면 아마도 모든 사람이 행복하게 살아가기를 바란다는 사실일 것이다. 전 세계에 걸친 설문조사 결과는 인구의 70퍼센트가 자유보다 안전을 더 중요하게 생각한다는 사실을 보여준다. 그리고 이 수치는 최근 전쟁을 겪은 국가에서 더 높게 나타났다. 전쟁의 폭력은 대부분의 삶에 비극을 가져왔다. 그러나 우크라이나 전쟁이 터지기 전 최근 몇십 년 동안 국가 간 전쟁은 점차 줄어드는 추세였다.

일상적인 삶 또한 예전보다 더 안전해졌다. 역사 전반에 걸쳐 인류는 '스스로' 평화를 유지했다. 사회는 범죄자를 잡아들였다. 오늘날 우리는 (중립적이지 않다고 해도) 공공질서를 유지할 역량을 갖춘 전문적인 치안 서비스를 누리고 있다. 일반적으로 경찰에 대한 신뢰는 높다. 미국, 영국, 독일, 일본의 경우 인구의 4분의 3 이상이 경찰에 대해 '높은' 혹은 '매우 높은' 신뢰를 보였다. 그러나 브라질, 과테말라, 멕시코 등 살인과 범죄가 빈번하게 발생하는 국가에서는 경찰에 대한 신뢰가 낮고 자유보다 안전에 대한 요구가 더 높았다.

지난 몇십 년 동안 내전과 테러, 인권 남용 등 국가 '내부'의 폭력 수위가 점차 올라가는 경향이 있었다. 경찰 폭력은 이제 여러 부유한 나라에서 중요한 정치적 사안이 됐다. 어떤 면에서 2016년은 제2차 세계대전 이후로 가장 폭력적인 한 해였다. 콩고민주공화국에서 아프가니스탄에 이르기까지 여러 나라에 걸쳐 나타나고 있는 지역적 폭력을 막을 방법은 없을까? 우리를 지키기 위해 고용한 경찰과 군인이 우리를 공격하지 않도록 만들 수 없을까? 러시아의 우크라이나 침공은 국가들끼리 전쟁을 벌이는 '악당의 시대'로의 회귀를 의미하는 것일까?

번영

우리는 살아가기에 충분한 돈을 원한다. 대부분은 적어도 지금 가진 것을 그대로 유지하고 싶어 한다. 오늘날 많은 사람이 운이 좋았다. 산업화된 세상에서 살아가는 이들은 열 세대 이전의 선조들이 꿈도 꾸지 못했던 풍요로운 삶을 누리고 있다. 한 세대에 해당하는 세월 동안에도 우리는 더 부유해지는 삶에 익숙해졌다. 전 세계적으로 인구의 80퍼센트가 그들의 부모만큼 또는 부모보다 더 나은 삶을 살고 있다고 생각한다. 중국의 경우 중국인 90퍼센트가 더 잘살게 됐다고 믿는다.

그러나 끝없는 경제 성장에 반대하는 사람도 없지 않다. 환경에 영향을 미치지 않고서 필요한 에너지만 뽑아낼 순 없다. 지구의 온도는 이제 버틸 수 있는 한계를 넘어 치솟고 있다. 이제 우리는 빨리 움직여야 한다. 얼마 전 기후 변화에 관한 정부 간 협의체(Intergovernmental Panel on Climate Change, IPCC)는 2040년 무렵이면 지구 온도가 '지탱이 가능한' 2도를 넘을 것으로 전망했다. '한 세기에 한 번 있을' 산사태와 홍수 및 다양한 자연 재난이 빈번하게 발생하면서 미래에 대한 불안한 전망을 보여주고 있음에도 이 재난들이 몰고 올 결과를 예상하기는 쉽지 않다.

호주와 독일, 이탈리아 등 많은 부유한 나라에서 두 배나 많은 인구가 경제 성장보다 환경 보호를 더 중요하게 생각한다. 이런 현상은 중대한 변화로 이어지고 있다. 우리는 모두 번영과 풍요로움을 원하지만 그러려면 지구의 파괴를 중단하거나 적어도 대규모로 완화하려는 노력이 필요하다.

이기심에 대하여

민주주의, 평등, 연대, 안전, 번영. 모두 좋은 말이다. 대부분이 당연히 여기고 동의하는 목표다. 비록 우리가 이런 목표를 달성하는 방법을 놓고 혹은 이런 목표의 더 나은 형태를 놓고 논쟁을 벌이고 있다고 해도 말이다. 이런 집단적인 목표는 우리가 도달할 수 있는 범위 안에 있어야 한다. 그리고 그 목표를 완전히 이룰 순 없다고 해도 적어도 그런 방향으로 나아갈 수 있어야 한다.

그렇다면 우리가 목표를 향해 성큼성큼 걸어가지 못하도록 막는 것은 무엇인가? 우리를 위험으로 몰아넣고 있는 것은 무엇인가? 다름 아닌 우리 자신이다. 우리의 정치다. 정치적 삶은 개인적인 이기심과 집단적인 목표가 충돌하는 지점이다. 그리고 이기심은 종종 집단적인 목표를 압도한다. 예를 들어 우리는 지구를 서서히 달구는 걸 알면서도 SUV를 몰거나 주말에 파리행 비행기를 타기 위해 값싼 석유를 계속 요구한다.

나는 이 책 전반에 걸쳐 십난적인 목표와 충돌하는 이기심이 왜 문제인지, 목표를 달성하는 방향으로 정치가 효과적으로 기능하기 위해 우리가 무엇을 할 수 있는지를 보여주고자 한다. 다시 말해 정치가 실패하지 않도록 막는 방법을 보여줄 것이다.

나의 논의와 증거는 개인과 사회가 교류하는 방식을 진지하게 고찰하는 학문인 정치경제학에 기반을 두고 있다. 개인의 모형(우리가 무엇을 원하는지, 이를 얻기 위해 어떤 계획을 세우는지)에서 시작해 사회 전반의 모형으로 넘어가면서 우리가 세운 최고의 계획을 어떻게 우리 스스로 허물어뜨리고 있는지 살펴볼 것이다. 또한 개인적인 이해관계가 어떻게 집단적인 혼란으로 이어지는지, 우리가 놓은 덫으로부터 어떻게 탈출할 수 있는지 설명하고자 한다.

나는 역사를 공부하다가 정치경제학 분야로 넘어왔다. 다른 사회과학과 마찬가지로, 그러나 역사와는 다르게 정치경제학은 과거와 현재의 인간 행동을 설명하는 일반적인 법칙이나 패턴을 발견하는 학문이다. 이제 나는 더 이상 이전의 탐구 방법, 즉 역사적 분석의 우연성과 특수성에 의지하지 않으며 보편성과 단순성, 정치경제학의 명백한 유용성을 추구한다.

정치경제학자들은 이기적인 개인이라는 단순한 모형으로 시작해서 이런 개인들이 어떻게 상호작용하고 서로를 제약하는지 살펴본다. 그리고 행동을 설명하고 예측하는 수학 모형을 도출하고 개선해나간다. 그렇게 하는 이유는 물리학자들을 부러워하기 때문이 아니다. 그런 모형을 통해 인간을 대상으로 세운 가정을 계속해서 고민할 수 있기 때문이다.

정치경제학은 우리가 일상생활 속 미시정치(집을 살 때 공공 연금에 가입하도록 하는 방안에 대해 어떻게 생각하는가?)에서부터 모든 사람의 삶에 대한 거시정치(불평등의 심화는 우리의 정치적 안정성을 위협하는가?)에 이르기까지 다양한 질문을 던지고 답을 구하도록 한다. 그리고 정치경제학자들은 정치인이든 유권자든, 부자든 빈자든 인간은 전반적으로 똑같다고, 똑같은 유혹과 덫에 직면한다고 가정한다. 나는 이 책을 통해 이런 관점으로 세상을 바라보는 방식이 유용하고 통찰력 있으며 때로는 우아하기까지 하다는 사실을 보여주고자 한다.

정치경제학을 뒷받침하는 기본 가정은 모두가 이기적이거나 적어도 자기중심적이라는 것이다. 우리는 많은 것을 얻고자 하고 이를 위해 최선을 다한다. 이런 이기심은 어디에나 존재한다. 우리는 이기심을 통해서 우리가 왜 특정한 행동을 하는지 설명한다. 그리고 왜 다른 사람들 역시 특정한 행동을 할 것이라고 예상하는지 설명한다.

어쩌면 이런 관점은 세상을 바라보는 대단히 냉소적인 방식이 아니냐고 생각할지 모르겠다. 그러나 이기심을 연구한다고 해서 이기심 자체를 용인한다는 말은 아니다. 이기심은 삶을 어떻게 살아야 하는지 말해주는 도덕적 지침이 아니다. 그저 유용한 분석 도구일 뿐으로, 인간 행동을 설명하기 위해 개발한 다양한 이론의 근간이다. 정치경제학자들은 이기심 모형을 사용해 개인의 행동을 설명하고 예측할 뿐 아니라 정부에 정책을 제안한다. 다시 말해 모두가 이기적인 존재라고 해도 우리는 모두를 위해 더 나은 환경을 만드는 정책을 만들 수 있다.

이기심에 집중한다는 것은 세상을 개인의 눈으로 바라본다는 뜻이다. 이는 집단이나 문화 혹은 여러 그룹의 시각으로 바라보는 것과 다르다. 우리는 개인으로 시작해서 거기서부터 나아간다. 사실 인간의 집단이 '이해관계'를 가진다는 생각은 그 자체로 의심스럽다. 어떻게 집단 내 구성원이 모두 똑같은 방식으로 행동한단 말인가? 집단이 그 자체로 특정한 기호를 갖고 있다는 생각을 어떻게 입증할 수 있을까? 어쨌든 집단은 난일한 생각을 가질 수 없다.

반면 개인은 단일한 생각을 할 수 있다. 우리는 세상에 대한 기호를 갖고 있다. 좋아하는 것과 싫어하는 것이 있으며 그런 기호를 순서대로 나열할 수 있다. 이런 기호에 따라 우리는 자신이 선호하는 결과를 만들어내는 방법을 찾는다. 이상적인 세상에서 우리는 가능한 한 '최고'의 선택을 내린다. 수학적인 관점에서 설명하자면 우리는 자신에게 최고의 '효용'을 가져다줄 선택을 내림으로써 주어진 상황에서 개인의 행복을 '극대화'한다. 우리는 일어날 수 있는 혹은 얻을 수 있는 것들에 대한 선호도가 있다. 또한 우리가 가장 좋아하는 것을 선택하는 방법을 알고 있다. 이것이 바로 이기심의 개념이다.

그러나 정치경제학의 핵심적인 지혜는 사람들이 기호를 갖고 있고 그에 따라 선택한다는 가정에 기반을 두지 않는다. 이런 가정은 사람들이 최대한 많은 것을 원하게 된다는 다분히 명청한 결론으로 이어진다. 가령 '소득이 높을수록 나는 행복하다, 소득이 더 높아질수록 나는 계속해서 더 행복해진다…' 같은 결론 말이다. 이런 흐름은 무한으로 나아간다. 그러나 우리가 더 큰 효용을 얻지 못하도록 가로막는 뭔가가 있다. 바로 우리를 둘러싼 세상이다.

우리는 언제나 자신이 원하는 것을 얻지 못하도록 가로막는 제한에 부딪힌다. 그 제한은 때론 물리적이다. 가령 지구에 존재하는 천연가스와 금은 유한하다. 그리고 때론 제도와 같은 것이다. 가령 나는 전국의 모든 은행을 털어서 부자가 될 수 있지만, 결국은 법의 제재 때문에 그러지 못할 것이다. 또한 많은 경우에 제한은 사회적이다. 즉 다른 사람의 행동 때문에 나는 원하는 것을 얻지 못한다.

이런 제약 때문에 우리는 교환에 직면한다. 우리는 원하는 모든 것을 얻을 수 없다. 그래서 무엇을 포기할 것인지 결정해야 한다. 우리는 일상생활 속에서 이런 교환을 종종 맞닥뜨린다. 가령 매장에 가서 특정 브랜드의 커피를 살 때 우리는 여러 가지 교환에 직면한다. 우리는 다른 브랜드가 아닌 특정 브랜드를 선택한다. 그리고 차가 아닌 커피를 선택한다. 또한 커피를 얻는 대가로 돈을 지불한다. 그리고 돈은 일을 통해 벌어들인 것이라는 점에서 우리는 존재의 가장 기본적인 요소인 시간과 커피를 교환한다.

정치적인 삶은 모두 교환에 관한 것이다. 나는 투표소에서 한 후보자와 다른 후보자 사이에서 선택한다. 그러면서 한 정당에서 내가 좋아하는 것과 다른 정당에서 내가 좋아하는 것을 무의식적으로 교환한다. 예를 들면 나는 세금 인하를 원하지만 사회적으로는 대단히 진보적인 성향이다. 전 세계적으로 내가 영국에서 노동당/보수당을 지지하는지, 미국에서 공화당/민주당을 지지하는지, 프랑스에서 사회당/르네상스당/공화당을 지지하는지는 내가 다양한 기호에 어느 정도 비중을 두느냐에 달렸다.

나는 투표를 하러 갈 때도 교환을 한다. 투표하기 위해서는 시간과 노력을 투자해야 한다. 투표를 함으로써 내가 선호하는 정당이 승리하는 이익을 얻을 수 있다. 그리고 이런 이익은 투표하기 위해 줄을 서는 비용을 크게 넘어선다. 그러나 내가 던진 표는 아마도 결정적인 역할을 하진 않을 것이다. 내가 던진 표가 결정적인 역할을 할 가능성이 희박하다면, 내가 지지하는 정당이 이겨 얻을 이익보다는 투표하는 과정에서 분명하게 발생하는 비용이 더 크게 느껴질 것이다.

이 말은 투표를 하는 것이 합리적인 행동이 아니라는 뜻이다. 그래서 정치경제학자들은 이런 결론을 보완하는 차원에서 누가 투표할 것인지 예측하기 위해서는 국민의 기호 속에 '의무'의 요소가 들어 있어야 한다고 주장한다. 자신이 변화를 만들어내고 있다는 느낌을 좋아하거나, 정치에 특별히 관심이 있거나, 선거일에 휴가를 낼 여유가 있다면 아마 그 사람은 투표소로 갈 것이다. 하지만 직장에 휴가를 낼 여유가 없고, 냉담하고, 정치에 관심 없고, 가난한 사람이 많은 사회는 투표율이 낮을 것이다.

정치인 또한 이기적인 방식으로 움직인다. 미국의 의원들은 정책에 대한 논의보다 잠재적인 후원자들과 전화 통화를 하느라 더 많은 시간을 써야 한다고 불평한다. 왜 그들은 전화기를 내려놓고 입법가로서 실질적인 일을 하지 않는 걸까? 그 이유는 선거에 이기지 않고서는 법을 만들 수 없기 때문이다. 그리고 선거에 이기기 위해서는 유권자의 지지를 얻어야 한다.

유권자들은 어떻게 후보를 선택할까? 그들은 선거 운동을 지켜보면서 결정을 내린다. 그리고 현직 의원과 그 자리에 도전하는 후보자 모두 선거 운동을 하려면 돈이 필요하다. 그들은 선거 운동 경쟁에 돌입한다. 당선되길 바라기 때문이다. 정치인들이 부패하거나 멍청해서가 아니다(물론 그런 경우도 있지만). 당선이라는 목표를 향한 정치인들의 선택과 교환이 그들의 행동을 설명해준다.

이기심의 차원으로 정치적 삶을 바라보는 관점은 어쩌면 일차원적인 접근 방식으로 보일 수 있다. 그러나 나는 이런 관점이 우리를 더욱 자유롭게 만든다고 생각한다. 우리는 어떤 사람이 다른 사람보다 더 숭고한 이유로 행동한다고 가정할 필요가 없다. 혹은 일부는 이해할 수 없는 행동을 한다고 가정할 필요가 없다. 우리는 대단히 이타적인 사람들의 행동 이면에 이기적인 논리가 숨어 있다는 사실을 종종 발견한다. 혹은 자비롭고 합리적이며 공공의 이익으로 보이는 행동 이면에도 그런 논리가 존재함을 발견한다.

교육에 대해 한번 생각해보자. 대부분 여론 조사에 따르면 많은 국민이 공교육에 대한 정부 지출에 찬성한다. 이는 사람들이 공교육에 대한 더 많은 투자를 원하기 때문일 수 있다. 아니면 인터뷰에 응하면서 학교 재정에 별 관심이 없다고 말할 경우 자기 자신에게 부정적인 감정이 들기 때문일 수도 있다. 그러나 그 내면을 들여다본다면, 우리는 사람들 사이에 대단히 뚜렷한 차이가 존재하며 이런 차이는 그들의 근본적인 이기심과 밀접한 관련이 있다는 사실을 발견한다.

예를 들어 부자들은 공교육 확대에 위협을 느낀다. 그들은 다른 이들의 자녀를 교육하기 위해 더 많은 세금을 내야 할 뿐 아니라, 공교육으로 더 높은 수준의 교육을 받은 아이들이 취업 시장에서 그들의 자녀와 경쟁할 것을 우려한다. 즉 교육에 대한 지출은 부자들에게 '이중으로 나쁜' 정책이다.

이기심은 교육 세상의 곳곳에서 모습을 드러낸다. 우리는 부자들이 지배하는 전제주의 정권은 공공 지출을 줄이고 의무교육에 인색하리라고 쉽게 예상해볼 수 있다. 실제로 스페인의 프랑코 정권과 필리핀의 마르코스 정권이 그랬다. 우리는 우파 정당이 교육에 대한 많은 지출을 선호하지 않으며, 당의 정책으로서 논의하는 걸 좋아하지 않으리라고 예상할 수 있다. 실제로 독일과 영국을 비롯해 유럽 전역의 국가에 걸쳐 이런 현상을 분명히 확인할 수 있다.

마지막으로, 우리는 부자들이 교육에 대한 정부 지출을 지지하지 않으리라고 예상할 수 있다. 이런 사실은 부유한 국가에서 살아가는 사람들에 대한 여론 조사에서 확인할 수 있다. 실제로 부자들은 대학 등록률이 이미 높은 상태에서 저소득층 학생들을 위한 정부 지출에 강력히 반대한다. 이는 대규모 고등 교육이 그들의 자녀가 받을 학위의 '가치를 떨어뜨리기' 때문이다.

이처럼 이기심은 사람들의 행동 방식을 이해하는 유용한 도구다. 그런데 이기적인 개인들이 뭉칠 때 무슨 일이 벌어질까? 이런 질문을 던짐으로써 우리는 '집단행동 문제(collective action problem)'의 세상으로 들어서게 된다.

정치학에는 민주주의 국가들끼리는 서로 싸우지 않는다는 법칙이 있다. 이런 점에서 영국과 아이슬란드(모두 NATO 동맹국이다)의 '대구 전쟁(Cod Wars)'은 기이한 예외라 하겠다. 1950년대에서 1970년대까지 이어진 이 분쟁은 한때 풍부했던 북동 대서양의 대구 그리고 이 대구를 어획하는 배타적 영토권을 확장하려는 아이슬란드의 야심에서 시작됐다. 당시 수십 년에 걸쳐 대구의 개체 수가 많이 감소하면서 아이슬란드와 영국 어부들 사이에 긴장이 고조됐다. 이런 상황에서 감전으로 인한 사고사가 발생하고 총격 사건이 벌어졌다. 그리고 선박들이 충돌하면서 구축함과 정찰기까지 출동하는 사태가 이어졌다. 아이슬란드 해안경비대는 영국 저인망 어선의 그물을 잘라내기 위해 절단기까지 설치했다.

그런데 아이슬란드에 배타적 어업권이 그토록 중요했던 이유는 무엇이었을까? 문제는 영국 어부들의 이익이 아이슬란드 어부들에게 직접적인 영향을 미쳤다는 것이었다. 그리고 그 반대도 마찬가지였다. 생선은 특별한 형태의 자원이다. 공급은 제한적이며 다른 이들의 접근을 막기 어렵다. 낙농장 소유주는 농장에 있는 젖소와 젖소가 생산하는 우유를 소유한다. 누군가가 농장에 침입하면 농장주는 재산권을 앞세워 그들을 저지할 수 있다. 또한 누군가 농장의 젖소나 우유를 얻으려면 농장주가 제시하는 금액을 치러야 한다.

반면 바다는 소유와 감시가 힘들다. 어업 전관 수역(연안국이 배타적 어업권을 갖는 수역-옮긴이)을 벗어난 심해에서는 누구도 다른 사람의 어업 활동에 대해 돈을 요구할 수 없다. 기본적으로 무한 경쟁인 셈이다. 아이슬란드 어부들처럼 배타적 영토권을 주장한다고 해도 어선들을 감시하기는 힘들다. 우리는 바다에서 상대의 접근을 막지 못한다. 그 결과 우리는 모두 같은 바다에서 물고기를 잡는다. 그리고 너무 많은 어부가 몰려들면서 물고기 개체 수는 더욱 감소한다.

이런 점에서 어업은 '공유지의 비극(tragedy of the commons, 누구나 접근 가능한 공공 자원은 남용으로 인해 쉽게 고갈될 수 있다는 이론-옮긴이)'에 해당하는 전형적인 사례다. 소유권이 없는 상태에서 누구나 마음내로 물고기를 잡을 수 있다. 겉으로는 아무런 문제가 없어 보인다. 그러나 내가 더 많은 물고기를 잡을수록 상대에게는 더 적은 물고기만 남는다. 내 이익은 곧 상대의 손해다. 그리고 그 반대도 마찬가지다.

여기서 만약 어획을 허용하면서도 남획을 금지하는 현실적인 협약을 맺을 수 있다면 우리는 더 행복해질 것이다. 우리 모두 더 나은 결과를 얻을 수 있다. 그러나 그 협약을 실행할 수 없다면(북대서양 사례에서처럼 어렵다면) 우리는 결국 개인의 이기심을 좇을 것이며 씨가 말라버릴 때까지 물고기를 잡을 것이다.

경제학자들은 어부들이 서로에게 미치는 이런 영향을 '외부효과(externality)'라고 부른다. 제3자(아이슬란드 어부)가 다른 두 사람(스코틀랜드 어부와 그가 잡은 생선을 구매하는 글래스고 지역 레스토랑 사장) 사이의 시장 거래로 영향을 받을 때 외부효과가 나타난다. 정치적 삶은 이런 외부효과로 가득하다. 그리고 그 대부분이 부정적인 영향을 미친다.

가령 에너지 생산에 보조금을 지원하는 정부 정책은 해당 지역의 해변을 파괴하고 그곳에서 호텔과 레스토랑을 운용하는 사람들의 생계를 망친다. 런던의 한 지역에 교통량이 줄어들 때 운전자들은 그곳으로 몰려들어 서로를 오도 가도 못하게 만든다. 다행스럽게도 긍정적인 외부효과도 있다. 원예 기술이 있는 이웃이 장미 정원을 가꿀 때 그 정원을 내려다보는 주변 건물의 가치는 올라간다. 어쨌든 모든 경우에서 한 사람의 이기적인 행동은 다른 이들의 삶에 영향을 미친다.

이런 '집단행동 문제'는 많은 이기적인 개인이 의도하지 않게 광범위한 집단의 목표에 피해를 주는 방식으로 상호작용할 때 나타난다. 집단행동 문제는 우리가 상호의존적인 존재이기 때문에 발생한다. 내가 선택한 행동은 당신이 살아가는 환경에 영향을 미치고 그래서 당신이 선택한 행동에도 영향을 미친다.

이 책 전반에 걸쳐 살펴보겠지만 우리가 원하는 것을 얻는 과정에서 맞닥뜨리는 이런 문제는 결국 긴장을 초래한다. 우리는 다른 사람이 이기심을 버리고 '올바른 행동을 하도록', 즉 어획을 포기하고, 운전하지 않고, 오염을 초래하는 행위를 중단하도록 할 수 없다. 또한우리 자신에게도 그렇게 강요할 수 없다. 그렇게 비극은 시작된다.

약속으로서의 정치가 지켜지려면

정치경제학을 흥미롭고 도전적인 학문으로 만들어주는 것은 우리가연구하는 대상인 인간이 다른 인간의 행동에 반응한다는 사실이다.나아가 인간은 다른 인간의 행동을 예측한다. 집단행동 문제는 우리가 이처럼 똑똑하기 때문에 발생한다. '멍청하게' 행동하기 때문이 아니다. 이런 사실은 문제 해결을 더 힘겹게 만든다. 문제를 해결하고자한다면 우리는 지금의 우리보다 더 똑똑해져야 한다. 그리고 정치를통해 그렇게 되어야 한다.

정치란 무엇인가? 표면적으로 볼 때 정치란 곧 선거 운동을 벌이는정당이다. 그리고 법안을 통과시키고 정책을 실행하는 입법가 혹은동맹을 맺거나 조약에 서명하는 국가다. 그러나 더 근본적인 차원에서 정치란 서로에 대한 '약속'이다.

우리는 언제나 약속을 한다. 우리는 뭔가를 하기 위해 다른 누군가와 약속을 한다. 가령 편안한 휴가를 떠날 것이라고 배우자에게 약속한다. 과제를 제시간에 마치겠다고 상사에게 약속한다. 물론 약속이항상 좋은 것만은 아니다. 암흑가의 보스도 약속을 한다. 그는 자신의보호를 거부한 매장 주인의 무릎을 망가뜨리겠다고 약속한다. 그러나이런 약속은 모두 개인적인 것이다. 반면 정치는 우리가 서로에게 집단적인 약속을 하는 방식에 관한 것이다. 정치인이 유권자에게, 대통령이 의회에, 동맹이 상대 진영에 하는 약속 말이다.

약속은 앞으로 어떤 행동을 하겠다는 협정이다. 그러나 약속이 계약과 다른 점은 제3자가 법을 통해 강제적으로 실행할 수 없다는 것이다. 약속은 지켜지지 않을 수 있다. 그렇다고 해도 호소할 곳은 없다. 상대가 약속을 저버릴 때 우리는 어쩔 도리가 없다.

이는 정치적인 삶에서도 마찬가지다. 정부가 약속을 이행하지 않는다고 해서 정부를 고소할 순 없다. 어떤 정당이 연합에서 탈퇴하기로 결정했다면 상대 정당은 단지 운이 없는 것이다. 우리가 침공을 받았을 때 동맹국이 모른 척해도 그들을 고발할 국제재판소는 없다. 이처럼 약속은 강제할 수 없다. 약속은 신뢰와 기대에 기반을 둔다. 그래서 약속에는 어느 정도의 불확실성이 따른다.

정치는 불확실한 약속에 기반을 둔다. 정치 그 자체보다 더 강력한 힘은 없기 때문이다. 정치는 경제적, 사회적 상호작용을 강제하는 법적 체계를 만든다. 그러나 정치 그 자체에 대해서는 그런 일을 하지 못한다. 누가 권력을 휘두를 것인지, 누구에게 무슨 권리와 책임을 부여할 것인지와 관련해 우리가 내리는 모든 의사결정은 근본적으로 우리가 서로에게 하는 약속이다. 정치 외부의 그 어떤 것도 우리가 이런 약속을 지키도록 강요하지 못한다. 게다가 정치는 사회적으로 이뤄지며 불확실하다. 정치적 의사결정은 영구적이지 않다. 정치적 선택은 약속처럼 우리 마음속에서만 의미가 있으며, 우리는 정치적 선택을 내리고 또다시 내릴 수 있다.

다시 북대서양 조업 문제로 돌아가 보자. 누구도 바다를 소유하지 않는다. 그리고 소유한다고 해도 불법적으로 침입한 자를 감시하는 일은 불가능에 가깝다. 우리는 우리가 맺은 모든 법적 계약을 실행할 수 없다. 모든 위반 사례를 감시할 수 없기 때문이다. 위반한 자를 체포하고 처벌할 수 있는 국제 경찰이나 배심원이나 판사는 없다. 그래서 국가들은 자국 어민을 보호하기 위해 서로 정치적 약속을 맺는다.

국가들은 협정을 통해 기대를 수립하고 단기적인 남획을 막고자 한다. 하지만 어업권을 계속해서 확장하고자 했던 아이슬란드 사례에서 살펴본 것처럼, 사람들이 자기에게 이익이 없다고 생각할 때 약속을 어기는 것을 막는 건 불가능하다. 그래서 우리는 계속해서 새로운 약속을 해야 한다. 이런 점에서 정치는 절대 끝나지 않는다.

이 책을 통해 우리는 정치가 민주주의, 평등, 연대, 안전, 번영이라는 다섯 가지 목표를 달성하기 위한 약속을 할 수 있다는 사실을 살펴볼 것이다. 그러나 이런 약속은 언제나 위태롭고 잠정적이다.

민주주의의 경우, 우리는 상충하는 욕망을 제한하는 선거 규칙과 입법 제도를 만들 수 있다. 그러나 우리의 정적(政敵)이 그런 규칙을 무너뜨릴 수 있다.

평등의 경우, 부유한 엘리트 집단은 혁명이나 대중의 불만에 대응해 국민에게 재분배를 약속할 수 있다. 그러나 국민이 동의하고 난 후 엘리트 집단은 약속을 어기고 다시 그들을 억압할 수 있다.

연대의 경우, 우리는 힘든 시기에 사회보장 프로그램을 지지할 것이다. 그러나 경기가 살아나면 사회보장 프로그램을 재정적으로 뒷받침하는 세금 정책에 반대하면서 프로그램을 허물어버릴 수도 있다.

안전의 경우, 우리는 우리를 지켜줄 강력한 공권력을 원한다. 그러나 그런 공권력은 그 힘을 우리에게 사용할 수도 있다.

번영의 경우, 우리는 기후 변화처럼 중대한 과제를 중심으로 모두가 협력하기를 원한다. 그러나 동시에 자동차에 넣을 값싼 기름을 원한다.

우리는 언제나 서로 약속한다. 그리고 나서 약속을 저버린다. 그렇다면 어떻게 정치적 약속을 지키도록 만들 수 있을까? 왜 정치는 실패하는가? 그리고 언제 정치는 성공하는가?

정치적 약속은 구속력이 있을 때 지켜진다. 집단행동 문제를 해결하고자 할 때 우리는 약속 안에 안정성이라는 씨앗을 심어야 한다. 즉 약속을 파기하기 어렵게 만들어놔야 한다. 최고의 방법은 정치적 제도(공식적인 규칙과 원칙)와 사회적 규범(행동 방식에 대한 비공식적인 기대)을 구축함으로써 약속을 영구화하는 것이다. 제도와 규범은 그것이 만들어진 순간을 넘어 계속 이어질 것이다. 이런 제도와 규범은 과거에 심은 정치적 약속의 씨앗에서 성장한 무성한 숲이다.

먼저, 정치적 '제도'란 의사결정을 안정적이고 장기적으로 만들어주는 공식적인 법률과 규칙 그리고 조직이다. 정치적인 제도라고 할 때 우리는 이를 만들고 실행하는 사람 혹은 법정이나 의사당처럼 그런 사람들이 일하는 건물을 떠올린다. 그러나 제도의 핵심은 건물이 아니라 공식적인 차원에서 맺은 정치적 약속이다. 정치적 제도는 우리가 내린 선택을 따르도록 구속한다. 그리고 타인의 행동에 대한 기대를 수정하고, 이를 통해 스스로 효과적인 선택을 내리도록 한다.

정치적 제도는 과거의 약속들이 남긴 유산이므로 현재 상황의 요구에 정확히 부합하지 않을 수 있다. 정치는 성장한다. 신발이 좀 안 맞는다고 해도 무조건 버릴 수 없는 깃처럼 선택은 신중해야 한다.

한 가지 좋은 사례로 미 상원의 필리버스터 규정을 꼽을 수 있다. 미국의 필리버스터 제도는 미 상원 의원 100명 중 40명이 입법을 방해할 수 있도록 허용한다. 원래 필리버스터는 상원 의원들이 계속 발언하도록 허용함으로써 법안 통과를 막을 수 있도록 한 제도였다. 이를 통해 모든 논의를 중단시킬 수 있다. 그러나 1970년대에 각 당이 의향서를 세출하는 것만으로도 득정 법안에 내해 필리버스터를 진행할 수 있도록 하는 합의가 이뤄졌다. 이후 상원에서 대부분의 법안 처리는 60명 이상의 압도적 다수의 동의를 요구하게 됐다.

필리버스터는 여러 가지 측면에서 결함이 있는 제도다. 작은 농촌주들의 정치적 영향력을 지나치게 강화했고, 1960년대에는 시민권 개혁을 계속해서 저지하는 역할을 했다. 그러나 이 제도를 없애는 시도에는 위험이 따른다. 2009~2015년 동안 민주당은 상원에서 다수를 차지한 공화당이 오바마 대통령의 개혁안을 저지하지 못하도록 필리버스터 제도를 없애야 한다고 주장했다. 결국 민주당은 대법원을 제외하고 모든 행정 명령과 판사 임명에서 필리버스터를 없앴다.

그러나 머지않아 입장이 바뀌었다. 2016년에 공화당이 상원과 하원 그리고 대통령까지 장악하면서 대법관 임명에도 필리버스터를 제거해 50석이 살짝 넘는 근소한 과반으로 대법관 후보자 세 명을 잇달아 재빨리 임명해버렸다. 그리고 2022년에 바로 그 판사들이 미국 사회에 오랫동안 남아 있었던 연방 차원의 낙태 권리에 반대하는 판결을 했다[1973년 임신 중지를 합법화한 '로 대 웨이드(Roe v. Wade)' 판결을 미국 연방 대법원이 공식 폐기한 일을 가리킨다-옮긴이]. 제도는 종종 기능 장애를 일으킨다. 그래도 정치 사무실 안팎에서 정치인들의 기대와 행동에 지침이 된다. 그런 제도가 없을 때 우리는 지배자가 피지배자를 착취하듯 종종 '힘이 정의다'라는 결론에 도달하고 만다.

다음으로, 정치적 '규범'이란 우리는 물론 다른 사람들 역시 따르기로 선택한 비공식적인 행동 패턴을 말한다. 사람들은 긍정적인 이유 또는 부정적인 이유로 정치적 규범을 따른다. 우리는 다른 사람들의 행동을 관찰함으로써 무엇이 자신에게 최고인지 이해하기 때문에 규범을 받아들인다. 혹은 다른 이들의 처벌이 두려워서 규범을 받아들인다. 정치적 규범은 우리가 생각하는 방식, 세상을 바라보는 방식, 우리가 신뢰하는 대상에 관한 지침을 제시한다. 규범은 눈에 보이지는 않지만 집단행동을 대단히 효과적으로 이끈다. 잠재적인 차원에서 규범은 공식적인 정치적 제도의 명령보다 훨씬 효과적이다.

규범은 또한 공식적인 규칙보다 더 애매모호하고 실행하기 어렵다. 규범만으로는 정치인들을 움직이지 못한다. 모든 대통령이 케네디나 오바마처럼 많은 시민이 새로운 눈으로 세상을 바라보고 다르게 행동하도록 설득하지는 못했다. 또한 모든 시민이 케네디나 오바마를 좋아한 것도 아니다. 그래서 규범은 효과적인 정치적 해결책을 발견하는 데 중요한 역할을 했지만, 법과 제도처럼 강력한 힘이 없는 상태에서는 기후 변화와 경찰 폭력, 정치 양극화와 같은 문제를 해결하지 못했다.

이처럼 정치는 제도와 규범에 크게 의존하기 때문에 전 세계에서 다양한 형태로 나타난다. 민주주의 사회에는 독재 국가와는 달리 다른 방식으로 행동을 지배하는 규범이 존재한다. 독재 국가의 시민들은 자신의 진정한 기호를 숨기고 거짓말을 할 뚜렷한 이유가 있다. 그리고 정부나 동료 시민을 크게 신뢰하지 않는다.

또한 우리는 민주주의 국가들 사이에서도 큰 차이를 발견한다. 많은 학자가 선거 시스템이 포괄적이고 사회적 신뢰가 높으며 범죄율이 낮은 덴마크나 스웨덴 같은 국가의 성공에 주목한다. 그러나 북유럽 세계가 신으로부터 그런 축복을 얻은 건 아니다(바이킹 시대를 떠올려보자). 그들의 성공은 다른 국가에서는 쉽게 따라 하기 힘든 방식 그리고 서로 얽힌 제도와 규범의 그물망을 기반으로 오랫동안 이어져 온 정치적 행동의 패턴에서 비롯됐다. 이 책에서 우리는 거시적인 관점으로 국제적, 역사적 경험을 조망함으로써 제도와 규범이 어떻게 정치의 성공과 실패를 결정했는지 살펴볼 것이다.

민주주의, 평등, 연대, 안전, 번영은 우리가 존중해야 할 가치다. 그러나 우리는 각각의 항목에서 이기심에 사로잡힌 그리고 집단적 목표를 향해 나아가지 못하도록 가로막는 정치적 덫을 만날 것이다. 그 덫은 우리의 비극적인 운명이 아니다. 하지만 대단히 교활하고 침투적이며 때로 유혹적이기까지 하다.

우리에겐 몇 가지 선택권이 있다. 우리는 '들판에서' 그 덫을 발견하고 조심스럽게 피해 가는 법을 배워야 한다. 그러나 안타깝게도 이미 그 덫에 걸린 것일 수도 있다. 그렇다면 그 덫에서 빠져나오는 법을 배워야 한다. 왜 정치가 실패하는지 이해할 때 우리는 비로소 정치가 성공을 향해 나아가도록 만들 수 있다.

Why Politics Fails

1부

민주주의

'국민의 뜻'과 같은 것은 없다

1장

브렉시트 투표는 왜 실패했는가

우리는 런던에 있는 하원 의사당에 한 시간 일찍 도착했다. 나는 의사당 입구에 줄이 길게 늘어서 있으리라 예상했다. 브렉시트(Brexit)를 통과시키기 위한 테리사 메이(Theresa May) 영국 총리의 세 번째 시도가 완전히 실패로 돌아가면서 언론은 잔뜩 흥분해 있었다. 영국의 정치판은 다음 단계에 관한 이야기로 떠들썩했다. 정당들 모두 소속 의원들을 통제하지 못했다. 민주주의는 제대로 돌아가지 못했다. 그렇게 혼돈이 계속됐다. 의회는 교착 상태에서 빠져나갈 길을 발견할 수 있을까? 그리고 합의에 이를 수 있을까?

그날 나는 옥스퍼드대학교의 정치학 교수인 이언 매클레인(Iain McLean)과 함께, 해결책을 모색하고 있던 영국 의회에 자문을 주기 위해 초청을 받았다. 우리는 오래전 세상을 떠난 정치 지도자들의 동상이 늘어선 복도를 지나 위원회실이 있는 위층으로 올라갔다. 그리고 텅 빈 복도에 놓인 녹색 스웨이드 의자에 앉아 우리를 초대한 이들을 기다렸다.

이언은 선거법 분야에서 영국의 대표적인 전문가이자《영국 헌법에 무슨 문제가 있는가?(What's Wrong with the British Constitution?)》라는 책을 쓴 저자다. 당시 교착 상태에서 벗어날 방법을 찾아낼 인물이 있다면 바로 이언일 것이었다. 나는 정치 제도 전문가로서 이언을 돕기 위해 그 자리에 함께했다. 그런데 이언마저 해결책을 발견할 수 없다면 어떻게 해야 할까? 브렉시트는 너무 복잡한 문제라 어떤 시스템으로도 해결할 수 없다면?

그런데 그 모든 문제는 그렇게 복잡했어야만 했을까? 2016년 유럽연합(EU) 국민투표는 영국 정치사에서 매우 중대한 사건이었다. EU를 탈퇴하겠다는 예상치 못한 결정으로서 브렉시트는 사실 단순한 질문에 대한 단순한 투표였다. '영국은 EU 회원국으로 남아 있을 것인가, 아니면 떠날 것인가?' 투표 결과, 탈퇴하자는 의견이 52퍼센트 대 48퍼센트로 우세했다. 이는 국가의 분열 양상을 드러내는 신호였다. 그래도 의사결정은 분명히 이뤄졌다. 민주주의가 제대로 기능한 것이다.

그런데 문제는 정치인들이 어떤 형태의 브렉시트를 실행해야 하는지 결정하는 과정에서 불거졌다. 국민은 이미 말했다. 그런데 정확하게 무슨 말을 했던가? 유럽에는 노르웨이, 스위스, 튀르키예, 러시아처럼 EU에 가입하지 않은 나라들이 많다. 그중 노르웨이와 스위스 같은 국가는 EU의 법률을 받아들이고 유럽 시민들의 자유로운 이민을 허용하면서 EU와 긴밀한 관계를 유지했다. 그리고 튀르키예는 EU와 거의 비슷한 형태의 무역 정책을 시행했다. 러시아, 미국, 아제르바이잔 같은 국가들은 EU와 아주 가까운 거리를 유지했다. 그렇다면 영국은 'EU를 떠날 것인가?' 그리고 떠난다면 어떻게 떠날 것인가?

테리사 메이 총리는 이 질문에 대한 대답을 내놓기 위해 3년 동안 고심했다. 하지만 단순한 이분법적 질문에서 나아가 영국이 40년 넘게 머물렀던 조직에서 어떤 방식으로 자유로워질 것인가라는 질문으로 넘어가는 과정은 악몽으로 이어졌다. 어떤 의사결정도 비밀투표 방식으로 내릴 수 없었다. 영국은 EU라는 '한 시장'의 일부로 남아서 EU 이민을 자유롭게 허용할 것인가? 혹은 EU의 '관세 동맹' 일원으로 남아서 스스로 무역 협정을 맺을 기회를 포기할 것인가? 아니면 EU와의 모든 협력을 중단하고 거대한 경제적 여파를 온전히 혼자 힘으로 버텨낼 것인가?

여기서 한 가지 문제는 북아일랜드와 관련된 것이었다. 북아일랜드는 여러 세대에 걸친 폭력적인 충돌이 끝나고 1998년에 성금요일 협정(Good Friday Agreement)이 이뤄지면서 가톨릭과 프로테스탄트 공동체에 평화의 20년이 시작됐다. 그러나 그 협정은 부분적으로 EU에 의존했다. 영국과 아일랜드가 EU 회원국이라는 사실은 아일랜드와 북아일랜드 사이에 경제적 국경이 없다는 것을 의미했다. 이런 상황에서 영국 국민은 EU 탈퇴를 선택했다. 이는 '높은 국경'이 다시 들어설 것이며, 평화로운 시절이 종말을 맞이했음을 의미했다. 단순했던 브렉시트 투표는 그렇게 영국 국민과 정치인들이 예상하지 못한 복잡한 결과로 이어졌다.

메이 총리는 자신이 내놓은 해결책으로 빙하 위에 위태롭게 서 있는 극지방 탐험가처럼 상황을 헤쳐가고자 했다. 그녀는 단일 시장에서 빠져나감으로써 이민을 통제하려고 했다. 그리고 관세 동맹에서 벗어남으로써 독자적으로 무역 협상을 체결하려 했다. 동시에 그녀는

'안전장치'를 제시했다. 바로 아일랜드 문제에 대한 해법을 찾을 때까지 영국이 EU의 규칙이나 무역 정책에서 벗어나는 걸 연기하자는 것이었다. 이는 앞으로 얼마가 될지 모를 동안에 영국이 EU의 입법 방향을 그대로 따라야 한다는 의미였다.

그러나 국민 대부분은 그런 타협안을 받아들이지 않았다. 2019년 초 메이는 자신의 브렉시트 법안을 통화시키기 위해 세 번이나 시도했다. 그리고 그때마다 다소 특이한 형태의 연합에 패하고 말았다. 브렉시트에 찬성하는 일부 보수당 정치인들은 메이의 타협안이 '적절한 형태의 브렉시트'가 아니라는 이유로 반대표를 던졌다. 그들은 EU를 완전하게 떠나길 원했다. 무슨 일이 있어도, 필사적으로 떠나고자 했다. 반면 브렉시트에 반대하는 노동당 정치인들은 타협안 역시 브렉시트라는 이유로 반대했다. 그들은 새로운 결과를 얻을 수도 있는 두 번째 국민투표를 원했다.

두 가지 중 하나를 선택하는 단순한 국민투표는 '브렉시트를 실행하는' 더 많은 선택지가 있다는 사실이 드러나면서 혼돈으로 빠졌다. 테리사 메이의 법안은 대중이 요구했던 것처럼 영국이 공식적으로 EU를 탈퇴할 것임을 분명히 밝혔다. 그러나 문제는 '어떻게'였다. 민주주의는 점점 더 복잡한 제도의 모습을 드러내고 있었다.

이언과 나는 적막한 복도를 걸어 의회 위원회실에 놓인 말굽 모양의 테이블 앞에 도착했다. 두 명의 의원이 우리를 기다리고 있었다. 보수당 의원 한 명과 노동당 의원 한 명이었다. 영국 정치에서 보수당 하원의원이 정권을 장악한 상황에서 노동당 하원의원과 손을 잡는 것은 대단히 이례적인 모습이었다. 그러나 그들은 이번 사안만큼은 협력이 필요하다고 생각했다. 정부가 내놓은 법안이 실패로 돌아가고 적어도 다섯 건의 다른 잠재적인 브렉시트 법안이 표류하면서 그리고 모든 것을 없었던 일로 되돌릴 것인지 묻는 또 한 번의 국민투표에 관한 이야기가 흘러나오면서, 그들은 의회가 결정을 내리도록 만드는 방법이 있을지 알고자 했다. 그들은 우리에게 이렇게 물었다. '민주주의가 다시 돌아가게 만들 수 있을까?'

우리는 의회가 결정을 내리기 위해 활용할 수 있는 다양한 투표 시스템을 제안했다. 각 시스템에는 고유한 장점이 있었다. 어떤 시스템은 타협안에 유리했다. 다른 시스템은 양극화를 초래하지만 확실한 결정을 내릴 수 있었다. 또 다른 시스템은 어떤 선택이 하원 대다수의 동의를 조금이라도 끌어낼 수 있을지 확인시켜줄 수 있었다.

각각의 투표 시스템에 대한 장단점을 살펴본 뒤 보수당 의원은 우리의 말을 끊었다. 그는 이 논의에서 확실한 결론이 무엇인지 깨달았다. 즉 하원은 어떤 것에도 동의할 수 없으며, 그래서 동의를 끌어내려는 어떤 규칙에도 동의하지 않을 것이라는 사실이었다. 각각의 투표 시스템은 결국 각각의 다른 결과에 유리할 것이었다. 이런 점에서 투표 시스템을 선택하는 것 역시 논쟁의 대상이 될 수밖에 없었다. 우리는 다시 원점으로 돌아갔다.

그러나 그들은 이미 한 가지 계획을 세워놓고 있었다. 그날 저녁 브렉시트 선택안에 대한 일련의 '의향 투표(indicative vote)'가 예정되어 있었다. 이를 위해 그들은 '승인 투표(approval voting)'라는 가장 단순한 절차를 채택했다. 이 방식은 각각의 선택안을 자체적으로 고려한 뒤 하원의원들이 받아들일 수 있는 몇몇 선택안을 확인하고, 그중 선택할 수 있는 더욱 까다로운 과제를 나중으로 미루는 데 분명히 도움이 됐다.

승인 투표는 우리가 웨스트민스터를 떠날 무렵에 시작됐다. 표결을 알리는 종소리가 울렸고 의원들은 어떤 선택안을 받아들일지 서둘러 투표했다. 회의를 마치고 나는 이언과 함께 의회 건물 맞은편 술집에서 잔을 기울이다가, 빅 벤(Big Ben)이 아홉 시를 알리는 소리를 들었을 때 투표 결과를 확인하기 위해 트위터 피드를 들여다봤다. 다양한 방안들 모두가 차례로 운명을 맞이했다. 어느 방안도 하원 대다수의 승인을 얻지 못했다. 결국 의회 민주주의는 수많은 다양한 선택안에 직면해서 그대로 얼어붙고 말았다.

우리는 모두 원칙적으로 민주주의를 원한다. 그러나 민주주의를 실행에 옮기기가 종종 불가능한 상황이 벌어진다. 이는 민주주의의 핵심적인 덫이다. 다시 말해 '국민의 뜻'과 같은 것은 '없다'. 영국 대중은 선택했다. 그러나 의회는 결정을 내리지 못했다. 결정이 탈퇴/유지라는 이분법으로 좁아졌을 때조차 민주주의는 그 실행 방법을 찾아내지 못했다. 일반적으로 우리의 삶은 '예/아니오'를 요구하는 질문보다 훨씬 더 복잡하다. 다양한 교환 그리고 지침을 실행하는 다양한 방법이 존재한다. 그렇다면 브렉시트를 실행하는 문제와 관련해서 '국민의 뜻'이란 게 정말로 존재했던가? 그런 것은 없었다.

2장

민주주의와 '국민의 뜻'

민주주의는 우리 모두 동의하는 목표다. 민주주의 사회에 살지 않는 사람조차 마찬가지다. 세계 가치관 조사(World Values Survey)는 사람들에게 정기적으로 이런 질문을 던진다. '민주적인 방식으로 통치가 이뤄지는 국가에서 살아가는 것이 당신에게 얼마나 중요한가?' 그리고 0~10점으로 대답을 요구한다. 덴마크와 독일과 같은 기존 민주주의 사회에서 인구의 4분의 3이 민주주의의 가치에 10점 만점을 준다는 사실은 그리 놀랍지 않다. 그런데 중국이나 이집트, 짐바브웨, 베네수엘라 등 민주주의와 거리가 먼 나라들에서도 약 3분의 2가 민주주의 가치에 9점 이상을 준다.

사람들은 저마다 다른 렌즈를 통해 민주주의를 바라본다. 중국 국민조차 그늘의 일당 체제를 '인민 민수수의'라고 생각할 수 있다. 모두가 '서구식' 민주주의를 원하는 것은 아니다. 그렇지만 사람들은 대부분 그들의 국가가 어떻게 통치되고 있는지와 관련해 할 말이 있는 것 같다.

민주주의(말 그대로 '국민에 의한 통치')는 강력하고 보편적인 개념이다. 민주주의에 대한 정확한 정의를 둘러싸고 정치학자들이 의견 차이를 보인다고 해도, 그 핵심에는 '자율적 통치'라는 개념이 있다. 여기서 우리는 모두 자신에게 영향을 미치는 정치적 의사결정을 내리는 과정에 참여한다. 그러나 민주주의는 사람들이 동의하지 않는 결과를 종종 만들어내기도 한다. 많은 경우에 사람들의 의견은 일치하지 않는다. 그리고 민주주의의 덫 중심에는 바로 이런 불일치가 존재한다. 즉 '국민의 뜻'과 같은 것은 '없다'.

브렉시트 사례에서 살펴봤던 것처럼 사람들이 동의하지 않을 때 혼란이 발생한다. 사람들은 자신이 원하는 것을 얻기 위해 전략을 짜고, 남을 조종하고, 상황을 왜곡한다. 결국 우리가 원하는 결과를 얻기 위한 개인적인 동기는 안정적인 집단적 합의에 이르지 못하게 가로막는 걸림돌이 된다. 그리고 어쩌다 우리가 합의에 도달한 것처럼 보일 때도, 결과에 만족하지 않은 누군가가 새로운 제안을 내놓음으로써 합의를 향한 궤도에서 벗어난다.

우리가 혼돈을 극복하고 집단적인 의사결정을 내렸다고 해서 그것이 불일치를 해소했다는 말은 아니다. 민주주의는 종종 승자와 패자 사이의 소리 지르기 시합으로 변질되면서 친구와 이웃을 가르고 사회를 양극화한다. 민주주의가 제대로 돌아가기 위해, 즉 정치가 실패하지 않기 위해 우리는 혼돈과 양극화 사이의 칼날 위에서 균형을 잡아야 한다.

민주주의를 강하게 옹호하는 이들도 그 불완전성을 인정한다. 윈스턴

처칠이 남긴 "민주주의는 최악의 통치 방식이다. 단, 우리가 그동안 시도했던 다른 통치 방식을 제외하면 말이다"라는 말도 그렇다. 그런데 우리가 '민주주의'라고 할 때 이는 무엇을 의미하는가? 불완전성에도 불구하고 왜 우리는 여전히 민주주의를 추구해야 하는가? 정치학자들은 수 세대에 걸쳐 이 질문을 놓고 격렬한 논쟁을 벌였다. 이는 민주주의가 얼마나 논쟁적인 개념인지와 더불어 학계가 이를 둘러싸고 끊임없이 논쟁할 수 있다는 사실을 보여준다. 이런 논쟁의 중심에는 합의가 숨어 있다. 민주주의에 대한 가장 유명하면서도 유용한 정의는 1883년 오늘날 체코공화국에서 태어난 오스트리아인 조지프 슘페터(Joseph Schumpeter)가 내린 것이다.

자기 확신이 강했던 슘페터는 세계 최고의 경제학자이자 오스트리아 최고의 기수, 빈에서 가장 사랑받는 사람이 되는 게 목표였다. 그는 그중 두 가지를 성취했다고 주장했지만 그게 무엇인지는 정확하게 밝히지 않았다. 그렇지만 우리가 민주주의를 어떻게 바라봐야 하는지에 대해선 매우 구체적으로 밝혔다. 민주주의와 관련해 그에게 무엇보다 중요한 것은 "국민의 표를 차지하기 위한 경쟁적인 싸움을 통해 결정을 내리는 권력을 얻는 것"이었다.

이 단순한 표현 속에는 세 가지 중요한 의미가 담겨 있다. 첫째, '국민의 표'다. 누가 통치하는가에 대한 최종 결정자가 국민이라는 뜻이다. 둘째는 '경쟁적인 싸움'이나. 이는 투표할 수 있는 선택지가 하나밖에 없다면 대중 투표는 아무런 의미가 없다는 뜻이다. 셋째, '결정을 내리는 권력을 얻는 것'이다. 선거에서 승리한 사람이 실제로 할 수 있는 일이 없다면 투표는 아무런 의미가 없다.

여기서 민주주의는 훌륭한 정치인의 선출을 보장하지 않는다는 사실에 주목하자. 물론 국민은 자신이 선택한 정치인이 끔찍이 실망스러울 때 그들을 쫓아낼 수 있다. 그리 훌륭한 생각처럼 들리지 않는 이 말은 처칠이 남긴 냉소적인 이야기를 떠올리게 한다. 그런데 여기서 민주주의의 세 가지 핵심을 제거할 때 무슨 일이 벌어질지 한번 생각해보자.

우선 '국민의 표'를 제거한다면? 즉 결정할 권리를 지닌 주체를 제거한다면? 그러면 소규모 엘리트 집단(아리스토텔레스가 '과두정치'라고 부른)이 등장할 것이다. 엘리트 집단은 다분히 편파적인 이해관계를 갖고 있다. 부유한 자들은 세금을 부과하거나 기존 특권의 폐지를 싫어한다. 게다가 결정의 주체로서 국민이 없을 때 다른 모든 집단은 소외되거나 억압받는다. 1918년 이전의 영국 여성이나 1965년 이전 미국의 아프리카계 미국인들이 그랬다.

물론 이런 생각은 실제로 '국민'이 누구인지에 관한 대단히 논쟁적인 질문을 제기한다. 루마니아와 같은 일부 국가는 해외에 거주하는 모든 국민에게 투표를 허용한다. 그리고 영국과 같은 나라는 일부 이민자(영연방에서 온 사람들)에게는 투표권을 허용하지만 다른 이민자(EU 시민들)에게는 허용하지 않는다. 또한 아주 최근까지도 21세 이하 국민에게는 투표권을 허용하지 않았다. 그럼에도 보편적 투표권은 (거의) 모두가 민주주의에 중요하다고 동의한 개념이었다.

다음으로 '경쟁적인 싸움'을 제거한다면? 그러면 국민 99퍼센트가 사담 후세인에게 투표하는 집단적 선거를 할 것이다. 압도적 다수의 지지를 얻은 전 세계 지도자들의 사례를 접할 때 우리는 이렇게 생각하지 않는다. '와, 그 지도자는 대단히 인기가 높군. 우리에게도 국민 90퍼센트가 지지하는 지도자가 있다면 얼마나 좋을까?'

당연히 우리는 이런 지도자를 회의적인 시각으로 바라본다. 그리고 민주주의 국가에서 사람들이 종종 실질적인 선택권이 없으며 정당들은 파벌 싸움만 한다고 불만을 토로해도, 선거 결과가 이미 정해진 러시아 같은 나라와 비교하면 이런 불만은 엄살이다. 미국에서 진보 진영의 사람들은 우파 정당과 중도 정당 중에서 하나를 선택해야 하는 정치 상황을 안타깝게 여긴다. 그럼에도 두 정당은 선거를 이기기 위해 필사적으로 싸운다. 그들은 경쟁한다. 그리고 공공의 문제에 대한 대안을 내놓는다.

마지막으로 '결정하는 권력'을 제거한다면? 19세기 유럽의 많은 왕은 선거와 의회를 허용하면서도 최고 권력을 유지했다. 귀족과 교회는 선출된 정치인을 거부할 수 있는 권리를 그들 자신에게 부여했다. 영국에서 상원 내 귀족들은 1911년까지도 그런 권리를 갖고 있었고, 이것으로 그들의 영토에 대한 과세에 저항했다.

19세기 말 독일의 빌헬름 황제는 선출된 의회를 무시할 수 있었다. 그리고 오토 폰 비스마르크(Otto von Bismarck)는 총리 시절 위협적인 사회주의 세력이 선거를 통해 권력을 잡지 못하도록 막을 수 있었다. 오늘날에도 태국과 모로코 등 형식적인 민주주의(정당과 의회, 선거를 갖춘) 국가의 독재자들은 비록 부드러운 방식이라고 해도 그들을 비판하는 자를 처벌할 권리를 갖고 있다.

이런 점에서 민주주의는 핵심적으로 투표하는 국민, 유력한 지도자들 사이의 경쟁, 어떤 정책을 내놓을 것인지와 관련해 실질적으로 의미 있는 선거에 관한 것이다. 어쩌면 민주주의를 이렇게 정의하는 것이 지나치게 단순하다는 의문이 들지 모른다. 그러나 그런 핵심 요소 (누가 통치할 것인지 결정하는 자유롭고, 공정하고, 경쟁적인 선거)를 갖춘 민주주의 '사이에도' 엄청난 차이가 존재한다. 특히 그 나라의 민주주의가 얼마나 실질적으로 개인의 권리와 자유를 보호하는지, 그래서 선출된 다수가 소수의 이익을 우선하지 않도록 막는지를 살펴볼 수 있다. 언론과 결사 그리고 양심의 자유에 대한 보장, 정부의 임의적인 몰수에 대한 재산권 보호, 이런 규칙을 강제하는 법률 시스템, 의회에서 오랫동안 이어져 온 규범에 대한 존중. 이 모두는 '자유 민주주의'의 근간이다.

자유 민주주의는 슘페터가 주장한 선거 민주주의의 강화된 형태다. 자유 민주주의는 단지 '국민의 통치'만을 의미하지 않는다. 자유 민주주의는 선거에서 승리한 정당이 마음대로 행동하지 못하도록 제지함으로써 '국민'을 제약한다. 즉 승자가 패자를 착취하지 못하도록 막는다. 그리고 법원, 행정감찰관, 중앙은행, 종교 연합, 신문, 노조 등 항상 민주적인 방식으로 선택하지는 않는 제도를 구축하거나 유지한다. 자유 민주주의는 선거 승자가 의회를 폐쇄하거나 집권 기간을 함부로 연장하지 못하도록 막는 규범과 절차를 만든다.

이 책을 읽는 독자 대부분에게 익숙한 자유 민주주의의 핵심에는 한 가지 역설이 존재한다. 바로 민주주의의 덫에서 벗어나기 위해 선거의 승자가 원하는 대로 할 수 없도록 제한하는 제도와 규범을 통해 민주주의를 길들여야 한다는 것이다. 국민의 통치는 무제한으로 허용할 수 없다. 실제로 민주주의가 기능하려면 이를 제한해야 한다. 규범과 제도를 통해 민주주의를 제한함으로써 우리는 민주주의의 덫인 혼돈과 양극화에서 벗어나고 정치가 실패하지 않도록 막을 수 있다.

민주주의는 대중이 바라는 이상이다. 그런데 민주주의는 실제로 이상적인 결과를 만들어낼까? 중국의 경제 성장을 다루는 수많은 언론 기사를 보면 종종 자유 민주주의에 대한 다음과 같은 암묵적인 비판을 엿볼 수 있다. '어떻게 전제주의 국가가 사소한 규제에서 벗어나 휘황찬란한 새로운 인프라를 구축했는지 보라.' 이는 과거에도 마찬가지여서 스탈린 시절 소련의 산업화, 1960년대 브라질 군부 독재 치하의 경제 기적, 1980년대 전제주의 정권하의 대만과 한국을 상징하는 '아시아의 호랑이'에 관한 이야기들도 민주주의를 비판하는 근거로 사용됐다.

그러나 이런 전제주의 국가들의 성공은 다양한 방식으로 무너졌다. 석유가 풍부한 걸프 국가와 지금의 중국을 제외하고, 오늘날 잘사는 곳들은 대부분 민주주의 국가다. 경제 성장은 민주주의 국가에서 더욱 장기적으로 이어지는 경향이 있다. 이는 민주주의가 궤도를 수정할 수 있기 때문이다. 전제주의 국가의 경우, 관료와 지역의 지도자들은 중앙의 지도자에게 부정적인 소식을 전하는 것을 두려워한다. 그래서 그들은 거짓말을 하고, 왜곡된 정보를 전하고, 부정적인 정보를 숨긴다.

우크라이나를 침공한 러시아 군대는 실질적인 준비 상황을 블라디미르 푸틴에게 정확하게 보고하지 않으려는 군부 지도자들의 성향 때문에 참담한 결과를 맞이했다. 비슷한 패턴이 경제 개발에서도 나타난다. 인도의 경제학자이자 철학자인 아마르티아 센(Amartya Sen)은 민주주의 국가는 언론이 기근의 위험에 대해 경고할 수 있고 정치 지도자가 시민의 요구를 외면할 수 없기 때문에 기근의 고통을 겪지 않는다고 주장했다.

마지막으로 국민이 통치하는 민주주의는 국민을 위해 법률을 제정하려는 경향이 강하다. 특히 중산층 유권자는 보편적인 지원과 복지를 원한다. 정당은 선거에서 승리하기 위해 인기 있는 공약을 제시하고 실행에 옮기지 못하면 책임을 져야 하므로 민주주의 국가는 적극적으로 국민을 위한 정책을 내놓으려 한다. 예를 들어 민주화를 이룩한 국가는 공교육에 3분의 1 이상 더 지출하고, 교육정책의 중심을 엘리트 집단에 이익이 되는 대학 교육에서 대중을 위한 초등 교육으로 옮기는 경향이 있다. 또한 민주주의는 우리 인간에 대해서도 더 나은 성과를 보여준다. 민주주의 국가는 영아 사망률과 문맹률을 낮추고, 면역 접종을 받은 인구 비중을 높인다.

민주주의의 덫이라는 도전 과제에도 불구하고, 민주주의는 전제주의보다 시민을 위해 더 나은 것을 제공한다. 민주주의의 역사적인 성장이 전 세계적으로 전례 없이 높은 삶의 기준의 시대로 이어진 것은 결코 우연이 아니다. 이제 그 역사를 살펴보도록 하자.

민주주의의 역사

민주주의의 역사는 민주주의의 덫에 관한 역사이기도 하다. 오늘날 많은 인구가 살아가는 안정적인 자유 민주주의는 오랜 시련을 거쳐 살아남았다. 민주주의는 덫을 피하기 위해 규칙에 따른 다양한 제도 그리고 오랫동안 이어져 내려온 규범을 갖추고 있다. 민주주의는 고대 아테네에서 시작됐지만 그 민주주의는 순식간에 종적을 감춰버리고 말았다. 수 세기에 걸쳐 국민의 통치는 위협을 받았고 혼돈과 선동의 시절을 겪다가 결국에는 전제 정치의 나락으로 떨어지고 말았다. 안정적이고 강화된 민주주의의 역사는 사실 한 세기도 되지 않았다.

이처럼 민주주의의 나이가 비교적 젊다는 것은 놀라운 사실이다. 사람들은 종종 민주주의의 기원을 고대 그리스로 거슬러 올라가서 찾는다. 혹은 미국의 독립 신인과 프랑스 혁명, 빅토리아 시대의 영국으로 올라간다. 그러나 슘페터가 언급한 세 가지 핵심 요소(국민의 투표, 경쟁적인 싸움, 결정할 권리)에 주목한다면 흔히 '민주주의'라고 하는 유명한 사례들이 제대로 된 자격을 갖춘 것은 아님을 발견하게 된다.

영국을 예로 들어보자. 보리스 존슨(Boris Johnson) 전 영국 총리는 영국이 '민주주의의 고향'이라고 주장했지만 그 고향은 단번에 완성된 것이 아니었다. 1215년 마그나카르타(Magna Carta)는 왕의 권한을 제한했다. 그러나 여기서 진정한 승자는 중세 영국의 영주들이었다. 즉 토지를 실제로 경작하는 수많은 농민이 승자가 아니었다.

영국에서 '결정을 내리는' 승자의 권리가 보장된 것은 세습제의 상원이 1911년에 입법을 가로막는 힘을 잃었을 때였다. 그리고 보편적 투표권이 남성과 여성에게 동등하게 주어진 것은 1928년이 되어서였다. 이때조차 기업 소유주는 두 표를 행사할 수 있었다(하나는 가정의 대표로, 다른 하나는 기업의 대표로). 옥스퍼드와 케임브리지의 졸업생 역시두 표를 행사할 수 있었다. 이런 이중 투표권은 1950년까지 이어졌다. 때문에 영국 민주주의의 역사는 70여 년밖에 되지 않았다.

또 다른 오래된 민주주의에 대해서도 비슷한 이야기를 할 수 있다. 미국은 1776년 독립 이후 광범위한 투표권을 실시했다. 그러나 이는 자유로운 남성에게만 적용됐다. 미국 여성은 1920년 수정헌법 19조가 비준될 때까지 투표권을 얻지 못했다. 그리고 아프리카계 미국인은 1865년 노예제가 폐지되고 나서 한 세기가 흘러 시민권법이 통과될 때까지 투표권을 제대로 행사하지 못했다.

민주주의라고 불리는 오랜 역사를 지닌 많은 나라들 또한 투표권을 남성에게만 허용했다. 20세기에 이르기까지 뉴질랜드를 제외하고 모든 국가의 여성은 투표할 수 없었다. 프랑스는 혁명이 일어난 직후인 1791년에 처음으로 보편적인 남성 투표권을 재빠르게 도입했다. 그리고 1848년 제2공화국 시절에 다시 한번 영구적인 방식으로 도입했다. 그럼에도 프랑스는 그로부터 한 세기가 지난 1945년까지 여성에게 투표권을 허용하지 않았다.

스위스 역시 1848년에 남성에게 투표권을 줬지만 1971년까지 여성에게 투표권을 주지 않았다. 게다가 스위스 아펜첼이너로덴주는 1990년까지도 여성 투표권을 인정하지 않았다. 다시 말해 스위스의 완전한 민주주의 역사는 밀레니얼 세대의 나이밖에 되지 않았다.

그렇다면 민주주의의 선조라 할 수 있는 고대 아테네의 민주주의는 어떨까? 여기서 우리는 오랜 세월 이어져 내려온 화려한 이미지가 아닌 다분히 어두침침한 그림을 만나게 된다. 아테네의 민주주의는 지극히 참여적인 형태이자 사람들을 대단히 지치게 만드는 방식이었다. 유권자 중 10분의 1 정도가 시민 회의를 통해 1년에 40회가량 모였다. 그리고 추첨을 통해 선택된 시민들은 일상적인 안건을 상정하는 위원회에서 일하거나 200~500명 규모의 시민 배심원으로 활동했다. 이런 형태의 참여적 시스템은 확장하기가 힘들다. 오늘날 미국이라면 국민 약 2,500만 명이 모여야 한다는 뜻이다. 하지만 이는 모든 시민이 의사결정 과정에 온전히 참여했다는 사실을 의미했다. 그리고 이런 형태의 민주주의는 이후 냉담한 시민 정신을 우려하는 많은 사람에게 칭송받았다.

그러나 이런 참여 역시 아테네에 거주하는 소규모 하위 집단, 즉 남성 시민에게만 가능했다. 여기서 여성은 완전히 배제됐다. 노예들 또한 마찬가지였다. 아테네에 거주하는 외국인이나 아테네에 혈연이 없는 이들 역시 배제됐다. 아테네 시민들이 이런 형태의 민주주의에 참여할 수 있었던 것은 여성을 비롯해 시민 계급이 아닌 이들이 노동과 상업을 대부분 떠안았기 때문이었다. 놀랍게도 19세기 초 미국에서도 이와 비슷한 상황이 벌어졌다. 알렉시 드 토크빌(Alexis de Tocqueville)이 칭송한 고도의 참여적 민주주의 역시 오로지 자유로운 백인 남성에게만 정치적 권리를 부여했다. 무제한적인 아테네 민주주의는 이후 양극화를 초래했고('젊은이들의 마음을 어지럽힌다'라는 죄목으로 소크라테스에게 사형을 선고한 이들은 다름 아닌 아테네 시민들이었다) 불안정한 시스템은 결국 수 세기에 걸쳐 전제정치와 과두정치로 넘어가고 말았다.

이런 측면에서 오늘날 우리가 알고 있는 민주주의의 역사는 전통적으로 이야기하는 것보다 훨씬 짧다. 개별적인 사례에서 한 걸음 물러나, 민주주의의 전반적인 흐름은 어떤 모양새를 취하고 있을까? 이에 대해 정치학자들은 종종 민주주의의 세 가지 '물결'에 대해 언급한다. 첫 번째 물결은 미국과 프랑스 혁명의 여파로 시작되어 영국의 점진적인 선거권 확장으로 이어졌다. 그리고 제1차 세계대전이 끝나고 서유럽 전역에 민주공화국들이 들어서면서 정점을 찍었다. 그러나 원래 물결은 밀려왔다가 부서지기 마련이다. 1920년대, 특히 1930년대를 거치면서 파시스트 정권이 독일과 이탈리아, 스페인의 민주주의를 무너뜨렸고 스탈린은 소련의 전제주의를 한층 강화했다.

이런 역전 이후 그리고 제2차 세계대전이 끝나면서 독일과 이탈리아, 인도를 비롯해 예전의 많은 식민지가 민주화를 이뤄내면서 두 번째 민주주의의 물결이 시작됐다. 그리고 1960년대와 1970년대에 걸쳐 칠레의 피노체트와 아르헨티나의 장성들, 리비아의 무아마르 카다피(Muammar Gaddafi), 콩고의 모부투 세세 세코(Mobutu Sese Seko), 우간다의 이디 아민(Idi Amin) 등 남미와 아프리카 지역의 많은 국가가 군사 정권이나 독재로 넘어가면서 다시 한번 역전되었다.

마지막으로 세 번째 민주주의의 물결은 1974년 포르투갈에서 시작되어 1980년대에 스페인과 그리스, 아르헨티나, 브라질의 정권 이양으로 가속화됐다가 1990년대 초 소련의 몰락과 동유럽의 민주화로 정점에 이르렀다. 이는 곧 프랜시스 후쿠야마(Francis Fukuyama)의 (종종 오해받는) 《역사의 종말(The End of History)》의 시대를 의미했다. 이 책에서 후쿠야마는 자유 민주주의 이상이 경쟁자를 물리치고 영원한 승리를 거뒀다고 선언했다.

이런 생각은 여전히 강력한 힘을 발휘하고 있다. 그러나 우리는 민주주의에 대한 슘페터의 정의가 '자유 민주주의'와 같은 것이 아님을 이미 확인했다. 오늘날 중동의 몇몇 국가(아랍에미리트와 사우디아라비아)를 제외하고 전 세계 거의 모든 나라가 모든 성인에게 투표권을 허용한다. 그러나 놀라운 점은 그런 투표가 얼마나 의미 있는가다. 21세기로 접어들면서 대중 투표는 거의 모든 지역으로 확대됐지만 민주주의를 뒷받침하는 다양한 제도는 위협을 받고 있다. 러시아, 튀르키예, 베네수엘라 등 많은 국가가 '선거적 전제주의(electoral authoritarianism)'로 후퇴하고 있다. 이들 국가에서는 선거가 있지만 아무것도 결정하지 못한다. 민주적인 선거가 자유롭고, 공정하고, 경쟁적으로 치러지는 폴란드 같은 나라에서도 자유 민주주의의 다른 중요한 요소(사법부와 자유로운 언론)는 위협을 받고 있다.

자유로운 제도가 없을 때 민주주의는 종종 공격적인 포퓰리즘으로 전락한다. 헝가리의 포퓰리스트 총리 빅토르 오르반(Viktor Orbán)은 자신이 "자유를 제약하는" 민주주의를 창조했다고 노골적으로 주장했다. 100년 전에 이런 구분은 의미가 없었다. 투표권을 허용하기 시작한 국가들 대부분이 이미 언론과 연합하는 등 실질적인 법률적 보호망을 갖추고 있었기 때문이다. 그러나 우리는 지난 몇십 년 동안 많은 민주주의 국가가 그런 권리를 보장하지 않음으로써 민주주의의 덫이 날카로운 이빨을 드러내는 모습을 목격했다.

그렇다고 해서 선거적 민주주의를 모두 무시해서는 안 된다. 어쨌든 투표권이 있는 것은 없는 것보다 훨씬 낫다. 그러나 앞으로 살펴보겠지만 자유로운 제도를 제한하지 않는 민주주의는 혼돈과 양극화를 초래한다. 제한 없는 다수의 통치는 위험하다. 사악한 지도자가 자신을 내쫓을 선거를 억압하지 않도록 어떻게 막을 것인가? 정치의 세계에서는 약속을 강제하기 위해 의지할 수 있는 제3자가 없다는 사실을 떠올려보자. 한 나라의 지도자가 어떤 반대도 물리칠 수 있도록 허용해도 될 것인가? 2021년 1월 6일 미국에서 트럼프 지지자들이 폭동을 벌인 이후로 이는 부유한 민주주의 국가에 사는 시민에게 실질적인 위협이 되었다. 그러므로 민주주의를 살아 있게 하려면 강력한 제도가 필요하다.

민주주의는 오래됐으면서 동시에 현대적인 시스템이다. 진정한 대중의 통치라는 개념은 고대 시대로 거슬러 올라간다. 그러나 전 세계에 걸쳐 실질적인 민주주의의 역사는 트랜지스터라디오의 역사 정도에 불과하다. 우리는 스스로 통치하기 위한 권리를 얻기 위해 수 세기 동안 싸워왔다. 그럼에도 과거로 회귀하려는 위협은 여전히 존재한다. 더군다나 민주주의는 불완전한 시스템이다. 민주주의는 우리 사회가 선한 정치인을 선출하도록 보장하지 않는다. 이런 불완전성에도 불구하고 민주주의에는 분명 장점이 존재한다.

우리는 대표를 선출할 수 있다. 즉 뭔가를 원할 때 찬성하는 투표를 하거나 지지하기 위해 공직에 출마할 권리가 있다. 그렇다고 해서 정치인들이 우리처럼 행동하거나 생각하도록 만들 순 없다. 그래도 그런 사실을 진정으로 우려한다면 얼마든지 나서서 바꿀 수 있다. 민주주의 사회에서 거의 모든 유권자는 민주주의 지도자가 될 수 있다. 그리고 우리는 책임을 물을 수 있다. 적어도 이론적으로는 그렇다. 정치인이 일을 잘하지 못할 때 우리는 그를 내쫓을 수 있다. 우리는 투표소에서 그들의 잘못을 벌할 수 있다. 그리고 정당이 공약을 제시할 때 우리는 다음 선거에서 그들이 공약을 얼마나 잘 지켰는지 심판할 수 있다.

마지막으로 우리는 스스로 통치할 수 있다. 스스로 선택하고 의사 결정을 내릴 수 있다. 우리는 민주주의를 통해 오류를 수정하고, 선조들의 선택을 무작정 따라가지 않을 수 있다. 정치 시스템은 우리를 대상이 아니라 시민으로 존중한다. 우리는 민주주의를 통해 우리가 바라는 세상을 만들어간다. 그런데 한 가지 문제가 있다. 여기서 말하는 '우리'란 과연 누구인가?

3장

민주주의의 덫

민주주의가 그토록 바람직한 제도라면 민주적인 의사결정은 왜 그리 힘든 걸까? 민주주의의 문제는 국가와 개인이 다르다는 사실에서 비롯된다. 국가는 이기적인 개인들의 집단이다. 그리고 우리가 개인으로서 의사결정을 내리는 방식은 집단이 의사결정을 내리는 방식과 확연히 다르다. 우리가 원하는 것을 얻으려 하는 개인적인 동기는 우리가 어떤 합의에도 이르지 못하도록 가로막는 방해물이 될 수 있다. 즉 정치는 완전히 실패할 수 있다. 우리는 민주주의의 덫에 갇힌다. '국민의 뜻'이라는 것은 '없다'.

국민의 뜻은 우리 모두 동의할 때만 존재한다. 다양한 투표 규칙과 같은 민주적인 제도는 집단에서 단일한 비전을 만들어내지 못한다. 이기적인 유권자들이 민주주의 제도를 전략적으로 이용하거나 터무니없는 해결책을 들고나오기 때문이다. 브렉시트 사례로 돌아가 보자. 영국의 하원의원들은 의사결정을 내리기 위한 투표 시스템에 대해 합의하지 못했다. 그 이유는 탈퇴냐 잔류냐의 단순한 선택이 브렉시트를 실행하는 다양한 방식에 대한 선택으로 넘어갔기 때문이다.

두 가지 이상의 선택지가 있을 때 민주적인 투표는 항상 혼돈과 우유부단의 위험에 직면한다. 그러나 투표할 때마다 혼돈이 발생하는 것은 아니다. 그 이유는 정당들이 점차 심각해지는 양극화를 대가로 치르면서 질서를 강제할 수 있기 때문이다. 우리는 의사결정을 내린다. 그러나 그 의사결정이 국가를 반으로 분열시키고 양측의 분노를 키울 수 있다. 브렉시트 논의는 바로 그런 상황에서 영국 정당 정치의 손을 띠닌다. 보수당은 퇼뢰 징딩이 되고 노동당은 잔류 징딩이 되면서(물론 두 당은 처음부터 반목했지만) 정치인들은 '잔류파'를 한탄하거나 '탈퇴파'를 비웃었다.

합의에 이르지 못할 때 우리는 어떻게 민주적인 정치가 돌아가도록 만들면서 혼돈과 양극화의 위험을 피할 수 있을까? 이 질문에 답하기 위해서는 먼저 민주주의의 덫에 대해 살펴볼 필요가 있다.

'국민의 뜻'이란 무엇인가?

'국민의 뜻'이라는 개념의 역사는 오래됐다. 20세기 중반까지 민족주의, 자유주의, 공산주의가 서로 충돌하면서 무엇이 국민의 뜻을 대변하는지 혹은 국민의 뜻이란 무엇인지를 놓고 치열한 논쟁이 벌어졌다. 국민의 뜻과 같은 건 존재하지 않는다고 주장하는 이는 거의 없었다. 이린 짐에서 지금도 많은 사람이 국민의 뜻을 받들겠다고 주장하는 '강력한' 지도자 혹은 '도덕적인' 지도자에 이끌리는 것은 그리 놀라운 모습이 아니다.

이 논쟁의 한가운데에는 18세기 프랑스의 사상가 장 자크 루소(Jean

Jacques Rousseau)와 그가 말한 '일반의지(volonté générale)'라는 개념이 있다. 루소는 개인 간 의견 불일치는 분열과 특수한 이해관계를 조장하는 현대 문명이 만들어낸 인위적인 결과물이라고 믿었다. 그러나 이런 불일치를 해결할 방법이 있었다. 바로 민주공화국이었다. 모든 사람이 의사결정 과정에 참여하면 숙고의 과정을 거쳐 모두가 공유하는 목표, 즉 일반의지를 이해하게 된다. 민주주의가 더 많은 구성원의 참여를 보장하고 원활하게 기능할수록 집단적인 의지는 진정한 공동의 이익이 된다.

루소에 이어 다양한 학술적 전통을 배경으로 둔 많은 사상가가 등장하면서 개인의 이익을 미뤄둘 때 공동의 이익을 발견할 수 있다고 주장했다. 예를 들면 민족주의자들은 국민의 뜻을 국가의 경계 혹은 가상의 동일 민족 '인간'으로 정의했다. 반면 사회주의자들은 아주 다른 관점으로 국민의 뜻을 바라봤다. 카를 마르크스(Karl Marx)는 공동의 이익은 인간과 경제에 대한 관계로 정의해야 한다고 주장했다. 세상의 모든 노동자는 동일한 이해관계를 공유한다. 그리고 자본가들 역시 마찬가지다. 마르크스가 보기에 계급 투쟁이 존재하는 한 공동의 이익이란 없다. 그러나 혁명이 일어나서 모든 재산에 대한 공산주의적 재분배가 이뤄질 때 비로소 모든 사람이 단일한 공동의 이익을 공유하게 된다. 이처럼 서로 다른 세계관(루소의 공화주의, 민족주의, 사회주의) 모두 단일한 공동의 이익이 존재한다는 가정에서 출발했다.

일단 이런 가정이 옳다고 생각해보자. 단일한 국민의 뜻이 존재한다고 해도 문제는 남는다. 우리 모두 하나의 집단으로서 뭔가에 동의한다고 상상해보자. 사회의 모든 구성원이 공동의 목표로부터 이익을 얼을 수 있다면(그러나 그 목표를 달성하기 위한 노력에 동참하지 않고서) 사람들은 다른 이들의 노력에 무임승차하려 할 것이다. 예를 들어 민주주의를 유지하는 것은 하나의 도전 과제다. 우리는 모두 민주주의 사회에서 살고 싶어 한다. 그런데 과연 모두가 민주주의 사회에서 살기 위해 기꺼이 비용을 치를까? 지난 10년간 미국, 영국, 프랑스에서 나타난 투표율의 감소 추세는 부정적인 대답을 하고 있다. 비록 우리가 모두 어떤 목표에 동의한다고 해도 그 목표를 달성하기 위한 노력에 동참하지 않는다면, 국민의 뜻이란 국제적 행사에서 자주 언급되지만 정작 구체성과 실천 방법이 빠진 '세계 평화'와 다를 바 없다.

하지만 우리는 대부분 의견 불일치를 드러낸다. 그럴 때 민주주의가 국민의 뜻을 이뤘다고 말하기 위해서는 얼마나 많은 사람이 동의해야 할까? 이는 우리가 국민의 뜻을 어떻게 정의하느냐에 달렸다. 우리는 대단히 포괄적인 관점에서 모두가 동의할 때만 국민의 뜻이 존재한다고 주장할 수 있다. 혹은 대단히 협소한 관점에서 과반수로도 국민의 뜻을 이뤘다고 주장할 수 있다. 그러나 역사는 이 두 가지 접근 방식의 위험성을 보여줬다.

우리는 절대적으로 모두가 동의하는 정치 시스템을 설계할 수 있다. 가장 간단한 방법은 모두에게 '거부권(veto)'을 부여하는 것이다. veto는 라틴어에서 유래한 말로, 간단하게 설명해서 '나는 반대한다'라는 의미다. 아무도 결정에 반대하지 않을 때, 이는 국민의 뜻을 분명하고도 확실하게 나타낸다. 모두에게 거부권을 부여하는 모든 정치 시스템은 그렇게 주장할 수 있다. 그러나 여기에도 문제가 있다. 우리가 모두 동의하는 경우는 아주, 아주 희박하다. 그래서 모든 개인에게 거부권을 부여하는 정치 시스템은 쉽게 정체 상태로 빠져드는 경향이 있다.

이와 관련된 유명한 사례로 '세임(Sejm)'을 꼽을 수 있다. 세임은 17~18세기 폴란드-리투아니아 연합국의 하원을 말한다. 세임에는 '리베룸베토(liberum veto)'라는 규칙이 있었는데, '나는 자유롭게 반대한다'라는 뜻이다. 하원의 모든 구성원은 진행 중인 입법 과정에 거부권을 행사할 수 있었고, 거부권을 행사하면 그 법안은 종결 처리된다. 실제로 1652년에 의원 한 사람이 거부권을 행사하면서 하원 전체가 해산되기도 했다. 18세기에는 3분의 1에 해당하는 회기 동안 아무런 법안을 통과시키지 못했다. 그 이유는 널리 알려졌듯이 해외 세력들이 폴란드 하원의원들에게 뇌물을 주고 거부권을 행사하게 해서 입법을 가로막았기 때문이었다.

이런 리베룸베토는 경쟁국들에 포위되어 위태로운 상태에 처한 폴란드를 더욱 취약하게 만들었다. 결국 세임은 1791년에 리베룸베토를 영구적으로 철폐했다. 그러나 안타깝게도 폴란드로서는 너무 늦은 조치였다. 2년 후 세임은 폴란드 의원들을 조종하고 리베룸베토를 통해 의회 기반을 무너뜨린 러시아와 프러시아의 압박 아래 자국 영토의 절반을 내주기로 동의해야만 했다. 이것이 바로 제2차 폴란드 분할이었다. '국민의 뜻'에 대한 협소한 정의가 독립적인 국민의 시대를 끝내고 말았다.

그렇다면 국가가 국민의 뜻을 내세우면서 극소수가 의사결정을 내리는 또 다른 극단은 어떤 모습일까? 이 경우 선거에서 승리하면 차지할 수 있는 이익이 엄청나기 때문에 선거 결과 자체가 논쟁의 대상이 된다. 패자는 승자의 정당성을 공격한다. 그리고 승자는 협소한 승리의 정당성을 보완하기 위해 극단적인 행동을 취한다.

브렉시트 국민투표는 국민의 뜻을 둘러싸고 수많은 논란을 불러일으킨 사례로 유명하다. 〈데일리메일〉은 EU를 떠나겠다는 국민투표 결과에도 불구하고 하원이 이를 실제로 추진할 것인지 결정해야한다고 판결한 세 판사의 사진 위에 '국민의 적들'이라는 헤드라인을 실었다. 그 기사는 EU에 회의적이었던 이언 덩컨 스미스(Iain Duncan Smith) 의원의 말을 인용해 "판사들은 말 그대로 하원이 국민의 뜻에 맞서 싸우도록 만들었다"라고 주장했다.

비록 근소한 차이기는 하나 영국 '국민'은 2016년 국민투표를 통해 의사를 표현했다. 그러나 영국의 민주주의를 구성하는 여러 다른 제도(의회와 사법부)는 그 의사를 뒤집어버렸다. 물론 영국 국민과 대표들이 투표 결과에 모두 동의한 건 아니었다. 그리고 그런 의견 불일치는 의회가 브렉시트를 최종 확정하는 법안을 통과시키지 못하면서 단지 국민의 뜻이라고 호소하기만 해서는 해소될 수 없게 됐다.

또 다른 생생한 사례로 2000년 미국 대선을 꼽을 수 있다. 이 선거의 핵심은 플로리다주에서 의심스러운 몇백 장의 투표용지를 집계하는 것이었다. 선거가 진행되던 11월 7일 밤, 조지 W. 부시와 앨 고어는 플로리다주 선거인단의 선택에 따라 승자가 되거나 패자가 될 운명에 처했다. 또한 다음 날 플로리다주의 운명과 미국의 운명 그리고 아프가니스탄과 이라크처럼 멀리 떨어진 국가의 운명까지도 바로 이 300표의 행방에 놓이게 됐다. 결국 훼손되거나 잘못 설계되었거나 불완전한 투표용지를 어떻게 집계할 것인지, 재검표 과정을 얼마나 오랫동안 진행할지는 대법원의 손으로 넘어갔다. 여기서도 결정은 다시 한번 근소한 차이로 이뤄졌다. 대법원은 5 대 4의 판결을 통해 재검표를 끝내고 부시를 대통령으로 임명하는 최종 결정을 내렸다.

부시가 대단히 근소한 차이로 승리하면서 많은 민주당 지지자가 정당성을 인정하지 않았던(단지 부시가 전체 투표에서 졌기 때문만은 아니었다) 대통령 임기가 시작됐다. 그러나 승자가 된 부시는 마치 대다수 유권자의 지지를 얻은 것처럼 국정에 임했다. 그는 미국 역사상 최대 규모의 감세안을 내놨으며, 2001년 9·11 테러 이후 중동 지역에 대한 대규모 군사 개입을 실행에 옮겼다. 승자의 진영은 전리품을 차지했다. 그러나 패자 진영은 선거의 정당성을 인정하지 않고 결과에 승복하지 않았다. 그래도 앨 고어는 적어도 자신이 선거에서 패배했다는 사실을 받아들였다. 하지만 도널드 트럼프는 2020년에 더 확실하게 드러난 패배마저도 인정하지 않았고, 이런 태도는 결국 2021년 1월 6일 국회의사당 폭동으로 이어졌다.

우리는 이를 '패자의 동의' 문제로 생각할 수 있다. 패자는 부당하다고 주장할 것인가, 아니면 결과를 받아들일 것인가? 이는 승자가 어떻게 반응하는지, 승자가 어떻게 반응할 것이라고 패자가 기대하는지에 달렸다. 1936년 스페인 좌파 연합인 인민전선(Popular Front)의 사례를 보자. 당시 인민전선은 근소한 차이로 보수 진영을 물리쳤다. 선거 전에 양측은 상대가 승리하면 내전이 불가피하다고 선언했다. 실제로 좌파 연합이 승리했을 때 불만을 품은 우파 정치인들이 정부를 전복하기 위해 공모하면서 스페인 내전이 시작됐다. 그리고 이는 프란시스코 프랑코(Francisco Franco) 장군의 36년 독재정치로 이어졌다.

이런 점에서 다수결 원칙은 국민의 뜻을 보장하지 못한다. 근소한 차이로 선거에서 이긴 승자는 때로 자신의 협소한 지지 기반을 보충하기 위해 마치 자신이 압도적인 승리를 거둔 것처럼 통치한다. 혹은 정권이 전복되는 운명을 맞이한다. 또 다른 경우 누구도 합의를 이루지 못하는 상황으로 이어진다.

콩도르세의 역설

마르키 드 콩도르세(Marquis de Condorcet)는 프랑스 혁명 낭시 중요한 역할을 했던 영웅적인 인물이었으나 끝내 참수형으로 생을 일찍 마감하고 말았다. 그렇지만 그는 세상을 떠나기 전에 두 가지 고전적인 이론을 미래 세대의 사회학자들에게 남겼다. 한 가지는 낙관적인 이론이었고 다른 하나는 비관적인 이론이었다.

먼저 낙관적인 것은 배심원 이론이었다. 그는 죄인을 처벌하고 무고한 자를 석방하는 것처럼 모두가 동의할 수 있는 결과가 있다고 주장했다. 그러나 피고가 정말로 죄가 있는지 아닌지는 확실하지 않다. 콩도르세의 주장에 따르면 개인이 판결 과정에서 잘못된 판단보다 올바른 판단을 내릴 확률이 더 높을 때, 충분히 많은 사람이 판결에 참여할 때 한 집단으로서 우리가 올바른 결정(다수결 투표에 의해)을 내릴 가능성이 더욱 커진다. 이는 '군중의 지혜'에 대한 최초의 현대적 선언이다. 즉 우리는 개인으로서 확실하지 않을 수 있지만 집단으로서 확실할 수 있다. 이는 민주주의에 대단히 좋은 소식이다. 그 긍정적인 결과는 이 장의 후반에서 다시 살펴보도록 하자.

그런데 우리가 원하는 결과에 모두가 합의하지 않는다면? 여기서 콩도르세의 비관적인 이론이 등장한다. 널리 알려진 것처럼 콩도르세의 역설(Condorcet's paradox)은 우리가 개인으로서 여러 결과를 놓고 분명하게 순위를 매길 수 있다고 해도, 집단으로서 일관적인 선택을 하지 못할 수 있다고 말한다. 대신 우리는 결과에서 결과로 무한히 이어지는 순환에 갇히고 만다. 특히 선택할 수 있는 대상이 두 가지 이상일 때 그렇게 될 위험이 크다.

콩도르세의 역설을 입증하는 사례로 브렉시트 그리고 어떤 것에도 합의하지 못한 영국 의회의 무능함으로 다시 시선을 돌려보자. 의회가 무능했던 이유는 의원들이 선호가 완전히 다른 세 그룹으로 나뉘었고, (적어도) 세 가지 가능한 결과가 존재했기 때문이었다. 그 세 가지는 테리사 메이의 합의안, 어떤 협상도 없이 EU를 탈퇴하는 방안 ['노딜(No Deal)'], 새로운 국민투표를 시행하는 방안이었다.

많은 보수당 의원과 일부 노동당 의원은 메이의 합의안을 통과시키길 원했다. 그리고 그게 안 된다면 노딜을 선택하고자 했다. 그들은 새로운 국민투표에는 절대 동의하지 않았다.

보수당 내 다른 의원들[스스로 '스파르탄(Spartan)'이라고 칭한]은 가장 순수한 형태의 브렉시트인 노딜을 지지했다. 그들은 메이의 합의안이 영국을 EU에 영원히 가두는 '배신'이라고 봤다. 그보다는 차라리 새로운 국민투표가 더 나았다.

마지막으로 노동당의 많은 의원은 브렉시트 자체를 강하게 반대했다. 그들은 새로운 국민투표를 원했고, 그것이 받아들여지지 않는다면 메이의 합의안을 지지하고자 했다. 그들은 노딜을 하나의 재앙으로 봤다.

정치인들 모두 개인적으로 서로 다른 브렉시트 정책에 대해 일관적이고 합리적인 기준을 갖고 있었다. 그러나 집단으로서 의회는 혼돈 그 자체였다. 그들은 가장 단순한 민주적인 투표 규칙(두 가지 선택지에 대한 다수결 투표)에도 합의하지 못했다.

먼저 '메이의 합의안 vs 노딜'부터 살펴보자. 메이의 지지자들은 합의안을 원했고 야당들도 노딜보다 합의안을 선호했다. 그래서 합의안은 다수의 지지를 얻을 수 있었다. 그러나 상황은 좀 더 복잡했다. 야당들은 *그들이* 가장 선호하는 새로운 국민투표와 합의안을 대결 구도로 인식했다. 그리고 스파르탄들도 적절한 형태의 브렉시트로 인정하지 않았던 메이의 합의안을 받아들이기보다 국민투표를 통해 기회를 잡고자 했다. 그들은 새로운 연합을 형성함으로써 국민투표에서 이길 수 있었다.

여기서 메이의 연합은 이렇게 주장할 수 있었다. '결과가 어떻게 나왔다고 해도 국민은 브렉시트에 대해 투표했다. 그러니 새로운 국민투표에 반대하고 노딜을 밀어붙이자.' 메이의 연합과 스파르탄은 그렇게 노딜을 지지했을 것이다. 그러나 처음에 노딜을 물리친 메이의 합의안으로 시작했기 때문에 이제 우리는 출발점으로 돌아왔다. 투표와 투표가 계속해서 반복되는 순환이 시작됐다. 의회는 공전을 거듭하면서 최종 결정을 내리지 못했다.

브렉시트 문제를 해결하기 힘든 한 가지 이유는 많은 사람이 '복수의 선호'를 갖고 있기 때문이다. 그들은 중간에서 타협하기보다 극단을 추구한다. 이 사례에서 스파르탄들은 메이의 합의안보다 노딜과 국민투표를 선호했다. 이처럼 극단을 추구하는 경향은 전시에 종종 나타난다. 그 이유는 일부 사람들이 제한적인 개입보다 전면적인 철수나 전면전을 선호하기 때문이다. 미국의 베트남 논쟁 역시 이런 모습을 보였다. 바로 이런 극단적인 선호가 반복적인 순환을 만들어낸다.

혼란을 끝내는 한 가지 방법은 사람들이 중립적인 선택지를 선호하도록 설득하는 것이다. 그러나 이 말은 곧 선택의 자유를 침해한다는 뜻이다. 엄밀히 말해서 이런 접근 방식은 민주주의가 아니다.

어쩌면 콩도르세의 역설이 흥미롭기는 하지만 민주주의 사회에서는 좀처럼 찾아보기 힘든 오류라고 생각할지 모른다. 즉 단어 놀이나 수수께끼처럼 사소한 게임일 뿐, 집단적인 의사결정에 실질적인 위협을 주진 못한다고 말이다. 그러나 안타깝게도 그렇지 않다. 1950년대에 미국의 경제학자 케네스 애로(Kenneth Arrow)는 모든 형태의 민주적인 투표가 혼돈이나 독재로 이어질 수 있다는 사실을 수학적으로 증명해 보였다.

애로는 각 개인이 서로 다른 옵션에 순위를 매기게 한 다음, 일종의 투표 메커니즘을 통해 집단 전체의 순위를 합산할 때 어떤 일이 일어나는지 조사했다. 과연 그 집단이 일관적인 '의사'를 갖고 있다고 말할 수 있을까? 아니다. 애로의 불가능성 정리(Arrow's impossibility theorem)에 따르면 민주주의에 필요한 다음 조건들을 모두 만족시키는 투표 규칙은 없다.

1. 집단적 합리성: 우리는 끝없이 순환할 순 없다. 단일한 집단적 선택을 내려야 한다.

2. 독재가 아닐 것: 한 사람의 선호가 언제나 우위에 설 순 없다.

3. 보편적 영역: 개인의 다양한 선호를 모두 허용해야 한다. 특정한 선호를 금지해서는 안 된다.

4. 만장일치: 모두가 B보다 A를 선호할 때 이를 무시하고 B를 선택해서는 안 된다.

5. 관련 없는 대안의 독립성: 사회가 두 가지 중에서 내린 선택은 관련 없는 세 번째 선택지에 대한 사람들의 선호에 의존하지 않는다.

예를 들어 브렉시트의 경우 단순한 다수결 투표는 집단적 합리성을 위배했다. 많은 사람이 타협보다 극단을 선호하면서 선택에서 선택으로 이어지는 끝없는 순환에 갇히고 말았다. 다른 투표 규칙은 다른 기준에 해당한다. 중요한 사실은 애로의 다섯 가지 조건을 모두 동시에 충족시킬 순 없다는 점이다. 투표 시스템을 통해 확실한 결과를 만들어내고자 한다면 조건 중 하나를 위반해야 한다. 아니면 뒤로 물러나 혼돈을 만끽해야 한다.

브렉시트 사례로 돌아가서, 그렇다면 두 번의 투표로 끝낼 순 없었을까? 이 방법은 애로의 조건을 만족시키지 못했을까? 영국 의회는 세 가지 선택지를 각각 적어도 한 번 이상 고려했다. 문제는 이 사례에서 새로운 국민투표가 메이의 합의안과 노딜보다 더 낫다고 사람들이 판단했다는 것이다. 비록 잔류에 찬성하는 야당 의원들만이 그렇게 생각했음에도 불구하고 말이다. 두 번의 투표로 끝내자고 주장했다면 그들은 의회의 의사결정에서 독재자가 됐을 것이다. 이는 두 번째 조건을 위반한다. 독재이기 때문이다. 그러나 누군가 책임을 지지 않는 한 무한한 순환에서 빠져나올 수 없다. 세 번째 투표에서 노딜은 국민투표를 이겼다. 네 번째 투표에서는 합의안이 노딜을 이겼다. 그리고 이런 과정이 '끝없이' 이어졌다. 단순한 의사결정과 공정하고 민주적인 절차에도 불구하고 논쟁은 끝없이 돌고 돌았다.

세 그룹의 투표자와 세 선택지와 관련해 특별한 뭔가가 있을까? 아니다. 여기에 더 많은 선택지나 더 많은 투표자를 추가한다면 이런 형태의 순환적인 혼돈이 시작될 뿐이다. 만약 스파르탄이나 야당 의원들에게 그들의 선호가 잘못됐다고 설득함으로써 문제를 해결하고자 한다면? 어쩌면 성공할 수도 있을 것이다. 그러나 그 과정에서 민주주의의 또 다른 핵심 원칙을 포기해야 한다. 바로 모두가 개인의 선호에 따라 선택을 내려야 하며 무엇이 그들에게 최선인지 대신 결정해서는 안 된다는 원칙이다. 즉 세 번째 조건을 위반한다.

어쩌면 이렇게 생각할지 모른다. 좋다. 물론 원칙은 어겼다. 그래도 정치는 안정을 찾았다. 따라서 이 문제는 흥미롭기는 하지만 결과적으로 중요하지는 않다. 그리고 대부분 경우에 그렇다. 그 이유는 정치적 제도가 사실은 일상적인 정치 속에서 이런 원칙 중 일부를 위반하도록 설계됐기 때문이다.

제도는 혼돈을 억제함으로써 정치적 약속의 신뢰성과 안정성을 높일 수 있다. 정치적 안건을 통제함으로써(영국 의회에서 의사 일정표를 통하거나 미국 상원에서 의회 위원회를 통해) 선택지의 수를 줄이거나 기존의 투표수를 제한할 수 있다. 만약 브렉시트의 선택지를 첫 번째 투표에서 두 가지로 줄였다면 혹은 다수결 투표를 두 번만 할 수 있다고 정했다면 영국 의회는 최종 의사결정을 내릴 수 있었을 것이다. 그러나 이런 경우 안건을 설정하는 사람은 결국 선택된 결과를 지지할 것이다. 이는 민주적이 아니라 독재적인 방식이다. 우리는 이 조건을 위반함으로써 민주주의가 돌아가게끔 한다.

혼돈은 정부가 단일 정책을 선택하지 못할 때 발생한다. 때로는 정부를 구성하는 것 자체가 힘들 수 있다. 이와 관련해서 2011년 말 벨기에는 새로운 극단의 모습을 보여줬다. 당시 벨기에는 589일 동안 선출된 정부가 존재하지 않는 상황을 맞이했다.

이 사례는 좀 이상해 보인다. 선출된 대통령이 있고 정당들이 정기적으로 다수를 차지하는 나라에서 어떻게 이런 일이 일어날 수 있을까? 그러나 벨기에는 비례대표제(어느 정당도 20퍼센트 이상 득표하기 힘들다)를 실시하고 있었으며, 네덜란드어를 쓰는 플랑드르 지역과 프랑스어를 쓰는 왈롱 지역은 뚜렷한 분열을 보였다.

2010년 벨기에 선거에서 최고 득표를 얻은 보수 진영의 신 플랑드르 연합(New Flemish Alliance)은 득표율 17.4퍼센트를 기록했다. 다음으로 왈롱 사회당(Socialist Party of Wallonia)은 서로 다른 정치와 언어, 지역적 지지에도 불구하고 비슷한 수의 의석을 차지했다(26석 대 27석). 여기에 다섯 정당이 각각 총 150석 중 12석 이상을 차지했다. 어느 정당도 과반에 미치지 못했다. 이는 벨기에 정치에서 일반적인 모습이었다. 그래서 정당들은 행정부를 꾸리기 위해 연합을 형성해야 했다. 그러나 2010년 6월에도 그들은 협상 파트너를 쉽게 찾지 못했다.

벨기에는 많은 작은 유럽 국가들처럼 군주제를 여전히 유지하고 있었다. 벨기에의 왕이 해야 할 일은(군대를 전쟁터로 이끄는 것보다는 덜 흥미진진하지만) '정보 수집자(informateur)'를 선택하는 일이었다. 정보 수집자는 의회 다수를 구성하는 연합을 형성하는 책임을 진 정치인을 말한다. 당시 벨기에 왕은 정보 수집자를 찾지 못했고, 사회당 대표를 불러 그 역할을 맡겼다. 그러나 이 역시 운이 따르지 않았다. 그렇게 석 달의 시간이 흘렀다.

다음으로 왕은 각 당의 '중재자(mediator)'로 시선을 옮겼다. 그러나 마찬가지로 성과가 없었다. 왕은 다시 신 플랑드르 연합 대표를 '정리자(clarificator)'로 임명했다. 하지만 명칭의 변화는 아무런 도움이 되지 못했다. 왕은 결국 플랑드르 지역 사회당 중재자에게 그 역할을 맡겼다. 그는 200일 만에 60쪽에 이르는 제안서를 내놨지만 받아들여지지 않았다. 이후 왕은 새로운 정보 수집자를 찾았고 다시 새로운 중재자로 넘어갔으며, 마지막으로 '형성자(formateur)'를 임명했다. 그러나 아무 소용이 없었다.

결국 선거가 끝나고 1년 반이 지난 2011년 12월에야 협상이 이뤄지면서 정부가 구성됐다. 그동안 학생들은 팬티 차림으로 시위를 벌였고, 정치인에서 배우에 이르기까지 다양한 유명 인사들이 남성들에겐 면도 파업을, 여성 정치인에게는 섹스 파업을 벌이도록 권고했다. 나라 전체가 달뜬 꿈을 꾸는 듯 보였다.

벨기에에서는 대체 무슨 일이 벌어지고 있었던 걸까? 그들이 협상하지 못했던 이유는 경제와 종교적 권리, 언어, 심지어 플랑드르 나치 부역자에 대한 사면과 관련해 근본적인 차이가 존재했기 때문이었다. 모든 정당은 서로 엇비슷한 규모였기에 누구도 잠재적인 연합 파트너가 될 수 있었다. 이 말은 동시에 모든 정당이 거부권을 갖고 있다는 뜻이기도 했다. 정당들은 다양한 사안에서 다양한 의견 차이를 드러냈기 때문에, 일부 정당과는 함께 동의하지만 다른 정당과는 동의하지 않는 새로운 사안을 발견함으로써 마음에 들지 않은 연합에서 언제든지 빠져나올 수 있었다. 그리고 상황이 수습되는 과정에서도 새로운 갈등이 불거지면 전체 과정이 바로 중단될 위험이 있었다.

집단적인 선택이 힘든 데는 또 다른 이유가 있다. 이는 애로의 다섯 번째 조건인 '관련 없는 대안의 독립성'이다. 이 조건은 두 가지 선택지를 놓고 하는 선택이 관련 없는 제3의 선택지의 영향을 받아서는 안 된다는 원칙이다. 마치 레스토랑에서 바닷가재가 아니라 스테이크를 선택하려고 했다가 농어 특별 요리가 있다는 종업원의 말을 듣고서 바닷가재를 선택하는 상황과 비슷하다. 두 가지 선택지를 놓고 하는 단순한 선택이 새로운 선택지가 등장하면서 혼란에 빠지는 것이다. 이처럼 제3의 선택지가 투표에 영향을 미치도록 내버려 두면 전체 과정이 좌초될 위험이 있다. 나아가 전략적 투표(strategic voting)라는 문제를 겪을 수 있다.

한편 세 가지 이상의 선택지가 있고 사람들의 선호에 어떤 제한도 없는 모든 투표 시스템은 독재적인 방식으로 전락하거나 전략적 투표의 위험에 노출될 위험이 있다. 이 말은 찬반 국민투표 외에도 거의 모든 투표가 전략의 먹잇감이 될 수 있다는 뜻이다. 물론 전략이 언제나 성공을 거두는 것은 아니다. 연구원들은 호주, 영국과 같은 국가에서 유권자들이 시도한 전략적 투표의 3분의 1이 실제로 역풍을 맞이했다는 사실을 확인했다. 그러나 전략이 옳든 그르든 간에 투표를 통해 사람들의 진정한 선호를 끌어내는 일은 불가능하다.

전략적 투표는 유권자에게만 영향을 미치는 게 아니다. 우리는 입법부에서도 전략적 투표를 목격할 수 있다. 정치인들은 자신이 원하는 뭔가(가령 군사기지)를 얻기 위해, 또 다른 정치인과 '투표 거래'를 하면서 그들이 정말로 좋아하지는 않는 정책(가령 설탕 생산자에 대한 보조금)에도 종종 찬성표를 던진다. 이처럼 서로 도움을 주고받는 전략을 '로그롤링(logrolling)'이라고 부른다. 이런 로그롤링 때문에 찬반 투표에서 의원 다수가 지지하지 않을 다양한 정책이 통합 법안의 방식으로 지지를 얻을 수 있다.

1930년에 미 의회가 통과시킨 스무트-홀리 관세법(Smoot-Hawley Tariff Bill)은 대공황의 고통을 더 악화시켰다는 비난을 받았다. 그 법안은 의원들이 다른 정치인과 서로 협상하지 못하도록 차단해서, 그들이 선호하는 산업을 보호하기 위해 관련 없는 상품 수천 개에 대한 관세를 높였다. 관세는 평균 40~60퍼센트 올랐고 이듬해부터 무역과 고용 수치가 곤두박질쳤다.

투표 시스템에 열광하는 이들은 미국과 캐나다, 영국처럼 다수결 투표제로 대표를 선출하는 국가는 결국 제3당을 배제하게 된다고 주장한다. 그 이유는 원래 제3당을 지지했던 사람들이 전략적 차원에서 승리 가능성이 큰 두 정당 중 하나에 투표하기 때문이다. 투표 시스템 전문가들은 유권자에게 광범위하면서 의미 있는 선택권을 주기 위해 단기 이양식 투표제(Single Transferable Vote, 후보자 한 명을 선택해 투표하면서 동시에 표 이양의 경우를 대비해 미리 차순위 선호, 즉 2순위, 3순위 후보에게 기표하는 방법-옮긴이)나 선택 투표제(Alternative Vote, 투표지에 기재된 모든 후보자에게 선호 순위를 기입하는 방법-옮긴이) 같은 순위 투표제를 권고한다. 최근 이런 투표제가 지역 단위로 채택되고 있다. 뉴욕 시장 선거, 알래스카와 메인주 상원 선거, 스코틀랜드와 웨일스 의회 선거가 이 방식을 채택했다. 그러나 이런 투표제조차 개인에 의한 전략적 투표의 먹잇감이 될 수 있다.

브렉시트를 다시 떠올려보자. 이언 매클레인과 나는 의원들의 투표를 유도할 수 있는 투표 시스템을 제시해달라는 요청을 의회로부터 받았다. 가장 기능성 있는 시스템은 선택 투표제(AV)였다.

선택 투표제에서 유권자는 자신의 선호에 따라 후보자들의 순위를 매긴다. 과반의 지지를 얻은 후보자가 나오지 않을 경우, 1위 선호를 가장 적게 받은 후보자를 먼저 탈락시킨다. 그러나 여기서 탈락한 후보자를 가장 선호했던 사람들의 표는 무효가 되지 않는다. 그들의 표는 두 번째로 선호한 후보자에게로 모두 넘어간다. 그렇게 과반의 지지를 얻은 후보자가 나올 때까지 이 과정이 계속된다.

선택 투표제의 문제는 투표자들이 양극화된 선택지를 선호할 때 발생한다. 브렉시트는 거의 모든 의원이 양극화된 선택지, 즉 노딜과 새로운 국민투표를 선호했다. 합의안을 선호한 의원은 거의 없었다. 선택 투표제에서는 1위 선호를 가장 적게 받은 후보를 제거하기 때문에, 합의안은 모두가 받아들일 수 있다고 해도 탈락할 가능성이 크다. 따라서 합의안을 도출하겠다는 목적에도 불구하고 선택 투표제는 극단적인 선택으로 이어질 수 있다.

우리는 또 다른 계획을 세워두고 있었다. 바로 선택 투표제를 가미한 쿰스 규칙(Coombs rule)이었다. 이는 가장 많은 미움을 받는 후보,

즉 가장 많은 사람에게서 꼴찌 선호를 받은 선택지를 탈락시키는 방식이다. 여기서 합의안은 살아남을 수 있을 뿐만 아니라 승리를 차지할 수도 있다. 하지만 쿰스 규칙은 현실적으로 불가능했다. 의원들이 가장 싫어하는 선택지를 솔직하게 드러내지 않을 수 있기 때문이었다. 의원들이 합의안을 싫어하는 척하거나, 가장 선호하는 선택지를 지지하기 위해 투표 시스템을 악용하는 것을 막을 순 없었다.

결국 하원은 '승인 투표제(approval voting)'를 실시하기로 합의를 봤다. 승인 투표제에서 의원들은 제시된 각각의 선택지를 계속 고려해야 하는지를 놓고 투표한다. 그러나 승인 투표제도 결국 성공을 거두지 못했다. 역시 전략적 투표 때문이었다. 몇몇 야당은 EU의 단일 시장에 그대로 남아 있는 방안을 받아들이지 않았다. 그들은 결국 국민투표로 이어지는 상황을 우려했다. 스파르탄들은 더욱 강경한 선택지가 우세를 차지하도록 메이의 합의안을 지지하지 않았다.

의원들은 어떤 선택지를 받아들일 수 있는지 솔직하게 그들의 선호를 드러내지 않았고 자신의 입맛에 더 잘 맞는 뭔가가 나오기를 기대했다. 이런 전략적 투표 때문에 승인 투표에서조차 단 하나의 브렉시트 선택지도 살아남지 못했다.

이기심이 신중하게 세운 계획의 근간을 허물어뜨리면서 전략적 투표는 혼돈의 나락으로 떨어진다. 모든 사람은 자신이 원하는 결과를 얻기 위해 거짓말을 할 동기가 있다. 모두가 시스템을 이용하려들 때 모두가 옳을 수는 없으며, 결국 우리는 전략 수립이라는 끝없는 순환에 갇히고 만다.

이 문제는 결정을 내리는 방식을 어떻게 결정해야 하는가에서도 모습을 드러냈다. 사람들이 이미 특정한 투표 시스템 '속에서' 전략적으로 투표한다면 그들은 그 투표 시스템에 '관해서도' 전략적 투표를 할 것이다. 그렇게 혼돈은 우리가 정책에 대해 내리는 선택에서, 선택하기 위한 방식을 어떻게 선택할 것인가로 넘어간다. 그리고 우리는 집단적인 차원에서 결정하는 방식을 결정하지 못하고 민주주의의 덫에 갇히고 만다. '국민의 뜻'이라는 것은 '없다'.

민주주의는 이 문제를 해결하지 못한다. 이것이 문제다. 응급 처방은 없다. 애로의 정리는 집단적인 민주적 선호를 취합할 수 있는 기술적인 해결책은 존재하지 않는다는 사실을 말해준다. '국민의 뜻'에 대한 강력한 지도자의 설득력 있는 호소도 없다. 사람들이 다른 선택지를 선택하도록 허용하고자 한다면, 즉 의견 불일치를 허용하고자 한다면 민주주의가 필요하다. 그러나 민주주의가 돌아가도록 만들기 위해, 즉 정치가 제대로 기능하도록 만들기 위해 우리는 민주주의를 안정시킬 방법을 찾아야 한다.

민주주의의 딜레마, 양극화

모든 투표 시스템 속에 혼돈이 숨어 있음에도 대부분 안정적으로 보이는 이유는 무엇일까? 안정적인 정치는 사람들이 선택할 수 있는 범위 혹은 실행할 수 있는 투표의 유형을 제한할 때만 가능하다. 그래서 우리는 정치에 제약과 형태를 부여해야 한다. 민주주의를 쇠사슬로 묶어야 한다. 그래야 순환의 혼돈을 멈출 수 있다.

대부분의 부유한 국가에서 정치는 1차원적인 경쟁을 기반으로 움직인다. 어떤 사안이 등장할 때 모든 정치적 경쟁이 시작된다. 우리는 '좌파', '우파'라는 용어를 여전히 사용한다. 그 기원은 프랑스 혁명으로 거슬러 올라간다. 당시 좌파와 우파는 한 가지 차원을 의미했다. 일반적으로 정치의 한 가지 차원은 돈이다. 사람들은 돈과 관련해 선호가 뚜렷하다. 부유한 이들은 일반적으로 낮은 세금과 낮은 공적 지출을 선호한다. 반면 가난한 이들은 높은 세금과 높은 공적 지출을 선호한다. 한 나라에서 가장 높은 지출을 원하는 구성원(가장 가난한 사람)에서 가장 낮은 지출을 원하는 구성원(가장 부유한 사람)에 이르기까지 모든 국민을 일렬로 줄 세우는 것도 가능하다.

사람들에게 공적 지출 수준을 놓고 순위를 매겨보라고 하면 일관적인 패턴을 확인할 수 있다. 가령 공교육에 대해 당신이 '선호하는' 지출 수준이 국민소득의 5퍼센트라고 한다면(부유한 국가들의 평균 수준), 당신이 2퍼센트보다 4퍼센트를 더 선호하고 10퍼센트보다 6퍼센트를 더 선호할 것이라고 예상할 수 있다. 당신이 선호하는 지출 수준에서 멀어질수록 만족감은 떨어질 것이다.

당신이 이런 형태의 '단일 정점 선호(single-peaked preference)'를 갖고 있다면, 낮은 수준의 공적 지출을 가장 선호하고 그다음에 극단적으로 높은 지출을 선호하는 이상한 방식으로 순위를 매기지는 않을 것이다. 만일 사람들이 단일 정점 선호를 갖고 있다면 한 가지 좋은 소식이 있다. 바로 민주주의 정치에서 혼돈이 사라진다는 것이다. 그러나 나쁜 소식도 있다. 혼돈이 사라진 자리에 양극화가 들어선다는 사실이다.

단일 정점 선호가 존재하기 위해서는 정치가 세금과 같은 단일 차원에 대한 싸움이 되어야 한다. 다차원 정치는 혼돈과 순환을 초래한다. 정치를 1차원으로 만들 때 우리는 안정성을 얻는다. 이론적으로 중간에서 합의를 볼 수 있다. 그러나 현실적으로 정치를 1차원으로 만들면 끝없는 분쟁이 종종 발생한다. 즉 정치적 양극화라는 새로운 문제가 혼돈의 딜레마를 대체하게 된다.

양극화는 동료 시민 사이에서 갈등과 혐오감을 조장한다. 그리고 정당들이 서로 협상해야 할 때 교착 상태에 이르게 만든다. 또한 아무런 제약 없이 통치힐 수 있을 때 징치인들은 초토화 정책을 밀어붙인다. 이런 독은 때로 민주주의의 목적 자체에 스며들곤 한다.

미국의 경제학자 앤서니 다운스(Anthony Downs)는 다소 특이한 경력을 보여준다. 경력의 전반부에 그는 민주주의 경제 이론에 관한 중요한 저서를 발표했고, 후반부에는 부동산 투자 컨설팅 기업의 회장이 됐다. 그러나 다운스의 민주주의 이론이 위치 선정에 관한 문제를 다룬다는 점에서 그의 이 경력들은 보기보다 밀접한 관련이 있다.

그는 유권자들이 단일 차원을 기준으로 분포되어 있을 때 정치인은 중간에 자리 잡아야 한다고 주장했다. 이 생각은 경제학자 헤럴드 호텔링(Harold Hotelling)에게서 빌려온 것이다. 호텔링은 매장의 위치 선정과 관련해서 똑같이 주장했는데, 번화가 중심에 매장을 여는 것이 합리적인 선택이라고 말했다. 매장이 번화가 중심에 있을 때 거기서 가장 멀리 떨어진 손님이 걸어야 할 거리는 번화가 전체 길이의 절반이다. 만약 당신이 북쪽 끝에 매장을 내고 상대가 중심에 매장을 낸다면 상대는 남쪽 끝에서 중심과 북쪽 끝 사이의 중간에 이르기까지 모든 손님을 차지할 것이다. 따라서 번화가 중심에 매장을 열지 않으면 망한다. 그래서 매장들은 중심으로 모여드는 경향이 있다.

다운스는 정당들 역시 중심으로 모여드는 경향이 있다고 생각했다. 경쟁 정당이 정치 스펙트럼에서 중간에 자리 잡을 때, 오른쪽 극단에 자리 잡은 정당은 중간에서 왼쪽 극단에 이르는 모든 유권자뿐 아니라 중간에서 약간 오른쪽에 있는 유권자들까지 잃어버릴 것이다.

바로 이런 일이 1964년 미국 대선에 뛰어들었던 배리 골드워터 (Barry Goldwater)에게 일어났다. 당시 선거에서 골드워터는 현직 대통령인 린든 베인스 존슨에게 크게 패했다. 골드워터는 핵무기를 일반적인 무력 수단으로 사용하고 사회보장을 자발적으로 선택하는 방식으로 바꿔야 한다고 주장했다. 확실히 유권자에게 인기 있는 공약은 아니었다. 또한 그는 "자유 수호의 차원에서 극단주의는 악이 아니다"라는 말로도 유명했다. 그럴 수 있다. 하지만 이상적인 선거 전략은 아니었다.

다운스주의 세계관은 흔히 '중위투표자 정리(median voter theorem)'라고 불린다. 이 정리에 따르면 정당들은 정치 스펙트럼의 중간에 있는 투표자의 정치적 선호로 수렴한다. 모든 정당은 이런 중위투표자가 선호하는 정책을 공약으로 내걸고, 권력을 잡았을 때 이를 실행에 옮기고자 한다.

이 정리는 지극히 직관적인 생각으로, 종종 옳은 것으로 드러났다. 1990년대 말과 2000년 초에 영국과 캐나다 및 미국의 유권자들은 정치인들이 "모두 똑같다"라고 불평했다. 다운스의 생각이 옳았다면, 이런 모습은 선거에서 승리하는 정치인들의 핵심 전략이다!

정치인들은 또한 정치 스펙트럼에서 중간에 있는 부동층을 공략하기 위해 많은 시간을 투자한다. 미국에서는 '레이건 데모크라트(Reagan Democrat, 1984년 미국 대선에서 재선에 도전하는 레이건 공화당 후보에게 투표한 민주당 지지자-옮긴이)'와 '사커맘(soccer moms, 도시 교외에 사는 중산층 엄마들로, 아이들을 미니밴으로 축구 클럽에 데려다주면서 많은 시간을 함께 보내는 백인 여성들-옮긴이)'이 여기에 해당한다. 영국에서 이 부동층은 '몬데오 맨(Mondeo Man)'이나 '우스터 우먼(Worcester Woman)', '워킹턴 맨(Workington Man)'처럼 최근 발견된 구석기 시대 사체를 떠올리게 하는 이름으로 불린다.

그러나 세기가 바뀌면서 상황은 크게 달라졌다. 오늘날 중년층 대부분은 정치적으로 평화로웠던 1990년대와 2000년대 초에 성년이 됐다(1980년대는 '신념의 정치'가 지배한 시대였다. 이는 로널드 레이건과 마거릿 대처 시절에 정치와 정책이 오른쪽으로 급격하게 선회했던 흐름을 일컫는 표현이다). 2003년 이라크 전쟁과 2008년 대침체 이후 북미와 유럽 지역의 정당들은 수십 년 동안 그래왔던 것보다 훨씬 더 양극화됐다. 대체 중위투표자들의 안정된 분위기에 무슨 일이 벌어졌던 걸까?

문제는 단일 차원의 정치가 아주 쉽게 '중심에서 이탈할' 수 있게 됐다는 것이다. 정치는 번화가에서 어디에 매장을 열어야 할지보다 훨씬 더 복잡한 문제다. 정치인들은 총선에서 유권자에게만 집중할 수 없다. 동시에 당원과 후원자들의 마음도 사로잡아야 한다. 그리고 단일 차원이 정치에서 더 중요해질수록(실제로 돈은 대단히 중요하다) 당원과 후원자들은 더 양극화되어 더 강한 영향력을 발휘한다.

먼저 당원에 관한 이야기로 시작해보자. 정치적 참여는 이 활동으로 수입을 올리지 않는 한 돈이 들기 마련이다. 정치 참여를 좋아하는 이들은 자신이 지지하는 정당의 승리를 중요한 경제적 이익으로 인식한다. 혹은 정당의 이념을 신뢰한다. 이 말은 당원들이 중도보다 극단으로 치우칠 가능성이 더 크다는 뜻이다.

경제적 차원에서 가난한 이들은 소득을 보장하는 좌파 정부로부터 많은 이익을 얻을 수 있다. 마찬가지로 부유한 이들은 세금을 줄여주는 우파 정부로부터 많은 이익을 얻는다. 그래서 중위투표자 이론이 옳다고 가정하면, 두 집단은 양당을 아주 다른 시각으로 바라보는 중도층보다 자신이 지지하는 정당에 더 많이 가입하고자 한다. 이념적 차원에서 우리는 더 쉽게 이야기할 수 있다. 정당의 사명을 진심으로 신뢰한다면, 가령 복지 정책이 경제적으로는 물론 도덕적으로도 훌륭해야 한다고 믿는다면 당신은 아마도 중간에 서 있는 부동층이 아닐 것이다. 또한 당원일 가능성이 크다.

왜 사람들은 정당에 가입하는 걸까? 많은 나라에서 정당의 후보자나 지도자는 당원들이 참여하는 일종의 예비선거를 통해 선출된다. 어떤 경우에는 당원들이 실질적인 정책 플랫폼을 결정하기도 한다. 당원들은 지도부와 후보자, 정책을 그들이 선호하는 방향으로 몰고 갈 수 있다. 단일 차원의 정치에서 이는 극단을 향한 흐름이다.

공화당 대통령인 도널드 트럼프와 영국 노동당 대표 제러미 코빈(Jeremy Corbyn) 같은 인물들의 등장은 바로 이런 흐름, 즉 당원들이 좌우에서 극단으로 이동한 흐름의 결과물이었다. 입법가와 의원들은 예비선거를 통해 드러난 양극화로부터 영향을 받는다. 1970년대 이후로 미 의회는 양극화를 향한 뚜렷한 흐름을 보였고 이는 주로 오른쪽으로 이동한 공화당 정치인들 때문이었다. 그 과정에서 조세 정책은 더 뚜렷한 방향으로 흘러갔다. 2017년에 트럼프는 세제 법안을 통해 법인세율을 전례 없는 수준으로 낮췄다. 반면 엘리자베스 워런 (Elizabeth Warren)과 버니 샌더스(Bernie Sanders)는 2020년 민주당 대선 후보 경선에 출마해서 억만장자들을 직접적으로 겨냥한 재산세 정책을 내놨다.

이처럼 뚜렷해지는 분열을 당원들 탓으로만 돌릴 수는 없다. 선거 운동에는 돈이 든다. 정치 후원자들은 당원과 마찬가지로 극단에 더 이끌린다. 유리한 세제 혜택을 누리는 헤지펀드 매니저의 투자 수익은 중산층 유권자가 실질적으로 얻을 수 있는 이익보다 훨씬 크다. 물론 헤지펀드 매니저는 더 많은 정치 후원금을 낼 수 있다. 정치 후원금은 주로 아주 부유한 사람 그리고 부자들의 환심을 사고자 하는 우파의 후보자들이 선호하는 정책에 힘을 실어준다. 정치학자들은 이런 현상 때문에 미국 정치가 '중심에서 이탈'했다고 주장한다. 그들은 1940년대부터 1960년대 초반까지 미국 정치는 더 협력적이고 중도적이었으며 은행가들은 더 많은 세금을 냈다고 지적한다.

1940년대와 1950년대는 협치가 이뤄진 평온한 시대처럼 보인다. 그러나 그동안 미국 정치는 그저 다차원화되고 덜 양극화됐을 뿐이다. 아프리카계 미국인에 대한 시민권 문제는 경제적으로 표준적인 좌우의 차원에 영향을 미쳤다. 민주당은 짐 크로 법(Jim Crow laws)이 대표하는 인종차별주의를 유지하려는 남부 민주당원들과 시민권 개혁에 찬성하는 북부 민주당원들로 분열됐다. 1960년대에 걸쳐 민주당은 이런 정책을 둘러싸고 점점 더 분열됐다. 반면 공화당은 1960년대에 시민권을 지지하면서 예전에 민주당이 차지했던 남부 지역의 의석들을 빼앗아왔다. 공화당 또한 닉슨 행정부 시절에 분열된 양상을 보였다.

피상적인 차원에서 전후 시대는 협치의 시절처럼 보인다. 당시 양당은 비교적 높은 세금과 유사한 냉전 전략에 동의했다. 하지만 그런 초당적 합의가 가능했던 것은 인종차별 정책을 놓고 벌어진 당내 분열 때문이었다. 물론 양극화는 바람직한 모습은 아니지만, 양극화가 사라진다고 해서 반드시 정치가 발전하는 것은 아니다. 우리는 예의와 합의에 대한 요구에 신중해야 한다. 이는 때로 인종 혐오라는 어두운 그림자를 숨겨주기 때문이다.

양극화된 오늘날은 또 다른 대가를 치르고 있다. 양극화는 당파주의를 강화함으로써 정치를 끝없는 줄다리기로 만든다. 당 정체성이 개인의 자기 이미지를 정의하고 승자독식의 정신이 널리 퍼지고 있다. 2016년 퓨 리서치 센터(Pew Research Center)의 조사 결과에 따르면, 민주당원과 공화당원의 절반 가까이가 상대 정당을 국가 번영의 위협으로 인식했다. 트럼프 행정부 시절에 안보 자문을 맡았던 마이클 앤턴(Michael Anton)은 2016년 대선을 무감하게도 "93편 항공기 선거"라고 불렀다. 즉 공화당원들이 사활을 걸고 '조종석으로 돌진'했던 선거였다.

덜 위협적이지만 여전히 암울하게도, 공화당 당원의 38퍼센트는 그들의 자녀가 민주당원과 결혼한다면 '아주' 혹은 '상당히' 기분이 나쁠 것이라고 답했다. 그리고 민주당 부모들 역시 똑같은 비중으로 그들 자녀가 공화당원과 결혼하는 것에 대해 비슷한 감정을 느꼈다. 영국의 경우 노동당을 지지하는 부모 3분의 1이 그들의 자녀가 보수당원과 결혼하는 것에 대해 비슷한 감정을 느꼈다.

양극화는 또한 교착 상태를 초래한다. 2011년 미국은 거대한 정치적 소용돌이에 휘말렸다. 경제적 재앙이 닥치고 월스트리트 시위가 이어지면서 공황에 빠진 시장은 끔찍한 소리로 울부짖었다. 이 모든 게 수십 년 전 의회가 만든 이상한 규칙 때문이었다. 의회가 실제로 따를 마음이 없었던, 정치적 양극화의 화약통인 '채무 한도'였다.

의회는 우드로 윌슨 대통령이 미국을 제1차 세계대전으로 몰고 가도록 마지못해 허락하면서, 재무부의 차입 요구를 매번 직접 승인하는 방식이 아니라 전쟁 물자 마련을 위한 유연한 지출을 허용하기 위해 채무 한도를 제정했다. 그러나 몇 년 후 정부의 유연성을 높이기 위한 이 규칙은 오히려 유연성을 억압하는 결과로 이어졌다. 미국의 국가 채무는 점차 상향하는 추세를 보였다. 이 말은 정부가 지출 계획을 세우고 계속해서 운영할 수 있도록 의회가 채무 한도를 높이는 투표를 정기적으로 실시했다는 뜻이다. 의회는 점차 증가하는 정부 지출에 마치 연극을 하듯 한탄하면서도 한도를 계속해서 높여갔다.

이런 흐름은 대체로 성공했다. 민주당과 공화당 대통령 시절에(마찬가지로 민주당과 공화당 의회 시절에) 채무 한도는 높아졌지만, 2011년에 미국 정치는 이례적인 긴장과 양극화를 드러냈다. 오바마 대통령은 정부 지출에 반대하는 티 파티[Tea Party, 증세와 정부 규제에 반대하면서 작은 정부를 지향하는 미국의 강경 보수주의 시민단체로 2009년 2월에 탄생했다. '티 파티'라는 이름은 1773년 '보스턴 차 사건(Boston Tea Party)'에서 따온 것이다-옮긴이] 운동에 힘을 얻은 공화당 의회를 직면해야 했다. 공화당은 예전의 고상한 분위기에 동조할 생각이 없었다. 의회는 오바마에게 채무 한도를 높이고 싶다면 정부 지출의 삭감에 동의할 것을 요구했다. 채무 한도를 높이지 않는다면 미국은 채무불이행 사태에 직면할 것이었다. 이는 전례가 없던 일이었다.

오바마와 공화당은 서로 강하게 맞섰다. 시장은 공황에 빠졌다. 다우존스 주가 평균은 그해 여름에 20퍼센트나 빠졌다. 의회가 입장을 고수할 경우 채무불이행 사태를 피하기 위한 여러 가지 기발한 아이디어가 나왔다. 심지어 재무부가 1조 달러의 백금 동전을 두 개 발행해 연방준비제도(Federal Reserve)에 예치함으로써 국가 부채를 줄이자는 충격적인 계획도 나왔다.

이는 역사상 최고의 강도 영화 시나리오였지만 통과될 수도 없었다. 채무불이행 사태가 발생하기 이틀 전 오바마와 의회가 채무 한도를 높이는 협상에 서명했기 때문이었다. 신용 시장은 이를 대수롭지 않게 받아들이면서 미국 정부 부채의 첫 번째 하향 조정을 발표했다. 그러나 적어도 양극화의 교착 상태는 끝났다. 적어도 2년 동안은 그랬다. 이후 2013년에 정확하게 똑같은 벼랑 끝 전술과 혼돈의 상황이 다시 한번 모습을 드러냈다.

양극화는 혼돈과 더불어 교착 상태를 유발한다. 그리고 증오를 불러일으킨다. 그러나 정당들이 제약을 받지 않는 상태에서 선거철마다 양극화가 나타날 때, 불안정성이 교착 상태의 자리를 차지한다. 이와 관련된 대표적인 사례로 1983년 민주화 이후 아르헨티나의 역사를 꼽을 수 있다. 당시 아르헨티나는 경제적 포퓰리즘[페론주의(Peronism, 후안 도밍고 페론 대통령과 부인 에바 페론이 내세운 경제 사회정책-옮긴이)]과 중도 우파의 자유주의 사이를 왔다 갔다 하고 있었다. 요약하면 공적 지출과 국유화 흐름에 이은 페론주의자가 승리했고, 이후 정부 지출에 대한 강한 압박과 통화 위기로 보수주의가 승리했다.

이런 불안정성은 미국과 서유럽의 당파적 변동마저도 비교적 평화로워 보이게 만드는 급진적인 정책 제안으로 이어졌다. 지난 10년간 벌어진 몇 가지 사례를 살펴보자. 크리스티나 페르난데스 데 키르치네르(Cristina Fernández de Kirchner)의 페론주의 정부는 민간 연금을 완전히 국영화하고 환전을 제한했으며 국가 채무를 이행하지 않았다. 그리고 그녀의 후계자 마우리시오 마크리(Mauricio Macri)가 외환에 대한 모든 규제를 철폐하면서 페소 가치가 30퍼센트 떨어졌다. 또한 결국 지키지는 못했지만 소득세를 전면 폐지하겠다고 공약했다.

아르헨티나의 모든 경제 문제의 원인을 민주주의의 불안정성으로 돌릴 수만은 없다. 1976년부터 1983년까지 통치했던 군사 정권 또한 아르헨티나의 경제에 재앙을 가져왔다. 그러나 아르헨티나 특유의 경제적 불안정성은 주로 정치적 기능 장애에 따른 것이었다. 미국의 경제학자 사이먼 쿠즈네츠(Simon Kuznets)는 세상에 네 가지 유형의 경제가 존재하는데 바로 선진국, 개발도상국, 일본 그리고 아르헨티나라고 말했다. 물론 이 말은 아르헨티나에 대한 찬사가 아니다.

마지막으로, 당신이 만일 패자의 쪽에 서 있다면 양극화는 교착 상태나 불안정성보다 더 심각한 결과를 안겨줄 것이다. 영국의 철학자 브라이언 배리(Brian Barry)는 '바뀌는 다수(shifting majorities)'가 있어야만 민주주의가 제대로 기능할 수 있다고 주장했다. 다수가 바뀔 때, 오늘 당신이 특정 사안에서 패자의 편에 있다고 해도 내일 다른 사안에서 승자의 편에 설 수 있다. 그러나 정치에 오직 하나의 차원만 있다면 오직 하나의 사안만이 존재한다. 그리고 당신이 패자의 편에 서 있다면 영원히 그럴 것이다. 이는 다시 민주주의 자체를 위협한다. 절대 승리할 수 없다고 생각한다면 패자들은 합의하지 않을 것이다. 대신에 그들은 1930년대 스페인 파시스트나 1973년 칠레의 아우구스토 피노체트(Augusto Pinochet)처럼 행동할 것이다. 즉 군사 쿠데타를 일으켜 민주적인 선거를 끝내버릴 것이다.

민주주의를 살리고 효과적으로 기능하게 하려면, 정치가 실패하지 않게 하려면 우리는 혼돈과 양극화를 끝내는 방법을 찾아야 한다. 그리고 민주주의의 덫에서 빠져나오는 길을 발견해야 한다.

4장

'국민의 뜻'에서 '합의의 기술'로

민주주의는 영광스러운 21세기를 보내지 못하고 있다. 전 세계에 걸쳐 정점에 이르렀던, 한때 누구도 막지 못할 것처럼 보였던 민주화의 물결은 어느덧 모두 메말라버리고 말았다. 튀르키예와 미얀마, 헝가리 같은 나라들이 시간을 거꾸로 거슬러 올라가면서 민주주의는 오히려 퇴보하고 있다. 시진핑과 블라디미르 푸틴은 '신세계 질서'를 주창하고 있다. 그들은 전제적인 중국과 러시아의 힘이 미국 주도의 민주주의 흐름을 압도할 것이라고 말한다.

 민주주의는 또한 수사적 공격도 받고 있다. 자유 민주주의의 타협을 비난하고 '강력한 리더십'을 찬양하는 서구 포퓰리스트들의 등장은 지난 10년의 세월을 정의하는 정치적 흐름이었다. 베스트셀러 저자들은 유권자들이 민주주의를 실행하기에는 너무나 비이성적인 존재이며, 민주주의는 기술과 소비자의 요구를 따라잡지 못하고, 엘리트 집단이 민주주의를 장악했다고 주장한다. 민주주의의 덫이 만들어낸 혼돈과 양극화가 모습을 드러내면서 민주주의 옹호자들이 이런 비판에 맞서 싸우기는 더 힘들어졌다.

우리는 민주주의를 살려낼 수 있을까? 혼돈과 양극화 사이에서 술에 취한 듯 비틀거릴 것인가? 민주주의 정치는 실패할 운명인가? 그러나 민주주의를 포기할 순 없다. 처칠이 남긴 말처럼 민주주의를 제외한 다른 모든 선택지는 훨씬 더 나쁘기 때문이다. 포기하지 않으려면 민주주의가 무엇을 할 수 없는지 알아야 한다.

민주주의는 우리가 합의에 이르게 해주지 않는다. 그리고 무엇을 해야 할지 결정을 내릴 때 항상 도움을 주지는 못한다. 때로는 투표 규칙으로 우리의 선호로부터 간단한 결론을 쉽게 도출하지도 못한다. 할 수 있다고 해도, 우리는 개인적으로 원하는 것을 얻기 위해 민주적인 절차를 이용할 만큼 충분히 이기적인 존재다. 따라서 우리는 민주주의에 대한 요구를 현실적으로 바라볼 필요가 있다.

우리가 할 수 있는 일이 있다. 우리는 사람들의 뜻을 일관적인 형태로 끌어모을 수 있다. 그리고 혼돈과 양극화의 파괴로부터 자신을 지키기 위해 정치 제도를 재설계하거나 사회 규범을 강화할 수 있다. 그러나 정치에서 완전히 빠져나오는 것은 우리가 선택할 수 있는 대안이 아니다. 위협적인 포퓰리스트나 기술 자유주의자 혹은 노골적인 독재자처럼 민주주의를 회의적으로 바라보는 이들이 제시하는 대안은 결국 파멸로 이어질 것이다. 그 이유는 그들이 정치적 차이를 제거하고 서로에 대한 정치적 약속의 이행을 가로막으려 하기 때문이다.

왜 우리는 충돌과 싸움, 혼돈처럼 우리가 싫어하는 것을 제거하고 간단하고 효과적인 의사결정 방식을 만들어 민주주의를 구할 수 없을까? 문제는 정치의 복잡한 문제를 완벽히 제거할 수 없다는 사실이다. 한 곳에서 문제를 제거하면 다른 곳에서 문제가 불거질 것이다.

오늘날 우파와 좌파 진영의 포퓰리스트들은 기존 정치인들을 모두 제거해야 의사결정을 내릴 수 있는 것처럼 말한다. 늪에서 물을 완전히 빼내야 한다고 말이다. 그러나 문제는 우리가 다투기 때문에 정치인들이 다툰다는 사실이다. 일반적으로 우리는 대부분의 사안에 대해 국가적인 합의를 끌어내지 못한다. 완벽한 합의란 존재하지 않는다. 앞서 우리는 17세기 폴란드 의회 사례를 통해 거부권을 모두에게 부여할 때 무슨 일이 벌어지는지 살펴봤다. 그들은 아무 일도 처리하지 못했다.

포퓰리스트들은 우리가 모두 동의할 수 있다고 생각하지 않는다. 그들은 '국민'이 그 개념도 애매모호한 엘리트 집단에 맞서 싸우도록 부추긴다. 그러나 누가 엘리트를 구성하는지 물을 때, 우리는 그 집단이 각자 다른 것을 원하는 이질적인 집단이라는 사실을 깨닫는다. 그들은 마치 신화 속 존재와도 같다. 그래서 '모든 문제를 해결하는 강력한 지도자'는 두 가지 길 중 하나로 나아간다. 하나는 그 지도자를 지지하는(간신히 절반은 넘은) 국민의 다수가 다음 선거 때까지 그들이 원하는 것을 얻고 패자는 아무것도 얻지 못하는 것이다. 다른 하나는 더욱 우려스럽게도 지도자가 자신의 행보를 가로막는 자유 민주주의 제도를 허물어뜨리기 시작하는 것이다. 두 가지 모두 민주주의의 종말을 가져오며 민주주의의 문제에 대한 진정한 해결이 아니다.

포퓰리즘을 제지하는 한 가지 분명한 대안은 기술과 전문 지식 혹은 시장을 활용함으로써 '효율적인' 의사결정을 내리는 것이다. 이는 곧 기술 관료적 통치 방식을 뜻한다. 자유민주주의 국가에는 이미 법원, 중앙은행, 과학 기관 등 표를 집계하는 대신 전문 지식이나 판단에 따라 의사결정을 내리는 독립적이고 정치적으로 중립적인 기관과 기구가 다수 존재한다. 이런 비민주적인 제도는 민주주의 내부에서 중요한 기능을 수행한다. 법원과 행정감찰관은 다수의 횡포로부터 소수의 권리를 보호한다. 과학 기관과 중앙은행은 사람들이(특히 정치인들이) 장기적으로 우리에게 피해를 주는 단기적인 정책의 유혹에서 벗어나도록 도움을 준다. 그러나 이런 경우에 민주주의, 즉 자율 통치의 권리가 희석된다.

다수에 의한 차별로부터 고통받는 소수를 떠올릴 때, 패자를 민주적인 투표로부터 보호하려는 노력은 지극히 도덕적이고 합리적인 선택으로 보인다. 그러나 그런 패자가 높은 세금 또는 민주 정부가 부과한 각종 규제를 회피하려는 억만장자라면 이야기는 달라진다. 그리고 전문적인 지식에 관한 질문은 때로 광범위한 정치적 질문과 구분할 수 없다. 우리는 코로나 격리 정책을 실행하기 위해 과학자에게 무한한 권한을 허용해야 할까? 왜 민주 정부는 유권자 대중의 행복에 직접적인 영향을 미치는 금리를 직접적으로 조정하면 안 되는 걸까?

또한 통치 방식으로서 기술 관료제는 점점 더 강력한 정치 공세에 시달리고 있다. 우리는 전문가의 의사결정에 영향을 받는 사람들로부터 전문가들을 완벽하게 격리할 수 없다. 민주주의는 유권자들에게 이렇게 말할 수 없다. '닥치고 전문가의 말을 들어라.' 민주주의 사회에서 이런 방식에 동의하지 않는 유권자들은 행동을 시작할 것이다. 그리고 새롭게 선출된 정치인이 전문가들을 내쫓아버릴 것이다. 이런 민주주의 덫에서 빠져나오기 위해서는 유권자 다수의 폭력에 맞설 수 있는 그러나 민주주의를 '대체'할 순 없는 제도가 필요하다.

전문가를 통해 하향식으로 정치를 해결할 수 없다면, 상향식으로 정치를 새롭게 재편해야 할까? 시장 논리를 빌려와 유권자들이 정책을 제시하도록 함으로써 정치인들을 몰아낼 수는 있다. 그러나 '민주주의 속 시장'에는 한 가지 문제가 있다. 바로 소비자 시장에서는 어떤 물건에 얼마를 지불할지 선택할 수 있지만 정치에서는 오직 한 표밖에 행사할 수 없다는 점이다.

이와 관련해 시카고대학교 법학대학 교수 에릭 포스너(Eric Posner)와 마이크로소프트 수석연구원인 글렌 웨일(Glen Weyl)은 사람들이 복수의 투표를 통해 다양한 정책에 대한 선호도를 드러내도록 하는 혁신적인 해결책을 제시했다. 이 해결책에서는 모두에게 하나의 표를 주는 것이 아니라, 다양한 정책이나 후보자에 대해 투표하기 위해 사용할 수 있는 투표 토큰이라는 '예산'을 지급한다. 한 가지 사안에 대해 투표할 때 사람들은 모바일 앱을 통해 투표 토큰을 가지고 표를 살 수 있다.

그런데 여기서 한 가지 주목할 점이 있다. 표를 추가로 더 사들이려면 더 많은 토큰을 내야 한다. 첫 번째 표를 사기 위해서는 토큰 한 개가 필요하다. 그러나 두 번째 표를 사기 위해서는 토큰 네 개(2의 제곱)가, 세 번째 표를 사기 위해서는 토큰 아홉 개(3의 제곱)가 필요하다. 각각의 표를 추가로 구하는 데 드는 비용이 제곱으로 증가한다는 점에서 포스너와 웨일은 이 방식을 '제곱 투표(quadratic voting)'라고 부른다. 뭔가를 더 많이 원할수록 우리는 더 많이 지불해야 한다.

제곱 투표의 장점은 무엇일까? 이를 통해 사람들은 각각의 정책에 얼마나 관심이 높은지 보여줄 수 있다. 그러나 그 과정에서 힘든 선택을 해야 한다. 더 많은 관심을 드러내려고 할수록 더 많은 토큰을 지불해야 한다. 뭔가를 더 많이 원할수록 정치적 영향력의 비용은 점점 더 비싸진다. 이를 선거 운동 후원과 비교해보자. 여기서 모든 돈은 똑같이 중요하며, 그래서 부자들은 단지 더 많은 돈을 내놓으면 된다. 반면 제곱 투표는 소수가 그들의 부족한 규모를 보충하기 위해 더 많은 표를 행사하도록 허용함으로써 민주주의의 잠재적 문제(소수는 그들이 원하는 것을 하나도 얻을 수 없다)를 해결할 수 있다.

그러나 제곱 투표는 민주주의에서 정치를 제거하지 못한다. 여러 다양한 선택지를 고려해야 할 때 우리는 쉽게 혼돈에 빠진다. 그 이유는 사람들이 선택지에 순위를 매기는 과정에서 얼마든지 전략적 투표를 할 수 있기 때문이다. 게다가 제곱 투표는 양극화를 심화시킬 위험이 있다. 극단적인 선호를 보이는 이들은 아마도 특정 정책을 지지하기 위해 높은 비용을 기꺼이 지불하려 할 것이다. 그리고 많은 표를 동원해서 수적 열세를 보완하려고 들 것이다.

기술적 진보는 제곱 투표와 같은 아이디어를 현실적으로 가능하게 만들어주지만, 그렇다고 해서 민주주의의 덫을 완전히 없애지는 못한다. 오히려 더 악화시킬 수도 있다. 지난 10년간 기계 학습 알고리즘이 비약적으로 발전하면서 우리는 사람들의 정치적 선호를 더 정확하게 예측하고 모형화할 수 있게 됐다. 페이스북의 비즈니스 모델은 뜻하지 않게도 사람들에게 더 많은 정보와 그들이 흥미롭게 생각하는 주장을 접하게 함으로써 이런 흐름을 가속화하고 있다. 그런데 문제는 사람들이 기존의 믿음과 편견을 강화하는 정보에 더 이끌린다는 사실이다. 이런 현상은 당연하게도 사람들을 '정보 사일로[information silo, 한 집단이 외부 집단과 교류하지 못하면서 그들이 확보한 정보가 마치 곡물이 저장고(silo)에 갇히듯 내부에 갇히는 현상을 일컫는 용어-옮긴이]' 속으로 밀어 넣고 있다. 사람들은 사일로 안에서 자신이 지지하는 목소리만 듣는다. 그리고 이런 모습은 온라인 정치 세상에서 양극화를 심화시킨다.

기술은 또한 혼돈을 억제하지도 못한다. 우리는 알고리즘을 이용해 정치적 선호를 형성하고 새로운 사안에서 우리가 좋아하는 것을 발견할 수 있다. 인터넷에는 지방 및 전국 선거에서 어떻게 투표해야 할지를 말해주는 앱들로 가득하다. 이런 앱은 우리가 개인적인 차원에서 합리적으로 판단하도록 도움을 준다. 그러나 집단적인 차원에서는 혼돈을 심화시킬 수 있다.

기술은 우리가 애로의 불가능성 정리를 부정하도록 만들어주지 못한다. 내가 지금 원하는 것을 정확하게 알고 있다고 해도 내 견해를 당신의 견해와 쉽게 조율할 수 있는 것은 아니다. 집단적인 의사결정은 여전히 내리기 힘들다. 우리 각자의 선호가 다르기 때문이다. 만일 인터넷 앱이 우리를 대신해 투표하도록 허락한다면 우리는 마이크로프로세서의 처리 속도만큼 빠르게 혼돈의 순환 속으로 빨려 들어갈 것이다.

정치를 제거할 수 없다면 어떻게 정치가 민주주의의 기능에 도움을 주도록 만들 수 있을까? 이를 위해서는 혼돈과 양극화를 억제하는 정치적 제도를 설계하고 사회적 규범을 만들어야 한다. 우리가 이미 합의에 도달한 쉬운 경우부터 시작해보자. 민주주의의 덫은 우리가 합의를 이루지 못할 때 나타난다. 그런데 사람들이 공통된 의견을 갖도록 만들 수 있을까? 우리의 의견이 일치한다면 투표 규칙의 예상치 못한 변화를 걱정할 필요가 없다. 이들 규칙은 모두 똑같은 결과, 즉 합의로 이어질 것이다.

그러나 이런 생각은 다소 순진한 것처럼 보인다. '왜 우리의 의견은 일치할 수 없을까?' 하지만 집단은 일부의 합계 이상이 될 수 있다. 집단은 때로 우리가 정답을 찾도록 도움을 준다. 그리고 사람들의 마음을 바꾼다.

우리는 콩도르세의 배심원 사례('군중의 지혜'의 초기 형태)에서 그런 주장을 살펴봤다. 우리는 모두 무엇이 진실인지 알고 싶어 한다. 우리는 각자 추측하지만 추측한 결과는 정답과 거리가 멀 수 있다. 콩도르세는 집단의 추측이 개인의 추측보다 훨씬 더 정확하다고 주장했다. 개인이 올바른 판단을 내릴 확률이 55퍼센트라고 해보자(동전 던지기보다는 살짝 높은 수준이다). 콩도르세 정리에 따르면 올바른 판단을 내릴 확률이 모두 똑같이 55퍼센트인 사람들 1만 명이 다수결 원칙으로 의사결정을 내릴 때, 집단적인 차원에서 올바른 판단을 내릴 확률은 95퍼센트다. 즉 규모의 힘이 존재하는 것이다. 여기서 민주적인 정치는 기본적으로 많은 이들의 의견을 모으는 절차다.

이런 주장은 민주주의의 '인식론적(epistemic)' 이론이라고 한다. 다시 말해 민주주의는 우리에게 더 많은 정보를 가져다준다. 우리가 중요한 문제를 올바로 이해하도록 도움을 주기 때문에 민주주의가 필요한 것이다. 독재나 과두 정치는 소수의 의견에만 주목하기 때문에 중요한 질문을 잘못 이해할 위험이 크다. 또한 독재 정치에서 사람들은 실망스러운 정보를 공개하지 않으려고 한다. 특히 자신의 일자리와 생계가 달린 경우, 즉 상사에게 그들이 듣고 싶어 하는 말을 해줘야 자리를 유지할 수 있다면 잘못된 정보를 제공할 위험이 더 크다.

민주주의 사회는 식량 부족에 관한 정보가 위로 전달되기 때문에 기근을 겪지 않는다는 주장을 떠올려보자. 마오쩌둥 주석이 대약진 운동을 추진하는 동안 수천만 명에 이르는 중국 국민이 영양 결핍으로 사망했다. 그 이유 일부는 섭벅은 관료들이 곡물 생산량을 서킷으로 보고해서 '과대 생산의 환상'을 만들어냈기 때문이다. 여기에 중국 지도부가 곡물을 돈벌이 작물로 대체하고 외화 획득을 위해 곡물 수출을 확대하면서 이런 거짓 정보는 기근 사태를 더 악화시켰다. 곡물 재고가 바닥을 드러내는 상황에서도 마오쩌둥의 중국은 스스로 궤도를 수정할 능력이 없었다. 거짓 정보가 실제 정보를 가로막았기 때문이었다.

우리가 문제에 대한 해답이 필요하다고 느낄 때 그리고 그 해답을 따르겠다고 동의할 때 민주주의는 도움이 된다. 많은 문제가 그렇다. 우리가 질병이나 적군과 같은 공동의 적에 직면할 때 또는 날씨, 스포츠, 선거 결과를 예상할 때 문제는 모습을 드러낸다. 군중의 지혜는 실제 사실보다는 세상이 돌아가는 방식에 관한 각자의 이론을 따르는 전문가들의 예상보다 종종 더 정확하다. 민주적인 방식으로 사람들의 의견을 묻는다면 그들은 더욱 연결되어 있고 주목받고 있다고 느낄 것이다. '그리고' 우리는 더 나은 결과를 만들어낼 것이다.

아이러니하게도 군중의 지혜는 또한 군중 자체가 어떻게 움직일 것인지 예측하는 데도 도움이 된다. 정치 여론 조사 활동은 이제 미국과 영국 유럽에서 수백만 달러 규모의 비즈니스가 됐다. 그러나 최근 충격적인 선거 결과들이 이어지면서 정확성에 대한 비난이 일고 있다. 여론 조사 기관은 투표 의사를 묻지만, 응답자는 얼마든지 그들의 의사를 거짓으로 대답할 수 있다. 혹은 조사 과정에서 중요한 집단(특히 교육 수준이 낮은 시골 지역 사람들)을 빠트릴 수도 있다.

반면 설문조사에서 사람들에게 어떻게 투표할 것인지 묻는 게 아니라, 다른 사람들이 어떻게 투표할 것이라고 기대하는지 물으면 종종 더 정확한 결과를 얻을 수 있다. 사람들은 자신의 공동체와 인맥을 바탕으로 친구와 이웃이 어떻게 투표할 것인지 예측함으로써 설문조사 기관이 주지 못하는 정보를 제공한다. 그러면 특정 선거구 주민들에게 그들 지역의 사람들이 어떻게 투표할 것이라고 예상하는지 묻고, 나머지 일은 콩도르세의 마법에 맡기는 방식으로 더 정확한 예측을 얻을 수 있다.

여론 조사 기관의 예상이 완전히 빗나갔던 2015년 영국 총선 그리고 1988년부터 2012년까지 미국 대선에서 시민들의 예측은 여론 조사보다 훨씬 더 정확한 것으로 드러났다. 민주주의의 인식론적 이론은 민주주의를 이해하는 데도 도움을 준다! 그러나 시민들은 브렉시트와 도널드 트럼프의 당선은 예측하지 못했다. 어쩌면 오늘날 우리는 양극화 시대를 이해하는 데 어려움을 겪고 있는 것인지 모른다. 우리의 예측은 때로 완전히 어긋날 수 있다.

정치적 삶에서 많은 논의가 합의에 이르지 못하면서 우리는 다시 혼돈과 양극화라는 과거의 적에 직면하고 있다. 아이러니하게도 우리는 혼돈에서 벗어나기 위해 양극화로부터 뭔가를 배울 수 있다. 양극화는 사람들의 선호가 단일 차원을 따라 늘어설 때 발생한다. 우리는 종종 혼란스럽고 불안정한 상태가 계속해서 이어지는 정치 상황을 더 우려한다. 반면 양극화에 대해서는 크게 걱정하지 않는다. 이런 경우 우리는 정치를 단일 차원으로 압축할 필요가 있다.

그 한 가지 방법은 사람들을 하나의 방에 몰아넣는 것이다. 그리고 복잡하고 다차원적인 사안에 대해 숙고하도록 함으로써 그들의 차이를 확인할 수 있다. 이는 차이를 없앤다는 말이 아니라 정말로 중요한 차이가 무엇인지 명확하게 확인한다는 뜻이다.

우리는 시민 모임을 기반으로 이런 방식을 확장할 수 있다. 예를 들어 아일랜드는 최근에 낙태법 수정과 인구 고령화, 기후 변화 등 여러 주요한 사회적 사안에 대해 국민투표를 시행하기 전에 시민 모임을 활용했다. 이 방식의 한 가지 장점은 사람들이 실질적인 차이가 무엇인지, 상대의 주장이 무엇인지 분명하게 이해하도록 도움을 준다는 것이다. 아일랜드 정부는 국민에게 각 지역의 다양한 사안에 대해 숙고하고 토론하도록 했다. 가령 고령화 사안에는 연금 가입률과 퇴직 연령, 노인 돌봄과 같은 문제가 포함됐다.

사람들은 시민 모임을 통해 다양한 사안을 일괄적으로 고려함으로써 논의를 단순한 차원으로 만들었다. 그들은 대화를 통해 혼돈을 막았다. 그리고 교환을 고려하고(정치에서는 자신이 원하는 모든 것을 얻을 수 없다) 의견 불일치가 있을 때 상대의 주장을 이해하고자 했다. 또한 자신과 의견이 다른 사람의 주장에 귀를 기울이면서 건설적으로 대응하는 새로운 규범을 만들어냈다. 그 과정에서 언제 합의가 실제로 이뤄졌는지 그리고 합의에 도달하지 못했다면 적어도 다수가 수긍할 수 있는 선택지가 남아 있는지 분명하게 확인했다.

시민 모임은 토론에 많은 시간을 할애함으로써 폭넓은 사안에 대해 논의했다. 양극화를 초래한 주제인 낙태의 경우, 시민 모임들은 여러 다양한 기간 제한(20주와 22주 그리고 무제한)과 더불어 낙태에 영향을 미치는 다양한 요인(신체적 위험, 산모의 생명, 정신 건강, 사회경제적 이유, 자유로운 낙태 등)에 대해 논의했다. 토론에 참여한 이들은 극단적인 양극화로 나아가는 대신에 중도적 입장으로 수렴하는 경향을 보였고, 광범위하지만 무제한적이지는 않은 형태로 낙태를 합법화하는 방안에 대해 적극적으로 고민했다.

2019년 아일랜드 정부는 중도적인 모형을 따라 낙태를 공식적으로 합법화했다. 즉 22주까지는 무조건 낙태를 허용하지만 이후로는 엄격한 조건에서만 허용했다. 사실 낙태는 합의에 쉽게 이를 수 없는 주제다. 그러나 아일랜드 정부는 시민 모임의 권고를 수용함으로써 사람들이 교환을 이해하고 합의하는 방식으로 한 걸음 더 다가섰다.

정보 기술 덕분에 이제 우리는 사람들을 한 방에 몰아넣고 토론하도록 요구할 필요가 없다. 그러나 사소한 사안에서조차 자신이 지지하는 목소리를 들을 수 있는 온라인 반향실에 계속 머물러 정치적 혼돈을 초래하고 양극화를 심화시키는 현상 때문에, 많은 사람이 인터넷과 소셜 미디어를 비난하고 있다. 다른 모든 기술과 마찬가지로 인터넷이 우리에게 도움을 줄지, 피해를 줄지는 이것을 어떻게 사용해서 정치적 선택을 내리느냐에 달렸다.

한 가지 고무적인 사례로 대만의 전자정부 실험을 꼽을 수 있다. 천재 해커이자 서른다섯이라는 젊은 나이에 대만 행정부의 일원이 된 오드리 탕(Audrey Tang)의 주도 아래 대만은 합의를 끌어내는 모형을 개발했다. 탕은 공동 모형을 기반으로 다양한 앱[브이타이완(vTaiwan), 조인(Join)]을 개발했다. 사람들은 논쟁적인 사안을 놓고 온라인상에서 의견을 제안할 수 있다. 그러면 다른 이들은 그 제안에 찬반 투표를 한다. 그런데 이런 앱이 유튜브나 레딧과 다른 점은 댓글을 허용하지 않는다는 점이다. 탕은 댓글을 막아야 이런 앱이 끊임없는 비방과 모욕의 공간으로 전락하지 않을 것이라고 주장했다.

제안에 동의하지 않을 경우 사람들은 새로운 글을 쓸 수 있다. 그리고 그 글 역시 찬반 투표의 대상이 된다. 앱 개발자는 이처럼 단순한 규칙을 통해 다양한 사용자 집단에 걸쳐 특정 글에 대한 찬성과 반대 양상을 확인할 수 있다. 자신의 주장이 다른 이들의 공감을 얻지 못하면 사용자는 의견 차이를 극복하기 위해 새로운 글을 쓸 수 있다. 그러면 사용자들 사이에서 더 많은 사람이 공감하는 해결책을 찾기 위해 새로운 표준이 등장한다. 그리고 공감을 얻은 글이 다양한 사용자 네트워크에서 인기를 얻으면, 앱 개발자는 처음에 의견 차이를 뚜렷하게 보인 사용자들이 어떤 주장에 일반적으로 동의하게 됐는지 파악할 수 있다.

탕이 내각에서 주요한 지위를 차지하면서, 오늘날 대만 정부는 우버를 규제하거나 온라인 주류 판매를 허용하는 것처럼 인터넷 관련 정책에 국한된 것이기는 하지만 이런 모형을 기반으로 합의안을 내놓고 있다. 그리고 그렇게 개발한 정책들은 점진적인 개선을 보이고 있다. 가령 우버를 허용하되 강력한 규제를 적용하거나, 온라인 주류 판매를 허용하되 아이들의 접근을 차단하기 위해 매장에서 수령하도록 한다. 다양한 주장과 정책 제안을 무제한으로 허용했지만 혼돈이 분위기를 지배하지는 않았다. 사용자들은 다양한 주장을 확인함으로써 자신의 입장은 어디에 위치하는지, 사람들의 공감을 얻고 있는지 확인할 수 있다. 이처럼 인터넷은 우리에게 혼돈만이 아니라 질서도 가져다준다.

양극화를 우려한다면 우리는 무엇을 할 수 있을까? 사람들을 한 방에 몰아놓고 논의하도록 하는 방식은 비유적으로 혹은 말 그대로 '바닥이 피로 물드는' 상황을 촉발할 수 있다. 양극화와 관련해 두 가지 중요한 문제가 있다. 하나는 충돌 그리고 그 충돌이 동료 시민들 사이에서 만들어내는 서로에 대한 혐오감이다. 다른 하나는 패자의 문제다. 누구도 패자가 되길 원치 않는다. 그러나 패자가 어떻게 대응하느냐는 국정의 향방을 결정할 수 있다. 도널드 트럼프는 2020년 미국 대선에서 패했다는 사실을 인정하지 않았다. 이는 2021년 1월 6일 국회의사당 폭동으로 이어졌다. 이 사례는 패자의 문제가 거대하고 부유하고 유서 깊은 민주주의 국가조차도 위험에 빠트릴 수 있다는 사실을 보여준다.

　우리는 사람들의 생각을 바꾸거나 그들이 살아가는 정치 시스템을 바꿈으로써 충돌을 완화할 수 있다. 그리고 사람들 사이에서 공감을 강화함으로써 충돌을 억제할 수 있다. 다시 말해 사람들이 따르는 정치적 규범을 개선함으로써 충돌을 막을 수 있다. 심리학자들은 공감을 강화함으로써 소외된 집단이 비난받지 않도록 만들 수 있다는 사실을 확인했다. 또한 버락 오바마는 미국 사회의 '공감 부족'을 안타까워하면서 공감을 통해 국가의 정치적 양극화를 해소할 수 있다고 주장했다.

사람들의 관점과 우려를 이해하려는 노력은 확실히 칭찬할 만하다. 그러나 주의해야 한다. 정치학자들에 따르면 공감 능력이 높은 사람들은 내집단(in-group) 구성원에게 관심을 더 많이 보이는 경향이 있으며, 아이러니하게도 이런 경향이 더 심각한 양극화를 초래한다.

이런 경향은 심지어 내집단이라는 개념 자체를 비난하는 사람들 사이에서도 종종 나타난다. 가령 영국 노동당 대표 제러미 코빈을 지지하는 전 세계 사람들은 보편적인 권리와 편견 없는 사회를 지지한다고 말한다. 하지만 그중 일부는 브렉시트를 지지하는 나이 많은 백인 노동자 계층의 고정관념에 빠져 있다. 그 계층의 많은 사람이 영국 경제에서 오랫동안 패자로 머물러 있었음에도 말이다. 이처럼 공감은 우리가 기대하는 만큼 널리 확산하지는 않는다.

사람들의 마음을 바꿀 수 없다면 그들의 동기는 바꿀 수 있을까? 예비선거와 선거 운동 후원은 정당을 극단으로 몰아붙임으로써 양극화를 심화한다. 이런 점에서 정치 후원금을 규제하면 양극화를 완화할 수 있다. 그런 규제 권한은 적어도 미국에서는 대법원에만 있다. 그러나 미국의 대법원은 정치 후원을 언론의 자유와 동등하게 인식하고 있다.

물론 몇 가지 법적 장애물만 처리하면 예비선거를 없앨 수도 있다. 그러나 이런 시도는 거대한 논쟁으로 이어질 것이다. 사람들은 민주적인 참여가 정당 '안에서는' 해롭지만 정당 '사이에서는' 좋은 것이라고 생각하기 때문이다. 이는 모순적인 느낌을 준다. 당원들 간의 민주주의는 정치인들을 극단으로 밀어붙이면서 사회 전반의 바람으로부터 더 멀어지게 만든다. 전적으로 민주주의적인 관점에서 볼 때 대다수 의견을 끌어모을 수 있다면 예비선거가 없는 편이 더 낫다.

한 가지 해결책은 특정 정당의 당원이 아닌 사람들이 후보자에게 투표할 수 있도록 공개적인 예비선거를 치르는 것이다. 이상적으로 이런 형태의 예비선거는 후보자들이 무당파와 다른 정당의 설득 가능한 당원들의 이해관계에 주목하게 해서 유권자 대중의 중심을 향해 나아가게 할 수 있다. 하지만 민주주의에서는 그 어떤 방법도 간단하지 않다는 사실을 기억하자. 여기서도 다른 정당을 열광적으로 지지하는 이들은 아마도 이런 공개적인 예비선거를 이용해 당선 확률이 낮아 보이는 후보자에게 전략적으로 투표할 것이다. 그럴 때 양극화는 혼돈과 뒤섞인다.

2008년에 일부 공화당 유권자는 공개적인 민주당 예비선거에서 전략적으로 힐러리 클린턴에게 투표했다. 그들은 버락 오바마가 더 가능성 있는 후보라고 생각했다. 그러나 이 '가짜' 민주당원들은 공화당 예비선거에서 진심으로 존 매케인에게 표를 던진 순수한 공화당원들과 마찬가지로 총선에서 공화당 후보인 매케인에게 실제로 표를 던졌을 것이다.

그렇다면 우리는 선거 기간에 더 많은 사람이 정치에 참여하도록 함으로써 양극화를 억제할 수 있을까? 미국의 경우 예비선거는 치열하고 정치적 양극화는 뚜렷하다. 그럼에도 미국의 대선 및 총선 투표율은 다른 나라들에 비해 현저히 낮다. 양극화 때문에 정치에 무관심한 사람들은 더더욱 투표소에 가지 않기 때문이다. 그렇다면 투표 의무제로 투표율을 높이면 이 문제를 해결할 수 있을까?

호주와 아르헨티나를 비롯한 전 세계 20여 개국은 여러 가지 형태의 의무 투표를 실행하고 있다. 일반적으로 그들은 투표하지 않은 국민에게 벌금을 부과한다. 물론 이들 국가의 국민은 특정 정당에 투표하도록 강요받지는 않는다. 또한 그들은 투표용지를 훼손할 수도 있다. 하지만 투표에 참여해야 한다. 벌금은 그리 크지 않다. 예를 들어 호주의 지방 정부들은 대부분 20달러 정도의 벌금을 부과한다(납부하지 않으면 10배로 오를 수 있다). 기권에 따른 대가는 낮지만 투표율에 미치는 영향은 대단히 크다. 호주가 1920년대에 의무 투표를 도입한 이후 매번 국민의 90퍼센트 이상이 투표하고 있다.

그러면 의무 투표는 양극화를 완화해줄까? 오스트리아는 1992년까지 여러 주에서 의무 투표를 실행했다. 이는 전반적으로 정치에 관심 없는 무당층 유권자들을 투표소로 나오게 함으로써 양극화를 완화하는 효과를 보여줬다. 그러나 의무 투표 도입이 항상 그런 결과로 이어진 것은 아니었다. 호주에서는 의무 투표법이 통과되면서 노동당이 최고 수혜자가 되었다. 노동당의 득표율은 이후 10퍼센트포인트나 상승했다. 아이러니하게도 경쟁자인 자유당은 법률 개정으로 그들이 승자가 될 것으로 기대했다. 하지만 이후 가난한 유권자들이 더 많이 투표했다.

대부분 국가에서 가난한 이들은 기권할 권리가 있을 때 투표를 덜 한다. 벌금이 상대적으로 더 부담스럽기 때문이다. 그러나 의무 투표는 좌파 정당들에 도덕적인 딜레마를 안겨주었다. 의무 투표는 그들이 선거에서 이기도록 도와주지만 동시에 그들의 지지층 중 투표하지 않는 이들에게 더 가혹한 경제적 처벌을 주기 때문이다.

마지막으로 양극화의 영구적인 패자를 위해 우리는 무엇을 할 수 있을까? 민주주의는 다수가 유동적일 때 효과적으로 기능한다는 주장을 떠올려보자. 유동성을 보장하기 위한 한 가지 방법은 정치적 논쟁의 새로운 차원, 즉 패자가 승자가 될 수 있는 차원을 다시 끌어들이는 것이다. 미국의 정치학자 윌리엄 라이커(William Riker)는 이것을 정치적 논쟁의 틀을 새롭게 구성하는 능력이라는 의미로 '헤레스세틱스(heresthetics)'라고 불렀다.

라이커는 이와 관련해 에이브러햄 링컨을 좋은 사례로 꼽았다. 링컨은 노예제를 중심으로 미국 정치의 틀을 새롭게 구성했다. 1800년에서 남북전쟁 초창기까지 연방주의자, 휘그당, 공화당은 9년밖에 대통령직을 차지하지 못했다. 반면 그들의 경쟁자인 민주-공화당과 민주당이 배출한 대통령들은 52년간이나 미국을 통치했다. 그동안 두 진영은 미국의 정책 결정 기준이 토지(민주당)가 되어야 하는지, 아니면 상업(연방주의자-휘그당-공화당)이 되어야 하는지를 놓고 대립했다. 당시 미국인 대부분이 농업에 종사했고, 그래서 토지를 강조한 민주당이 승리를 거뒀다.

그러던 1858년에 한 공화당원이 상원에 출마하면서 링컨은 영원한 패자로 남을 운명에 처했다. 공화당 지지자들은 승리를 위해 정치적 논쟁의 틀을 새롭게 짜는 방안을 모색했다. 링컨은 노예제가 새로운 기준점이 될 것으로 봤다. 즉 노예제에 반대하면서도 민주당 연합에 머물러 있는 북부 민주당 지지자들을 빼앗아 올 수 있다고 생각했다.

결국 링컨은 노예제에 대한 불만을 자극함으로써 그들이 자신의 정체성을 깨닫고 공화당 쪽으로 넘어오게끔 했다.

링컨은 현직 민주당 상원의원인 스티븐 더글러스(Stephen Douglas)와의 유명한 논쟁에서, 새로운 미국 영토 내에서 노예제 철폐를 받아들일 것이냐고 더글러스에게 물었다. 그리고 그 질문만으로 링컨은 더글러스에게서 지지층 절반을 빼앗아왔고 더글러스는 결국 절망적인 상황에 직면했다. 그는 노예제 철폐를 받아들일 것이라고 대답함으로써 일리노이주에서 노예제에 반대하는 북부 민주당 지지자들의 표를 지키고 링컨에게 승리를 거둘 수 있었다. 그러나 2년 후 더글러스가 대선 후보 경선에 출마했을 때, 노예제에 찬성하는 성난 남부 민주당 지지자들이 더글러스의 대답을 떠올리며 각자의 후보자를 선택하면서 민주당은 분열됐다. 승자는 링컨이었다.

이처럼 논의의 틀을 새롭게 구성함으로써 정치의 새로운 축을 만들어낼 수 있다. 그리고 이로써 정치에 활력을 불어넣고 발언권이 없다고 느끼는 이들에게 다시 한번 그들의 의견이 주목받고 있다는 느낌을 전할 수 있다. 모두가 이제 함께할 것이라는 말은 아니다. 결국 링컨의 승리는 남북전쟁으로 치달았다. 그러나 우리는 양극화를 완화하는 방법을 발견하고 오래된 패자들이 정치적 승리의 희열을 만끽하도록 만들어줄 수 있다. 브렉시트라는 새로운 차원이 등장하면서 많은 영국 유권자가 그들의 생각을 표현하고 마침내 선거에서 이겼을 때, 그들이 어떤 반응을 보였는지 떠올려보자. 브렉시트는 또한 정치적 공간이 열리면서 그곳으로 혼돈이 들어올 수 있다는 사실을 상기시켰다.

단지 정치적 사업가들이 논쟁의 틀을 새롭게 만들 구성할 때만이 아니라 언제라도 패자들이 자신의 목소리를 낼 수 있을 방법이 있을까? 우리는 어떤 민주주의 시스템도 혼돈이나 양극화 문제에서 완전히 자유로울 수 없다는 사실을 안다. 그래도 일부 선거 시스템은 그 두 가지 문제를 완화하고 우리가 민주주의의 덫에서 빠져나오도록 도움을 줄 수 있다.

가장 분명한 사례는 비례대표제(proportional representation, PR)다. 비례대표제에서 정당들은 득표수에 비례해 의석을 차지한다. 비례대표제에는 다양한 득표 기준과 선거구 규모, 투표 순위 시스템 등 고려해야 할 사항이 많지만 네덜란드 선거 시스템처럼 단순한 사례를 생각해보자. 네덜란드 의회에는 총 150석이 있다. 그리고 정당들은 전국 득표율에 따라 의석을 차지한다. 전국 투표에서 150분의 1이 넘는 득표율을 얻은 정당은 의석을 차지할 수 있다. 이스라엘, 스웨덴, 덴마크를 비롯해 많은 나라가 이와 비슷한 모형을 채택하고 있다. 다만 일반적으로 의석을 차지할 수 있는 최저 득표율 기준이 더 높다. 이런 점은 규모가 큰 정당에 좀 더 유리하게 작용한다. 비례대표제에서 특정 정당이 의석의 과반을 차지하는 경우는 대단히 드물다. 이 말은 정당들이 연합을 구성해야 한다는 뜻이다.

그러나 연합 구성은 잘못된 방향으로 나아갈 수 있다. 2010년 벨기에가 정부 구성에서 겪었던 어려움을 생각해보자. 전반적으로 선거 후 협상은 부드럽게 진행된다. 그리고 이를 통해 패자들의 목소리를 반영할 수 있다. 비례대표제에서 최대 의석수를 차지한 정당은 일반적으로 연립 정부를 구성하라는 요구를 가장 먼저 받는다. 그래서 그들은 협상하고 그들보다 작은 정당들의 제안에 귀를 기울인다. 그리고 바로 그 과정에서 혼돈이 양극화를 완화한다. 작은 정당들은 사회 내부에 존재하는 다양한 이해관계와 정체성을 대변하며, 연립 정부에 참여함으로써 그들을 지지한 유권자들을 지킨다. 그러나 그들은 야당의 위치에서도 영향력을 행사할 수 있다. 연립 정부를 이룬 정당들이 내놓은 정책이 마음에 들지 않을 때, 그들은 연합 내 다른 정당에 협상을 제안함으로써 그 연합을 허물어뜨릴 수 있다.

물론 이런 방식은 정치적 안정성에 도움을 주지 못한다. 비례대표제는 정기적인 총리 교체와 연합 전선의 변화를 특징으로 삼는다. 이는 동시에 의회에서 대부분의 정당이 돌아가면서 권력을 차지한다는 사실을 의미하는 것이기도 하다. 예를 들어 네덜란드 우파 정당 VVD 소속 총리 마르크 뤼터(Mark Rutte)가 최근 형성한 연립 정부를 들여다보자. 그의 첫 내각은 기독민주당과의 연합으로 이뤄졌으며 극우 정당인 PVV로부터도 전략적 지지를 얻었다. 그 후 두 번째 내각은 네덜란드 사회민주당(PvdA)과 진보정당인 D66 그리고 기독연합당과의 연합을 통해 이뤄졌다. 그렇게 10년 동안 다섯 정당이 네덜란드 행정부를 구성했다.

비례대표제의 이런 포괄적인 특성은 왜 이 제도가 일반적으로 더 높은 수준의 공적 지출을 특징적으로 드러내는지 설명해준다. 이는 더 많은 정당이 다양한 형태의 공적 지출에 대한 다양한 이해관계를 대변하기 때문이다. 혹은 비례대표제가 영국이나 미국의 다수결 투표제보다 정부 구성에서 좌파 정당을 더 많이 포함하는 경향이 있기 때문이다. 비례대표제로 구성된 정부는 다수결 투표제로 구성된 정부보다 더 약하고 우유부단한 모습을 드러내기도 하지만, 대신에 안정적인 합의를 통해 그런 단점을 보완할 수 있다.

우리는 어떻게 민주주의의 덫에서 벗어날 수 있을까? 제약 없는 민주주의는 혼돈과 양극화로 이어진다. 우리는 전략적인 차원에서 집단적인 의사결정을 내릴 동기 그리고 이를 뒤집을 동기가 있다. 혹은 다른 사람들이 아무리 많은 대가를 치르더라도 논의 과정에서 자신의 주장을 밀어붙일 동기가 있다. 그래서 우리는 민주주의를 제한해야 한다. 민주주의의 에너지, 궤도를 수정하는 능력, 실질적인 자율 통치를 보장하는 능력을 유지하면서도 불안정성과 변동성을 낮춰야 한다.

지금까지 살펴본 해결책을 통해 우리는 공식적인 정치 제도를 통해서든, 비공식적인 행동 규범을 통해서든 체계적인 방식으로 민주적인 의사결정을 내릴 수 있다. 일부 제도는 다수결을 따르지 않는다. 이는 '자유 민주주의'에서 '자유'에 해당하는 부분으로서 권리를 보호하는 법원, 독립적인 기구, 정부를 감시하고 책임을 묻는 언론을 가리킨다.

그러나 민주주의를 제한하기 위해 반드시 이런 반민주적인 제도에 의존해야 하는 것은 아니다. 우리는 더 많은 민주주의를 통해 민주주의를 개선할 수 있다. 시민 모임을 기반으로 서로 다른 주장을 하는 사람들이 합의점을 발견하고 이를 출발점으로 삼도록 도움을 줌으로써 지역적인 차원에서 민주주의를 개선할 수 있다. 혹은 국가적 차원에서 더 많은 사람이 투표에 참여하도록 변화를 촉구할 수 있다. 즉 중도 진영의 사람들이 더 많이 투표에 참여하도록 함으로써 분열의 양측에서 가장 목소리가 크고 극단적인 사람들이 정치판을 장악하지 못하도록 막을 수 있다.

이 말은 의무 투표를 의미할 수도, 당일 등록에서 사전 투표에 이르기까지 투표 과정을 더 쉽게 만드는 개혁을 의미할 수도 있다. 아니면 비례 투표제와 같은 투표제 개혁을 의미할 수도 있다. 어떤 경우든 중요한 과제는 단지 간헐적인 논쟁을 위해 또는 선거 때마다 투표법을 바꾸기 위해 시민 모임을 활용하는 것이 아니라 그 제도를 안정적으로 유지헤니가는 것이다.

또한 우리는 귀를 기울이고 숙고하는 규범을 강화함으로써 민주주의의 덫에서 벗어날 수 있다. 혼돈은 개별적인 전략 수립과 다른 사람의 주장을 혐오하는 양극화에서 비롯된다. 우리는 인간이다. 그러므로 이런 충동에서 자유롭지 않다. 그래도 이를 억제하거나 맞설 수 있다. 브이타이완 실험처럼 비방과 중상에서 벗어난 정치적 논쟁을 위한, 시민 모임을 위한, 나아가 카리스마 있는 정치인들에게 열린 새로운 포럼을 구축함으로써 대중 논의의 축을 적대적 사안에서 옮길 수 있다.

민주주의란 결국 의견을 다루는 제도다. 우리 자신의 의견을 효과적으로 드러내고 다른 사람의 의견을 수용하는 법을 배우는 것은 합의에 도달하기 위한 유일한 길이다. 우리의 의견은 언제나 일치하지 않을 것이다. 그래도 우리는 어떻게든 힙의를 이뤄내아 한다.

Why Politics Fails

2부

평등

평등한 권리와 평등한 결과는
서로를 약화한다

5장

제프 베이조스의 우주여행

2021년 7월, 당시 세계 최고의 갑부였던 제프 베이조스는 자신의 회사에서 만든 우주선을 타고 짧은 우주 비행을 마친 후 이렇게 말했다. "모든 아마존 직원과 고객에게 감사를 드립니다. 여러분이 모든 비용을 대주셨어요." 우주 비행 이후 기자회견에서도 그는 이렇게 말했다. "모든 아마존 고객과 직원에게 진심으로 고마움을 전합니다. 대단히 감사합니다."

아마존 직원들은 제프 베이조스보다 덜 우주적인 차원에서 일한다. BBC에 따르면 베이조스는 "10초마다 미국 아마존 직원의 평균 연봉을 번다". 다시 말해 그는 일반 직원의 300만 배 이상의 돈을 번다. 이런 소득 불평등으로 아마존의 근로 환경은 감사 대상이 되고 있다. 영국 스태퍼드셔에 있는 아마존 창고에서 일했던 탐사보도 기자인 제임스 블러드워스(James Bloodworth)는 오랜 근무 시간과 엄격한 근무 환경에 관해 지적했다. 확실히 아마존 직원들은 베이조스의 감사 인사를 기분 좋게 받아들이지는 않았을 것이다.

베이조스의 우주여행은 미국이 처음으로 달에 인간을 보내고 50년의 세월이 흐른 후에 이뤄졌다. 최초로 우주선이 달에 착륙했던 시대, 즉 첨단 훈련을 받고 정부에서 급여를 받는 우주비행사들만이 우주여행을 떠날 수 있었던 1969년 무렵 미국 사회의 불평등은 역사적으로 낮은 수준이었다. 여행을 마치고 지구로 귀환한 우주비행사들은 미국의 시트콤에 자주 나오는, 말뚝 울타리로 둘러싸인 교외의 집으로 돌아갔다. 이들의 가정은 남자가 돈을 벌고 여자가 집안일을 하는 핵가족 삶의 전형이었다.

그러나 달 착륙 이후 미국에서 부자와 가난한 자의 격차는 점차 벌어지기 시작했다. 1970년대에 미국에서 가장 소득이 높은 1퍼센트는 국민소득의 11퍼센트를 벌었다. 인구의 50퍼센트에 해당하는 가난한 성인 집단은 국민소득의 20퍼센트 남짓을 벌었다. 그러다 2014년에 상위 1퍼센트는 전체 소득의 20퍼센트를 차지했고, 하위 50퍼센트는 12퍼센트를 차지했다. 두 집단의 비중이 완전히 뒤바뀌었다.

상황이 이렇다 보니 불평등에 반대하는 월스트리트 점령 시위에서 '우리가 99퍼센트다'라는 슬로건이 등장한 것은 놀라운 일이 아니었다. 그러나 사실은 99퍼센트가 아니라 '99.9퍼센트'라고 해야 했다. 2018년에는 개인당 평균 7,000만 달러의 재산을 보유한 상위 0.1퍼센트(1,000명 중 한 명)가 미국 국민의 전체 부에서 20퍼센트 가까이 차지했다. 우주여행을 한 제프 베이조스는 많은 백만장자 친구와 억만장자 친구를 거느리고 있다.

어쩌다 미국은 이 지경이 된 걸까? 왜 치솟는 불평등에 대한 실질적인 정치적 반격이 없었을까? 1퍼센트가 아무리 부유하더라도 그들이 민주주의 선거에서 하위 50퍼센트를 물리치는 일이 벌어져서는 안 된다. 그러나 여기서 미국 정치는 실패한 듯 보인다. 미국 정치는 불평등을 해소하기보다 오히려 강화하고 있다. 불평등 수준은 계속해서 높아지고 있다. 극소수가 이익을 독차지하는 가운데 정치인들은 무력한 모습을 보여주고 있다. 문제를 해결할 의지가 그들에게는 없어 보인다.

왜 미국 정치는 불평등에 아무런 대응을 하지 못하는 걸까? 미국은 '평등한 권리와 평등한 결과가 서로를 약화한다'라고 말하는 불평등의 덫에 걸려들었다. 미국인들이 소중하게 여기는 평등한 경제적 자유는 불평등한 결과를 완화하려는 시도를 더욱 힘겹게 만든다. 그리고 일반 대중에서 정치인과 억만장자에 이르기까지 다양한 개인의 각자 다른 동기는 이 덫에서 벗어나려는 노력을 가로막고 있다.

이런 사실은 우리가 다시 제프 베이조스에게 주목하도록 만든다. 2008년 금융 위기 이후 몇몇 정치인들은 많은 미국 대기업이 월마트의 유명한 슬로건을 살짝 변형한 '언제나 낮은 임금[Always Low Wages, 1962년부터 2007년까지 월마트의 슬로건은 'Always Low Prices(언제나 낮은 가격)' 였다. 이것을 변형한 'Always Low Wages(언제나 낮은 임금)'는 대기업들의 저임금 정책을 비꼬는 말이다-옮긴이]'을 보완하기 위해 주와 연방 정부의 복지 보조금에 의존하고 있다는 데 당혹감을 느꼈다. 버몬트주 상원의원이자 사회주의자인 버니 샌더스는 2018년에 '보조금을 삭감해서 악덕 고용주를 막자' 혹은 줄여서 '베이조스를 막자'라고 불렸던 법안을 의회에 발의했다. 그리고 2019년에 이들은 더 상위의 집단, 즉 제프 베이조스와 엘리트 집단을 겨냥하기 시작했다.

2019년에는 2020년 미국 대선을 위한 민주당 예비선거가 시작됐다. 당시 선두권에는 버니 샌더스를 비롯해 매사추세츠주 진보주의 상원의원이자 법학 교수인 엘리자베스 워런이 있었다. 그해 여름에 두 정치인은 미국 엘리트들의 재산에 직접적으로 세금을 부과하는 제안서를 발표했다. 그중 샌더스는 3,200만 달러라는 다소 적절해 보이는 부유세 기준을 정하고, 100억 달러가 넘는 재산에 연간 8퍼센트로 세금을 부과하는 방안을 내놨다. 만약 이 방안을 1982년부터 실행했더라면 2018년 제프 베이조스가 보유한 1,600억 달러의 재산은 안타깝게도 430억 달러로 줄어들었을 것이다. 이들 정치인이 내놓은 부유세 제안은 평등의 덫으로부터 탈출할 가능성을 보여줬다.

하지만 워런과 샌더스는 모두 대통령이 되지 못했다. 부유세 공약으로는 예비선거를 통과할 수 없었다. 최종 승자인 조 바이든은 부유세를 실행에 옮기지 못했다. 그리고 공화당은 민주당의 많은 의원과 더불어 부유세에 반대하는 태도를 고수했다. 부유세로부터 이익을 얻을 미국의 1억 5,800만 유권자들의 소망은, 그와 반대로 손해를 입을 7만 5,000가구의 압박과 냉담한 정치 시스템 앞에서 좌절됐다.

이런 결과는 다음과 같은 질문을 제기한다. 왜 미국을 포함해 대부분의 민주주의 국가는 부유세를 실행하지 않을까? 부유세는 극소수가 부담하고 대다수가 이익을 얻는 제도다. 그런데 왜 민주주의의 정치적 평등은 경제적 불평등을 덜어주지 못할까? 왜 정치는 우리를 좌절하게 만드는가?

억만장자에게 세금을 부과하는 정책은 평등의 덫과 정면으로 충돌한다. 우리는 원하는 대로 소비하고, 원하는 곳에서 일하고, 자기 뜻대로 투표할 수 있는 평등한 권리를 원한다. 그러나 평등한 권리는 소득과 자원, 기회의 평등한 분배를 절대 보장하지 못한다. 심지어 불평등을 더 악화시키기도 한다. 우리의 개인적 동기가 평등한 집단적 결과를 가로막는 것이다.

억만장자들 역시 우리와 마찬가지로 원하는 대로 소비하고, 원하는 곳에서 일하고, 자기 뜻대로 행동할 평등한 경제적 권리를 원한다. 이 때문에 우리가 평등한 결과를 아무리 원한다고 해도 그들에게 실제로 세금을 부과하려는 시도는 사실상 불가능해신다. 억만상자들은 부유세가 부과되면 저택이나 우주선 혹은 모발 이식에 미친 듯 돈을 써버리려고 할 것이다. 아니면 부유세에 반대하는 선거 진영을 후원할 것이다.

평등한 경제적 권리의 보장에 따른 경제적 불평등은 근본적으로 우리의 정치 시스템을 바꿔놓고 평등한 결과를 만들어내기 위한 입법을 더 힘들게 만든다. 정치를 '중심에서 멀어지도록' 만드는 억만장자들의 힘은 민주주의 사회 속에서 로비를 벌이고 정치인을 회유할 수 있는 평등한 권리로서 모습을 드러낸다. 2010년 미국 대법원 판결(Citizens United v. Federal Election Commission) 이후로 베이조스와 같은 미국의 억만장자들은 정치 광고를 무제한으로 후원하고 있다. 미국의 정치는 억만장자들을 제어하지 못한다. 그 한 가지 이유는 바로 그 억만장자들이 정치를 장악하고 있기 때문이다.

전 세계적으로도 민주주의의 최대 수혜자는 바로 부유한 이들이다. 그 이유는 민주주의 국가가 전제주의 국가보다 부자의 재산권과 자유로운 발언권을 더 효과적으로 보호해주기 때문이다. 중국이나 러시아에서 억만장자로 살아간다는 것은 결코 마음 편한 일이 아니다. 그들은 언제 재산을 몰수당할지 모르고 심지어 체포되거나 살해당할지도 모른다.

민주주의 사회에서는 대중이 정치적 권력을 갖고 있다고 해서 부자들을 제어하지는 못한다. 사실은 정반대다. 민주주의는 부자에 대한 과세를 막아주고 그들의 재산을 지켜준다. 그렇게 평등한 정치적 권리는 평등한 경제적 결과를 훼손시킨다. 그래서 안타깝게도 우리 사회는 곤경에 처한다. 우리는 평등한 권리를 무엇보다 소중하게 생각하지만 정작 이 평등한 권리는 점점 심각해지는 불평등과 손잡고 나란히 걸어간다.

코로나 전염병이 확산되고, 민주당에서 대통령이 당선되고, 유럽에서 전쟁이 이어지는 동안에도 미국의 부유한 억만장자들은 여전히 아무런 제약을 받지 않고 있다. 물론 모두가 포기한 것은 아니다. 샌더스는 트위터에 이런 글을 올렸다. "우리는 대단히 부유한 이들에게 공정한 몫을 요구해야 한다." 2022년 세계 최고 부자의 타이틀을 제프 베이조스에게서 넘겨받은 일론 머스크는 이 글에 이렇게 응수했다. "당신이 아직 살아 있다는 사실을 깜빡하고 있었군." 이처럼 '공정한 몫'에 해당하는 세금에 대한 요구는 여전히 부자들의 강한 반발에 부딪히고 있다.

베이조스가 얼마 전 고향이라고 부른 지구로 돌아오고 일주일 후, 부유세 공약으로 대통령이 되지는 못했지만 민주당이 장악한 하원에서 강한 영향력을 행사하는 엘리자베스 워런 상원의원은 다시 한번 부유세의 중요성을 강조했다. 그는 CNBC에 출연해서 베이조스에게 이렇게 경고했다. "당신이 재산을 어떻게 묶어놓았든 간에 세금을 부과할 수 있기를 바랍니다. 부동산을 갖고 있든, 현금을 보유하고 있든, 어마어마한 아마존 지분이든 간에 말이죠. 그렇습니다. 저는 제프 베이조스, 당신을 지켜보고 있습니다."

6장

평등 그리고 유토피아

수 세기에 걸쳐 사람들은 평등한 유토피아의 삶을 상상했다. 유토피아라는 용어는 토머스 모어(Thomas More)가 1516년에 발표한 《유토피아》라는 책에서 비롯됐다. 이후 많은 사람이 사회가 재산을 관리하고, 모두가 농사를 짓고, 시민들이 10년마다 집을 바꿔서 살아가는 사회를 꿈꿨다. 그런데 모어의 유토피아에 등장하는 모든 가구에는 평등이라는 그림 같은 정경이 무색하게도 두 명의 노예가 있었다.

철학자들 역시 기존의 부조리한 수직 체계에서 자유롭고 평등한 사회라는 이상에 오랫동안 매력을 느꼈다. 장 자크 루소에서 카를 마르크스, 존 롤스(John Rawls)에 이르기까지 사회를 새롭게 설계하고자 했던 사상가들은 그들이 꿈꾸는 이상적인 공동체의 핵심 원리로 평등을 꼽았다.

이제 우리도 새로운 사회를 설계하려는 열정에 사로잡혀 있다고 상상해보자. 어떻게 사회를 평등하게 만들 것인가? 우리도 모어(노예가 없는 유토피아)나 마르크스처럼 모두가 똑같은 재산을 소유해야 한다고 주장할 수 있다. 소유권을 부정함으로써 그렇게 할 수 있다. 가령 모어의 유토피아에 등장하는 모든 집에는 자물쇠가 달리지 않았다. 모든 물건이 '공동' 소유이기 때문이다. 존 레넌은 "아무도 소유하지 않은 세상을 상상해보세요"라고 노래했다. 아니면 모두의 생존을 보장한다는 차원에서 개인적인 소유를 허용하면서도 정확하게 똑같은 양을 분배할 수도 있다. 이런 방식을 통해 우리는 소유의 차원에서 '평등한 결과'를 보장할 수 있다.

그럴 때 우리 사회는 정말로 평등할까? 한 가지 기준에서는 그렇다. 하지만 그런 소유물을 누가 생산하는가에 관한 질문을 맞닥뜨리게 된다. 우리는 모두 똑같이 열심히 일해야 할까? 이를 위해 사람들을 사슬로 묶어놓고 강제 노역을 시켜야 할까? 사람들이 원하는 장소와 시간, 강도에 따라 일할 수 있는 '평등한 권리'에 주목하면, 생존에 필요한 똑같은 결과물을 과연 모두에게 제공할 수 있을지는 확실하지 않다.

반면 완전히 평등한 결과물에 주목하면 공정함에 대한 우리의 인식은 위협받는다. 사람들은 그들의 노력과 기술에 대해 공정한 보상을 받고 있는가? 누군가 더 열심히 일한다면, 더 뛰어난 기술을 갖고 있다면, 사회를 위해 더 많은 가치를 생산한다면 더 많은 보상을 받아서는 안 되는가? 이에 대해 우리는 노동의 결과물보다 노동할 수 있는 평등한 기회가 더 중요하다고 생각할 수 있다.

그러나 모두가 자신이 원하는 장소와 시간, 방식대로 일할 수 있도록 보장한다면 평등한 결과라는 집단적 목표를 달성하기란 불가능할 것이다. 사람들은 저마다 다른 강도로 일하고, 저마다 기술 수준도 다를 것이며 결국 소득 격차가 발생할 것이다. 그리고 경제적 불평등이 점점 커지면서 피라미드의 맨 위에 억만장자 귀족이 등장할 것이다.

우리에겐 두 가지 극단이 있다. 어느 것도 완전히 마음에 들지는 않지만 둘 다 서로 다른 방식으로 평등하다. 한쪽 극단에는 시민의 노동을 강제하는 완전하게 평등한 소유의 사회, 즉 불평등한 권리와 자유를 인정하는 사회가 있다. 그리고 다른 쪽 극단에는 사람들에게 평등한 경제적 권리를 허용하고 시장이 기능하도록 내버려 두면서 거대한 경제적 불평등과 자기영속적인 엘리트 집단의 위험성을 인정하는 사회가 있다. 어떤 경우든 정치는 실패한 것이다.

두 경우 모두에서 우리는 '평등한 권리와 평등한 결과는 서로를 약화한다'라고 말하는 평등의 덫에 갇힌다. 평등한 권리를 허용하면 평등한 결과를 얻지 못한다. 반대로 평등한 결과를 강제하고자 한다면 사람들이 원하는 대로 자유롭게 삶을 살아가기 위한 평등한 권리를 제한해야 한다. 그래서 우리는 '모든' 형태의 평등을 지지한다고 말할 수 없다. 여기서 내재적인 교환이 작동한다. 다시 말해 한 가지 유형의 평등을 중요하게 생각하면 다른 유형의 평등은 포기해야 한다. 따라서 이상적으로는 승자가 독식하는 디스토피아의 위험을 피하면서 동시에 우리가 소중하게 여기는 자유를 보장하는 중간 지점에서 균형점을 발견해야 한다.

이런 교환은 우리가 삶의 특정 영역(정치적 권리나 교육의 권리, 시민의 권리 혹은 경제적 결과나 행복 등)에서 평등을 고려할 때마다 모습을 드러낸다. 그런데 특정 영역에서 평등을 강화하려는 노력은 다른 영역에서 불평등을 초래한다. 실제로 역사 전반에 걸쳐 경제적, 정치적, 사회적으로 평등한 권리를 강화하고자 할 때마다 거대한 결과적 불평등이 나타났다. 반대로 전시에서 공산주의에 이르기까지 자유가 위협받는 시기에 경제적 불평등은 감소했다. 이는 결코 우연이 아니다.

여기서 우리는 정치와 마찬가지로 '치약 문제'에 직면한다. 즉 튜브의 한쪽에서 불평등을 누르면 다른 쪽이 튀어나온다. 이런 교환을 무시하고 모두에게 모든 것을 약속한다면 정치는 결국 실패할 것이다.

평등에 관한 모든 논의에는 한 가지 핵심 질문이 숨어 있다. '무엇의 평등인가?' 사회학자, 자유론자, 공리주의자 등 세상의 다양한 사상가들은 결과나 권리와 같이 특정한 불평등에 대해 끝없이 논쟁을 펼쳐왔다. 그러나 우리는 그 속에서 근본적인 유사성을 발견한다. 그들 모두 특정한 형태의 평등이 지닌 가치를 믿었다. 오늘날 우리는 미국의 정치철학자 로널드 드워킨(Ronald Dworkin)이 말한 '평등주의 고원(egalitarian plateau)'에서 살아가고 있다. '인간은 본질적으로 불평등한 존재이므로 다르게 대우해야 한다'는 주장 중에 존중을 받는 것은 찾아보기 어렵다. 우리 사회는 평등은 좋은 것이라고 주장한다. 그러나 평등의 의미는 저마다 다르다. 바로 여기에 문제가 있다.

밀턴 프리드먼(Milton Friedman), 프리드리히 폰 하이에크(Friedrich von Hayek), 로버트 노직(Robert Nozick) 등 자유 시장주의자와 자유론자들은 사람들에게 평등한 자원을 제공해야 한다거나 노력과 필요 혹은 당위를 명분으로 평등한 보상을 보장해야 한다고 생각하지 않았다. 대신 그들은 모두가 재산을 소유하고 시장에서 거래할 수 있는 평등한 권리를 보장받아야 한다고 믿었다. 그들은 특정한 민족과 종교,

성별에 속한 사람이 평등한 대우를 받을 만한 가치가 없다고 생각하지 않았다.

마찬가지로 마르크스를 시작으로 많은 사회주의 사상가는 모든 인간이 '생산 도구'에 대한 평등한 권리를 보장받아야 한다고 믿었다. 즉 모두는 사회의 생산 역량에서 평등한 몫을 차지해야 한다. 다시 한 번, 이는 보편주의적 주장이다. 이들이 말하는 사회주의 혁명이 도래하면 인간은 모두 평등한 존재다. 피부색과 종교, 특성에 따른 차이는 없다. 그러나 마르크스주의자들은 사람들이 개인적인 재산을 소유하고 팔 수 있는 평등한 권리를 가져야 한다고 생각하지 않았다. 그들은 사적 소유를 전혀 인정하지 않았다! 그리고 '능력이 아닌 필요에 따른'이라는 슬로건에도 잘 드러나듯이 그들은 평등한 기회보다 평등한 결과를 선호했다.

평등주의 고원의 희박한 공기 속에 공통으로 존재하는 것은 사람들이 특정한 영역에서 '평등한 대우를 받는다'라는 사실이다. 캐나다의 정치철학자 윌 킴리카(Will Kymlicka)는 이런 생각을 다음과 같이 표현했다. "평등주의 이론은 정부가 시민을 평등하게 고려해야 할 대상으로 바라볼 것을 요구한다." 모든 시민은 평등한 관심과 존중을 받을 가치가 있다. 아마르티아 센은 '공정성(impartiality)'이라는 용어를 이와 비슷한 개념으로 사용했다.

어떤 경우든 우리는 이런 핵심 개념을 좌파에서 우파까지 아주 다양한 정치철학자에게서 공통으로 발견한다. 그러나 평등주의 고원의 문제는 한 가지 차원에서 인간을 평등하게 대우하려는 시도는 다른 차원에서 불평등하게 대우하게 된다는 것이다.

우리가 언제나 평등주의자였던 것은 아니라는 사실을 우리는 종종 잊어버린다. 과거의 철학자들은 사람들을 기본적으로 불평등하게 여겼다. 플라톤은 고도의 훈련을 받은 '철인왕'이 모든 사람을 대신해 의사결정을 내리는 공화국을 꿈꿨다. 아리스토텔레스는 노예와 여성은 남성 시민과 동등한 대우를 받을 자격이 없다고 주장했다. 17세기에 절대주의 통치와 군주의 신성한 통치를 지지했던 사람들은 통치자가 피통치자에 대해 무제한의 권리를 가져야 한다고 주장했다. 그리고 신앙이 있는 사람은 그렇지 않은 사람과 똑같은 대우를 받아서는 안 된다는 종교적 주장 역시 평등주의 고원에 해당한다.

계몽주의 시대 이전까지만 하더라도 사회를 조직하는 방법에 관한 이론들 대부분 불평등주의에 기반을 둔 것이었다. 이후 불평등주의에 대한 믿음은 주변부로 밀려나기는 했지만 완전히 사라지지는 않았다. 19세기 말 유명한 철학자 허버트 스펜서(Herbert Spencer)는 생물학적 결정론자였다. 그가 보기에 불평등은 진화적 차이에 따른 것이었다. 그는 턱과 머리 크기에서 이런 차이를 발견했다.

프리드리히 니체 역시 반(反)평등주의자였다. 이는 평등주의를 비판했던 그의 말에서 확인할 수 있다. "그들이 노래하는 것, 즉 '평등한 권리'와 '평등한 사회', '주인도 하인도 없는 세상'에 우리는 아무런 매력을 느끼지 않는다. 이 땅에 정의와 화합의 왕국을 세워야 한다는 주장에는 아무런 정당성이 없다. … 우리는 정복자임을 자처한다." 20세기 중반 인종차별주의를 노골적으로 드러낸 파시즘의 물결은 바로 이처럼 수 세대에 걸친 철학적 편견을 기반으로 삼았다.

그러나 이런 주장은 지난 몇십 년에 걸쳐 먼저 학계로부터, 그다음에는 일반 대중으로부터 외면당했다. 그래도 우리는 샬러츠빌에서 부다페스트에 이르기까지 오늘날 암울한 극우파에게서 그 그림자를 본다. 본질적인 불평등에 관한 유사과학적인(Quasi-scientific) 주장들은 여전히 많은 지지자와 신도들을 거느리고 있다. 하지만 오늘날 포퓰리즘 시대에서도 이런 주장은 주변부에 머물러 있다. 대신 평등주의 규범이 정당한 근거를 바탕으로 여전히 담론을 지배하고 있다.

우리는 평등주의 시대를 살아가고 있다. 하지만 역설적으로 우리는 경제적 불평등이 큰 시대, 심지어 점점 더 커지는 시대를 살고 있다. 2008년 금융 위기 이후로 미국뿐만 아니라 유럽과 그 너머의 부유한 민주주의 국가들의 평등에 관한 언론의 관심과 정치적 우려가 매우 증가했다. 오늘날 민주주의 국가들은 국민에게 명목적으로 평등한 정치적 권력과 그들이 선택한 삶을 살아가는 평등한 권리를 부여하고 있다. 그런데도 이들 국가는 소득과 부를 기준으로 대단히 높은 수준의 불평등을 겪고 있다.

불평등에는 반드시 대가가 따른다. 소득 수준이 평등한 국가들은 기대수명과 문맹률, 약물 남용, 학교 중퇴율, 수감률, 살인 범죄 등 다양한 측면에서 긍정적인 결과를 보여준다는 객관적인 증거가 있다. 일부 국가는 다른 국가에 비해 우리가 자본주의적 민주주의에 따른 평등한 정치적, 경제적 권리를 그대로 유지하면서 동시에 평등한 결과를 향해 나아가는 더 강력한 역량을 보인다. 특히 고소득자들에게 세금을 부과하고 이를 가난한 시민에게 재분배함으로써 사람들이 일상적으로 겪는 불평등을 실질적으로 해소해나가는 국가들도 있다.

우리는 국가 간 불평등을 비교하기 위해 흔히 지니 계수(Gini index)를 사용한다. 지니 계수는 0(모두가 정확하게 똑같은 소득을 얻는)에서 1(한 사람이 모든 것을 차지하고 나머지는 하나도 얻지 못하는) 사이에 분포한다. 지니 계수가 높을수록 사회는 불평등하고 낮을수록 평등하다.

소득 수준에 주목하면 대부분의 부유한 국가에서 상당히 높은 수준의 불평등을 확인할 수 있다. 일부 국가의 지니 계수는 0.50 이상이다. 쉽게 예상할 수 있듯이 미국과 영국은 물론 이탈리아, 프랑스, 그리스가 여기에 해당한다. 조금 더 평등한 스웨덴, 노르웨이, 한국, 스위스 같은 국가들의 지니 계수는 0.45 이하이다. 그러나 이는 미미한 차이에 불과하다. 민주주의 국가들에서 시민의 정치적 평등은 평등한 소득을 실질적으로 보장하지 못한다.

그러나 이야기는 여기서 끝이 아니다. 사람들의 소득은 그들의 은행 계좌에 실제로 들어가는 금액과는 다르다. 정부는 소득 일부를 (세금으로) 거둬서 이를 (복지 정책으로) 나눠 준다. 정부는 부자에게서 가난한 자들에게로 소득을 재분배함으로써 지니 계수를 낮춘다. 바로 여기에 개입의 여지가 있다.

핀란드, 프랑스, 벨기에 등은 대단히 적극적으로 개입함으로써 불평등 수준을 40퍼센트 넘게 줄이고 있다. 프랑스의 경우 지니 계수는 정부 개입을 통해 0.50에서 0.30으로 떨어지고 있다. 반면 미국과 한국, 이스라엘, 스위스는 하락 폭이 그리 크지 않다. 이들 정부는 여전히 중요한 역할을 하지만 불평등의 하락 폭은 기껏해야 20퍼센트 정도에 불과하다. 소득 차원에서 프랑스와 비슷하게 불평등한 미국 정부가 재분배를 통해 줄인 지니 계수는 0.40에 머무르고 있다.

그렇다면 이런 차이는 어디서 비롯될까? 바로 정치다. 정부는 우리가 평등에 더 가까이 다가서도록 만들 수 있다. 즉 평등의 덫에서 빠져나오도록 도울 수 있다. 그러나 앞으로 살펴보겠지만 이런 노력에는 대가가 따른다. 과중한 세금은 평등한 경제적 자유에 대한 중대한 제한을 의미한다. 그리고 세금이 지나치게 높으면 경제 성장을 저해할 수 있다. 평등의 덫을 이해하기 위해 우리는 이런 교환 작용을 진지하게 들여다봐야 한다.

불평등 통계 대부분은 사람들의 소득에 주목한다. 어쨌든 소득은 우리가 은행 계좌에서 매월 확인하는 것이며, 정부가 거둬들이는 세수 대부분의 기준이다. 그러나 소득 불평등보다 더 중요한 형태의 불평등이 존재한다. 바로 부의 불평등이다. 이는 소득 불평등보다 훨씬 더 심각하다. 미국의 경우 소득 불평등 지니 계수는 0.50이 살짝 넘는 수준이지만 부의 불평등 지니 계수는 놀랍게도 0.90에 육박한다. 미국에서 상위 5퍼센트 고소득자는 전체 소득의 약 3분의 1을 차지하는데 전체 부에서는 70퍼센트 이상을 차지하고 있다.

소득을 기준으로 불평등의 덫에서 빠져나온 국가들조차 부를 기준으로 할 때 상황은 그리 낙관적이지 않다. 비교적 평등한 국가인 스웨덴과 노르웨이에서도 부의 지니 계수는 0.80을 넘어선다. 평등주의를 실현하는 국가들도 아주 소수의 가문이 엄청나게 많은 부를 소유하고 있으며 누구도 그들의 재산에 손대지 못한다.

이런 상황은 한 가지 역설을 제기한다. 정치적, 시민적, 사회적으로 보편적인 권리를 부여했음에도 어떻게 이처럼 심각한 불평등이 이어져 온 것일까? 불평등의 역사는 실제로 우리가 수 세기에 걸쳐 평등한 권리와 불평등한 결과(때로는 불평등한 권리와 평등한 결과)의 절망적인 관계 속에서 살아왔다는 사실을 보여준다.

평등의 기원

세계에서 부유한 나라의 역사는 평등한 권리와 평등한 결과가 충돌한 역사였다. 오늘날 우리는 불과 한두 세대 이전의 선조보다 언론과 직업 및 이주에서 더 많은 자유를 누리고 있다. 동시에 우리는 부자와 가난한 자 사이의 격차가 거대한 나라에서 살고 있다. 가장 부유한 시민의 부는 평균적인 시민보다 100만 배나 더 높다. 매우 평등하게 보이는 시민적, 경제적, 정치적 권리가 엄청나게 불평등한 결과와 함께 공존하는 것이다. 우리는 이렇게 살아갈 수밖에 없는 운명일까?

호모 사피엔스로서 인류의 삶은 처음에 평등에 가까웠을 것이다. 돌로 만든 도구, 뼈로 만든 목걸이, 모피로 만든 옷처럼 인류의 초기 소유물은 손으로 만들어졌고 들고 다닐 수 있는 것이었다. 수렵-채집민들이 소유할 수 있었던 것들은 제한적이었다. 불평등에는 한계가 있었다. 특정 개인이 부족민의 소유물 대부분을 소유했다고 해도 그리 많지 않았을 것이며, 부족민 대부분 생존에 필요한 식량과 옷을 얻을 수 있었다. 이를 고려할 때 수렵-채집민들의 부의 지니 계수는 0.25 정도에 불과했다(오늘날 부를 기준으로 한 일반적인 지니 계수는 0.70 이상이다).

마지막 빙하기가 끝나고 1만 년의 세월 동안 불평등은 매우 증가했다. 따뜻해진 지구는 어떻게 불평등을 만들어냈을까? 기온이 상승하고 기후가 습해지면서 에너지가 풍부한 곡물을 생산하는 야생 식물들이 더 무성하게 자라는 환경이 조성됐다. 인류는 영양소가 풍부한 씨앗을 생산하는 식물을 구별하는 법을 배워 한 지역에 정착했고 식물을 경작하는 농경 문화가 시작됐다. 작물을 재배하는 풍요로운 삶이 시작되면서 인류는 길들이기에 성공한 거대 초식동물들을 더 쉽게 먹일 수 있게 됐다. 그렇게 기온 상승은 인류에게 농경 문화를 가져다줬다. 그리고 그 문화는 다시 불평등을 가져다줬다.

오스트리아 역사가 발터 샤이델(Walter Scheidel)은 이런 집단적 역사의 시기를 가리켜 '대 불평등화(great disequalization)'라고 불렀다. 농업은 인간을 자유롭게 하면서 동시에 구속했다. 농사로 인류는 수렵 채집 생활을 하며 들판의 식량을 수집하는 과정에서 직면해야 했던 다양한 위험으로부터 자유로워졌다. 그리고 끊임없이 돌아다녀야 하는 수렵과 채집 생활의 물질적 제약으로부터 자유로워졌다. 그러나 농사로 인류는 한정된 지역에 구속됐다. 인류는 이제 기후와 도둑질, 공격의 불확실성에 직면하게 됐다. 또한 전례 없이 거대한 풍요와 더불어 이런 풍요를 관리하고 지키기 위한 고도의 수직적 체계도 생겨났다. 자유와 함께 불평등이 찾아온 것이다.

농업이 인류에게 가져다준 중요한 한 가지는 잉여 식량이었다. 잉여 식량은 다양한 노동과 거래를 하고 새로운 물건을 생산하는 사람들을 먹여 살릴 수 있는 충분한 자원이 존재했다는 의미였다. 그렇게 생산된 자원은 어느 정도 평등한 방식으로 분배됐다. 또한 정착 농업은 인근의 유목 부족과 다른 정착 부족 모두에게 잠재적으로 탐낼 만한 대상이 됐다. 그래서 초기 농업 사회는 자원을 지키기 위한 군인 그리고 군인을 조직하고 명령을 내리는 시스템이 필요했다.

대부분 농경 사회는 소수의 군인과 관료, 사제가 이끄는 수직적인 정치적 시스템을 개발했다. 초기 법률 시스템으로 소유권을 보장했고, 이는 기존의 불평등을 심화시켰다. 또한 내부의 분열을 해결하기 위해 인근 부족을 공격하고 그 부족민들을 노예로 삼았다. 그렇게 불평등의 새로운 층이 추가됐다.

당시 정치 구조는 아래가 크고 위가 작은 피라미드 모양이었다. 이런 상태에서 극단적인 형태의 경제적 불평등이 나타나지 않았던 이유는 무엇이었을까? 사람들 대부분이 생존에 필요한 자원을 확보할 수 있었기 때문이었다. 간단하게 말해서 생존하지 못하면 불평등의 통계 수치에 잡히지 않았다. 그리고 생존에 성공했을 때 가난한 사회에서 차지할 수 있는 잉여 자원은 지극히 제한적이었다. 즉 불평등에 한계가 있었다. 사회가 부유해질수록 불평등하게 분배될 수 있는 잉여 자원은 더 많이 생기고, 그래서 불평등은 더욱 심화된다.

예를 들어 아우구스투스 황제가 세상을 떠난 기원후 14년의 로마 제국을 살펴보자. 고대 로마에서 실소득을 기준으로 한 지니 계수는 약 0.39로 추산된다. 그리 나쁜 수치가 아니며 2000년의 미국과 비슷한 수준이다. 그러나 고대 로마에서 평균 소득은 생존에 필요한 소득의 두 배에 불과했다. 그래서 전체 인구의 생존을 보장하려면 평균 소득의 절반에 해당하는 부를 빈민층에 분배해야 했다. 결론적으로 지니 계수가 0.53을 넘어설 때, 로마 제국은 유지될 수 없었다.

이를 1999년 미국의 상황과 비교해보자. 당시 미국의 평균 소득은 생존 소득의 77.7배였다. 이는 산업화의 힘이었다. 이론적으로 보면 미국 사회는 지니 계수가 0.99에 도달해도 유지될 수 있었다. 즉 지니 계수가 극단적으로 높은 상태에서도 전체 인구의 생존을 보장할 수 있었다. 그러나 이런 사실은 오늘날 불평등이 극단적인 수준으로 치솟도록 허용했다.

중세 시대 이후로 생활 수준이 전반적으로 향상되면서 불평등 수준도 높아졌다. 시민적, 정치적 자유가 강화되는 시대는 동시에 불평등이 심화하는 시대이기도 했다. 이는 우연이 아니었다. 농부와 토지를 연결하는 봉건 시대의 고리가 끊어지면서 농부들은 발전하는 도시 지역으로 이주했다. 누가 무엇을 생산하는지에 대한 군주와 길드의 간섭이 점차 완화되면서 사람들은 더 넓은 시장에 접근하고 새로운 제품을 생산하게 됐다.

도시들의 경제적 중요성이 높아지면서 불평등 수준도 높아졌다. 도시가 더 많은 제품을 생산하면서 불평등하게 분배할 더 많은 잉여 자원이 생겼다. 새로 지은 공장이나 생산성 높은 경작지를 소유한 이들은 새로운 성장의 전리품을 취했다. 어디서나 살아갈 수 있는 권리, 무엇이든 생산할 수 있는 권리가 평등하게 주어지면서 불평등은 더 심화됐다. 오늘날에도 이와 비슷한 패턴을 볼 수 있다. 개발도상국이 도시화, 산업화되는 초기에 불평등은 급증한다. 이는 예외가 아니라 법칙이다.

불평등은 빙하시대 이후로 계속 심화하고 있다. 물론 정상과 골짜기는 항상 존재했다. 14세기 서유럽 전역에 흑사병이 창궐하면서 불평등 수준은 크게 완화됐다. 그 이유는 전염병 확산으로 많은 사람이 끔찍하게 죽어나가면서 노동력이 귀해졌고, 그에 따라 살아남은 이들의 임금이 올랐기 때문이었다. 최근에는 제1차 세계대전부터 1970년대 중반까지 불평등이 산업화 세계 전반에 걸쳐 크게 낮아졌다. 우리는 이 기간을 '대 압축(Great Compression)' 시대라고 부른다. 미국 드라마 〈해피 데이즈(Happy Days)〉, 교외 지역으로의 이주, 말뚝 울타리가 상징이었던 그 시대는 지금보다 실질적으로 더 평등했다(〈해피 데이즈〉는 1974~1984년에 방영된 미국 시트콤이다 – 옮긴이). 그렇다면 그 이후에 무슨 일이 벌어졌던 걸까?

여기에는 좋은 이야기와 그리 좋지 않은 이야기가 있다. 좋은 이야기는 근로자들이 인구 빌노가 높은 도시 지역으로 몰려들면서 임금 인상을 쟁취하기 위해 조직적 체계를 갖추게 되었고, 정치적으로 부자들에게 세금을 부과하고 규제할 수 있게 됐다는 것이다. 특히 대규모 초중등 교육 시스템이 확산하면서 엘리트 구성원만이 글을 읽고 계산하는 특권이 사라졌다. 이는 소득 격차 해소에 큰 역할을 했다.

또한 대 압축 시대에는 교육과 노동자의 힘이 성장했다. 하지만 두 번의 세계대전을 겪는 동안 발생한 불평등 완화는 우리에게 그리 좋지 않은 이야기를 들려준다. 전쟁의 폭력은 사회를 파괴했다. 그런 전쟁이 불평등을 완화했던 부분적인 이유는 자본이 파괴되고 노동력에 대한 수요가 커졌기 때문이었다. 노동력이 귀해지면서 군수 공장들은 여성을 노동자로 고용하기 시작했다. 또한 부자 과세가 높아지고 공공 지출이 확대되면서 세후 불평등이 줄어들었다. 미국은 남북전쟁을 치르는 동안 연방 소득세를 도입했다. 당시 최고 세율은 67퍼센트였다. 이는 제1차 세계대전 당시의 15퍼센트보다 훨씬 높은 수준이었다. 최저 세율 역시 제2차 세계대전 시절보다 네 배나 높았다.

두 번의 세계대전이 끝났을 때 각국 정부는 새로운 사회 프로그램을 내놓으면서, 영국 총리 데이비드 로이드 조지(David Lloyd George)가 1918년에 언급했던 "영웅들에게 어울리는 나라"를 구축하기 시작했다. 영국은 국민건강보험과 연금 및 질병보험 프로그램을 도입했고 제2차 세계대전이 끝나고 몇 년 만에 대규모 공공 주택을 건설했다. 오늘날 기억하기에 자유를 가장 제한했던 전시 시절은 또한 불평등이 가장 제한된 시절이었다. 권리는 불평등했지만, 결과는 더 평등했다.

그러나 1980년 이후로 소득과 부의 불평등이 선진 산업국에 걸쳐 크게 올라가면서 이야기는 거꾸로 흘러갔다. 전반적으로 그 흐름은 대단히 충격적이었다. 제1차 세계대전 이전에 대부분 국가에서 1퍼센트 부자들은 전체 국민소득의 20퍼센트 정도를 벌었다. 그러나 전쟁 이후로, 특히 제2차 세계대전이 끝난 이후로 그 비중은 감소했고 1970년에는 10퍼센트 아래로 떨어졌다. 그리고 곧 역전이 시작됐다.

미국을 보자. 2000년대 중반에 1퍼센트 부자는 전체 국민소득에서 1900년과 비슷한 수준인 20퍼센트를 차지했다. 캐나다와 영국, 독일 역시 15퍼센트 수준으로 되돌아갔다. 부자들이 비교적 덜 부유한 스웨덴과 호주에서도 소득 비중은 1970년에 비해 두 배로 증가했다.

대부분 지역에서 불평등의 수준이 크게 치솟았다. 그 이유는 지난 몇십 년 동안 우리가 더 많이 누리게 된 자유와 평등한 권리가 불평등을 심화했기 때문이었다. 세계화는 그 흐름에 박차를 가했다. 사람들은 국경을 넘어 더 부유한 나라와 무역하고, 거기에 투자하거나 이주하면서 유럽과 북미 지역 근로자 임금은 하향 압박을 받았다. 다른 한편으로, 더욱 자유로워진 세계 시장은 교육 수준이 높거나 투자할 자본이 있는 서구 사람들에게 새로운 수익의 기회를 선사했다.

또 다른 범인으로 기술을 꼽을 수 있다. 컴퓨터 기술과 휴대전화 보급은 컨설턴트와 은행가, 엔지니어 등 기술 수준이 높은 근로자에게 더 많은 수익의 기회를 가져다줬다. 반면 생산라인에서 일하거나 지원 업무를 맡은 기술 수준이 낮은 근로자의 일자리는 없애버렸다. 동시에 급여가 높은 일자리를 차지하기 위한 대학 교육의 중요성이 증가하면서 기술 수준이 높은 근로자가 기술 수준이 낮은 근로자로부터 더 많은 것을 빼앗아 갔다. 능력주의는 양날의 검이다. 교육은 근무연수에 기반을 둔 기존 연공서열제보다 승진을 위한 더 평등한 기회를 보장한다. 그러나 새로운 승자들은 기회를 독점하는 그들만의 새로운 '교육 귀족주의'를 구축했다.

마지막으로, 노동과 생산 시장에 대한 규제 철폐는 불평등의 폭을 더 확대했다. 노동조합이 보편적으로 존재하고 강력한 고용 보호 정책을 실행하는 덴마크 같은 국가에서는 불평등 심화가 제한적으로 나타나고 있다. 사람들이 시장에서 더 높은 자유를 누릴수록 시장의 맨 꼭대기에 있는 이들은 더 많은 보상을 차지한다. 이는 곧 '승자독식' 시장을 뜻한다. 10퍼센트나 1퍼센트를 나머지와 비교할 때보다 더 협소한(0.1퍼센트나 0.01퍼센트 등) 메가엘리트(mega-elite) 집단을 나머지 집단과 비교하면 불평등은 더욱 뚜렷하게 모습을 드러낸다.

지난 10년간 부유한 나라들을 중심으로 나타난 정치적 동요는 부분적으로 점점 증가하는 불평등의 흐름에 대한 반응을 보여준다. 특히 좌파와 우파 진영의 포퓰리즘 정치인들은 세계화와 '세계주의자'들이 평균 소득을 감소시키고 불평등을 악화시킨다고 비난한다. 또한 높은 수준의 교육을 받은 이들이 부유한 자유주의 엘리트 카르텔이라고 공격한다. 특히 우파 진영의 새로운 포퓰리스트들은 기술 기업들까지 점점 더 의심하고 있다. 반면 무역과 이민, 혁신, 교육의 자유를 옹호하는 이들은 이런 자유를 경제적 혹은 정치적 대가 없이 누릴 수 있다고 성급하게 가정하고 있다.

우리는 수십 년에 걸쳐 비슷한 이야기를 듣고 있다. 바로 평등한 권리와 평등한 결과가 충돌하고 있다는 것이다. 불평등은 권리가 제한됐던 시절(전쟁과 전염병, 기근)에만 실질적으로 완화됐다. 세상이 개방되고 사람들이 어떤 일을 할지, 누구와 거래할지, 어디서 살지를 선택할 수 있는 평등한 권리를 누리게 되면서 불평등은 다시 치솟고 있다. 그렇게 우리는 평등의 덫에 머물러 있다. 부자들이 재산을 지키고 원하는 시점에 원하는 대상에 투자할 수 있도록 보장하는 평등한 권리는 부유한 세계 전반에 걸쳐 평등한 결과를 근본적으로 위협하고 있다. 이것은 우리의 어쩔 수 없는 운명인 걸까?

7장

평등의 덫

우리는 모두 평등한 대우를 원한다. 그런데 우리가 진정으로 원하는 평등은 방식의 평등인가, 아니면 결과의 평등인가? 물론 우리는 방식의 평등을 소중히 여긴다. 원하는 곳에서 일하고, 원하는 대로 투표하고, 원하는 말을 하고, 원하는 사람과 결혼할 수 있는 평등한 권리를 중요하게 생각한다. 그러나 동시에 우리는 결과의 평등도 중요하게 생각한다. 휘황찬란한 펜트하우스 바로 옆 빈민가처럼 극명한 불평등은 우리를 불편하게 만든다.

평등은 우리의 집단적 목표다. 우리는 부자와 가난한 자 사이의 격차를 줄이고자 한다. 동시에 평등한 권리를 바탕으로 자유로운 삶을 누릴 수 있기를 원한다. 그러나 이런 욕망은 평등한 결과라는 집단적 목표를 가로막는다. 완전히 평등한 결과를 누리려면 평등한 권리를 희생해야 할까? 그렇게 우리의 정치는 평등의 덫에 갇힌다. '평등한 권리와 평등한 결과는 서로를 약화한다.'

개인의 평등한 권리는 우리가 수 세기 동안 정치적 투쟁으로 쟁취한 평등한 결과라는 목표와 어색한 관계를 맺고 있다. 이런 모습은 자유롭게 재산을 취득하고, 보유하고, 처분할 수 있는 평등한 '경제적 권리'에서 분명히 확인할 수 있다. 경제 체제를 통해 경제적 평등을 강하게 압박함으로써 경제적 결과를 평등하게 만들고자 한다면, 경제적 권리를 강하게 제한해야 한다. 어쩌면 시민의 권리, 정치적 권리까지 제한해야 할 수도 있다.

반면 경제적 자유에 '모든 것을 거는' 접근 방식을 선택하면 우리는 경제적 재분배 가능성이 차단된, 부자가 정치적으로 지배하는 사회에 살게 된다. 그러니 정치가 실패하지 않으려면 평등한 경제적 권리와 평등한 결과 사이에서 신중하게 균형을 잡아야 한다.

민주주의에서 비롯된 평등한 '정치적 권리'와 평등한 결과의 사이는 항상 좋지만은 않다. 사실 민주주의는 종종 불평등 때문에 등장한다. 새롭게 부자가 된 사람들은 탐욕스러운 독재자로부터 자신의 부를 지키고자 할 때 민주주의를 찾는다. 평등한 독재 국가의 국민은 지도자에게 도전할 수 있는 권력 기반이 없는 상황에서 똑같이 억압받는다. 독재 국가가 정치에 실패하지 않으려면 더 낮은 불평등이 아니라 더 높은 불평등이 필요하다.

마지막으로, 평등한 '사회적 권리'는 평등한 경제적 결과를 보장하지 않는다. 1950년대로 돌아가 보자. 그 시대에 가구들의 소득은 더 평등했지만 전반적으로 여성은 노동력에서 배제됐다. 그리고 여성이 평등한 권리를 누리게 된 이후로 수십 년에 걸쳐 가구 소득의 불평등은 더욱 심각해졌다. 모두가 평등하게 대우받아야 한다는 우리의 소망은 불평등 통계 수치 속에 좀처럼 반영되지 못한다. 정치적 시스템을 통해 사람들이 대우받고 소득을 올리는 방식을 더욱 평등하게 만들고자 한다면 우리는 아직 먼 길을 가야 한다.

평등한 권리 vs 평등한 결과

부유한 나라들은 역설을 보여준다. 이들 대부분은 민주주의 국가이며 최종 의사결정은 일반 투표로 이뤄진다. 또한 이들은 자본주의 국가다. 이 나라들의 경제적 성과는 평등한 소유권 덕분에 자기 재산이 몰수되지 않을 것이라고 확신하는 기업과 소비자가 내린 수많은 자발적 의사결정의 결과물이다.

그런데 이게 왜 역설이라는 걸까? 민주주의는 정치적 권력을 확장한다. 이는 국민의 통치, 즉 1인 1표를 의미한다. 반면 자본주의는 경제적 권력을 집중시킨다. 이미 거대한 몫을 차지한 이들이 점점 더 많은 부를 축적한다.

그러나 정치적 권력은 경제적 권력을 압도할 수 있다. 민주주의 국가에는 주권이 있다. 다시 말해 법원의 영장이나 무력으로 위협해서 통치할 수 있다. 정치적 권력이 대중에게 주어지고 경제적 권리가 소수 엘리트에게 주어질 때, 대중은 엘리트의 부를 몰수해서 소득을 평등하게 만들지 못하는 이유는 무엇일까? 아마도 총부리의 위협 때문에 그러지 못할 것이다. 그리고 대중의 압박에 직면한 경제 엘리트가 이런 상황을 모면하기 위해 민주주의를 뒤엎지 못하도록 막는 것은 무엇일까?

우리는 여기서 평등의 덫 핵심을 본다. 자본주의는 (이론적으로) 사람들에게 평등한 경제적 자유를 허용한다. 모든 사람은 재산을 소유하고 처분할 수 있는 평등한 권리를 똑같이 누린다. 그러나 평등한 권리는 평등한 결과를 약화한다. 평등한 경제적 결과를 위해서는 자본주의 수혜자들이 이익을 포기하도록 강제해야 하고, 잠재적으로 그들의 평등한 경제적 권리를 제한해야 한다. 민주적인 자본주의의 핵심에는 이처럼 피할 수 없는 딜레마가 놓여 있다. 그리고 억제되지 않은 이런 긴장은 민주주의 자체를 위협한다.

한편으로 우리는 완전히 평등한 결과를 위해 강압적인 방식으로 모두가 똑같은 것을 얻도록 강제할 수 있다. 이는 평등한 경제적 권리뿐만 아니라 평등한 시민적, 정치적 권리까지 억압한다는 뜻이다. 이런 소득의 절대적 평등화를 우리는 자코뱅당에서 공산주의에 이르기까지 수많은 사례에서 목격했다. 그리고 이런 시도는 결국 볼셰비즘(Bolshevism, 러시아 사회민주노동당의 급진파인 볼셰비키의 정치적 사상 및 이론-옮긴이) 같은 것으로 끝나고 말았다.

다른 한편으로 우리는 평등의 신성함을 고수하면서 자본주의가 멋대로 움직이도록 방임하는 방향으로 나아갈 수도 있다. 그럴 때 우리 사회는 소수 지도자가 사회 시스템으로부터 더 많은 전리품을 축적하는 승자독식의 경제에 직면한다. 그리고 소수 경제 엘리트가 로비 활동과 언론 통제, 부패를 통해 민주적인 의사결정을 왜곡하면서 민주주의는 위협을 받는다. 결국 과두 정치로 이어진다.

유럽과 북미 지역의 부유한 민주적인 자본주의 국가들은 지난 반세기에 걸쳐 이런 쌍둥이 위험을 잘 피해왔다. 그리고 평등한 경제적 권리와 평등한 경제적 결과 사이에서 균형을 유지해왔다. 그러나 선조들이 100년 전에 깨달았던 것처럼 균형은 거저 주어지지 않는다.

정치가 실패하지 않기 위해 우리는 이런 긴장 상태에서 소중한 자유를 저버리지 않고도 경제적 불평등을 낮출 방법을 찾아야 한다.

정치적 권리가 확산하면서 자본주의와 민주주의 사이의 딜레마는 부자에 대한 과세로 해소됐다. 비록 불완전하고 불만족스러운 형태이기는 했지만, 부유한 세상에서 민주주의가 계속 이어지면서 이들 국가의 시민들은 한 세기 전보다 훨씬 강력한 정치적 권력을 확보하게 됐다. 그리고 세금은 20세기에 걸쳐 빅토리아 시대 귀족들이 코웃음를 쏟을 정도로 상승했다. 특히 초기에 그 상승세는 더욱 가팔랐다.

그러나 이후 세금 인상은 종적을 감췄다. 1970년대 말에 여러 국가는 성장 한계에 부딪혔다. 1980년대에 정치적 역풍이 불어닥치면서 마거릿 대처와 로널드 레이건 같은 지도자들은 세금을 대폭 삭감했다. 소득과 부의 불평등은 1970년대 이후 크게 치솟았다. 하지만 새롭게 시작된 경제 호황을 맞이한 나라들이 요구한 것은 높은 세금이 아니었다. 그들은 오히려 '더 많은' 감세를 주장했다. 이런 사실은 다음과 같은 질문을 낳는다. 왜 민주주의 국가들은 소득 평등의 방향으로 나아가지 않았을까?

불평등과 민주주의, 조세제도의 상호작용을 연구했던 학자들은 앨런 멜처(Allan Meltzer)와 스콧 리처드(Scott Richard)의 이름을 딴 멜처-리처드(Meltzer-Richard) 보형이라고 불리는 난해한 경제 이론에 주목했다. 카네기멜론대학교에서 수십 년간 강의했던 멜처는 내가 가장 존경하는 교수이기도 했다. 그는 모두가 선망하는, 자신의 이름을 딴 교수직에서 일했다.

멜처와 리처드는 모두가 소득에 대해 똑같은 세율로 세금을 내는 가장 단순한 형태의 과세 모형을 구상했다. 이 모형에서 세금은 개인의 소득에 따라 다르지만 각자 받는 혜택은 정확하게 똑같다. 고소득자가 세금으로 내는 소득의 20퍼센트는 상당히 많은 돈이다. 반면 저소득자는 상대적으로 적게 낸다. 그러나 모두 똑같은 혜택을 받는다. 그래서 평균 이상의 소득자는 세금을 원하지 않고, 평균 이하의 소득자는 최대한 높은 세율을 원한다. 이 모형이 의미하는 바는 간단하다. 소득이 낮을수록 세금을 더 많이 원하고, 소득이 높을수록 세금을 더 싫어한다는 것이다.

민주주의와 불평등이 의미하는 바는 무엇일까? 민주적인 정부는 대중에 의한 통치, 구체적으로 말하면 앞서 민주주의의 덫에서 살펴본 '중위투표자'에 의한 통치를 뜻한다. 멜처와 리처드에게 민주적인 정부란 중위소득자(소득 기준으로 인구를 나열했을 때 중간에 있는 사람)에 의한 통치를 의미한다. 중위소득자는 양당 선거에서 부동표를 의미한다는 점에서 그들이 원하는 바가 곧 정책의 방향이 된다.

불평등은 중위투표자가 원하는 바를 바꾼다. 부자가 더 부유해지는 가운데 중위투표자의 소득이 정체될 때, 불평등은 커진다. 그럴 때 중위투표자는 정치적 유혹을 느낀다. 그들의 소득은 그대로인데 부자들의 주머니에는 더 많은 돈이 있다. 그래서 그들은 부자들의 돈에 세금을 부과하는 방안에 관심을 기울이게 된다. 이런 점에서 멜처와 리처드는 민주주의 국가에서 불평등이 커질 때 세금도 올라간다고(아마도 큰 폭으로) 주장했다.

민주주의는 자본주의를 견제하는 기능을 해야 한다. 평등한 경제적 자유는 평등한 경제적 결과에 자리를 양보해야 한다. 이는 민주주의를 기반으로 사회주의를 향해 나아가는 방식이다. 민주주의 국가는 '부자에게 뺏어서 가난한 이에게 나눠 줘야 한다'. 하지만 1970년대 이후 불평등이 높아지면서 세금이 큰 폭으로 줄어들었던 것처럼 민주주의 국가들은 일반적으로 그렇게 하지 않았다. 정치경제학자들은 이를 '로빈후드 역설'이라고 부른다. 그렇다면 민주주의 정부는 왜 모자에 깃털을 꽂은 옛 영국 도둑처럼 부자에게 뺏어서 가난한 이에게 나눠 주지 않았을까?

간단한 대답은 높은 세율로 과세할 수 없기 때문이다. 민주주의 정부는 이런 흐름을 바꾸지 않을 것이다. 세금이 지나치게 오르면 사람들은 일하는 시간을 줄이면서 파티를 더 많이 즐길 것이다. 혹은 세율이 더 낮은 곳, 태양이 뜨겁게 빛나는 곳을 찾아 이주할 것이다. 그래서 정부는 세율을 낮춘다. 이는 곧 세수 감소를 뜻한다.

여기서 우리는 평등의 덫을 다루고 있다. 평등한 결과를 원한다면 세금을 올리더라도 사람들이 게으름을 부리지 않도록 만들어야 한다. 하지만 이를 위해서는 노동 시간을 자유롭게 결정하는 사람들의 평등한 권리를 억압해야 한다.

'심각한 곤경 속에서' 평등한 결과를 절대적으로 강제하려는 노력이 어떤 결과로 이어졌는지 이해하기 위해 1930년대 소련의 상황을 들여다보자. 당시 소련은 노동에 대해 최소한의 보상만을 제공했고, 사람들은 어떻게든 일을 적게 하고자 했다. 그래서 스탈린 치하의 소련은 사람들을 훈계하거나 노예처럼 부려야 했다. 그들은 1935년 당시 자신에게 주어진 일일 할당량의 14배가 넘게 일했던 소련의 영웅적인 광부 알렉세이 스타하노프(Aleksei Stakhanov)의 모범 사례를 시민들이 본받도록 했다. 개인이 아닌 국가의 이익을 위해 일하는 것은 소련 시민이 따라야 할 도덕적 지침이었다.

조지 오웰의 《동물농장》을 읽어봤던 독자라면 돼지들의 혁명에 몸을 바쳤으나 결국에는 도살장으로 팔려 간 '복서'라는 말을 기억할 것이다. 이와 달리 스타하노프는 명예롭게 은퇴했다. 그는 현실이 조지 오웰의 풍자소설보다 덜 가혹했던 드문 사례였다. 그러나 모든 시민이 타고난 스타하노프는 아니었기 때문에 스탈린은 그들이 집단 농장이나 강제 수용소에서 일하도록 만들어야 했다. 그는 평등한 경제적, 시민적, 정치적 권리를 박탈함으로써 평등한 결과를 인위적으로 만들어냈다.

전체주의 정권이 아닌 자유 민주주의 국가에서도 완전히 평등한 결과를 만들어낼 수 있을까? 제럴드 앨런 코언(Gerald Allen Cohen)은 '평등주의 정신'이 있을 때만 가능하다고 지적했다. 원하는 장소와 시간에 일할 수 있는 평등한 권리를 모두에게 부여할 때 평등한 결과를 내기 위해서는 더 많이 벌 수 있는(노력과 재능으로) 사람들이 다른 모두에게 주어지는 평등한 보상을 기꺼이 받아들여야 한다. 그렇지 않으면 그들은 자신의 노력이나 기술을 쏟아붓지 않을 것이다.

코언은 평등한 결과는 가능하지만 이를 위해서는 최대의 소득을 포기하고 손해 보는 사람을 비롯해 모두가 그 결과를 원하고 받아들여야 한다고 주장했다. 또한 이를 위해서는 다시 평등의 가치에 관한 규범 그리고 스스로 강화하는 사회적 규범이 요구된다.

이는 아마도 목가적인 세상에서나 가능한 일일 것이다. 사람들이 다른 이들보다 부자가 되기를 바라지 않는다면 자유를 제한하지 않고서도 평등한 결과를 얻을 수 있다. 하지만 이런 세상은 우리가 살아가는 현실과 거리가 멀다. 그 이유는 많은 사람이 평등한 결과보다 평등한 기회를 더 중요하게 여기기 때문이다.

실제로 사람들이 열심히 일하도록 격려하기 위해서는 불평등한 결과가 필요하다. 간단히 말해서, 개인적인 이익을 취할 수 없다면 왜 애써 노력을 기울인단 말인가? 즉 평등과 '효율' 사이에는 교환이 존재한다. 1970년대에 미국의 경제학자 아서 오쿤(Arthur Okun)은 이런 교환을 설명하기 위해 '구멍 난 양동이(leaky bucket)'라고 하는 주목할 만한 개념을 제시했다. 우리는 부자에게 돈을 걷어서 양동이에 담아 재분배한다. 그런데 양동이 바닥에는 구멍이 나 있어서 돈이 줄줄 샌다. 양동이를 가난한 이들에게 전달할 때면 부자들에게 걷은 세금 일부는 이미 사라진 상태다. 즉 뭔가를 잃어버리지 않고서는 소득을 평등하게 분배할 수 없다.

세금이 높을 때 부자들은 덜 열심히 일하고, 그만큼 나눠 줄 돈이 줄어든다. 또한 정부는 관료주의나 부패로 자원을 낭비한다. 게다가 과세가 부당하다고 생각하는 이들은 정부에 들키지 않게 돈을 숨길 것이다. 어떤 경우든 소득을 평등하게 하려는 시도는 낭비가 된다.

그런데 양동이에는 정말로 구멍이 뚫려 있을까? 극단적으로 말해서 100퍼센트 세율로 과세한다면 강제 노역이 아닌 이상 누구도 일하려고 들지 않을 것이다. 그러나 우리가 실제로 직면하게 되는 세율은 이보다 훨씬 낮다. 경제학자들은 과세의 비효율 효과(inefficiency effect)는 60~70퍼센트처럼 지나치게 높은 세율의 경우에만 나타난다는 사실을 확인했다. 그리 멀지 않은 과거에 사람들은 이처럼 극단적인 세금을 냈다. 조지 해리슨은 1960년대에 무려 95퍼센트에 이르는 영국 정부의 부가세에 대한 불만으로 유명한 비틀스의 노래 〈택스맨(Taxman)〉의 가사를 썼다. 그러나 1980년대 이후 여러 정부가 극단적인 세금 정책을 포기했다. 그 이유는 부자들이 제도의 허점이나 이민을 통해 세금을 회피하고자 했기 때문이다. 평등한 권리와 평등한 결과 사이의 싸움에서 정부는 평등한 권리의 손을 들어줬다.

이런 선택 자체에 정치적 덫이 존재한다. 정치적 권력이 경제적 권력으로 넘어갈 수 있듯이 그 반대도 마찬가지다. 민주주의 국가는 1인 1표 원칙을 기반으로 삼는다. 그러나 정치에서는 많은 부분이 불평등하게 이뤄진다. 선거 자금 모금과 로비 활동 그리고 다양한 형태의 정치적 영향력은 1인 1표가 아닌 1달러 1표 원칙에 더 많이 의존한다.

불평등과 정치적 양극화는 점차 상호 영향을 미친다. 불평등이 커질 때 부자와 가난한 자들의 정치적 선호는 서서히 갈라진다. 부자들은 재분배에 반대하고 가난한 자들은 지지한다. 지켜야 할 재산이 많은 부자는 로비 활동과 선거 광고의 중요성에 주목한다.

그래서 부자들은 그들이 지지하는 정당(일반적으로 우파 정당)이 집권할 때 세금을 더 크게, 더 빨리 삭감하려고 든다. 반대로 좌파가 정권을 잡을 때는 반대 상황이 나타난다. 그래서 양극화는 불안정성을 촉발하지만 전반적으로 상황은 그대로 유지된다. 그러나 소수 정당이 입법을 막을 수 있는 국가일 경우(미국처럼 견제와 균형을 위한 다양한 제도를 갖춘 경우) 우파 정당은 야당일 때도 세금 인상과 정부 지출 확대를 저지할 수 있다. 또한 세금은 한번 인하되고 나면 이후로 오랫동안 좀처럼 인상되지 않는 톱니 효과(ratchet effect, 특정 상태에 도달하면 다시 원래 상태로 되돌리기 어려운 현상-옮긴이)를 보인다. 부유한 시민들은 정치를 '중심에서 멀어지도록' 밀어붙이고 불평등은 스스로 강화된다.

이와 비슷한 일들이 미국을 비롯해 전 세계 부유한 자유주의 국가들에서 나타난다. 취업과 소득 전망과 관련해 교육의 중요성이 커지면서 유명 대학교에 입학하거나 학위를 받는 프리미엄은 몇십 년에 걸쳐 크게 올랐다. 교육 수준이 높은 부유한 부모들은 이런 사실을 잘 이해한다. 그리고 자신의 높은 소득으로 자녀들에게 사교육을 제공하고 유명 대학교에 들어가게 한다. 이는 이미 잘사는 사람들이 상류층 진입에 필요한 자원을 독점하는 '기회 사재기(opportunity-hoarding)' 현상을 강화한다.

기회 사재기의 수혜자는 높은 수준의 교육을 받은 자유주의자들이며, 이들은 평등이라고 하는 집단적 목표 달성을 더 어렵게 만든다. 그들의 개인적인 동기는 언제나 자녀가 성공하도록 만드는 것이다. 그리고 이로써 엘리트 집단에 대한 진입 장벽을 전반적으로 높인다.

모든 경우에서 불평등의 심화는 잠금 효과(lock-in effect, 특정 재화나 서비스를 한번 이용하면 다른 재화나 서비스를 소비하기 어려워져서 기존의 것을 계속 이용하는 현상-옮긴이)로 이어진다. 불평등의 정치는 스스로 강화되며, 기회에 대한 평등한 경제적 권리는 평등한 결과를 가로막는 걸림돌이 된다. 비록 많은 사람이 불평등 해소를 원한다고 해도, 사회가 불평등을 실질적으로 줄일 수 있는 역량을 잃어가면서 정치는 실패한다.

물론 이런 쌍둥이 결과(극단적으로 강압적인 평등 그리고 초자본주의적 불평등)는 지나치게 극단적인 경우다. 평등을 누리면서 경제적 자유도 지킬 방법이 어쩌면 있을지 모른다. 예를 들면 평등과 효율 사이의 교환이 현실에서 정말로 존재하는지 질문해볼 수 있다. 국가의 불평등 수준과 개인의 소득 수준을 비교하면 기본적으로 아무런 관계가 없다. 부유하면서 불평등한 나라가 있다(미국과 호주). 그리고 부유하면서 평등한 나라가 있고(덴마크, 노르웨이, 스웨덴), 부유하면서 평등과 불평등 중간 어딘가에 있는 나라도 있다(스위스). 마찬가지로 덜 부유하면서 불평등한 나라(그리스)와 덜 부유하면서 평등한 나라(체코공화국)도 있다. 어떤 나라는 평등의 덫에서 빠져나올 수 있을 것 같다. 또 어떤 나라는 평등과 불평등이라는 두 세상에서 최악의 것(불평등과 비효율)만 취한 듯하다.

스칸디나비아 국가들이 부유하면서도 평등하다는 사실은 우리가 실제로 두 가지 모두를 누릴 수 있다는 사실을 말해준다. 특히 스웨덴의 국가 모형은 사회주의자들이 내부로부터 시장 경제를 개혁할 수 있는 진정한 '경제적 민주주의'를 보여주면서 전 세계 좌파 정당의 많은 관심을 받았다. 앞서 부유세와 함께 살펴봤던 미국의 사회주의자 상원의원 버니 샌더스는 미국이 "덴마크와 스웨덴, 노르웨이 같은 나라에 주목해야 한다"라고 주장했다. 열정적인 신좌파(new left, 영국 비공산당 좌파의 사상운동-옮긴이)는 스웨덴을 '민주적인 사회주의'의 모범으로 인정하고 있다.

그렇다고 해서 스웨덴과 같은 국가가 평등의 덫에서 완전히 벗어난 것은 아니다. 실제로 선거 연설의 유토피아라고 하는 스웨덴이 밟아온 여정은 그리 순탄치만은 않았다.

1950년대에서 1970년대까지 스웨덴은 평등의 덫에서 빠져나온 듯 보였다. 그들은 자유 민주주의와 비교적 자유로운 시장, 낮은 소득 격차를 동시에 보여줬다(실소득 기준으로 지니 계수는 0.22에 불과했다). 이런 '최적의 조합'을 뒷받침한 것은 스웨덴의 주요 노동조합에서 활동했던 경제학자 고스타 렌(Gösta Rehn)과 루돌프 메이드네르(Rudolf Meidner)의 이름을 딴 렌-메이드네르 모형(Rehn-Meidner, 수요와 관리를 포괄적으로 관리하는 것을 핵심으로 하는 경제 모형-옮긴이)이었다.

이 모형은 다음과 같은 방식으로 작동한다. 노조는 기업 대부분을 대상으로 전국적으로 임금 협상을 추진하면서 가장 보수가 높은 근로자와 가장 낮은 근로자 사이의 격차를 줄인다. 기업들 모두 비슷한 수준의 임금을 지불하기 때문에, 효율성이 낮은 기업은 시장에서 쫓겨나면서 스웨덴 경제의 생산성이 오른다. 반대로, 이 시스템에서 효율성이 높은 기업은 많은 이익을 얻는다. 그들은 기술 수준이 높은 근로자에게도 국가가 정한 임금만 지급하면 되기 때문에 더 큰 수익을 얻는다. 좋은 모든 것이 함께 손잡고 나아간다. 모든 기업에 걸쳐 임금 격차가 줄어들면서 불평등 수준은 낮아지고 생산성이 높은 기업이 성공을 거둔다.

그러나 이 시스템 안에는 긴장이 존재한다. 임금을 중앙집중화된 방식으로 결정하면서, 그렇지 않았더라면 더 많은 돈을 벌었을 생산이 높은 근로자들의 자유를 제한하기 때문이다. 이런 사실은 기업이 생산성 높은 근로자의 노동으로부터 엄청난 이익을 보고 있다는 뜻이다. 그래서 다음번 정책은 그 이익을 근로자에게 돌려주고사 했나. 1971년에 나온 메이드네르 플랜(Meidner Plan)은 모든 기업이 근로자에게 주식을 지급하는 방식으로 수익의 20퍼센트를 '임금노동자 기금(wage-earner fund)'에 투자하도록 했다. 이 계획의 목적은 기업을 운영하는 과정에서 지분의 상당 부분을 근로자에게 점차 넘겨주는 것이었다. 스웨덴은 그렇게 민주적인 사회주의를 향해 나아가고 있었다.

그러나 현실은 만만치 않았다. 임금노동자 기금은 정치적으로 대단히 인기가 없는 정책으로 드러났다. 결과의 평등을 강화하고자 했던 메이드네르 플랜은 스스로 투자를 결정할 수 있는 기업의 평등한 권리를 제한했다. 노동조합이 설계한 그 정책을 강화해야 한다고 느꼈던 사회민주당마저도 적극적으로 나서지 못했다. 반대자들은 임금노동자 기금 때문에 기업이 스웨덴을 떠나거나 투자를 거부할 것이라고 주장했다. 그 나라를 떠날지 투자할지를 결정하는 기업의 평등한 권리가 평등한 결과와 정면으로 충돌했다.

결국 1982년에 사회민주당은 매우 희석된 형태의 임금노동자 기금을 추진했다. 그런데도 수만 명이 스톡홀름 도심에 모여 시위를 벌였다. 이 정책은 선거에서 인기가 없었고 사회민주당이 1990년에 집권에 실패했을 때 중단되고 말았다. 이후 수십 년 동안 사회민주당은 '기금'이라는 용어의 사용을 비공식적으로 금지했다. 민주적인 사회주의가 정점을 찍은 이후 스웨덴은 전반적으로 오른쪽으로 치우치면서 불평등은 심화되고 세금은 낮아졌다. 반면 미국에서 버니 샌더스는 노력을 이어갔다. 2019년에는 미국 기업을 대상으로 수익의 2퍼센트에 해당하는 세금을 부과함으로써 기업 지분의 20퍼센트에 도달할 때까지 근로자를 위해 주식을 사들여야 한다고 주장했다.

소득의 평등을 강화하기 위한 노력은 역풍을 맞이했다. 하지만 그렇다고 해서 경제적 불평등이 더 나은 결과를 만들어낸다고 말할 순 없다. 실제로 우리는 두 세상 모두에서 최악의 사례를 종종 마주한다. 경제학자들이 이야기하는 '위대한 개츠비' 곡선에서 더 높은 불평등은 더 낮은 사회적 유동성으로 이어지며, 이는 경제 성장에 따른 결과로서 가난하지만 잠재적으로 생산적일 수 있는 이들을 소외시킨다. 이런 상황에서 효율을 높이기 위해서는 평등이 필요하다.

불평등이 높으면서도 개인 소득은 높지 않은 나라도 많이 있다. 스페인이나 그리스 같은 나라는 강력한 규제를 기반으로 보호주의 생산 및 노동 시장을 구축했다. 정치적 영향력이 있는 소수 기업이 주요 산업을 장악하는 나라, 전문가가 되려면 가문의 인맥이 필요한 나라에서는 평등과 효율 모두 위축될 수 있다. 나쁜 것들 역시 종종 나란히 손을 잡고 걸어간다.

특히 이탈리아의 사례는 많은 이야기를 들려준다. 새천년 이후 이탈리아 경제는 평균 소득에서 성장을 거의 보여주지 못했다. 그런데도 소득 불평등은 미국이나 영국처럼 높은 수준을 보인다. 이에 대해 일부는 소득 사다리의 맨 아래와 꼭대기에서 노동 시장을 지나치게 강력하게 규제했기 때문이라고 비난한다. 이탈리아에서는 많은 비공식적인 근로자가 열악한 수준의 임금을 받고 있다. 이들은 실질적으로 보호받는 공식적인 노동 시장에서 배제되어 있다. 그러나 이탈리아의 많은 전문가는 보호주의 정책을 지지하고 있으며, 그래서 운 좋은 소수는 대단히 수익성 높은 기회를 누리고 있다.

이런 보호주의로부터 가장 많은 혜택을 얻은 이들은 아마도 '노타이오(notaio)'라고 하는 이탈리아 공증인일 것이다. 10년 전에 나는 플로렌스에서 1년 동안 살았다. 매일 버스 정류장으로 걸어갈 때면 항상 플로렌스에서 가장 부유한 구역을 지나쳤다. 거기에는 르네상스 궁전 같은 포시즌스 호텔이 들어서 있었다.

나는 그 거리에서 '공증인'이라고 적힌 금색 간판이 웅장한 궁전의 벽에 붙어 있는 광경을 봤다. 이런 간판을 내건 곳들은 모두 공증인 사무소였지만, 미국의 번화가에서 봤을 법한 허름한 공증인 사무소와는 완전히 달랐다. 물론 업무는 크게 차이가 없었다. 그들의 주요 서비스는 주택 매매에서 계약에 이르는 일상적인 서류의 법적 유효성을 인증하는 일이었다. 2006년 이전에는 중고차 매매 서류도 취급했다고 한다.

이탈리아 공증인들은 변호사나 부동산 기업과 같은 외부 침입자로부터 그들의 산업을 지켜냈다. 이후 공증 업무를 처리할 수 있는 사람이 줄어들면서 이탈리아 공증인들은 높은 수익을 누렸다. 일반적으로 이들은 연간 수십만 유로를 벌어들인다. 그 대가로 주택 매매를 법적으로 인증받기 위해 주택 소유자가 공증인에게 지불하는 비용은 무려 주택 가격의 약 2퍼센트에 이른다.

이탈리아 공증인 사례가 말해주듯이 평등/효율 교환이 항상 존재하지는 않는다. 비효율성이 불평등을 초래하거나 반대로 불평등이 비효율성을 심화시키기도 한다. 그리고 이런 상황은 경제적 불평등을 넘어서 보편적인 불평등한 권리로 이어진다. 그 확실한 사례로 인종적 편견이 미국의 경제 성장에 미친 부정적인 영향을 꼽을 수 있다. 짐 크로 법과 함께 폭력적인 사적 제재를 통한 아프리카계 미국인에 대한 체계적인 정치적 억압은 흑인 미국인들의 혁신적인 역량을 억압했다.

20세기 초 흑인 미국인에 대한 폭력적인 사적 제재가 늘어나면서 미국의 전체 특허에서 흑인이 차지한 비중이 크게 떨어졌다. 당시 미국 사회는 두 세상에서 가장 나쁜 것, 즉 경제 성장을 가로막고 인종적 불평등을 강화하는 불평등한 정치적, 시민적 권리 그리고 정부가 묵인하는 지역 특유의 폭력성을 동시에 보여줬다. 그 두 가지 부정적인 요소와 더불어 개인적인 기회와 집단적인 부가 위축됐다.

평등한 권리와 평등한 결과를 동시에 누리기 힘들다는 사실은 불평등한 권리와 불평등한 결과가 동시에 나타나지 않는다는 사실을 의미하지 않는다. 전 세계적으로 억압받는 집단들에게 이 조합은 불행하면서도 그리 특별하지 않은 경험이었다.

평등한 표 vs 평등한 결과

자본주의적 민주주의 국가들은 강력한 원심력의 영향을 받는다. 강압적 평등 그리고 과두 정치의 불평등이 이들 국가를 끌어당긴다. 그렇다면 민주주의가 아닌 국가의 경우는 어떨까? 평등한 결과는 평등한 정치적 권리를 누릴 가능성에 어떤 영향을 미칠까? 불평등한 독재는 유지될 가능성이 클까, 아니면 전복될 가능성이 클까?

당신은 아마도 평등한 정치 체계는 평등한 경제적 결과가 이미 자리 잡은 곳에서 나타난다고 생각할 것이다. 그러나 그렇지 않다. 대신에 우리는 평등의 덫 반대쪽을 보게 된다. 즉 평등한 결과가 존재할 때 평등한 정치적 권리를 누릴 가능성은 위축된다. 다시 말해 민주주의를 얻기 위해서는 상당한 수준의 불평등이 필요하다.

민주주의는 수 세기 동안 춥고 험난한 과정을 거쳐 등장했다. 19세기 이전까지도 대중의 통치가 장기간 지속된 경우는 거의 없었다. 대중이 선을 넘어설 때 엘리트 집단은 무력으로 대응했다. 아테네의 민주주의 역시 민주주의에 반대했던 30인 정권[Thirty Tyrants, 펠로폰네소스 전쟁에서 패한 아테네에 들어선 친(親) 스파르타 과두 정권-옮긴이]에 권력을 내줬다. 그로부터 2,000년이 흘러 대중 투표로 선출된 프랑스 하원은 로베스피에르와 자코뱅당 포퓰리스트들이 단두대에 서고, 처음에는 테르미도르파(Thermidorian, 로베스피에르를 몰아낸 쿠데타를 일으킨 세력이 주축을 이룬 정파-옮긴이)가, 나중에는 나폴레옹이 권력을 차지하면서 그 힘을 잃고 말았다.

왜 엘리트 집단은 국민의 직접 통치를 허용하지 않았을까? 한 가지 유명한(내 생각에는 틀린) 이론은 이렇게 말한다. 엘리트가 로빈후드를 두려워하기 때문이다. 대중이 가난한 곳에서 부유한 엘리트는 걱정이 많다. 대중의 통치가 시작되면 엘리트의 토지는 분할되어 농민의 손으로 넘어가고, 그들의 엄청난 재산은 세금을 통해 가난한 자들에게 넘어간다. 실제로 프랑스 혁명이 발발하면서 대중의 통치에 대한 엘리트 집단의 오랜 두려움은 현실이 됐다. 귀족과 교회의 토지가 평민들에게 재분배됐고 그들이 누리던 세제 혜택은 모두 사라졌다. 카를 마르크스가 말한 "엘리트를 따라다닌 유령" 대신에 재분배라는 유령이 그들을 따라다녔다.

나와 내 동료인 데이비드 새뮤얼스(David Samuels)는 이를 민주주의의 '재분배주의(redistributivism)' 이론이라고 부른다(좀 이상한 용어인 건 나도 인정한다). 이 이론은 불평등이 민주주의가 모습을 드러낼 가능성을 위축시킨다고 말한다. 예를 들어 당신이 대단히 불평등하게 국민을 통치하는 독새 엘리트라고 상상해보자. 당신은 정치적 권력을 휘두를 뿐만 아니라 토지와 광산, 석유 등 국가의 부를 통제한다. 그런데 누군가 당신에게 정치적 권력을 국민에게 이양하는 방안의 장점에 대해 고려해보라고 조언한다. 하지만 그렇게 하면 과세와 국유화를 비롯해 당신의 부를 앗아가는 모든 형태의 끔찍한 정책을 막을 힘이 사라질 것이다.

그런데 국민은 당신에게 이렇게 말한다. "걱정하지 마라. 우리는 당신에게 높은 세금을 요구하지 않을 것이다. 믿어도 좋다." 그러나 정치적 권력을 넘겨버리는 순간, 국민이 당신의 성/대저택/펜트하우스를 탐내지 않도록 막을 수 있는 것은 무엇일까? 국민은 '이행' 문제에 직면할 것이다. 즉 그들의 약속은 믿을 수 없다. 마찬가지로 자신의 세금을 높이고 자원을 국민에게 나눠 주겠다는 독재자의 약속 또한 신뢰할 수 없다. 아무런 제약을 받지 않는 엘리트의 약속 역시 그렇다. 엘리트나 국민이 약속을 지키도록 강제할 제3의 존재는 정치 외부에 없다.

그런데 당신이 권력을 국민에게 넘기지 않는다면 그들은 소요 사태를 일으켜 위협할 것이다. 그렇다면 이제는 국민을 억압하는 비용 그리고 민주주의를 받아들이는 비용을 따져봐야 한다. 당신은 국민을 당신 발뒤꿈치 아래에 두기 위해 얼마를 지불할 것인가? 만일 국민의 통치를 허락한다면 상황은 얼마나 나빠질 것인가?

이런 진퇴양난의 국면에서 당신은 평등에 주목하게 된다. 민주주의를 받아들이는 선택은 평등의 수준에 달렸다. 경제적 불평등이 낮은 곳에서 엘리트와 국민은 크게 다르지 않다. 이 시나리오에서 국민이 권력을 잡으면 아마도 그들은 당신에게 징벌적 세금을 부과하지 않을 것이다. 그들은 그들 자신에게 세금을 부과할 것이며, 이 나라의 엘리트 집단은 과도한 세금을 부과할 만큼 그리 부유하지 않다.

반면 경제적 불평등이 대단히 심각한 독재 국가(현실에 더 가까운)라면 권력 이양에 따른 위험은 아주 크다. 당신은 아마도 방대한 토지와 생산성 높은 광산과 유전, 수많은 공장과 은행, 타운하우스를 소유하고 있을 것이다. 이 모두는 이제 권력을 차지한 가난한 자들의 위협을 받을 것이다. 이런 점에서 평등한 사회만이 민주주의를 선택한다. 불평등한 사회 속 엘리트는 독재를 계속 유지하려고 들 것이다.

재분배주의 세계관 속에서는 평등한 경제적 결과와 평등한 정치적 권리가 함께 손잡고 걸어간다. 겉으로 보기에 평등의 덫에서 완전히 빠져나온 듯하다. 모두가 그럴듯해 보인다. 이게 진실이라면 정말로 좋은 일이다. 하지만 한 가지 의문이 있다. 오늘날 세상에서 부가 대단히 불평등하게 분배된 국가를 떠올려보라고 할 때, 사람들 대부분이 미국을 꼽을 것이다. 아니면 브라질이나 멕시코, 남아프리카를 꼽을 것이다. 이들 모두 민주주의 국가다. 산업 시대의 풍요 속에서 빈곤을 외쳤던 위대한 작가들을 떠올려보자. 찰스 디킨스와 스콧 피츠제럴드, 존 스타인벡은 모두 민주주의 사회 속에서 부자와 가난한 자들이 겪은 고통을 이야기로 썼다.

이제 지난 세기에 가장 평등했던 국가를 떠올려보자. 그렇다. 비록 부의 불평등이 소득 불평등보다 더 높게 나타나고는 있지만 그래도 스웨덴과 노르웨이를 꼽을 수 있다. 혹은 마오쩌둥 치하의 중국이나 흐루쇼프 치하의 소련, 오늘날 벨라루스를 꼽을 수도 있다. 이들은 대단히 평등한 독재 국가였다(벨라루스는 지금도 그렇다). 왜 이들 국가의 엘리트 집단은 국민에게 권력을 넘겨주지 않았던 걸까? 가장 먼저 떠오르는 대답은 그들은 공산주의 독재 국가이기 때문에 '평등'이 체제의 일부라는 것이다. 하지만 이런 생각은 대단히 평등한 결과가 민주주의에서 비롯된 평등한 권리와 정말로 함께 손잡고 걸어가는 것인지 의문을 제기한다.

경제적으로 평등한 독재 체제가 오로지 공산주의의 전유물은 아니다. 19세기 중국 또한 경제적인 측면에서 아주 평등했다. 지니 계수는 약 0.24 정도인 것으로 추산된다. 당시 중국의 대다수 국민은 평등하게 가난했다. 그리고 소수 엘리트가 통치하는 동안에 불평등 통계에 반영될 수 있는 충분한 '자원'이 중국 내에서 생산되지 못했다. 즉 중국은 정치적으로 대단히 불평등했지만 경제적으로는 그리 불평등하지 않았다.

이제 재분배주의와 반대 패턴을 보이는 상황을 들여다보자. 불평등한 민주주의와 평등한 독재가 조합된 상황이다. 여기서 불평등은 종종 민주주의를 만들어낸다.

나는 이 주장이 대단히 설득력 있다고 생각한다. 그 논리는 이렇다. 불평등은 두 가지 방식으로 커진다. 첫 번째 방식은 이미 존재하는 자원을 불평등하게 분배하는 것이다. 여기서 소수 집단이 같은 파이에서 더 큰 부분을 차지한다. 두 번째는 새로운 자원을 생산해서 이를 불평등하게 분배하는 것이다. 여기서 소수 집단은 추가된 파이에서 부당하게 많은 몫을 차지한다.

이제 파이의 은유에서 경제로 넘어가자. 경제가 정체될 때 부자가 가난한 자로부터 자원을 빼앗으면 불평등이 커진다. 반대로 경제가 성장할 때 소수 집단이 새로운 성과에서 더 많은 몫을 차지하면 불평등이 커진다. 소수 집단은 불평등이 심화되면서 나머지보다 더 잘살게 된다. 그러나 중요한 사실은 소수 집단이 반드시 사회를 통치하는 엘리트 집단인 것은 아니라는 점이다.

이 이야기에 좀 더 살을 더 붙여보자. 산업혁명에 대해 생각해보자. 1600년 당시 영국의 인구 대부분은 농업에 종사했다. 영주가 농민들을 자신의 땅에서 내쫓고 더 많은 양을 키우고 가치 높은 양모를 팔게 됐을 때 불평등은 커졌다. 반면 대단히 드문 경우이기는 하지만 토지가 대규모로 분배되거나 많은 가난한 농민이 전염병으로 죽었을 때, 다시 말해 일반적으로 농민들 개인이 더 많은 땅을 차지하게 됐을 때 불평등은 감소했다.

이후 산업혁명이 일어나면서 상상할 수 없었던 새로운 규모의 부가 창조됐다. 부는 더 이상 토지에 의존하지 않았다. 더 많은 재화가 생산된다는 사실은 곧 불평등하게 분배될 재화가 많아진다는 뜻이었다. 그리고 새로운 집단이 그 이익을 차지했다. 도시의 공장 소유주들과 산업 발달로 부를 축적한 상인들이었다. 가난한 이들의 삶은 한두 세기의 호황기에도 실질적으로 달라지지 않았다. 그들은 들판에서도 가난했고 공장에서도 가난했다. 그러나 새로운 경제적 엘리트가 등장했다. 문제는 정치 시스템이 그들의 존재를 인식하지 않았다는 사실이었다.

19세기에 걸쳐 점진적으로 이뤄진 민주화 과정은 새로운 엘리트의 정치적 요구를 수용하는 과정에 관한 이야기를 들려준다. 그동안 성실하면서도 부유한 이들이 정치적 권리를 획득하고, 새로운 산업 도시의 대표가 의회에 진출했으며, 농업 시대의 엘리트 집단이 오랫동안 누린 특권을 둘러싸고 치열한 싸움이 벌어졌다. 불평등이 심화되면서 아직 정치적 엘리트 반열에는 오르지 못한 새로운 경제적 엘리트 집단이 등장했다.

이 집단을 살펴보면 새로운 엘리트와 기존 엘리트 간의 충돌을 어디서나 쉽게 접할 수 있다. 이런 충돌은 불평등이 완화되는 시대가 아니라 심화되는 시대에 발생한다. 불평등은 새로운 신수가 경기장에 들어섰음을 의미한다. 이는 민주주의를 위해 좋은 일이다. 평등은 정체를 의미하며 이는 종종 독재의 연속을 뜻한다. 여기서 우리는 불평등의 덫 이면을 보게 된다. 평등한 결과는 때로 평등한 권리를 약화한다. 반면 불평등이 기존 엘리트 집단의 근간을 흔들면 이는 민주주의에 좋은 일이 된다.

그런데 왜 새로운 엘리트는 민주주의에 관심을 보였을까? 국가를 통치하고 사람들 위에 군림하고 싶었던 걸까? 그럴 수도 있다. 그러나 근본적으로 이들은 국가로부터 자신을 지키고자 했다. 그리고 이를 위해 헌법에 기반을 둔 대중의 통치를 추구했다. 이 부유한 집단은 토지나 토지를 이용한 농업 혹은 토지 속에 묻힌 광물이 아니라 상업이나 산업을 기반으로 돈을 벌었다. 그런데 산업과 상업은 토지에서 가치를 추출하는 것보다 훨씬 복잡했다. 즉 다양한 계약과 다양한 상품, 전 세계 무역 네트워크와 활동적인 소비자 기반이 필요했다.

독재 국가는 이런 사회적, 경제적 네트워크를 제대로 제공하거나 보호하지 못한다. 독재자는 거의 아무런 제약을 받지 않기 때문에 얼마든지 계약을 파기하거나 무역을 가로막을 수 있고 재산을 몰수하지 않겠다는 약속을 저버릴 수 있다. 그들은 총구를 들이댐으로써 정치적 약속을 쉽게 철회한다. 그래서 성장하는 엘리트는 독재 정권 아래 재산을 몰수당하고 몸값을 치를 위험에 항상 직면한다.

러시아의 올리가르히(oligarch)와 블라디미르 푸틴 정권의 불편한 관계가 그 좋은 사례다. 올리가르히는 공산주의가 무너지고 나서 예전에 국가가 소유했던 기업과 사업권에 접근할 수 있는 특별한 권리를 통해 엄청난 돈을 벌어들인 사람들(대부분 남성)을 말한다.

푸틴이 러시아의 전제주의를 강화하면서 이에 반기를 들었던 올리가르히는 심각한 법적 문제, 아니 더 심각한 상황에 부딪혔다. 2003년 가스 대기업 유코스(Yukos)의 회장이자 러시아 최대 갑부였던 미하일 호도르콥스키(Mikhail Khodorkovsky)의 체포는 상징적인 사건이었다. 호도르콥스키는 야당과 오픈 러시아(Open Russia) 같은 정치 조직을 지지했다. 그리고 시베리아 노보시비르스크에서 개인용 비행기에 오르는 순간에 사기와 조세 회피 혐의로 체포됐다. 이후 그는 유코스의 경영권을 완전히 박탈당하고 10년간 수감 생활을 했다.

다른 올리가르히들은 더 운이 나빴다. 많은 이가 망명 도중에 의문스러운 죽음을 맞이했다. 언론 거물이자 푸틴의 정적이었던 보리스 베레좁스키(Boris Berezovsky)는 런던 인근의 자택 욕실에서 죽은 채로 발견됐다. 러시아가 우크라이나를 침공한 이후 적어도 일곱 명의 올리가르히가 의문사를 당했다. 이 부유한 사업가들은 독재 치하의 알 수 없는 운명보다 민주주의의 더 높은 세금을 선호했다.

민주주의 사회는 높은 세금과 더불어 법원과 통치자를 제약한다.

적어도 세금이 있는 곳에는 언제나 대표가 있다. 이런 점에서 불평등이 항상 민주주의의 적은 아니다. 미국의 독립전쟁은 점차 부유해진 식민지 주민들이 대표 없는 과세에 반발하면서 시작됐다. 그리고 보스턴과 뉴욕, 필라델피아처럼 성장하는 상업 도시의 유능한 인물들이 그 전쟁을 이끌었다. 그들은 독립을 쟁취하고 나서 미국을 다스릴 왕을 뽑지 않았다. 대신에 조지 워싱턴의 말처럼 "유지 가능한 민주주의"를 추구했다. 미국의 정치 모형은 어떤 단일 기관도 권력을 장악하지 못하도록 막고 재산권을 보호하기 위한 권력 분립을 기반으로 삼았다. 상업의 새로운 승자들에게 민주주의는 좋은 것이었다.

그러나 경제적 불평등이 언제나 평등한 정치적 권리로 이어진다고 가정하기 전에 우리는 신중할 필요가 있다. 미국의 민주주의는 오직 백인 남성 시민에게만 평등했다. 국가와 과세로부터 재산을 지키기 위해 평등한 권리를 요구했던 것은 바로 그들이었다. 노예들이 경작한 남부 지방의 거대 농장들은 19세기 동안 '그대로' 남아 있었다. 이런 지역의 불평등(시골 지역에서 무력으로 강제된 그리고 시대를 거스르는)은 아프리카계 미국인의 자유와 공정한 법절차, 정치적 권리를 박탈함으로써 유지됐다. 그건 전제주의에 가까운 것이었다.

평등한 대우 vs 평등한 결과

제2차 세계대전이 끝날 무렵 오늘날 서구 민주주의 국가들은 평등한 경제적 자유와 평등한 정치적 권리를 얻기 위한 싸움에서 전반적으로 승리했다. 지난 반세기에 걸쳐 이들 국가에서는 전통적으로, 종종 법적으로 불평등한 대우를 받았던 집단이 평등한 사회적 권리를 얻기 위해 싸움을 벌였다. 그러나 시민권과 여성의 권리, 동성애 권리를 보장받기 위한 사회적 운동은 지금도 여전히 기울어진 경기장에서 벗어나지 못하고 있다. 그래도 노동 시장과 정치에서 드러나는 차별은 몇십 년 전보다는 훨씬 드문 일이 됐다.

평등한 대우가 확산하는 동안에도 평등한 경제적 결과는 1950년대 이후로 점차 위축됐다. 어떤 방식으로 측정하든 간에 소득이 가장 높은 근로자와 가장 낮은 근로자 사이의 격차는 지난 몇십 년간 크게 벌어졌다. 이런 사실은 역설적으로 평등의 덫이 지닌 또 다른 유혹적 특징을 보여준다.

경제적 불평등이 심화된 한 가지 이유는 노동력 구성이 크게 달라졌기 때문이다. 특히 여성이 (공정한 채용 과정의 결과로) 노동 시장에 진입하면서 근로자 사이의 급여 불평등이 커졌다. 파트타임 일자리를 더 많이 차지하게 된 여성들이 연간 급여 통계에 반영되지 않는다는 점을 고려할 때 불평등의 폭은 더욱 넓을 것이다. 물론 여성이 남성보다 더 급여가 낮은 일자리를 차지할 때도 불평등의 폭은 넓어진다.

1950년대 이후 취업 기회가 더 평등하게 주어졌음에도, 채용 및 급여 체계는 성별 간 차이를 드러낸다. 이런 모습은 공정한 대우를 향해 나아가는 과정에서도 여성이 남성보다 여전히 더 낮은 급여를 받고 계속해서 새로운 경제적 불평등 현상들이 이어지고 있음을 말해준다. 공식적으로 성 중립적인 스칸디나비아 국가들도 예외가 아니다. 이들 국가의 여성은 남성보다 20퍼센트 정도 낮은 급여를 받고 있다.

평등한 대우의 확산이 어떻게 불평등한 결과로 이어졌는지 이해하기 위해, 여성의 노동 시장 진입이 전 세계적으로 다양한 경제 발전의 단계에서 어떤 역할을 했는지 생각해보자. 평균 연소득이 5,000달러에 불과한 국가의 경우 여성의 노동 참여율은 놀라우리만치 낮은데 남성의 참여율에 비해 약 50퍼센트포인트나 낮다. 이들 국가에서 임금 격차는 더 크다. 여성의 임금은 남성보다 65퍼센트나 더 낮다. 반면 평균 연소득이 4만 5,000달러에 이르는 부유한 국가들의 경우 노동력 참여율의 성별 격차는 10퍼센트 미만이다. 그리고 성별 임금 격차는 40퍼센트 정도로 여전히 상당한 수준이기는 하지만 그래도 상대적으로 낮다.

이런 불평등은 두 가지를 말해준다. 첫째, 급여의 성별 간 격차는 노동 시장에 더 적은 여성이 진출한 지역에서 더 크게 나타난다. 때문에 노동 시장에 진입한 초기 단계에서 여성은 남성보다 급여가 더 낮은 일자리를 차지하며, 이로써 불평등이 커진다. 이는 가난한 나라 여성들의 노동 시간이 짧기 때문은 아니다. 실제로 부를 기준으로 노동시간의 성별 격차는 국가 간 큰 차이가 없다. 둘째, 부유한 나라에서도 여성은 노동 시장에서 체계적인 형태로 불이익을 받으며, 이는 지속적이고 좀처럼 사라지지 않는 불평등으로 이어진다. 1980년대 이후로 부유한 국가들에서 성별 임금 격차는 약 10퍼센트 정도 감소하기는 했지만 여전히 뚜렷하게 남아 있다.

그런데 왜 성별 격차는 좀처럼 사라지지 않는 것일까? 부유한 국가들에서 여성이 남성보다 더 많이 대학 교육을 받고 있다는 사실을 고려하면 이런 사실은 더욱 놀랍다. 노동 시장이 공정하지 않은 한 가지 중요한 이유는 여성들이 출산으로 경력상 불이익을 받기 때문이다. 경제학자들은 남성의 소득은 첫째 아이가 태어난 이후로도 큰 변화가 없는 반면, 여성의 소득은 출산 후 10년 동안 출산 전보다 절반 가까이 떨어진다는 사실을 확인했다.

처음에 이런 현상은 노동력 참여율 차이에서 비롯됐다. 남성의 노동력 참여율은 자녀가 태어난 후에도 변하지 않지만 여성의 참여율은 출산 휴가 이후로 크게 떨어진다. 출산 후 계속해서 똑같은 시간을 일하는 여성의 시간당 급여 수준은 출산 이후로 곧장 하락하지 않는다. 그러나 몇 년이 흐르면 같은 시기에 자녀를 출산한 남성과 큰 차이를 보인다.

이런 사실은 두 가지 원인 때문이다. 우선 첫 자녀를 출산한 이후로 계속 일하는 여성도 승진 기회에서 불이익을 받는다. 다음으로, 육아 휴직을 마치고 다시 노동 시장으로 들어올 때 급여 수준이 떨어진다. 경제학자들은 출산 이후 겪는 임금 불이익이 주로 경력 단절 그리고 여성이 출산 후 선택하게 되는 다양한 일자리 형태(더 탄력적인) 때문에 발생한다는 사실을 확인했다. 그리고 이런 불이익은 높은 수준의 교육을 받은, 그래서 잠재적 소득 수준이 더 높은 여성에게서 더 뚜렷하게 나타난다.

여기서 던져야 할 질문은 왜 공식적인 고용 차별이 없는 평등한 노동 시장에서도 이런 격차가 존재하는지다. 그 대답은 법적인 평등 아래서도 가구 내에 근본적인 불평등이 존재하기 때문이라는 것이다. 모든 부유한 나라에서 여성은 보수가 없는 가사 노동을 남성보다 더 많이 한다. 그 차이는 스웨덴의 한 시간 미만에서 포르투갈이나 일본의 세 시간 이상에 이른다. 이는 부분적으로 다양한 고용 패턴과 관련이 있다. 그러나 코로나 격리 기간에 영국에서 실시한 가구 행동에 관한 연구에 따르면 아내가 남편보다 더 많이 버는 가정에서조차 여성은 남성보다 더 많은 가사와 육아 노동을 하고 지속적으로 급여를 받는 노동은 덜 하는 것으로 드러났다.

스웨덴처럼 성 중립적인 방식으로 아버지의 육아 휴직 정책을 실행하는 나라에서도 가사 노동의 분담은 여성에게 불리한 형태로 뚜렷하게 치우쳐 있다. 스웨덴은 자녀를 출산한 부모 모두에게 240일의 유급 육아 휴직을 주며 그중 150일은 배우자에게 넘겨줄 수 있도록 허용하고 있다. 이는 아버지의 육아 휴식 중 90일은 양도할 수 없다는 뜻이다. 이처럼 '사용하지 않으면 포기해야 하는' 남성육아휴직제도는 '아버지 할당제(daddy quotas)'라고 불린다.

일반적으로 스웨덴 남성은 전체 육아 휴직 기간의 25퍼센트만 사용하며, 전반적으로 평등한 형태로 육아 휴직 기간을 사용하는 가구는 13퍼센트에 불과하다. 그리고 '아버지 할당제'가 도입된 이후 육아 휴직을 받은 남성이 육아 휴직을 받지 않은 남성보다 아픈 자녀를 더 많이 돌보지는 않는 것으로 드러났다. 스웨덴의 이 정책은 표면적으로는 공정해 보이지만 누가 온전하게 경력을 이어갈 것인지, 누가 희생할 것인지와 관련해 가구 내에 존재하는 기존의 불평등을 감춰주고 있다.

평등한 육아 휴직 정책이 실제 가구 내 평등으로 이어지기 위해서는 사회 규범이 광범위하게 바뀌어야 한다. 남성 육아 휴직 사례는 점점 증가하고 있다. 노르웨이의 데이터에 따르면 남성들은 그들의 형제나 동료가 육아 휴직을 사용했을 때 더 많이 육아 휴직을 신청한다. 직장 규범 또한 남성이 육아 휴직을 신청하는 데 큰 영향을 미친다.

일본은 가장 관대한 형태의 남성 육아 휴직 정책을 실행하고 있다 (최장 12개월까지 60퍼센트 급여를 지급한다). 그런데도 일본인 아버지의 6퍼센트만이 이를 사용하고 있다. 연구원들은 그 이유가 다른 남성 동료들의 부정적인 반응에 지나치게 신경 쓰기 때문이라는 사실을 확인했다. 또한 몇몇 일본 기업은 육아 휴직을 쓴 남성을 업무에서 배제한 것으로 고발당했다. 부모에 대한 이런 불평등한 규범은 표면상 공정한 정책이 불평등을 강화할 수 있다는 사실을 말해준다.

우리는 가구 간 불평등을 비교함으로써 평등한 대우가 다른 불평등을 감춰주는 복잡한 현실을 확인할 수 있다. 1950년대 대부분 가구는 남성 혼자 돈을 벌었다. 그래서 당시 가구 소득의 비교는 본질적으로 남성 소득의 비교였다. 이후 여성이 노동 시장에 진출하면서 한 가구에 두 명의 소득원이 존재하게 됐다. 그리고 결혼이나 동거가 특정한 패턴을 따를 때 가구 간 불평등의 형태는 크게 달라진다.

'선택적 결혼(assortative mating)'이라는 개념은 비슷한 사람끼리 만나서 결혼한다는 의미다. 가령 기술 수준과 소득이 높은 전문직 여성은 마찬가지로 기술 수준과 소득이 높은 전문직 남성과 결혼한다. 그리고 소득이 낮은 여성은 소득이 낮은 남성과 결혼한다. 결혼이 이런 패턴을 따르면 가구 소득의 격차는 더욱 커지는데, 간단히 말하면 부유한 가구와 가난한 가구의 소득 격차가 두 배로 커진다.

사례를 살펴보자. 1950년대 〈해피 데이즈〉 시절의 가구들을 보면 한 가구에서 노동 계층인 남성 소득자 한 명은 연 4만 달러를 벌고, 다른 가구에서 관리 계층인 남성 소득자 한 명은 연 8만 달러를 번다. 두 가구의 소득 격차는 4만 달러다. 이제 1990년대 〈프렌즈(Friends)〉 시절의 가구를 상상해보자(〈프렌즈〉는 1994~2004년에 방영된 미국 시트콤이다-옮긴이). 이들 가구에서는 남성과 여성 모두 일한다. 그런데 만약 남녀가 반대 스타일에 이끌린다면 노동 계층 남성은 관리 계층 여성과 결혼하고, 관리 계층 남성은 노동 계층의 여성과 결혼할 것이다. 그러면 두 가구 모두 12만 달러를 벌고 가구 간 불평등은 사라진다.

하지만 그런 일은 벌어지지 않았다. 반대로 비슷한 남녀가 결혼하면서 노동 계층 가구는 8만 달러를, 관리 계층 가구는 16만 달러를 벌게 됐다. 이제 소득 격차는 8만 달러로 벌어졌다. 관리 계층 가구가 노동 계층 가구보다 두 배 더 잘살게 된 것이다. '절대적인' 격차 규모는 두 배로 늘어났다. 또한 부유한 가구의 이혼율은 점차 낮아지는 추세다. 그래서 16만 달러 소득을 버는 부유한 가구는 그대로 유지될 가능성이 큰 반면, 노동 계층 가구는 다시 4만 달러를 버는 두 개의 단일 소득자 가구로 분열될 가능성이 크다.

가구 불평등과 선택적 결혼에 관한 데이터는 우리에게 무슨 이야기를 들려주는가? 다양한 증거가 나와 있기는 하지만 전반적으로 선택적 결혼은 지난 반세기에 걸쳐 부유한 국가에서 나타난 소득 불평등 심화에 상당한 역할을 한 것으로 보인다. 학자들은 1967~2005년 사이에 선택적 결혼이 차지하는 비중이 1960년대 수준에 머물렀다면 미국의 소득 불평등 수준이 25~30퍼센트 완화됐을 것으로 추산한다. 사회학자들은 부모의 소득과 자녀의 장기적 소득의 상관관계에서 선택적 결혼이 절반에 가까운 원인을 차지하고 있다고 예측한다. 이는 세대 간 유동성이 위축되고 있다는 뜻이다.

우리는 비슷한 현상을 덴마크, 영국, 독일, 노르웨이 같은 국가에서도 찾아볼 수 있다. 그래도 차이는 존재한다. 스칸디나비아 국가들처럼 노동 시장에 대한 규제가 강력한 지역에서는 선택적 결혼 경향이 덜 뚜렷하게 나타나는 반면, 영어를 쓰는 지역과 동유럽 지역처럼 노동 시장에 대한 규제가 낮은 국가에서는 더욱 뚜렷하게 드러난다. 스칸디나비아처럼 노동 시장을 강하게 규제하고 소득을 기준으로 성평등 수준이 높은 국가에서는 임금 격차의 폭이 좁다. 예를 들면 변호사와 교사가 더 많이 결혼하는 경향을 보이는데, 이는 두 직업 간 소득격차가 더 작기 때문이다.

선택적 결혼은 가구 간 평등한 결과에 부정적인 영향을 미친다. 그러나 선택적 결혼 경향은 처음에 여성을 직장에서 평등하게 대우해야 한다는 형평성에 관한 관심으로 시작됐다. 법률, 금융, 의료 등 전문직에 대한 여성의 접근 가능성이 커지면서 두 명의 변호사, 두 명의 은행가, 두 명의 의사로 구성된 가구가 늘어났다. 원하는 사람과 결혼할 수 있는 평등한 권리와 더불어 직장 내 평등한 대우는 다른 차원에서, 즉 가구 간 소득 차원에서 불평등을 촉발하고 있다. 미국의 사회학자 크리스틴 슈워츠(Christine Schwartz)는 이렇게 지적했다 "지난 몇십 년에 걸쳐 남편과 아내는 더 평등해졌다. … 그러나 배우자 간 유사성이 커지면서 예상치 못한 결과가 발생했다. 즉 가구 간 불평등이 심화되고 있다."

다시 한번 이는 평등의 덫이라고 하는 오랜 딜레마를 상기시킨다. 사람들이 원하는 대로 행동할 수 있는 평등한 권리를 부여한다고 해도, 그들을 공정하고 평등하게 대우한다고 해도 그들이 내리는 의사결정은 심각하게 불평등한 결과로 이어질 수 있다. 평등한 대우가 경제적 평등으로 이어진다고 쉽게 가정하면 정치는 실패하고 말 것이다. 따라서 우리는 육아 휴직과 같은 정책을 수립할 때 기업이 복귀한 근로자를 어떻게 대하는지, 가구 불평등의 장기화가 어떻게 최선의 정책을 허물어뜨리는지와 관련해 여전히 존재하는 성 불평등을 진지하게 고민해야 한다.

8장

부의 불평등을 줄이는 방법

어떻게 우리는 민주적인 자유를 그대로 유지하면서 자본주의의 과잉을 억제할 수 있을까? 권리를 제한해야 한다는 점에서 완전한 평등을 실현해야 한다고 주장하는 사람은 아마도 거의 없을 것이다. 그보다는 부유한 국가에서 점차 증가하는 빈부 격차를 좁히는 데 집중해야 한다. 즉 불평등을 억제하면서 불평등이 민주주의 체제를 전복하지 않도록 막아야 한다. 우리는 평등의 덫에서 벗어날 수 있다. 실제로 스칸디나비아의 몇몇 국가는 평등한 소득과 함께 활기차고 자유로운 민주주의 문화를 동시에 실현하고 있다. 그러나 정치 없이는 불가능한 일이다.

시장과 기술의 마법이 불평등을 줄여줄 것이라는 기대는 무모한 생각이다. 정부 개입이나 노동조합이 없는 상태에서 자유로운 시장은 대부분 부의 축적을 강화할 것이다. 특히 부유한 자들이 그들의 자녀를 엘리트 교육으로 부유한 계층에 진입시킨다면 더욱 그럴 것이다. 물론 시장의 충격이 때로 불평등을 완화하기도 한다. 그러나 역사적으로 그런 일은 기근과 전염병, 전쟁, 경기 침체 동안에만 일어났다. 그중 어느 것도 탈출구라고 볼 수 없다.

기술은 우리를 평등하게 만들어줄까? 이는 어떤 기술이냐에 달렸다. 저렴한 커뮤니케이션 기술은 전국적인 시장, 나아가 세계적인 시장에서 지금까지 소외됐던 이들에게 새로운 기회를 선사했다. 그러나 최근에 나온 기술 대부분은 가난한 자에게 그리 유리하지 않다. 기술 수준이 높은 근로자들이 정보 기술로 엄청나게 높은 이익을 차지하면서 교육의 중요성이 더욱 커졌고, 전문가와 관리자들은 일반 근로자보다 더 부유해졌다.

어쨌든 불평등을 완화하기 위해 외부의 힘에 의존할 순 없다. 우리는 정치적인 결정을 통해 스스로 해내야 한다. 근로자를 새로운 방식으로 교육하고, 산업과 노사 관계를 효과적으로 규제하고, 무엇보다 불평등한 경제가 만들어낸 엄청난 부의 전리품에 세금을 부과할 방법을 찾아야 한다. 죽음과 세금이 절대 피할 수 없는 것이라면 우리는 후자에 더 잘 대처해야 할 것이다.

래리 서머스(Larry Summers)는 서류를 뒤적이며 마이크를 향해 걸어갔다. 미 재무부 장관과 하버드대학교 총장, 오바마 행정부의 수석 경제 자문을 지낸 서머스는 경제 분야와 민주당이 만나는 지점에서 평생을 보냈다. 그는 왕좌에 오른 척하는 이들의 마음에 불을 지르고자 했다.

서머스보다 앞서 무대에 오른 사람은 이매뉴얼 사에즈(Emmanuel Saez)였다. 그는 게이브리얼 주크먼(Gabriel Zucman)과 토마 피케티(Thomas Piketty) 같은 대단히 영향력이 높은 프랑스 경제학자 집단의 일원이었다. 사에즈와 주크먼은 미국의 억만장자들 같은 대단히 부유한 사람들을 겨냥한 부유세를 제안했다. 예를 들면 〈포춘〉에서 선정한 미국의 최고 부자 400인 같은 인물들 말이다. 이들이 국가의 부에서 차지하는 비중은 1982년 0.9퍼센트에서 2018년 3.3퍼센트로 네 배나 증가했다.

사에즈는 10억 달러 이상의 재산에 대해 연 10퍼센트 세금을 부과하는 방안을 내놨다. 이는 2020년 미 대선을 앞두고 민주당 예비선거 선두 주자였던 엘리자베스 워런과 버니 샌더스가 비슷한 형태의 부유세를 내놓는 데 영감을 줬다.

워런이 내놓은 방안은 5,000만 달러 이상의 재산에 대해 2퍼센트 세금을, 나아가 10억 달러 이상에 4퍼센트 세금을 부과하는 것이었다. 이를 실행하면 7만 5,000가구가 10년에 걸쳐 4조 달러에 이르는 세금을 더 내게 될 것이었다. 이에 샌더스는 자신이 제안한 부유세로 더 많은 세수를 올릴 수 있다고 주장했다. 그가 제안한 방안은 3,200만 달러 이상의 재산에 대한 1퍼센트 과세를 시작으로 점점 세율을 높여 100억 달러가 넘는 재산에는 8퍼센트 과세를 하는 것이었다.

2018년 당시 미국 최대 갑부 15인이 보유한 재산은 1조 달러에 이르렀다. 워런의 부유세를 적용하면 그들의 재산은 총 4,340억 달러로 줄어들 것이었다. 그리고 샌더스의 부유세를 적용하면 1,960억 달러가 될 것이었다. 섬을 사들일 수도 있는 그들의 관점에서 볼 때는 대단히 실망스러운 소식이었다.

어떤 부유세 방식을 선택하든 간에 정치와 경제에서의 결과는 모두 분명해 보였다. 정치적으로는, 가장 부유한 10만 명 미만의 미국인과 그 외 모든 사람 사이의 대결이었다. 민주주의가 분명 뭔가를 갖춰야 한다면, 아마도 대다수가 소수의 부를 억제할 수 있는 역량이 아닐까? 미국이 1980년대 이후로 샌더스의 부유세 방안을 실행했다면 미국 최고 부자 400인이 국가 전체 부에서 차지하는 비중은 거의 증가하지 않았을 것이다. 하지만 그 비중은 세 배 더 늘어났다.

그러나 래리 서머스는 확신하지 못했다. 그는 사에즈의 데이터와 계산 방식을 지적했다. 그리고 부유세만으로는 성공할 수 없다고 주장했다. 첫째, 그는 억만장자들의 부를 줄인다고 해도 그들의 정치적 영향력에 아무런 영향을 미칠 수 없다고 생각했다. 그가 볼 때 정당과 이익단체들은 부의 스펙트럼에서 극소수의 갑부들보다 한참 아래에 있는, 그래서 부유세 대상이 아닌 부자들로부터 대부분의 후원을 받았다. 부유세 영향을 받는 부자들은 조세를 회피하기 위해 그들의 더 많은 재산을 로비 활동에 쓸 것이었다.

둘째, 부의 불평등은 소득 불평등에서 비롯된다. 부의 불평등은 전반적으로 소득 격차가 증가하기 때문에 나타난다. 즉 문제는 부 자체가 아니다.

셋째, 서머스는 부의 불평등과 관련해 많은 학자를 당황하게 만든 사실을 언급했다. 튼튼한 사회안전망이나 공공이 운영하는 연금제도가 확립된 나라의 경우 사람들은 재산을 덜 보유한다. 사회로부터 보장받기 때문이다. 그래서 스웨덴과 같은 나라에서는 부의 불평등이 대단히 낮은 수준으로 나타나고 있다. 스웨덴 정부는 미래의 국가 및 직장 연금을 보장하기에 중산층이 따로 개인연금을 들지 않는다.

마지막으로, 서머스에 따르면 부에 대한 과세는 잠재적으로 투자에 대한 과세를 의미한다. 부자들은 절약하면 과세 대상이 되기 때문에 더 많이 소비하려고 든다. 전 세계 호화 여행이나 정치 후원에 쓴 돈에 대해 그들은 세금을 물지 않는다. 자유로운 국가에서 부자들은 부유세를 최대한 낮추기 위해 행동을 얼마든지 수정할 수 있다. 그렇다면 부자들은 어떻게 행동을 수정할까?

서머스가 보기에는 평등의 덫이 우리를 유혹하고 있다. 다른 형태의 평등(선거 운동을 후원하고, 원하는 대로 소비하고, 이민을 떠나거나 시민권을 바꿀 수 있는 평등한 권리)을 억제하지 않는 한 우리는 평등한 결과를 보장받지 못할 것이라는 유혹이다.

이 평등의 덫에서 빠져나올 수 있도록 부유세를 활용하는 방법이 있을까? 이에 대해《21세기 자본》으로 명성을 얻은 토마 피케티가 내놓은 해결책은 글로벌 부유세. 오늘날 조세 천국이라고 불리는 많은 극소국가(micro-state)는 자국으로 이주하는 해외 투자자에게 낮은 세율의 혜택을 베풀고 있다. 물론 집단적인 방식으로 억만장자가 공정한 몫을 지불하도록 만드는 편이 더 낫겠지만, 그들이 원하는 곳으로 이주할 수 있는 자유를 허용할 때 억만장자에게 낮은 세율을 적용하면 상당한 세수를 거둘 수 있다는 사실을 깨달은 극소국가들은 개별적인 방식을 선택할 것이다. 그렇다면 모든 국가를 포괄하는 글로벌 부유세를 통해 이런 문제를 해결할 수 있다. 억만장자가 이민을 가도 조세를 회피하지 못하기 때문이다.

또한 글로벌 부유세는 법인세에 관한 효과적인 국제적 합의를 기반으로 삼을 수 있다. 2021년에 136개국은 최저 법인세를 15퍼센트로 정하기로 합의했다. 그런데 억만장자에 대한 과세가 기업에 대한 과세보다 더 힘들까?

글로벌 부유세의 문제점은 정치를 간과한다는 것이다. 피케티 역시이 점을 인정했다. 글로벌 부유세는 세금을 회피하는 억만장자를 대상으로 한 기술 관료적인 해결책이라는 점에서는 결함이 없다. 그러나 여기서 우리는 평등의 덫을 맞닥뜨리게 된다. 표면적으로 결과를 평등하게 만들기 위해 부유세를 부과하면서, 억만장자들도 원하는 지역에서 살아갈 평등한 권리를 누릴 수 있다고 주장하면 우리는 평등의 덫에서 벗어날 수 있다. 하지만 여기서 또 다른 평등한 권리를 억압하게 된다. 바로 민주주의 사회에서 살아가는 사람들이 그들이 선호하는 세율을 선택할 수 있는 권리다.

그리고 거대 국가들이 이들 극소국가를 손쉽게 제어할 수 있는 것도 아니다. 또한 글로벌 부유세는 세율을 어떻게 정해야 할지, 누가이익을 볼 것인지, 세율이 국경을 건너면서 달라질 수 있는지를 둘러싸고 미국과 유럽, 중국, 인도 사이에서 치열한 논쟁을 촉발할 것이다. 다시 말해 국제 정치라고 하는 까다로운 도구를 다뤄야만 한다. 이제우리는 하나의 정부가 아니라 세상의 모든 정부가 부유세를 실행하도록 설득해야 하는 것이다.

여론을 들여다보면 부유세의 정치 역시 복잡하다. 극소수만이 영향을받는다는 점에서 부유세는 여론의 지지를 받을 것으로 쉽게 추측해볼수 있다. 그러나 사람들은 추상적인 차원에서는 부자에 대한 과세를지지하는 반면, 구체적인 상황에서는 갑작스럽게 태도를 바꾼다. '도덕적인 지도자'가 나서서 부유세가 '바람직한 제도'라는 사실을 사람들이 이해하도록 설득하는 방식은 대중의 동의를 외면하는 불편한 문제를 맞닥뜨린다.

대표적인 사례가 2001년 부시의 감세안이었다. 이는 본질적으로 2010년까지 미국에서 상속세를 폐지하는 법안이었다. 이 감세안은 부유한 납세자에게 유리하도록 설계됐고 실제로 2010년까지 그 혜택의 51.8퍼센트가 1퍼센트의 부유한 가구로 돌아갔다. 미국인들은 부자들이 충분히 세금을 내지 않는다고 생각했지만 아이러니하게도 부시의 감세안은 대단히 인기가 높았다.

2005년 미국 정치학자 래리 바텔스(Larry Bartels)는 '호머가 세금 감면을 받다(Homer Gets a Tax Cut)'라는 제목으로 기사를 썼다. 그 글에 함께 실린 만화를 보면 호머 심슨이 몇 달러를 손에 쥐고서 기뻐하고 있는 반면에 번스는 쌓아놓은 돈 꾸러미 앞에서 "멍청한 놈"이라고 말하면서 낄낄대고 있다. 이 만화는 섬세함에서는 점수를 얻지 못했지만 미국인의 태도에 관한 명백한 차이를 시사한다. 바텔스는 미국인 52퍼센트가 부자들이 세금을 너무 적게 내고 있다고 생각하면서도, 부자들의 세금을 줄여줄 부시의 감세안에 반대한다고 답변한 이들은 20퍼센트도 채 되지 않았다고 지적했다.

대체 왜 사람들은 부자가 더 많은 세금을 내도록 하는 정책을 지지하면서도 부자의 세금을 실제로 줄여주는 정책도 지지하는 걸까? 바텔스는 그 이유가 사람들의 '무지한 이기심(unenlightened self-interest)' 때문이라고 설명했다. 사람들은 그렇게 되면 자신이(정확하게 말하면 자신이 세상을 떠나는 시점에) 훨씬 더 부유한 이들에게 영향을 미치는 세금을 내야 할 것이라고 걱정한다. 그들은 자신의 이익을 위해 행동한다고 생각하지만 사실은 부자의 이익을 위해 행동하고 있다. 부시 감세안을 사람들이 지지하는 이유는 부자들이 너무 많은 세금을 내고 있다는 생각보다 '자신이' 너무 많은 세금을 낼 것이라는 우려가 앞서기 때문이다.

사람들이 부유세를 좋아하지 않는 또 다른 이유가 있다. 일반적으로 주택은 가구의 재산에서 가장 중요한 부분을 차지하기 때문에 가족이 사는 주택은 대개 상속세 대상이 된다. 사람들은 가족의 주택이나 농장 혹은 기업을, 회색 정장을 차려입은 국세청 직원에게 빼앗기는 걸 감정적인 차원에서 싫어한다. 물론 대부분은 이런 유산을 빼앗기지 않는다. 하지만 세금에 반대하는 정치인들은 그렇게 재산을 빼앗긴 안타까운 사례를 어떻게든 찾아낼 것이다.

또한 사람들은 도덕적인 차원에서 부유세를 반대한다. 많은 사람은 부자들이 절약으로 부를 일궈냈으며, 부유세는 그렇게 힘들게 번 돈에 대한 '이중'과세라고 생각한다. 또 어떤 이들은 부에 대한 과세가 이론적으로 쉽지 않다고 우려한다. 소득과 거래는 원천징수가 가능하지만 재산에 대한 세금을 내려면 재산을 팔거나 임대해야 한다.

부유세에 관한 생각을 물어보면 사람들은 회의적인 모습을 보인다. 2015년 한 설문조사는 사람들에게 영국 정부가 부과한 다양한 세금이 공정했는지 물었다. 그 결과 대다수가 술과 담배에 대한 과세는 공정하다고 답했다. 그리고 절반 이상이 소득세는 공정하다고 답했다. 하지만 상속세가 공정하다고 답변한 사람은 20퍼센트 정도에 불과했고, 60퍼센트 가까이는 부당하다고 답했다. 인지세(주택 거래에 대한 세금) 역시 마찬가지로 인기가 없었다. 영국 대중은 부자에게 부과되는 세금을 가장 싫어했고, 가난한 사람에게 부과되는 세금은 가장 긍정적으로 평가했다. 도대체 왜 그럴까?

2021년에 영국과 웨일스에서 실시했던 설문조사를 보면 유산과 같은 재산에 대한 과세는 여전히 인기가 없었다. 상속세가 너무 낮다고 대답한 사람은 전체 응답자의 20퍼센트 미만이었고 60퍼센트 이상은 너무 높다고 답했다. 그러나 2019년에 상속세의 대상이 된 경우는 전체 사망자의 4퍼센트 미만에 불과했다. 사람들은 상속세를 내지 않으면서도 싫어한다. 부유세에 대한 생각이나 느낌이 어떤지 물어보면 사람들은 '이미 세금을 낸', '세금 납부', '힘든 노동', '절약'이라는 표현을 공통으로 사용했다. 다시 말해 사람들은 자신이 그 대상이 아님에도 부유세가 이중과세에 해당하며, 그래서 불공정한 정책이라고 생각했다.

다른 한편으로 부는 재능이나 노력보다 행운에서 비롯되는 것이기에 부에 대한 과세가 공정하다고 생각할 수 있다. 2020년 나는 동료들과 함께 각각 24명의 참가자로 구성된 여러 그룹을 대상으로 온라인 실험을 실행했다. 여기서 우리는 사람들이 소득과 부를 대상으로 한 과제에 대해 어떻게 느끼는지 알아보고자 했다.

실험을 시작하기 며칠 전에 우리는 참가자들에게 이메일을 보내서 아무 대가 없이 일정 금액을 지급할 것이라는 사실을 알려줬다. 이것은 그들의 '부'다. 또한 이 실험에서 사람들은 아주 지루한 과제를 수행하고 그 성과에 따라 돈을 받는다. 이것은 그들의 '소득'이다. 우리는 실험 과정에서 부와 소득의 금액을 다양한 방식으로 바꿔봤다.

실험이 끝나고 우리는 모든 사람에게 다른 이들과 비교해 총소득

(부와 소득)으로 얼마를 벌었는지 알려줬다. 그리고 그들이 부와 소득에 대한 각각의 세율을 선택하도록 했고, 이를 통해 거둔 세수를 사람들에게 균등하게 나눠 줬다. 여기서 우리가 가장 먼저 확인한 사실은 당연하게도 사람들은 이기적인 존재라는 것이었다. 더 높은 소득이나 부를 얻은 사람들은 더 낮은 세율을 선택했다.

그런데 추가적인 정보를 제공했을 때 우리는 놀라운 사실을 확인했다. 우리는 한 그룹의 구성원들에게 그들이 다른 사람과 비교해 총소득으로 얼마를 벌었는지뿐만 아니라 소득과 부에서 각각 얼마를 벌었는지도 알려줬다. 이 정보를 얻은 사람들은 자신이 번 돈이 지루한 노동에서 비롯된 것인지, 아니면 행운에서 비롯된 것인지 구분할 수 있었다.

이 그룹 사람들은 소득의 분배와 관련해 더욱 뚜렷한 이기심을 보였다. 즉 더 많은 소득을 올린 사람들은 소득세에 더 강력하게 반대했다. 소득을 얻기 위해서는 노력해야 했기 때문에 그들은 다른 사람에 비해 자신이 얼마를 벌었는지에 많은 관심을 보였다. 자기는 열심히 일해서 돈을 받을 자격이 있었고, 다른 사람들은 게으름을 부렸다고 생각했다. 반면 부의 차원에서는 뚜렷한 이기심을 보이지 않았다. 그들은 부가 전적으로 무작위로 이뤄졌다는 사실을 알았다. 그래서 부와 관련된 추가적인 정보는 중요하게 여기지 않았다.

이 실험에서 우리가 깨달은 바는 부가 노력이 아니라 운에서 비롯된 것으로 생각할 때 과세에 대한 태도가 덜 양극화된 형태로 드러난다는 사실이었다. 사람들은 자신이 언제 운 좋은 횡재를 얻었는지 안다. 그리고 그것을 얻을 '자격'이 자신에게 없다는 사실을 안다. 그래서 그들은 그 일부를 더 쉽게 포기하려고 한다. 횡재를 얻지 못한 사람은 횡재를 얻은 사람이 단지 운이 좋았던 것이라는 사실을 안다. 그래서 과세에 대해 더 긍정적인 태도를 보인다.

이런 모습은 일부 유형의 부에 대한 과세가 다른 유형의 부에 대한 과세보다 더 쉽다는 사실을 말해준다. 사람들은 특히 저축에 대한 과세를 좋아하지 않는다. 그 이유는 과거의 힘든 노력에 대해 세금을 낸다고(즉 이중과세라고) 느끼기 때문이다.

유산의 경우는 조금 더 복잡하다. 상속자의 관점에서 유산은 횡재지만 그 유산은 일반적으로 부모 세대의 저축, 즉 바로 윗세대의 노력에서 비롯됐다. 그리고 아주 부유한 사람을 제외하고 상속은 평생에 걸친 소득 흐름에 큰 영향을 미치지 않는다(대부분 연 5퍼센트 미만이다). 그래서 상속세는 불평등 완화에 그리 효과적이지 않다. 보다 설득력 있는 것은 투기 자산에서 얻은 이득에 세금을 부과하는 것이다. 여기서 자산(암호화폐나 주식 혹은 별장)의 가격은 소유자의 노력과 별로(혹은 전혀) 상관없이 뛴다.

그러면 어떻게 효과적인 부유세를 설계할 수 있을까? 우리는 정치적 흐름을 따라야 한다. 사람들 대부분은 부유세 대상이 될 가능성이 대단히 희박함에도 대단히 회의적인 태도를 보인다. 따라서 부유세 제도는 투명하게 만들고 대상을 명확하게 규정해야 한다. 정치적으로 가장 현실적인 부유세 대상은 힘든 노력이 아니라 행운으로 얻었다고 생각하는 '횡재'의 유형에 해당하는 재산이다. 기존 상속세가 부분적으로 그 역할을 하고는 있지만 이는 사람들이 감정적으로 예민하게 반응하는 두 가지 요소인 가족과 주택을 건드린다. 아주 부유한 사람들의 세대 간 부의 이전에 주목한다면, 부유세 대상은 엄청나게 큰 재산으로 국한하고 이를 강력하게 실행하는 것이 합리적인 방안이다.

대신에 재산에 따른 이득에 대한 세금과 소득에 대한 세금을 평등하게 만드는 데 주목한다면 더 나을 것이다. 많은 국가는 개인이 벌어들인 소득보다 자본 이득에 훨씬 낮은 세율을 적용한다. 행운으로 얻은 부와 노력으로 얻은 소득의 차이를 구분해야만 앞서 실험에서 봤던 횡재보다 노력의 가치에 대한 사회적 규범을 마련할 수 있다. 결국 모든 세금은 공정성에 대한 사람들의 근본적인 인식과 조화를 이뤄야만 정치적으로 효과가 있고 오래 지속될 수 있다.

인간에게 세금을 부과하기가 까다롭다면, 절대 반발하지 않을 로봇으로 대상을 바꿔보면 어떨까(적어도 한 사람은 싫어하겠지만 말이다)? 〈뉴욕타임스〉와 〈월스트리트저널〉 지면에서 '로봇세(robot tax)'를 둘러싸고 벌어진 논쟁에서는 빌 게이츠가 이겼다.

예전에 인간이 담당했던 업무를 로봇으로 자동화하는 흐름은 노동시장에서 중간층을 공동화하면서 수백만 근로자를 급여 수준이 꽤 좋은 일자리에서 쫓아내고 불평등을 심화할 것이다. 로봇세의 목적은 세금을 통해 기업이 근로자를 로봇(혹은 인공지능)으로 대체하지 못하도록 막기 위함이다. 로봇세는 말 그대로 로봇 한 대당 수수료를 내도록 하는 방식이 될 수 있고, 기업이 근로자를 로봇으로 대체한 후에도 사회보장제도에서 기업이 기존의 몫을 계속 지불하도록 함으로써 해고된 노동자와 연계하는 방식이 될 수도 있다. 게이츠는 로봇을 인간처럼 대해야 한다고 주장한다. 즉 로봇(혹은 로봇의 소유자)도 대체된 근로자와 똑같이 소득세 등을 내야 한다고 말이다.

우리가 평등의 덫에서 빠져나오는 과정에 로봇세가 도움이 될 수 있을까? 로봇세의 장점은 두 가지다. 첫째, 기업이 근로자를 해고할 때 발생하는 세수의 부족분을 메울 수 있다. 둘째, 기업이 근로자를 대체하는 방안에 대해 다시 한번 생각하고, 기존 근로자의 생산성을 끌어올리는 방법을 고민하게 만든다. 모든 기업이 비용 절감을 위해 로봇을 도입하고자 한다면 공공의 이익이라는 명분만으로는 기업이 근로자 교육에 매진하도록 설득할 수 없다. 여기서 로봇세는 실리콘으로 제작된 동료 로봇이 아닌 인간 근로자의 손을 들어준다. 또한 장기적인 차원에서 근로자 교육에 대한 기업 규범을 만들어줄 것이다.

오늘날 로봇세는 좀처럼 찾아보기 힘들다. 한국이 '로봇세'라는 이름의 정책을 내놓기는 했지만 이는 경우가 다르다. 한국은 다만 로봇 투자에 세제 혜택을 줬던 기존의 '로봇 보조금'을 없앴을 뿐이다. 로봇세를 찾아보기 힘든 것은 정부들이 로봇을 지지하는 집단의 분노를 두려워하기 때문은 아니다. 로봇세에서 한 가지 중대한 문제는 '로봇'에 대한 정의다. 예를 들어 미 통계국이 제조 기업들을 대상으로 실행한 설문조사에서 생산라인의 로봇 팔은 로봇에 포함됐지만 무인 지게차는 포함되지 않았다.

게다가 소프트웨어 영역으로 넘어가면 이 문제는 더 어려워진다. 알고리즘 하나하나가 모두 로봇인가, 아니면 일련의 알고리즘들로 구성된 전체 소프트웨어가 로봇인가? 얼마나 많은 근로자가 기업의 인공지능 투자로 일자리를 잃었는지 정확하게 집계할 수 있는가?

그러나 로봇세에 관한 광범위한 문제는 그것이 정치를 외면한 세금이라는 사실에 있다. 로봇에 세금을 부과하는 정책은 인기가 높다. 감정과 불만이 없는 대상에 세금을 부과하는 것처럼 보이기 때문이다. 하지만 로봇세의 대상은 결국 인간이다. 로봇을 소유하거나 사용하는 인간이 세금을 내야 한다. 그래서 불평등을 완화할 것인지, 이를 위한 부담은 누가 떠안을 것인지를 둘러싸고 모든 정치적 논의가 다시 떠오른다. 기술의 폭발적인 발전에 따른 불평등에 주목한다면, 다시 말해 결과(부유한 기술기업 소유자)보다 기술의 생산성 대한 투자(로봇)에 집중한다면 이는 핵심을 놓친 것이다. 평등의 덫을 실질적으로 해결하고자 한다면 사회의 가장 부유한 이들을 무시해선 안 된다. 그리고 이 말은 다시 그들의 부에 주목해야 한다는 뜻이다.

부유세나 로봇세에 찬성하든 반대하든 간에 이런 세금은 결국 '사후' 불평등을 완화하는 방안에 불과하다. 세금 정책은 시장이 유발한 다양한 불평등을 파악하고 더 부유한 시민에게서 돈을 거둬 더 가난한 이들에게 나눠 주는 재분배 기능을 한다. 그러나 여기서 문제의 핵심이 간과된다. 세금 정책은 다른 사람보다 부유한(아마도 대단히 부유한) 사람들의 집단이 항상 존재한다는 것을 가정한다. 이런 점에서 세금 정책은 근본적인 불평등에 대해서는 아무런 말도 하지 않는다.

세금과 재분배에 주목하기 전에 정책을 통해 불평등을 완화하는 방법은 없을까? 시장 소득을 평등하게 만든다는 개념은 '사전 분배(predistribution)'라는 다소 기이한 이름으로 불린다. 이 개념은 언뜻 복잡해 보이는 이름과는 달리 단순하다. 사전 분배는 국가가 근본적인 차원에서 불평등을 완화하는 데 집중한다는 뜻이다. 이는 과세가 아닌 규제와 투자를 의미한다. 국가는 최저임금을 통한 직접적인 방식이든, 아니면 노조의 임금 협상을 활성화하는 간접적인 방식이든 규제를 활용해 저소득자 임금을 끌어올릴 수 있다. 이런 점에서 미국과 서유럽 지역에서 나타난 노조의 붕괴는 불평등을 심화한 한 가지 주요한 요인으로 거론되고 있다.

소득을 재구성하고 평등화하는 또 다른 방법은 경제를 전체로 바라보는 것이다. 중앙은행은 금리를 낮게 유지하고 신용에 대한 접근성을 높임으로써 기업이 더 많은 근로자를 고용하도록 장려할 수 있다. 취업률이 증가하면 기업은 노동 시장에서 근로자를 고용하기 위해 경쟁해야 하므로 근로자의 임금 협상력이 커진다. 그러나 코로나 이후 경제 상황이 말해주듯이 이런 정책은 인플레이션을 자극할 위험이 있다.

마지막은 정부 지출에 관한 방안으로서, 정부는 교육과 기술 개선 및 연구개발을 바탕으로 근로자의 생산성을 높일 수 있다. 시장이 이런 기술에 보상을 제공하고 가난한 근로자가 이익을 본다는 점에서, 이런 정부 지출은 국가 생산성을 강화하면서 동시에 임금 수준을 끌어올리고 불평등을 완화한다.

이 마지막 전략은 대단히 매력적으로 보인다. 어쩌면 평등을 위한 묘책일 수도 있다. 이 접근 방식은 나이 많고, 병들고, 가난하고, 일자리가 없는 이들에게 돈을 지급하는 '사회적 소비(social consumption)' 정책과 비교해 '사회적 투자(social investment)'라는 이름으로 널리 알려져 있다. 사회적 투자는 우리를 평등의 덫에서 해방시킬 수 있다. 단지 돈을 나눠 주는 '나쁜 동기(bad incentive)'의 위험은 피하면서 가난한 근로자의 기술 수준과 생산성을 높임으로써 임금을 끌어올린다. 그리고 사람들이 시장에서 자신이 원하는 일자리를 선택할 수 있는 평등한 권리는 크게 침해하지 않는다. 그런데 평등의 덫을 해결해주는 이처럼 간단하고 기술 관료적인 해결책이 실제로 가능할까?

어쩌면 그럴 수도 있다. 교육에 대한 정부 지출은 분명 평등에 도움이 된다. 민주화를 통해 가난한 시민에게 투표권을 부여하면 그 나라는 교육에 대한 지출을 확대할 것이다. 일반적으로 가난한 시민을 대변하는 좌파 정당들 역시 이와 비슷한 행보를 보인다. 하지만 교육에 대한 정부 지출이 항상 더 평등한 사회로 이어지지는 않는다. '능력주의(meritocracy)'라는 개념은 꽤 매력적으로 보인다. 왜 더 많은 기술과 재능을 가진 사람이 더 많은 보상을 받아서는 안 된단 말인가? 그러나 사람들이 그런 기술과 재능을 획득하는 과정은 일반적으로 평등과 거리가 멀다.

교육을 위한 재원이 어디서 오는지 살펴보면 우리는 이런 사실을 분명히 확인할 수 있다. 교육에 대한 재정적 지원은 평등하게 이뤄지지 않으며 상대적으로 부유한 학생이 더 많은 혜택을 얻는다. 일반적으로 고등 교육에 대한 정부 지출은 국가 생산성을 높인다(이는 학자로서 내가 많은 관심을 기울이는 주제다!). 하지만 고등 교육으로의 진입은 소득과 밀접한 상관관계가 있다. 부유한 사람들은 초등 교육보다 고등 교육에 대한 지출(개인 및 정부의 지출)을 더 선호한다. 민주주의 국가들이 더 많은 예산을 초등 교육에 집중하는 반면, 독재 성향이 강한 국가들의 교육 지출은 초등 교육보다 대학 교육에 치우쳐 있다.

부유한 국가의 정당들은 흥미로운 패턴을 보인다. 대학 등록률이 낮을 때 우파 정당은 고등 교육 지출을 확대하고자 한다. 그러나 등록률이 증가할 때는 반대 패턴이 나타나, 좌파 정권이 고등 교육에 더 많이 지출한다. 대학생이 많다는 것은 평균적인 학생이 가난한 배경 출신이며, 그래서 정치적 동기가 달라진다는 것을 의미한다. 그래서 충치를 뽑듯이 교육에서 정치를 쏙 뽑아낼 수는 없다. 다양한 사람과 다양한 정당은 다양한 시점에 대학 교육을 위한 정부 지출에 매력을 느낀다.

좌파 정당은 높은 기술 수준과 높은 대학 등록률에 관심을 보인다. 그러나 언제나 그렇듯 여기에도 함정이 있다. 오늘날 노동 시장이 어느 때보다 기술 수준이 높은 근로자를 많이 원하지만 우리 경제는 대학 졸업자를 수용하는 능력에서 한계를 보인다. 그래서 대학 졸업장을 받은(아마도 많은 돈을 들여서 받은) 많은 사람이 그들의 전문 지식과 거리가 먼 일자리를 잡는다.

이처럼 제자리를 잡지 못한 졸업생들은 민주주의와 경제, 삶 전반에 큰 만족을 느끼지 못한다. 또한 정치인을 별로 신뢰하지 않고, 자신의 전문성에 부합하는 일자리를 잡은 동료 졸업생보다 극우 정당을 더 많이 지지한다. 사회적 투자를 통해 유권자를 끌어모으고, 경제에 박차를 가하고, 더욱 평등한 사회를 실현하고자 하는 중도좌파 정당들은 그렇게 극단적인, 어쩌면 실업 상태에 있을지 모를 '제자리를 잡지 못한' 졸업생 집단을 마주하게 된다.

능력주의는 평등의 덫에 대한 해결책으로서 한계가 있다. 첨단 기술의 복잡한 경제에서 고등 교육은 한 부분을 차지한다. 현실적으로 우리는 학생들이 18세에 교육 과정을 모두 마치고 데이터 과학, 제약,

금융 등 다양한 산업으로 곧장 진입하리라고 기대하지 않는다. 또한 우리 경제가 졸업생들의 자격에 어울리는 일자리를 충분한 규모로 창출하리라고 기대하지 않는다. 이 말은 대학을 졸업하지 않은 사람이나 자리를 잡지 못해 불만이 가득한 대학 졸업생이 우리 사회에 많이 존재한다는 뜻이다.

시스템 안에서 최고 교육을 받은 승자들은 일자리가 개인의 기술과 노력을 상징한다는 능력주의 주장을 자기 정당화나 설득의 수단으로 활용할 것이다. 그러나 이런 승자들 대부분은 그저 운 좋게도 부유한 집안에서 태어났을 뿐이다.

새천년이 밝아올 무렵, 토니 블레어와 빌 클린턴를 비롯해 많은 정치인이 교육을 더 높은 성장과 평등을 이룩하기 위한 그러나 정치와는 무관한 도구로 인식했다. 하지만 교육에는 승자와 패자가 존재한다. 지난 10년간 교육은 선거에서 정치적 분열을 초래하는 주요한 기준으로 모습을 드러냈다. 우리가 교육을 통해 평등의 덫에서 벗어나고자 한다면 인구 절반이 대학에 진학하도록 만들고 나서 할 일을 다 했다고 주장해서는 안 될 것이다. 대학에 진학하지 못한 나머지 절반은 그런 현실을 꿰뚫어 볼 것이다. 그렇다면 우리는 그들을 위해 무엇을 해야 하는가?

대학 교육이 경제 발전으로 나아가는 유일한 길은 아니다. 많은 정치인이 견습제나 식상 내 훈련과 같은 직업 교육에 주목하고 있다. 이런 제도는 실질적으로 저소득층 학생들을 대상으로 하며 생산성을 직접적으로 높여준다고 약속한다. 그래서 유럽 지역의 정치인들은 수 세대에 걸쳐 독일의 '이중' 견습제에 주목했다.

독일의 학생들은 15세가 되면 3년짜리 프로그램에 지원할 수 있다. 학생들은 학교 수업을 받으면서 기업에서 기술을 배운다. 실제로 독일 학생의 40퍼센트는 이런 이중 견습제를 선택해서 전체 수업 시간의 70퍼센트를 '직장에서', 나머지 시간을 학교에서 보내고 있다. 이중 견습제는 오랫동안 독일의 첨단 제조 및 생산을 뒷받침하는 것은 물론, 소득 스펙트럼에서 중하위에 해당하는 사람들의 기술 및 임금 수준을 높인 것으로 인정받고 있다. 그런데 활발한 민간 영역을 기반으로 평등을 강화하는 이런 접근 방식이 과연 평등의 덫을 해결할 수 있을까?

이중 견습제는 수 세기에 걸친 독일의 도제 제도에 기반을 두고 있다. 원래 도제 제도는 중세 시대 독일의 장인 길드에서 만들어진 것으로, 쉽게 베껴서 다른 국가의 교육 시스템에 적용할 수 있는 사회적 투자 정책이 아니다. 그런데도 정치인들은 그런 시도를 계속해서 하고 있다.

정치 제도는 복잡하지만 우리가 미래에 어떻게 행동할 것인지에 관해 서로 약속하기 위한 필수 수단이다. 훈련 제도 역시 마찬가지다. 학생들이 견습제를 통해 배우는 기술은 특정한 기업이나 업무에 특화된 것이다. 그런데 그 기업이 파산하거나 기계가 쓸모없어진다면 이런 기술에 대한 투자 역시 의미가 없어질 것이다. 또한 견습제에 투자를 많이 한 기업은 학생들이 더 높은 급여를 제시하는 경쟁 기업을 선택할까 봐 우려한다. 그래서 이런 견습제가 효과적으로 기능하도록 하려면 기업과 견습생이 전반적인 차원에서 약속을 하고 그 약속을 신뢰해야 한다.

근로자의 입장에서 이런 약속은 정부와 기업이 특화된 기술에 대한 투자를 지원하거나, 이런 기술을 익힌 근로자가 아주 많아졌을 때 그들을 구제하는 방안을 마련해야 한다는 사실을 의미한다. 그리고 기업의 입장에서 이런 약속은 새롭게 훈련받은 근로자를 몰래 빼가지 않겠다는 합의를 의미한다. 근로자 훈련에 오랜 시간이 걸린다는 점을 고려할 때 기업은 은행을 설득해서 장기적인 융자를 받을 수 있어야 한다. 그리고 기업이 특화된 업무에만 의미 있는 훈련을 받은 근로자를 착취할 수 없도록 근로자들은 노동조합을 조직할 수 있어야 한다. 또한 학교는 기술적인 훈련을 받기 위해 30퍼센트의 시간만 수업에 참석하는 학생들을 효과적으로 관리할 수 있어야 한다.

독일의 모형은 기업이 근로자를 빼앗고, 생산성 높은 근로자가 더 높은 임금을 받고, 자본가가 더 높은 수익을 올릴 능력을 제한함으로써 경제적 평등을 강화하는 방식이다. 다시 말해 평등한 결과를 위해 선택과 기회의 평등을 제한한다.

상대적으로 높지만 일률적인 근로자 임금은 기업에 양날의 검이다. 근로자 임금이 높다는 사실은 기업이 생산성을 위해 개별 근로자로부터 최고의 성과를 끌어내야 한다는 것을 의미한다. 이는 독일 기업들이 최고 품질의 자동차와 가전제품 및 기계를 생산해내는 가치사슬(value chain, 기업 활동에서 부가가치를 만들어내는 과정-옮긴이)을 강화하도록 박차를 가했다. 그러나 임금이 일률적이라는 사실은 독일 기업들이 생산성 높은 근로자에게 '그들이 정당하게 받아야 할 보상'을 제대로 지급하지 않음으로써 이익을 부당하게 챙긴다는 것을 의미한다. 이런 점에서 '독일의 기적'은 근로자와 기업 모두가 그들의 행동 방식에 대한 제약을 받아들이는 균형점에 기반을 두고 있다.

독일의 이중 견습제는 다른 국가들이 쉽게 베낄 수 있는 모형이 아니다. 이런 형태의 훈련 시스템이 제대로 작동하기 위해서는 기업 간 협력, 노동조합, 인내심 있는 은행, 관대한 실업보험이 필요하다. 다시 말해 피터 홀(Peter Hall)과 데이비드 소스키스(David Soskice)가 만든 용어인 '자본주의의 다양성(variety of capitalism)'이 요구된다.

이런 기반이 제대로 갖춰지지 않은 영국과 같은 나라가 견습제를 도입했던 시도는 그리 긍정적인 결과로 이어지지 못했다. 20세기 초 영국의 직군별 노동조합은 기업들과 협력적이라기보다 적대적인 관계를 이뤘고, 기업들은 견습제에 관심을 보이지 않았다. 그리고 영국의 은행들은 제조 기업에 대한 대출을 꺼렸고 해외 투자를 선호했다. 게다가 실업보험은 독일에 비해 크게 열악한 수준이었다.

영국 정부가 1960년대 그리고 1990년대와 2000년대 초에 불평등 해소를 위한 방안으로 직업 교육을 개선하고자 했을 때, 매번 기업의 관심 부족과 학생들의 신뢰 부족, 직장에 유용한 교육을 제공하지 못하는 학교 시스템에 직면했다. 그래서 영국의 직업 교육은 평등을 위한 길이 아니라 막다른 골목이라는 비판을 오랫동안 받았다. 이런 사실은 교육의 개혁을 위해서는 단순히 견습제를 도입하는 시도보다 훨씬 큰 노력이 필요하다는 것을 말해준다.

또한 그런 개혁은 획기적이어야 한다. 영국 노동당 정치인 에드 밀리밴드(Ed Miliband)가 2015년 선거 운동에서 영국이 독일 모형으로 나아가야 한다고 주장했을 때, '자본주의의 다양성'이라는 용어를 만든 데이비드 소스키스는 그런 전면적인 변화는 현실적으로 가능하지 않으며 영국은 '미국에 더 가까운' 방식을 받아들이고 그 방향으로 나아가야 한다고 말했다.

어떻게 우리는 평등의 덫에서 벗어날 수 있을까? 단편적인 방법으로는 벗어날 수 없다. 자본주의의 자연스러운 성향이 부를 점점 더 축적하는 것이라면, 우리의 정치는 몰수가 아닌 다른 방법을 통해 그 흐름을 계속해서 거꾸로 돌려야 한다. 그리고 반복되는 선서 과정에서 버텨낼 수 있는 안정적인 제도를 구축해야 한다.

'사전 분배'라는 의제는 경쟁을 규제하고, 금융 지원 기관이 기업의 이윤을 낮추고 노동조합이 임금을 끌어올리는 역량을 뒷받침해야 한다고 주장한다. 이 말은 평등한 경제적 권리를 일부 포기해야 한다는 뜻이다. 다시 말해 규제를 통해 기업이 과도한 수익을 취하지 못하도록 막고, 노동조합을 통해 근로자가 개별적으로 협상하지 못하도록 막아야 한다. 동시에 빈부 격차를 줄이는 과정에서 자유 시장의 정신 안에서 움직여야 한다. 그리고 노동조합과 같은 제도가 유럽 대륙에서 성공을 거두고 있는 직업 교육 시스템을 뒷받침해야 한다. 스웨덴과 덴마크처럼 강력한 규제 기구와 노동조합을 갖춘 국가가 뚜렷하게 낮은 소득 불평등 수준을 보여준다는 사실은 평등의 덫에서 벗어날 수 있는 한 가지 방법을 우리에게 제시한다.

또한 우리는 국가 간 불평등의 실질적인 차이가 조세제도의 개입 '이후에' 나타난다는 사실을 살펴봤다. 국민의 삶의 기준에서 드러나는 불평등을 해소하기 위해서는 강력하고 투명한 조세제도가 필요하다. 물론 90퍼센트의 소득세를 부과했던 1960년대 시절로 돌아갈 순 없다. 게다가 이는 현명한 선택이 아니다. 우리는 심화하는 불평등에 대처하기 위해 치명적인 수준으로 격차가 벌어지고 있는 부로 시선을 돌려야 한다. 이 말은 부유세 대상이 되지 않을 일반적인 유권자들이 겁을 먹지 않도록 부유세를 설계해야 한다는 뜻이다. 그리고 억만장자들이 그들의 관할권을 쉽게 옮기지 못하도록 제한하기 위한 국제적인 협조가 필요하다는 뜻이다.

불평등의 덫에서 벗어나기 위해서는 자본주의적 민주주의 사회에서 살아가는 시민 대부분이 따르는 규범을 진지하게 들여다봐야 한다. 과세는 인기 없는 정책이다. 특히 사람들은 이중과세 그리고 자신의 노력이 보상받지 못하는 현실에 분노한다. 이런 점에서 행운으로 얻은 막대한 재산에 대한 부유세에 집중하는 방식이 가장 효과적일 것이다. 그리고 성 역할에 관한 규범을 통해 육아 휴직 정책의 실효성을 높여야 한다. 육아 휴직을 모두 사용하는 남성 근로자를 바라보는 기업의 시선을 바꾸려는 노력 또한 육아 휴직을 위한 법률을 제정하는 노력만큼이나 효과적일 것이다.

마지막으로 교육에 관한 규범 역시 중요하다. 엘리트 교육의 수혜자들이 그들의 지위를 전적으로 능력주의 관점에서만 바라보고 자신에게 유리했던 환경의 중요성을 인정하지 않는다면 우리 사회는 계급 분열 시대에서 교육 분열의 시대로 접어들 것이다. 평등과 효율 모두를 원한다면 고등학교 졸업생 절반을 대학에 보내고 나머지를 포기하는 방식과는 차원이 다른 교육 시스템을 구축해야 한다.

3부

연대

우리는 필요할 때만
연대를 찾는다

9장

미국인은 왜 오바마케어를 외면했는가

미 하원의원이자 시민권 운동의 영웅인 존 루이스(John Lewis)는 머지 않아 '오바마케어'라고 불릴 환자보호 및 부담적정보험법(Affordable Care Act)을 둘러싼 논의의 마지막 날에 미 국회의사당 건물을 향해 걸어가고 있었다. 그런데 그때 루이스와 동료 아프리카계 미국인 하원 의원인 안드레 카슨(André Carson), 이매뉴얼 클리버(Emanuel Cleaver)는 인근에 모여 있던 군중이 자기들에게 인종차별적인 욕설을 쏟아내는 모습에 충격을 받았다. 누군가는 클리버에게 침을 뱉기까지 했다.

미 하원의 서열 세 번째인 제임스 클리번(James Clyburn)은 이렇게 말했다. "버스 뒷좌석에서 내리려고 걸어가면서 1960년 3월 15일 이후로는 한 번도 듣지 못했던 말을 사람들이 하는 것을 오늘 들었습니다." 그가 말한 그날은 무려 50년 전이었다. 그때 시위자들은 시민권 법에 대해 항의한 것이 아니었다. 그들은 온건한 형태의 의료보험 법안에 찬성한 정치인들을 인종적인 차원에서 공격하고 있었다.

다른 부유한 국가의 시민들이 보기에, 의료보험을 둘러싸고 미국에서 벌어진 증오의 정치는 한마디로 제정신이 아니었다. 2010년 초 미국의 의료보험 지출 규모는 모든 부유한 국가 중에서 단연코 가장 낮았다. 여기서 나는 건강보험에 대한 미국의 공공 지출이 특별히 낮은 것은 아니라는 점에서 '규모(provision)'라는 표현을 썼다. 당시 미국 정부는 의료보험에 연간 1인당 3,857달러를 지출했으며 이는 캐나다, 프랑스, 독일, 스웨덴, 영국보다 살짝 더 높은 수준이었다. 그러나 이들 국가는 모두 국민 100퍼센트를 대상으로 의료보험을 제공하고 있었다. 반면 미국의 경우 2010년을 기준으로 의료보험에 가입하지 않은 국민은 18퍼센트가 넘었다. 즉 4,800만 명에 이르는 시민이 의료보험에서 제외되어 있었다.

게다가 1인당 3,857달러는 단지 공적 예산만을 의미했다. 미국에서 개인이 의료 서비스에 지출한 전체 비용은 8,000달러에 이르렀다. 다시 말해 시민의 5분의 1을 배제한 미국 정부의 의료보험 지출은 미국 시민이 의료 서비스에 지출한 2달러 중 1달러도 보장하지 못했다.

2010년 초 미국 의료보험제도에는 두 가지 중요한 문제가 있었다. 지나치게 비싸고, 모두를 보장하지 못한다는 것이었다. 미국의 의료보험제도는 마치 비잔틴 양식처럼 다양한 제도를 조각조각 붙여서 만든 결과물이었다. 다른 부유한 국가들과는 달리 미국은 전쟁이 끝나고 보편적인 공공 의료보험 정책을 내놓지 않았다. 영국의 국민의료서비스(NHS)처럼 직접적인 공적 제도도 없었을뿐더러 캐나다처럼 민간 의료 서비스에 대한 공적 보험도 없었다.

대신에 미국인 대부분이 민간 차원에서 의료보험에 가입했다. 즉 그들이 다니는 회사를 통해 가입했다. 기업이 제공하는 의료보험에 대한 근로자의 의존도는 대단히 높았다. 1930년대에는 대부분이 의사에게 의료비를 직접 지불했다. 당시 의료보험은 일반적으로 병원과 의사에게 지불하는 비용을 보장하는 것이 아니라 그동안의 소득 손실을 보장하기 위한 일종의 '질병보험'이었다. 이후 1940년대에 상업적 의료보험 기업이 등장하면서 누구에게 보장을 제공할 것인지 고민하기 시작했다. 물론 이들 보험사는 건강한 사람을 대상으로 보험 상품을 팔고자 했다. 이런 모습은 오늘날 미국의 이상한 의료보험제도를 암시하는 것이었다. 이런 상황에서 정작 질병이 있는 사람은 종종 보장을 받지 못했다.

미국 의료보험에서 중요한 '설립의 순간'은 1954년에 찾아왔다. 당시 미 연방정부는 기업이 부담하는 의료보험 비용에 대해 세금을 면제하기로 했다. 이후 기업들은 '단체 의료보험' 시장으로 몰려들었고, 보험사들은 수많은 기업의 근로자에게 집단적으로 보험 상품을 제공함으로써 개별적인 보험보다 가격을 크게 낮출 수 있었다.

기업이 제공하는 보험은 개인이 직접 가입하는 보험보다 훨씬 조건이 좋았다. 그래서 미국인 대부분이 의료보험에 가입하기 위해 직장에 의존하게 됐고, 이런 모습은 전반적인 보장 프로그램의 일부로 자리 잡았다. 그러나 직장이 없는 사람이나 자영업자들은 가혹하고도 값비싼 민간 보험 시장에 내던져졌다. 이들은 보험 가입을 포기할 수밖에 없었다. 보험료가 턱없이 비쌌기 때문이었다.

미 정부는 뒷문으로 의료보험 경기장에 들어섰다. 그들은 세수를 포기하고 의료보험 비용에 대해 세금을 면제해줬다. 그러나 의료 기술에서 의사 연봉에 이르기까지 모든 의료 비용이 수십 년에 걸쳐 오르면서 보험료도 따라서 올랐다. 이런 이유로 미 정부의 재정에 거대한 블랙홀이 생겼다. 그러나 기업이 제공하는 의료보험의 가입자(일반 직장인)는 비용 인상으로 영향을 받지 않았기 때문에 보험에 대한 수요는 그대로 유지됐다. 미국 시민들은 '컨시어지 의료 서비스(concierge healthcare, 치료비를 더 많이 내는 환자에게 더 특별한 의료 서비스를 제공하는 방식-옮긴이)'와 '캐딜락 의료보험제도(Cadillac medical plans, 보험료가 대단히 높은 의료보험제도-옮긴이)'와 더불어 점점 더 커지는 의료보험 시장의 고객이 됐다. 의료보험에 대한 정부 지출 규모는 1960년 국민소득의 5퍼센트 수준에서 오늘날 18퍼센트로 크게 치솟았다.

그런데 퇴직자나 실업자처럼 더 이상 기업에 기댈 수 없는 사람들은 어땠을까? 린든 존슨 대통령은 1965년에 노인들을 위한 메디케어(Medicare) 그리고 가난한 자들을 위한 메디케이드(Medicaid)를 설립해 이들을 지원했다. 이런 정부 프로그램들은 민간 시장의 병원 및 의사와 함께 협력하면서 공적 보조금을 지원받았다. 특히 메디케어는 정치적으로 대단히 인기가 높았으며 입원 치료에서 외래진료, 약 처방에 이르기까지 수십 년 동안 보장 범위를 넓혀나갔다. 반면에 가난한 사람을 위한 프로그램인 메디케이드는 정치적으로 많은 공격을 받았으며 주 정부들과의 협력으로 운영됐다. 그러나 이들 주 정부의 지원 규모는 대단히 작았다. 이런 모습은 특히 소수 민족을 대상으로 할 때 두드러지게 나타났다.

그래서 2010년에 버락 오바마와 민주당 하원의원들은 의료보험 시스템을 개혁하고자 했다. 이런 시도는 처음이 아니었다. 1970년대에 테디 케네디(Teddy Kennedy) 상원의원은 보편적인 국가 의료보험법을 통과시키고자 했다. 그리고 닉슨 대통령은 다소 제한적이면서도 관대한 형태의 의료보험제도의 중요성을 역설했다. 그러나 아무 효과가 없었다. 그로부터 20년이 흘러 클린턴 행정부가 영부인 힐러리 클린턴의 주도로 새로운 시도를 했지만 결국 '힐러리케어'라는 조롱으로 끝나고 말았다. 이 마지막 실패는 민주당 인사들이 더 이상 도전하지 못하도록 의지를 꺾어버렸다.

그런데 미국 의료보험제도의 개혁이 그토록 힘든 이유는 무엇일까? 오바마케어는 사실 혁명과는 거리가 멀었다. 오비미 정부기 새롭게 추가한 것은 연방정부가 지원하는 메디케이드를 대규모로 확장하고, 기존 조건에 대한 보장을 보증하고, 보험료를 제한하기 위해 개별 의료보험 시장을 규제하고, 모든 미국인이 의료보험에 가입하거나 아니면 과태료를 물게 하는 의무 조항뿐이었다. 그런데도 2010년 오바마케어가 통과되고 10년이 흐른 2020년 한 해 동안 의료보험에 가입하지 않은 미국인의 비중은 8.6퍼센트에 이르렀다.

이를 비교 가능한 다른 국가의 의료보험제도와 함께 살펴보자. 국가가 국민의료서비스(NHS)를 통해 의사를 고용하고 병원을 운영하는 영국의 경우, 보편적인 보장을 제공하며 본인 부담금은 없다. 그 규모는 국민소득의 8퍼센트 남짓한 수준으로 이는 미국인들이 의료 서비스에 지출하는 전체 비용의 절반에 해당한다. 캐나다는 정부가 제공하는 보험에 가입할 권리를 모든 시민에게 부여하며, 민간과 비영리단체 빛 공공 기구가 함께 병원과 의사를 관리한다. 프랑스는 시민들이 비영리 보험사에 건강보험료를 납부한다. 의사들은 민간 영역에 속해 있으며 의료비 대부분은 정부가 부담한다. 이처럼 각국은 다양한 방식으로 보편적 의료보험제도를 실행하고 있다. 프랑스와 같은 일부 국가는 미국과 큰 차이가 없다. 그렇다면 오바마케어 같은 일종의 베이비 스텝에 대한 사람들의 반응은 어땠을까?

여론의 반응은 대부분 부정적이었다. 특히 새롭게 등장한 티 파티 운동은 오바마케어에 결사반대했다. 부통령 후보였던 세라 페일린(Sarah Palin) 주지사는 오바마케어가 사람의 목숨을 살리는 의료보험에 대한 시민의 접근권을 마치 캥거루 재판(kangaroo court, 증거에 기반을 두지 않은 엉터리 재판-옮긴이)처럼 결정하는 '사망선고위원회(death panels)'를 결국 도입할 것이라고 주장했다.

많은 미국인은 의아하게도 오바마케어를 메디케어에 대한 공격으로 인식했다. 이에 대해 오바마 대통령은 망연자실한 표정으로 이렇게 말했다. "어느 날 한 여성으로부터 편지를 받았습니다. 이렇게 적혀 있더군요. '정부가 운영하는 의료보험은 원치 않습니다. 저는 사회보장의료(socialized medicine, 정부가 관리하는 의료 시스템-옮긴이)를 원합니다. 그러니 메디케어를 건들지 마세요.'" 그러나 메디케어 역시 정부가 지원하는 제도다.

오바마케어와 같은 온건한 개혁조차 그처럼 격렬한 논쟁에 휩싸였던 이유는 사람들이 '우리는 필요할 때만 연대를 찾는다'라는 연대의 덫에 빠졌기 때문이다. 미국 정치는 오늘 의료 서비스가 필요한 사람과 내일 그것이 필요해질 사람을 하나로 묶는 데 실패했다.

오바마케어는 의료보험 가입을 강제함으로써 연대의 덫을 해결하고자 했다. 이른바 '개별적 강제 조항(individual mandate)'이 그것이다. 그러나 그 조항은 지지를 얻지 못했다. 지금 건강한 사람들은 앞으로도 건강할 것이라고, 아프지 않을 것이라고 생각했다. 그런데 왜 필요하지 않은 보험에 가입해야 한단 말인가? 지금 건강한 사람들은 지금 아픈 사람들을 위해 비용을 지불하려고 하지 않았다. 그들은 심지어 과태료를 낸다고 해도 보험에 가입하지 않으려 했으며 앞으로 자신에게 무슨 일이 벌어질지 걱정하지 않으려 했다.

의료보험의 강제 조항은 역선택(위험이 가장 큰 사람이 보험 가입을 가장 원한다)이라고 하는 문제에 대한 해결책으로서 법안 속에 포함됐다. 위험이 큰 사람만 보험에 가입하면 그 보험 상품은 유지될 수 없다. 그래서 보험사는 위험이 적은 가입자가 필요하다. 오바마케어는 보험의 '보장 발행(guaranteed issue, 건강 상태와 관계없이 자격 있는 모든 신청자의 가입을 받도록 하는 것-옮긴이)'을 통해 보험사가 위험이 큰 사람들을 받아들이도록 강제했다. 그리고 보험사의 파산을 막기 위해 위험이 적은 사람들도 가입하도록 강제했다. 여기서 우리는 위험이 적은 사람(보험에 굳이 가입하려고 하지 않는 사람)들의 개인적인 이기심과 보편적인 보장을 제공하려는 집단적인 논리 사이의 충돌을 목격할 수 있다.

사람들은 미국 의료보험제도에 혼란을 느꼈다. 그들은 의료보험을 운영하기 위한 새로운 공적 지출이 '이런 사람들(those people, 게으르고, 궁핍하고, 무능한 사람들)'에게 흘러 들어갈 것이라고 봤다. 반면 메디케어를 위한 공적 지출은 어느 정도 칭찬할 만하다고 생각했다. 방대한 의료보험 지출이 기업의 의료보험에 대한 세금 감면으로 흘러 들어간다는 사실은 사람들이 그들이 원하는 바와 정부가 행하는 바를 연결 짓지 못하게 만들었다. 사람들은 이렇게 생각했다. 내가 다니는 회사가 비용을 내는데 왜 정부가 끼어든단 말인가? 그러나 미국 정부는 불투명한 세금 시스템을 통해 기업이 제공하는 의료보험에 보조금을 제공하고 있었다.

이 이야기의 출발점으로 다시 돌아가서, 인종차별적 정치와 관련해 특히 비열한 동기가 숨어 있었다. 정치학자들은 민족 집단 간에 연대를 형성하는 것이 힘들다는 사실을 오래전부터 알고 있었다. 그 이유는 다수 민족 구성원들이 그들을 위한 지출에는 찬성하지만 소수 민족을 위한 지출에 적극적으로 반대하기 때문이다. 그러나 미국의 많은 사회보장 프로그램은 소수 민족과 관련이 있다. 이런 점에서 정부가 가난한 이들에게 지급하는 식료품 할인 구매권에서 복리후생에 이르기까지 많은 지원 프로그램이 공격을 받았다.

2010년 메디케이드의 확대 역시 비슷한 흐름을 따랐다. 오바마케어가 메디케이드의 보장 범위를 확대하자 대법원은 이것이 강제적으로 이뤄져서는 안 된다는 취지의 판결을 내렸다. 연방 보조금을 포기하기로 선택한 주 정부들의 행보는 많은 이야기를 들려준다. 2021년 여름에는 12개 주만이 옵트아웃(opt out, 탈퇴를 위해서는 적극적으로 의사 표명을 해야 하는 방식-옮긴이) 상태로 남았다. 그중 8개 주는 딥 사우스(Deep South, 루이지애나와 미시시피, 앨라배마, 조지아, 사우스캐롤라이나를 포함하는 미국 남부 주들-옮긴이) 연합의 오랜 구성원이었다.

아프리카계 미국인의 75퍼센트가 거의 모든 주에서 메디케어 확대에 찬성했던 반면, 백인 사회의 여론은 크게 달랐다. 특히 앨라배마와 루이지애나, 미시시피 같은 딥 사우스 주들의 찬성 비중은 작았다. 이처럼 미국의 인종차별적 정치는 여전히 보편적인 의료보험의 실현을 가로막고 있다. 오늘날 미국인들 사이에서 연대를 찾기란 쉽지 않다.

10장

연대의 실현, 보편적 복지 국가

삶은 불공평하다. 어떤 사람은 병이 들어 건강을 잃어버린다. 그리고 어떤 사람은 공장이 문을 닫아서 일자리를 잃어버린다. 또 어떤 사람은 가난한 집안에서 태어나 별로 좋지 않은 학교에 다닌다. 우리는 타고난 행운(신체가 건강한지, 어디서 일하는지, 누가 자기 가족인지에 대한)이 인생을 결정한다고 생각하며 보다 잘 살기 위해 특정한 형태의 안전을 원한다. 즉 운명의 변덕으로부터 자신을 지킬 수 있기를 바란다. 그런데 어떻게? 그리고 누구로부터?

100년 전에 사람들은 그 대답을 가족에서 찾았다. 그리고 가족에서 대답을 찾지 못한 이는 혼자서 찾아내야 했다. 오늘날 우리는 그 대답을 국가에서 찾는다. 국가는 우리를 보호하고, 교육하고, 치료한다. 그리고 이는 우리 모두 세금을 내는 방식으로 서로 협력할 때만 가능한 일이다. 국가가 우리를 위해 무엇을 해야 하는지는 끝없는 정치적 논쟁의 주제였다. 우리는 서로를 위해 함께하기를 원한다. 적어도 우리가 원하지 않을 때까지는 그렇다. 우리는 연대를 원하지만 이를 위해 충분한 기여는 하려고 들지 않는다. 바로 이런 문제를 해결하지 못할 때 정치는 실패하며 우리는 연대의 덫에 걸려들고 만다. '우리는 필요할 때만 연대를 찾는다.'

연대란 무엇인가? 이 용어는 프랑스의 사회학자 에밀 뒤르켐(Emile Durkheim)이 처음 언급했다. 그는 과거의 프랑스에서 그리고 자신이 살고 있고 급격하게 산업화되는 19세기 프랑스에서 공동체가 어떻게 결속되어 있는지 이해하고자 했다. 연대는 곧 '공동체의 감정'이다. 즉 공동체 안에서 공동의 운명을 인식하는 것이다. 우리는 운 좋은 사람들이 불운하고, 가난하고, 병들고, 나이 많은 이들을 도울 때 연대의 존재를 확인한다. 뒤르켐의 과제이자 우리의 과제는 작은 시골 마을에서 수 세기에 걸쳐 이어져 내려온 사회적 연결과 상호 원조를 어떻게 오늘날 익명의 도시 세상 속으로 가져올 것인가다.

연대는 공동체 구성원 간의 자선이나 보험의 형태로 모습을 드러낸다. 오늘날 사람들 대부분 공동체가 불운한 구성원을 책임져야 한다는 생각에 동의한다. 그러나 이를 위해 국가나 사회가 나서야 하는지에 관해서는 각자 생각이 다르다. 그리고 국가가 관여해야 한다면 어떤 정책으로 연대를 강화해야 하는지에 관한 생각도 다르다.

좀 더 구체적으로 들어가 보자. 우리는 지금 어떤 형태의 정책이나 원조에 관해 이야기하고 있는가? 가장 기본적이고 역사적으로 오랫동안 이어진 형태는 가난한 이들에 대한 원조다. 종교에서는 대부분 '구호'라고 하는 자선 활동을 말한다. 오늘날 국가에서는 종종 '복지'라고 불리며 이를 통해 연대가 시작된다. 그러나 그 돈은 대부분 가난한 사람이 아니라 영구적으로(퇴직으로 인해) 혹은 일시적으로(실업이나 질병으로 인해) 고용에서 배제된 이들에게 흘러 들어간다. 예를 들면 노령 연금이나 실업 급여나 질병/장애 급여로 지급된다.

마지막으로 '현금'이 아닌 '유형'의 형태로 주어지는 연대가 있다. 그 분명한 사례로는 의료보험과 교육이다. 최근에는 직업 훈련이나 주간 보호 같은 서비스도 있다. 이처럼 다양한 형태의 연대가 하나로 뭉쳐 우리가 생각하는 '복지 정책'을 이룬다. 그 목록은 수혜자가 얻지 못한 것을 얻는(장기적인 빈곤 구제) 형태의 연대부터 이론적으로 사람들이 개인적인 차원에서 미리 저축하는 시스템(연금이나 실업 급여)으로, 이론적이고 실질적으로 사람들이 개인적인 차원에서 부담하는 서비스(의료, 교육, 양육)로까지 넘어간다.

이런 유형의 연대에 걸쳐 정치는 전혀 다른 모습을 드러낸다. 사람들은 빈곤 구제가 자신에게는 필요 없다고 생각하기 때문에 이를 위한 비용을 지불하기를 원치 않는다. 혹은 이미 개인적으로 지불하고 있거나 지금 당장 필요하지 않기 때문에 다른 사람들을 위한 의료나 양육 서비스에 지불하기를 원치 않는다. 그러나 모든 경우에 우리는 필요할 때만 연대를 찾는다는 연대의 덫을 놓아두고 있다.

연대의 덫은 우리 사회에 만연하다. 그 이유는 연대에는 돈이 들기 때문이다. 연대는 전적으로 사적인 형태의 자선이나 전적으로 공적인 형태의 보험에서 비롯된다. 두 경우에 부유한 사람은 덜 부유한 사람에게 자원을 나눠 준다. 그러나 그 과정에서 강제의 수준과 나눠 줘야 할 자원의 규모는 다양하게 나타난다. 연대에 관한 오늘날의 논의에서 사람들은 가난한 사람들을 돕는 것이 원칙적으로 좋은 생각이라는 데 동의한다. 그러나 여기에 국가가 개입해야 하는지, 만일 개입한다면 어떤 방식으로 개입해야 하는지로 넘어가면 치열한 논쟁이 곧바로 이어진다.

한쪽 극단에는 국가가 '연대 활동에서 물러나 있어야 한다'라는 견해가 있다. 연대는 종교적 혹은 도덕적 원칙에 기반을 둔 개인적인 책임이며 자발적인 후원과 구호를 통해 이뤄져야 한다. 그리고 교회나 자선단체 혹은 '필요한 경우' 전적으로 개인의 이타적인 행동에서 비롯되어야 한다.

다른 쪽 극단에는 경제적, 사회적 차이 혹은 건강과 관련된 개인적인 차이는 대부분 임의적인 형태로 나타나며 국가가 그 차이를 완화해야 한다는 견해가 있다. 이를 위해 국가는 보험료를 받고 보험금을 지급하는 거대 보험사가 되어야 한다.

얼핏 보기에 이와 같은 사회적 보험에 대해 부자는 반대하고 가난한 자는 지지할 것이라고 예상할 수 있다. 부자가 세금을 부담해야 하기 때문이다. 실제로 설문조사 결과는 가난한 시민들이 연금과 실업보험 등의 사회적 보험을 더 많이 지지한다는 사실을 분명하게 보여준다. 그러나 상황은 그리 간단하지 않다. 부유한 사람일수록 더 극단적인 견해를 취하고, 그래서 더 많은 보험에 가입하기를 원할 수 있다. 그래서 생명보험이 유지되는 것이다. 국가가 운영하는 연금이나 실업보험이 소득에 연동되는 방식이라면 부유한 사람은 퇴직하거나 일자리를 잃을 때 더 많은 지원을 받는다. 즉 평등의 덫과는 완전히 다른 방식으로 부자들은 자신의 고용 상태가 불안정할 때 사회적 보험에 대한 공적 지출을 지지한다.

가난한 사람을 위한 자선이나 위험에 대한 사회적 보험 외에도 탈상품화(decommodification)와 관련해 공통으로 제기되는 주장이 있다. 탈상품화는 쉽게 이해하기 힘든 용어이기는 하지만 그래도 유용한 개념이다. 탈상품화란 사람들의 행복을 노동 시장에서의 경험과 분리한다는 의미다. 노동 시장에서 우리는 기업으로부터 하나의 상품으로 취급받고, 임금은 기업이 우리의 가치를 어떻게 평가하느냐에 따라 결정된다. 거대한 복지 국가는 사람들이 시장의 변덕에 직면했을 때 경험하게 되는 삶과, 모두가 똑같은 급여를 받을 때 경험하게 되는 삶 사이의 격차를 좁힐 수 있다. 이런 점에서 연대를 강화하는 정책은 평등을 강화한다. 그러나 이런 사실은 평등의 덫과 관련해 앞서 살펴본 문제(아주 높은 세금은 일할 의지를 꺾어버리거나 이민을 가게 한다)와 연대의 덫을 분리할 수 없다는 점을 말해준다.

오늘날 부유한 국가에서 연대는 대부분 이런 논쟁의 양쪽 극단에서 비롯된 제도들이 혼합된 형태로 이뤄진다. 가령 가톨릭 병원과 성공회 학교, 와크프(Waqf, 이슬람법에 따라 자선을 위해 신탁하는 행위 혹은 신탁 대상-옮긴이) 모두 공공 정책과 공존한다. 즉 오늘날 대부분의 부유한 국가에서 공적 지출은 연대를 위한 지출에서 큰 비중을 차지한다.

이제 각국의 공적 지출이 어느 정도 수준인지 구체적으로 들여다보자. 국민소득 대비 사회적 지출의 규모는 일반적으로 가난한 국가일수록 더 낮다. 멕시코 정부는 사회적 지출에 국민소득의 7.5퍼센트를 지출한다. 부유한 국가들 사이에서도 차이는 크다. 프랑스의 사회적 지출은 국민소득의 3분의 1 수준이지만, 아일랜드는 절반에 이른다. 여기서도 우리는 국가들 간의 패턴을 발견할 수 있다. 영어권 국가들은 사회복지를 위한 정부 지출의 비중이 작은 반면[국내총생산

(GDP)의 15~20퍼센트), 스칸디나비아 국가들은 큰 경향을 보인다(GDP의 25퍼센트 이상).

이런 차이는 어떻게 설명할 수 있을까? 앞서 우리는 국민소득이 중요한 기준으로 작용한다는 점을 살펴봤다. 그런데 몇몇 부유한 국가는 연대를 위한 지출에서 민간 부문에 더 많이 의존한다. 물론 현실적으로 자선이 국가의 지출에서 차지하는 비중은 상당히 작다(가장 낮은 국가는 미국으로, 국민소득 대비 1.5퍼센트 미만이다). 그 실질적인 차이는 복지 정책이 어떻게 구성됐는지에 달렸다.

첫째, '누가' 연대를 형성하는가에서 차이가 존재한다. 일부 복지 정책은 보편적인 형태를 취한다. 모든 시민이 복지 정책의 도움을 받을 수 있다. 반면 다른 복지 정책은 재산이나 소득을 기준으로 삼거나, 가난하거나 궁핍한 이들을 대상을 한다. 후자의 경우는 목표 대상을 정한 자선 사업과 같다.

그러나 가난한 이들을 대상으로 하는 복지 정책은 종종 허약하다. 다시 말해 정치적 지지를 얻기 힘들고, 그래서 쉽게 중단될 수 있다. 시민 대부분이 재산이나 소득 기준에서 자격이 되지 않기 때문에 이런 정책은 세금만 내고 혜택은 받지 못한다는 불만을 촉발한다. 게다가 이런 정책의 혜택을 받는 이들은 도움을 받을 만한 가치가 없다거나 게으르다는 낙인이 찍히기도 한다. 궁핍한 사람들과 연대를 구축하려는 의지 그리고 그 정책에 대한 정치적 인기 부족 사이에 교환이 존재한다.

둘째, 복지 정책의 전반적인 관대함 수준에서 차이가 있다. 이는 결국 '얼마나 많이'의 문제다. 대부분 국가는 보편적인 공공 연금 프로그램을 운영한다. 그러나 이들 프로그램이 얼마나 관대한지, 즉 규모가 어느 정도인지는 다양하게 드러나고 있다. 영국의 연금 프로그램은 평균적으로 퇴직 시 소득의 28퍼센트를 지급하는 반면 캐나다와 미국은 50퍼센트 정도를, 오스트리아는 90퍼센트 가까이 지급한다(나라면 오스트리아로 이민을 가겠다!). 영국인들은 일반적으로 기업 연금이나 민간 연금으로 부족분을 보충한다. 이런 모습은 영국 정부의 부족한 관대함에 대한 반응이다.

관대함은 또한 실업 급여의 지급 기간에서도 큰 차이를 보인다. 벨기에에서는 원칙적으로 실업 급여를 무한정 받을 수 있다(소득의 65퍼센트를 시작으로). 스웨덴은 실업 급여를 소득 대비 높은 수준(80퍼센트)으로 지급하지만 수령 기간은 300일로 제한하고 있다. 영국의 실업자는 낮은 수준의 실업 급여를 182일 동안 정액으로 수령할 수 있다.

마지막으로, 복지 정책들은 '적용 범위'에서도 차이를 보인다. 일부 국가에서 정책 수혜자들은 모두 정확하게 똑같은 혜택을 받는다. 우리는 이를 '획일적인' 프로그램이라고 부른다. 대표적인 사례로 영국의 국민의료서비스(NHS)가 있다. 모든 영국 시민은 아무 비용도 미리 지불하지 않고 정부가 운영하는 동일한 의료보험에 가입할 수 있는 동일한 자격이 주어진다. 즉 재산과 무관하게 똑같이 줄을 선다(물론 영국인들이 이런 방식을 무척 좋아한다). 2020년 보리스 존슨 전 총리는 코로나 감염으로 상태가 위중했을 때 민간 의사에게 치료받지 않았다. 그럴 수 있었음에도 말이다. 대신에 그는 NHS가 운영하는 성 토머스 병원에서 NHS에 고용된 의료진의 치료를 받았다.

반면 다른 많은 정책은 납부 금액에 비례해 혜택을 제공한다. 미국 연금 시스템과 사회보장제도가 바로 이런 방식으로 작동한다. 미국인들이 최종적으로 받는 연금 수령액은 그들이 납부한 금액에 달렸다. 납부 기간만이 아니라 납부 금액도 중요하다. 그러므로 소득이 높은 사람이 더 많은 연금을 받는다. 유럽 대륙에 걸친 연금 시스템과 실업보험 역시 일반적으로 이런 방식으로 작동한다. 개인이 돌려받는 돈은 개인이 납입한 금액에 달렸다. 이런 경우 사회적 지출은 대단히 커 보이지만 그 최대 수혜자는 가난한 사람이 아니다. 많은 사회적 지출이 중산층 시민이 실직하거나 퇴직했을 때 그들의 높은 급여를 대체한다.

보편적이든 한정적이든, 관대하든 빈약하든, 획일적이든 비례적이든 간에 이런 정책과 관련해 우리가 생각해야 할 마지막 주제는 누가 연대의 자격이 있는지 없는지를 구분하는 기준이다. 수혜자는 시민 혹은 영주권자다. 이민자들은 때로 혜택을 받지만(일반적으로 교육과 납부한 연금) 때로는 받지 못한다(실업보험과 빈곤 지원). 그리고 해외로 이주한 국민도 때로는 고국으로부터 혜택을 받을 수 있지만(연금) 일반적으로는 받지 못한다. 하나의 국가 안에 다양한 집단이 존재할 때 연대를 형성하기란 쉽지 않다. 그리고 연대를 국경 너머로 확장하는 일은 더 어렵다.

연대의 역사

오늘날 우리는 말 그대로 국가가 국민을 요람에서 무덤까지 보살피는 세상에 살고 있다. 우리는 정부가 운영하는(혹은 보조금을 지원하는) 병원에서 공공 교육을 받은 산파와 의사의 도움을 받아 세상에 태어난다.

그리고 공적 자금으로 운영되는 학교에 혹은 그런 대학에 입학한다. 아플 때는 공적 자금으로 운영되는 병원에 가거나 국가가 규정한 질병 수당을 받으면서 집에서 쉰다. 일자리를 잃으면 공공 실업 급여나 장애 수당을 받는다. 그리고 퇴직하고 나서는 공적으로 운영되는 연금을 받는다.

이런 연대는 다른 누군가가 제공하는 것이 아니다. 바로 우리 자신이 이런 공공 서비스를 위해 돈을 낸다. 우리는 일반적인 소득세 그리고 판매세를 평생에 걸쳐 낸다. 국가는 그 돈을 가지고 공공 프로그램을 추진한다. 우리는 국가가 운영하는 보험에 돈을 납부하고, 사회보장번호로 자신의 계좌를 만든다. 우리는 모두 국가를 중심으로 형성된 연대의 기부자이자 수령자다. 우리는 더 많이 혹은 더 적게 납부하기를 원하지만 누구도 이런 연대로부터 완전히 벗어날 순 없다. 모두가 연대의 안전망에 포함되어 있다.

그러나 이런 모습은 비교적 최근에 나타났다. 당신이 17세기 유럽의 농부라고 상상해보자. 당신은 어릴 적부터 새를 쫓거나 돼지를 먹이거나 밀을 수확한다. 그리고 문맹인 상태로 성인이 되어 나이 들고 죽는다. 아프면 자연적으로 낫거나 죽음을 맞이한다. 농사가 망해서 가난해지면 먹고살 만큼의 식량을 교회로부터 원조받는다. 아니면 봉건제의 의무를 저버리고 기회를 찾아 다른 지역으로 떠난다. 혹은 강도질을 하며 살아갈 수도 있다. 운 좋게 발전하는 마을에 살고 있다면 장인 아래에서 견습생 생활을 할 수 있고, 가난하거나 일할 수 없는 상태라면 빈민 구호소에서 지낼 수도 있다. 가족이나 친구, 교회의 간헐적인 지원에 의존해 살아갈 수도 있다.

공공 연대 시스템이 폭넓게 자리 잡은 우리 사회는 몇 세대 전만 해도 상상할 수 없었던 생소한 세상이다. 출생과 어린 시절, 질병, 죽음과 같은 삶의 중요한 단계는 일반적으로 가족이나 교회가 보살펴야 했다. 물론 여러 가지 측면에서 지금도 마찬가지다. 정부는 그저 당신을 위에서 내려다볼 뿐이다. 19세기 말까지도 국가는 시민들의 복지를 책임지지 않았다. 그런데 어떻게 우리는 지금의 연대주의 국가에 이르게 됐을까? 그리고 연대를 유지하기 힘들다는 사실과 관련해 그 여정은 우리에게 어떤 이야기를 들려주는가?

연대의 덫은 사람들이 필요할 때만, 즉 자신이 핵심 수혜자라고 생각할 때만 연대를 찾기 때문에 발생한다. 근대 이전에 사회가 적대적인 민족이나 종교 집단으로 분열되어 있었을 때 연대를 형성하기란 대단히 힘들었다. 그리고 사람들이 평생 같은 장소에서 같은 일을 하면서 예측 가능한 삶을 살았을 때, 대부분이 나이 들어 타인의 도움이 필요한 나이까지 살 것으로 기대할 수 없었을 때 연대를 형성하기는 힘들었다. 게다가 어려운 시절에 연대를 유지하기 위해서는 사회나 국가가 많은 돈을 저축해둬야 했다. 19세기 이전에 국가의 공공 프로그램에 대한 수요는 거의 없었다. 게다가 이런 프로그램을 뒷받침할 경제력도 없었다.

그러나 상황이 조금씩 변하면서 연대는 범위를 넓혀나갔다. 서로 단절된 지역들이 아니라 정부가 나서면서 연대를 요구하는 국가 차원의 광범위한 '우리'가 탄생했다. 도시화와 산업화는 불안정한 일자리와 함께 복잡한 경제로 이어졌다. 근로자들은 사회적 보험을 요구하기 시작했다. 그리고 기대수명이 점차 길어지면서 노령 연금에 대한 요구가 높아졌다. 또한 경제가 성장하면서 사람들은 이런 프로그램을 위해 비용을 부담할 수 있는 경제력을 갖추게 됐다.

우리는 공공 연대의 형성을 현대 국가가 성장하는 정점으로 바라볼 수 있다. 그 과정에는 세 가지 주요 단계가 존재했다. 외부 확장과 내부 확장 그리고 연대주의 국가다.

외부 확장의 단계에서 국가는 다른 국가로부터 자신을 지키고 필요하다면 다른 국가를 공격하는 역량을 갖춰야 했다. 이와 관련해서 정치학 분야의 유명한 격인으로 찰스 틸리(Charles Tilly)의 "전쟁은 국가를 만들고 국가는 전쟁을 만든다"라는 말을 꼽을 수 있다. 국가는 전쟁을 위해 새로운 역량을 갖춰야 했다. 즉 징병제를 통해 국민에게 국방의 의무를 부여하고 전쟁 비용을 마련하기 위해 세금을 부과할 역량이 필요했다. 국가는 국민을 보호하지만, 이는 강제를 통해 가능했다. 국가가 관료제와 과세 범위를 확장했던 중세 시대에서 나폴레옹 전쟁에 이르기까지 국가는 전쟁에서 싸워 이겨야 했다. 연대는 원래 국가가 '우리'와 '그들'과 구분하는 과정에서 형성됐다.

다음으로 내부 확장의 단계는 국가가 순수한 군사적 필요성을 넘어서서 시민의 일상에 관여하기 시작하는 시기였다. 19세기 초부터 국가는 보호자에서 제공자로 바뀌었다. 국가는 질서(감옥과 치안), 지식(교육과 도서관), 건강(보호소와 백신)에 대한 책임을 떠안았다.

이 시대에 국가들이 전적으로 공익적인 차원에서 학교나 보호시설, 교도소 등을 지은 것은 아니었다. 국가는 자선단체가 아니었다. 그들은 일상적인 사회적 삶에 점차 개입하기 시작하면서 사회 질서를 구축해나갔다. 그리고 산업혁명이 가난한 농민들을 복잡한 도시 속으로 밀어 넣으면서 그 흐름은 더욱 빨라졌다. 범죄와 질병, 안전사고의 위험이 증가하면서 연대를 요구하는 목소리가 커졌다.

또한 그 과정에서 국가는 이런 통과의례를 관리했던 기존의 역할을 교회로부터 빼앗았다. 이제는 정부가 행동 규칙과 교육, 시민의 건강을 관리하는 주체가 됐다. 이는 통합된 단일 국가 형성에 힘이 됐다. 서로 다양한 방언을 쓰고 넓은 지역에 흩어져 살았던 주민들은 중앙집중적인 국가를 중심으로 뭉쳤다. 18세기 국가가 '우리'를 '그들'과 구분했다면, 19세기 국가는 도시화와 산업화 과제에 직면해서 시민을 하나로 뭉쳐야 했다. 즉 더욱 포괄적인 '우리'를 창조해야 했다.

내부 확장의 단계에서 국가는 연대 형성에 개입하기 시작했다. 학교는 아직 보편적인 시스템을 갖추지 못했지만, 경제적인 여력이 부족한 부모의 자녀들을 포함하는 방향으로 확장했다. 감옥과 치안 시스템은 국가의 무력을 더욱 강화하면서 동시에 시민들의 일상적인 삶을 더 평온하고 예측할 수 있게 만들었다.

그러나 이는 양날의 검이었다. 국가가 더 많은 것을 제공할수록 시민은 더 많은 것을 요구했다. 국가는 책임 범위를 조금씩 넓혀나갔다. 시민들이 현대적인 도시의 삶에서 공통의 위험에 처했을 때, 국가가 나서서 대중을 불확실성으로부터 보호해야 한다는 목소리가 높아졌다. 그리고 19세기 말에서 20세기 초에 이르기까지 부의 수준이 높아지면서 그런 요구를 실현하기 위한 재원이 마련됐다.

마지막으로, 연대주의 국가는 20세기로 접어들면서 모습을 드러냈다. 독일의 철혈 재상인 오토 폰 비스마르크가 공공 연금과 산재보험, 질병보험을 설립한 것은 대단히 중요한 사건이었다. 시민들이 위험을 걱정했다면, 독일은 무질서를 바로잡고 몇십 년에 걸쳐 형성된 국가를 하나로 통합하는 과제를 걱정했다. 연대가 항상 자선에 관한 것은 아니었다. 여기서 연대는 독일이라는 국가를 정의하는 것이었다.

이와 비슷한 시스템이 유럽과 그 너머에 걸쳐 등장하기 시작했다. 영국의 경우 자유당 정부가 1906년에 노령 연금에서 질병 수당과 치료 보조금 그리고 실업 사무소와 실업보험에 이르기까지 다양한 연대주의 프로그램을 내놨다. 마찬가지로 미국에서는 대공황과 프랭클린 루스벨트 시절을 거치면서 국가의 활동 범위를 사회보장법을 기반으로 연대주의 사업까지 확장했다. 사회보장법은 다시 한번 연금과 실업 시스템의 근간이 됐다.

지금까지 여정에서 한 가지 중요한 연대의 영역이 빠졌다. 19세기에 걸쳐 각국 정부는 보호시설을 짓고 산파를 훈련했지만 의료 분야는 독립적인 형태로 남았다. 오늘날 우리가 알고 있는 형태의 병원은 질병의 원인을 새로운 시각으로 바라본 '세균병원설(germ theory)'에 따라 병원 내 살균 환경의 중요성에 주목했던 20세기 초가 되어서야 등장했다. 국가 대부분이 병원을 계속해서 지었고, 제2차 세계대전 이후에는 정부가 관리하는 의료 서비스 및 보험 정책을 내놨다. 영국은 1948년에 국민의료서비스를 설립했다. 미국은 1965년에 메디케어와 메디케이드를 설립했다(불완전한 형태이기는 하지만). 정부의 역할이 의료 분야로 넓어졌다는 것은 연대주의 국가를 향한 흐름이 정점에 이르렀다는 사실을 말해준다.

연대주의 국가를 향한 마지막 단계에서 우리가 공통으로 확인할 수 있는 사실은 인구 전반이 충격을 겪고 난 이후에 그 단계가 시작됐다는 점이다. 대공황이 발발하면서 사람들은 널리 확산된 새로운 위험에 노출됐다. 1933년 미국 사회의 실업률이 25퍼센트까지 치솟으면서 누구도 실직의 위험에서 벗어나지 못했다. 이후 두 차례의 세계대전은 국가적 정체성을 강화했고 서로 다른 지역과 계층, 민족과 시민을 하나로 뭉치게 했다. 각국 정부는 전쟁 물자를 마련하기 위해 소득세와 법인세를 만들고 강화해나갔다. 그리고 평화의 시대가 찾아왔을 때 각국의 재정 기관들은 연대를 강화하는 사업에 예산을 집중적으로 편성했다.

그렇게 국가들은 연대의 덫에서 벗어났다. 그 이유는 누구도 피할 수 없는 거대한 경제적 충격 그리고 전쟁이 빚어낸 애국심 덕분에 연대를 향한 시민들의 태도가 더욱 적극적으로 바뀌었기 때문이다. 오늘날 연대주의 국가는 두 차례의 세계대전과 대공황을 겪고 나서 모습을 드러냈다. 20세기로 넘어갈 무렵 사회복지를 위한 정부 지출은 일반적으로 국민소득의 1~2퍼센트에 불과했다. 그러나 제2차 세계대전이 끝날 무렵 그 수치는 두 자리에 이르렀다. 1960년대에 걸쳐 대부분의 부유한 국가에서는 사회복지 지출 규모가 국민소득의 5분의 1 수준으로 가파르게 성장했다.

20세기 동안 연대주의 국가가 그렇게 빠른 속도로 확산했던 이유는 무엇일까? 정부가 가난한 이들을 돕는 일에 뛰어들었던 이유는 바로 그 가난한 이들이 정부를 구성하는 일에 뛰어들었기 때문이었다. 서구 국가 대부분이 제1차 세계대전 전까지는 남성들에게도 완전한 선거권을 주지 않았다. 여성에게 투표권을 부여한 국가는 거의 없었다. 또한 19세기에는 많은 국가가 노동조합을 금지하거나 억압했다.

인구 전반이 투표하고 노동조합을 조직할 권리를 얻게 되면서, 민주주의 사회의 대중은 연대에 눈길을 돌리기 시작했다. 이 말은 오늘날 복지 국가는 다분히 정치적으로 이뤄졌다는 뜻이다. 복지 국가란 본질적으로 가난한 시민을 시장의 횡포, 실업과 질병, 노화로부터 보호하기 위해 부유한 시민에게 세금을 걷는 국가를 말한다.

독일에서 영국과 미국에 이르기까지 초기 복지 국가들은 노동 시장에서 일시적으로 혹은 영구적으로 쫓겨난 이들에게 돈을 주는 일을 했다. 이런 사업은 사적으로 조직한 '조합'이 때로 발생하는 불행에는 도움이 되지만, 경기의 변덕으로 엄청난 규모의 근로자가 실직했을 때는 현실적으로 의미가 없다는 사실을 이해한 노동조합의 지지를 받았다. 이런 위험을 막기 위한 보험인 사회보장제도를 실행할 정도로 규모가 큰 조직은 정부밖에 없었다.

20세기 말 부유한 국가들은 모두 사회보장에 많은 예산을 썼지만, 놀랍게도 사회보장의 정치는 다양한 모습을 보였다. 영국의 실업보험과 같은 일부 사례에서 관대한 진보 정당들은 '도움을 받을 자격이 있는 가난한 사람'을 대상으로 하는 복지 정책을 내놨다. 이런 경우 정책의 범위는 제한적이었고 그 대상은 재산과 소득을 기준으로 결정됐다. 이는 보편적인 사회보장과는 상반된 '안전망'이었다. 정책의 의도는 분명히 선한 것이었지만, 정작 비용을 부담하는 부유한 시민들은 아무런 혜택을 받지 못했기 때문에 정치적으로 대단히 취약했다.

반면 스웨덴과 덴마크에서는 사회민주 정당들이 광범위한 노동 계층을 포함하는, 그래서 결과적으로 더 높은 세금에 의존하는 대규모 사회보장제도를 만들었다. 이들 정당은 보편적 시스템을 구축하기 위해 농부들의 편에 선 정당과 함께 손을 잡는 이른바 '적-녹' 연합을 형성했다. 보편주의는 중산층을 복지 정책으로 끌어들이기 위한 효과적인 방안이었다. 중산층 역시 혜택을 받을 수 있었기 때문이다.

그래도 가장 놀라운 사례는 앞서 소개했듯이 19세기 말에 오토 폰 비스마르크가 내놓은 독일의 복지 정책일 것이다. 사회학자들은 지금도 유럽 대륙의 많은 복지 정책을 '비스마르크적'이라고 부른다. 그 철혈 재상은 왜 독일인들의 실업보험과 질병보험을 추진했던 걸까? 비스마르크가 보기에 그런 정책은 근로자를 사회주의 위협으로부터 지키고, 독일 제국을 지지하도록 만드는 방안이었다. 이 시스템은 본질적으로 보수적인 형태로 설계됐다. 소득에 비례해 혜택을 제공했기 때문에 더 부유한 사람이 더 높은 수준의 사회보장 서비스를 받았다. 이런 특성은 오늘날 독일의 복지 정책에도 그대로 남아 있다.

산업화 세상에 걸쳐 아주 다양한 모습을 드러내고 있는 연대는 각국이 한 세기에 걸쳐 걸어온 정치적 궤적의 산물이다. 물론 복지 국가란 무엇인지, 누가 복지 국가를 유지하기 위한 비용을 지불할 것인지는 모든 나라에서 여전히 치열한 논쟁 주제로 남았다. 그 이유는 특히 연대의 덫이라고 하는 딜레마 때문이다. 이제 그 덫이 어떻게 작동하는지, 우리는 무엇을 할 수 있는지 살펴보도록 하자.

11장

연대의 덫

서로에게 관심을 기울이는 게 왜 그리 힘든 일일까? 오늘날 정치적 양극화의 상당 부분은 서로에 대한 노력에 관한 것이다. 정당들은 연대의 가치를 내세우지만 어떻게 연대를 형성할 것인가에 관해서는 저마다 다양한 철학을 드러낸다. 가족과 교회, 공동체에 의한 연대? 아니면 국가에 의한 연대? 최후의 수단으로서 최소한의 규모로? 아니면 모든 시민이 누려야 할 보편적인 사회적 권리로? 우리가 특정한 유형의 연대에 동의한다고 해도 누가 그 혜택을 받을 것인지, 연대를 위해 정말로 비용을 지불하고 싶어 하는지는 생각이 다를 수 있다. 우리가 서로에게 관심을 기울이면 즉각 연대의 덫에 걸려들기 때문에, 즉 '우리는 필요할 때만 연대를 찾기 때문에' 정치는 실패한다.

중요한 문제는 우리는 삶의 전체 이야기를 미리 알 수 없다는 것이다. 우리는 언제 어려움에 부딪힐지 모른다(직장에서든, 다른 어떤 곳에서든). 그리고 언제 공공의 지원이 필요해질지 모른다. 그럼에도 많은 사람은 낙관주의 편향(optimism bias) 때문에 자신은 도움이 필요하지 않을 것이라고 상상한다. 하지만 우리 대부분은 언젠가 도움이 필요해진다. 그리고 삶 전반에 걸쳐 순수한 기여자가 될 것인지, 즉 연대를 통한 도움의 '제공자'가 될지, '수령자'가 될지는 알 수 없다. 우리는 항상 나쁜 일이 실제로 벌어지고 나서야 보험에 가입하려고 한다. 날씨가 좋을 때 지붕을 고치도록 사람들을 설득하기는 쉽지 않다.

연대의 경계는 또 다른 딜레마다. 모두가 똑같은 '우리'를 생각하지 않는다. 민족적, 종교적, 언어적, 국가적 차이는 연대를 바라보는 사람들의 시야를 크게 제한한다. 그럴 때 '다른 집단'에 대한 적대감은 사람들이 이들 집단에 직접적인 혜택을 주는 정책을 지지하지 않도록 만든다.

마지막으로, 많은 연대주의적 정책은 만들기도, 실행하기도 어렵다. 근본적으로 동료 시민에 관한 정보가 부족하기 때문이다. 전지전능해 보이는 국가조차 사람들이 저마다 어느 정도로 위험한지(예를 들면 실직의 차원에서) 이해하지 못한다. 게다가 연대를 통한 혜택의 대상이 되는 사람들은 움직이는 과녁이다. 사람들은 개인적으로 혜택을 얻기 위해 정책에 반응한다. 그래서 연대주의 정책의 바로 그 목표를 완전히 바꿔버리기도 한다. 이제 연대의 덫이라고 하는 불편한 개념에 대해 들여다보도록 하자.

우리는 '언제' 연대를 찾는가?

연대의 덫과 관련해 가장 중요한 딜레마는 미래에 대한 불확실성이다. 삶이 순조롭게 흘러갈 때, 우리는 연대로부터 도움을 받아야 할 '다른 사람들'이 어둠 속에 존재한다는 사실을 잊는다. 하지만 미래의 당신은 직장을 잃어버릴 수 있다. 미래의 당신은 아프거나 암에 걸릴 수 있다. 미래의 당신은 운명의 장난에서 자신을 지킬 수 없을지 모른다. 그렇다면 누가 미래의 당신을 보살필 것인가? 지금의 당신이 보살필 것인가?

요람에서 무덤에 이르는 삶의 여정을 완전히 알 수 있다면, 즉 인생의 매 단계에서 얼마나 벌고 얼마가 필요할지 알 수 있다면 우리는 삶 전반에 걸쳐 지출과 저축 사이에 균형을 잡을 수 있다. 다시 말해서 힘든 시절에 고통을 덜기 위해 행복한 시절에 미리 저축하는 '자가보험'에 들 수 있다. 그러면 나쁜 시절은 좀 덜 나빠지겠지만, 좋은 시절은 그만큼 덜 좋을 것이다. 좀 재미없겠지만 그래도 이것이 합리적인 방식이다.

하지만 우리는 내일 우리가 건강하고 활력이 넘칠 것인지, 아니면 아파서 비틀댈 것인지 알지 못한다. 그래서 스스로 완벽하게 만족할 정도로 저축과 지출의 균형을 정확하게 맞추는 것은 불가능하다. 삶이 어떻게 흘러갈 것인지 분명하게 알 수 없기 때문에 우리는 완벽한 자가보험으로부터 멀어진다.

첫째, 미래에 더 부유해진다고 해도 지금 그 부에 접근할 수 없을 때가 있다. 젊을 때 돈을 빌려서 나이 들었을 때 갚을 수 있다면 이 문제는 해결된다. 그러나 그러려면 자신에게 돈을 빌려줄 누군가를 찾아야 한다. 미래의 당신이 얼마나 많은 부를 벌어들일 것인지 말해주는 인생의 책이 없는 상태에서, 오늘의 가난한 당신이 은행에 돈을 빌려달라고 설득하기는 힘들다.

이는 신용 제약의 문제를 의미한다. 어떤 이유로 은행이 당신에게 돈을 빌려주지 않는다면 비록 미래에 상환할 능력이 생긴다고 해도 원대한 꿈은 의미가 없다. 대단히 비생산적인 상황이다. 돈을 빌려서 투자할 수 없다면 우리 모두 더 가난해질 것이다. 그러나 은행의 관점으로 보면 그 이유를 충분히 이해할 수 있다.

복지 국가들은 다양한 연대주의 정책을 통해 이런 신용 제약의 문제를 해결하고자 한다. 가장 대표적인 사례는 고등 교육이다. '투자에 대한 수익'이 적어도 10년 뒤에 발생하는 교육에 은행은 돈을 빌려주려 하지 않을 것이다. 은행은 교육을 담보로 잡을 수 없다. 이런 상황에서 우리는 진퇴양난의 상황에 빠진다. 그래서 부유한 국가들은 학자금 융자를 지원한다. 또한 주간 보호와 직업 훈련, 육아 휴직 정책, 심지어 주택 보증금에 이르기까지 다양한 공공 정책 역시 이와 비슷한 원칙을 따른다. 여기서 정부는 지금 당장 경제력이 없는 사람들을 위해 대출 서비스나 투자에 개입한다.

둘째, 재앙적인 위기가 닥칠 수 있다. 신용 제약이 힘든 지금과 좋은 미래를 연결 짓지 못해서 발생하는 문제라면, 재앙적인 위기는 정반대의 문제다. 지금이 좋다면 미래도 좋을 것이다. 그런데 만약 그게 아니라면? 미래의 상황이 나빠진다면? 너무 심각해서 혼자 힘으로 저축하거나 준비할 수 없다면?

우리의 삶을 바꾸는 질병이나 영구적 실업, 극도의 빈곤은 혼자서 해결하기 힘든 문제다. 장기적인 암 치료나 수년간의 실직 상태를 버티기 위해 돈을 쌓아놓고 있는 사람은 소수의 부자밖에 없다. 대부분은 그럴 수 없다. 그래서 우리는 아무런 지원이 없다면 그 고통을 고스란히 겪을 수밖에 없다. 그런데 주택 화재와 같은 재앙에 대비해 보험에 가입하듯이 인생의 재앙에 대비해서도 보험에 가입하면 되지 않을까?

문제는 이런 위험은 민간 시장의 보험으로 해결할 수 없다는 것이다. 그 이유는 역선택과 도덕적 해이 때문이다. 역선택이란 위험이 큰 사람일수록 보험에 더 적극적으로 가입하려 한다는 것이다. 보험사는 위험이 큰 사람이 누구인지 알지 못하면(사실 보험사는 어떻게든 알아내려고 시도한다) 그런 사람만 받아들이게 될 것이다. 그렇게 되면 다양한 위험들을 하나로 모으는 방안으로서 보험의 가치가 힘을 잃는다.

도덕적 해이는 사람들이 보험에 가입하고 나면 위험하게 행동하기 시작한다는 사실을 의미한다. 가령 내가 당신에게 영구적인 실업보험을 제공하겠다고 약속한다면 당신은 아마도 이렇게 생각할 것이다. '좋아. 이제 슈퍼모델이나 배우, 스턴트맨처럼 항상 꿈꿔왔던 위험한 일에 도전할 때가 됐군.' 그러면 나는 당장 그 약속을 철회할 것이다.

민간 시장에서 보험 가입이 불가능할 때는 국가가 개입한다. 미국의 의료보험제도는 많은 결함에도 불구하고 코로나가 한창일 때 의료보험에 가입하지 않은 많은 이에게 코로나 치료에 대한 보장을 제공했다. 몇몇 부유한 국가는 보장 수준은 다양하지만 특정한 형태의 실업보험이나 장애보험을 통해 실직으로 극단적인 빈곤에 직면한 사람들에게 보장을 제공한다. 이런 국가 지원이 없을 때 어떤 일이 벌어질 것인지 생각해보자. 취직도 힘들고 정부 지원조차 받을 자격이 안 되는, 그래서 친구 집 소파와 교회의 무료 급식소를 전전하는 불법 이민자의 경우를 상상해보자.

우리 모두가 좋은 시절과 나쁜 시절에 직면하게 된다는 사실을 생각하면, 사람들은 불행이 닥쳤을 때 자신을 지켜줄 안정적인 정책을 제시하는 정치인에게 투표해야 한다. 하지만 사람들은 항상 그렇게 행동하지는 않는다. 그 이유는 불행한 내일의 나는 오늘은 존재하지 않으며, 어쩌면 영원히 존재하지 않을 수도 있기 때문이다. 또한 과거의 불행한 나를 위해서는 아무것도 할 수 없기 때문이다.

상황이 좋을 때 우리는 나쁜 시절이 찾아오지 않거나, 적어도 자신에게 오지는 않을 것으로 생각하면서 최대한 세금을 적게 내길 바란다. 그러나 이렇게 재앙적인 위기나 그 비용을 과소평가하는 '낙관주의 편향' 때문에 우리는 어려움을 겪는다. 당신이 지금 세금을 많이 내고 있다면 이미 많은 돈을 벌었고, 그래서 신용 제한을 걱정할 필요가 없을 것이다. 많은 경우에 지금의 행운은 과거의 불운을 이긴다. 그래서 상황이 좋을 때 사람들은 세금이 영구적으로 가난하고 무능하고 자격 없는 이들을 대상으로 한 복지로 흘러가다고 생각한다.

좋은 시절을 누리고 있을 때 곳곳에 널린 연대의 덫은 우리를 유혹한다. 부유한 납세자는 공공 연대를 뒷받침하는 세금과 지원 시스템에서 자신은 항상 소외되어 있다고 느낀다. 그러나 놀랍게도 그건 사실이 아니다. 적어도 대부분에게는 그렇다. 런던정치경제대학교 교수인 존 힐스(John Hills)가 지적했듯이 '우리'와 '그들'은 사실상 존재하지 않는다. 다만 과거의 '우리'와 미래의 '우리'만이 존재할 뿐이다.

힐스는 영국의 복지 시스템을 자세히 들여다봤다. 보편적인 의료보험제도를 제외하고, 영국의 공적 지출 규모는 공공 연금 및 실업보험과 더불어 낮은 수준에 머물러 있다. 게다가 영국 정부의 다양한 공공정책은 '소득과 재산을 기준으로 삼는다'. 다시 말해 가난한 시민들만을 대상으로 한다. 부유한 50대 영국인이 보기에 자국의 복지 정책은 자신과 같은 사람에게는 아무런 도움이 되지 않는다. 실제로 그는 지금의 시스템에서 많은 혜택을 받지 못할 것이다.

그러나 인생 전반에 걸쳐 오늘의 진실이 내일의 거짓이 될 수 있다. 세금과 지출에 관한 데이터는 오늘의 부자가 많은 세금을 내고, 오늘의 가난한 자가 공적 지출에서 많은 혜택을 받는다는 사실을 말해준다. 그러나 이는 오해를 불러일으킬 수 있다. 사실 극소수의 부자를 제외하고 대부분이 전반적으로 낸 만큼 돌려받는다.

여기에는 몇 가지 이유가 있다. 첫째, 지금 부유하다고 해도 퇴직하고 나면 가난해질 것이다. 그때가 되면 사람들은 연금만이 아니라 더욱 인상된 의료보험료를 감당하기 위해 국가에 더 의존할 것이다. 둘째, 지금 부유한 많은 사람은 어릴 적 자유로운 공교육으로부터 많은 도움을 받았다. 특히 X 세대를 비롯해 그 위 세대는 자유로운 대학 교육으로부터도 많은 혜택을 받았다(그들은 어쩌면 자녀를 바라보며 한숨을 내쉴지 모른다). 셋째, 일부 혜택은 소득(휴가 수당과 육아 휴직 수당)이나 근무 연수(연금)에 비례한다. 대부분 사람은 이중적인 삶을 산다. 때로는 제공자로서, 때로는 수혜자로서 말이다. 그러나 투표할 때가 되면 그 사실을 종종 잊어버린다.

정부 역시 우리와 비슷한 딜레마에 직면한다는 사실은 연대의 덫을 더 고착화한다. 지속 가능한 연금 시스템이나 효과적인 공교육과 인프라를 개발하는 과정에서도 현재와 미래 사이의 교환이 발생한다. 정치인들은 시스템 개혁을 위해 지금 당장 세금을 거둬야 하지만 그에 따른 성과는 미래에 나타난다. 그때는 그 정치인이 자리에서 물러났을 수도 있다. 이상적인 세상에서 정부는 국가의 좋은 시절에 희생한다. 그리고 그 희생은 국가의 힘든 시절에 빛을 발휘한다. 하지만 집권 정당은 세금을 거두는 부담만 떠안고 정책에 따른 미래의 결실은 경쟁 정당의 공으로 돌아갈지 모른다고 걱정할 것이다.

이 사실을 고려할 때 우리는 왜 장기적인 공공 투자가 힘든지 이해할 수 있다. 게다가 극단적인 정치적 양극화로 민주주의의 덫까지 모습을 드러낸다면, 장기적인 연대주의 정책을 수립하는 과제는 더욱 힘들어진다.

대가를 지금 지불하고 이익을 미래로 미루는 정부의 결단이 얼마나 힘든지를 보여주는 대표적인 사례로, 미국이 뉴딜 정책을 실행하는 동안에 구축한 공공 연금 시스템인 사회보장기여금(Social security contribution)을 꼽을 수 있다. 1935년에 처음 통과된 이 법안은 1937년에 개인 납세자와 기업을 대상으로 가입을 의무화했다. 그리고 1942년까지는 연금을 전혀 지급하지 않았다. 당시 연금 수당은 최소한으로 지급되고 1980년대에 들어서야 최고치로 높아지는 방식으로 설계됐다.

그 이유는 거대한 보유고를 마련함으로써 나중에 인구의 기대수명이 높아져도 프로그램이 자체적으로 지속되도록 만들기 위해서였다. 또한 그 프로그램을 설계한 이들은 남북전쟁 연금처럼 정치인들이 선거 승리를 위해 그 정책을 활용하지 못하도록 막았다. 이는 중요한 노력이었다. 그런데 이들 설계자는 유권자들이 연금을 받기 전 5년 동안 보험료를 내야 한다는 사실을, 선거 승리를 원했던 프랭클린 델러노 루스벨트 대통령에게 어떻게 설명하고 설득할 수 있었을까?

루스벨트는 자신의 인기를 기반으로 민주당이 상원과 하원 모두에서 압도적 과반을 차지한 상황을 충분히 활용했다. 그의 정치적 입지는 안정적이었고 선거에서 패할 위험은 낮았다. 그리고 새로운 연금 시스템에 대한 보험료 납부는 1936년에 있을 대선 이후에 시작될 것이었다. 하지만 이처럼 정치적으로 안전한 상황에서도 프로그램은 지속되지 못했다.

1937년 경기 침체 이후 뉴딜 정책에 격렬하게 반대했던 공화당은 1938년 중간 선거에서 좋은 성과를 얻었다. 더 높은 보험료 납부 시기는 1939년으로 미뤄졌고 연금 지급은 2년 더 앞당겨졌다. 즉 비용은 연기됐고 지급은 급박해졌다. 여기서 우리는 장기적 투자에 대한 정치적 약속이 얼마나 위태로운지 확인할 수 있다. 정치적 상황이 바뀌면 약속도 바뀐다.

그래도 사회보장제도 연금이 처음으로 지급됐을 때 그리고 이 정책에 따른 정치적 이득이 모습을 드러냈을 때 민주당은 여전히 집권하고 있었다. 사회보장제도는 민주당 선거 공약의 중요한 부분이 됐고, 이후 1950년대에 공화당 대통령인 드와이트 아이젠하워는 그 정책을 전반적으로 이어받았다.

그러나 다른 투자 정책들은 이를 도입한 정당이 수십 년 뒤 권력을 내주고 난 후에야 열매를 맺었다. 가령 토니 블레어가 이끄는 영국 노동당 정부는 2001년 총선 공약으로 '베이비 채권(baby bonds)'이라는 정책을 내놨다. 여기서 모든 아기는 출생 시 250파운드에 이르는 바우처를 받고, 7세에 다시 한번 받는다. 그리고 18세가 되면 바우처를 사용할 수 있다. 또한 저소득층 자녀는 그 두 배의 금액을 받는다. 베이비 채권의 목적은 부의 불평등을 완화하고, 신용이 제한된 젊은이들에게 자원을 제공해서 저축과 투자의 장점을 그들에게 소개하는 것이다.

아주 좋은 의도였다. 그러나 정책은 2005년까지 미뤄졌고, 2010년에 노동당으로부터 권력을 빼앗은 보수-자유 진영의 후계자들은 정책을 즉각 중단했다. 베이비 채권의 첫 수령자가 18세가 되어 자신의 계좌를 열어볼 수 있게 된 것은 2020년이었다. 그때 영국은 토니 블레어 이후로 네 번째 총리를 맞이한 상황이었다. 정책은 지지를 얻었지만 정치적으로 위태로웠다. 결국 정권 변화에서 살아남지 못했고, 그 정책을 도입한 정당은 스스로 공을 주장할 수 없었다.

우리와 마찬가지로 정치인들 역시 현재와 미래 사이에서 균형을 잘 잡지 못한다. 그리고 민주주의 덫에 관한 다양한 도전 과제를 고려할 때 정치인들 역시 연대의 덫에 쉽게 걸려든다. 현재와 미래를 조율하는 방법을 깨닫지 못하면 정치는 실패한다.

우리가 연대하려는 사람은 '누구'인가?

'복지의 여왕(welfare queen)'은 정부 지출의 규모를 둘러싼 미국 사회의 논쟁에서 가장 악명 높은 인종차별적 표현이었다. 1970년대 중반에 로널드 레이건은 공화당 대선 후보로 등장했을 때(처음에는 존재감이 없다가 서서히 인기를 끌어모았다) 23번이나 부당한 방식으로 복지 급여를 받아냈던 사기꾼 린다 테일러(Linda Taylor)의 사례에 주목했다. 레이건은 그 사례를 사기를 치거나 힘들게 일하지 않고 미국 정부의 관대함을 악용해 타인의 도움으로 살아가는 많은 엄마의 전반적인 '문화'를 드러내는 상징으로 봤다. 레이건은 이름이나 인종 등 테일러의 개인 정보를 직접 언급하지는 않았지만(테일러는 자신을 흑인이나 히스패닉 혹은 유대인이라고 불렀다) '복지의 여왕'은 아프리카계 미국인 여성을 지칭하는 표현으로 사용됐다. 그리고 '복지'라는 용어는 점차 인종차별적인 의미를 담게 됐다.

수십 년에 걸쳐 미국 정치학자들은 미국 유권자들이 국가의 복지 시스템을 인종차별적인 시각으로 바라본다는 사실을 확인했다. '복지'라는 말은 서대한 복지 국가 안에서 특성한 십난, 즉 가난하고 실직한 가구 집단에 대한 지원을 의미하게 됐다.

초기에는 민주당이 연대를 새롭게 형성하기 위해 뉴딜 정책을 기반으로 설립했던 AFDC(Aid to Families with Dependent Children, 부양가족아동부조) 시스템이 사회보장제도를 이끌었다. 그러나 마찬가지로 민주당 인사인 빌 클린턴 대통령이 "우리가 알고 있던 복지를 끝내겠다"라고 약속한 뒤 1997년에 지금의 TANF(Temporary Aid to Needy Families, 빈곤가구임시지원)가 AFDC를 대체하게 됐다. 그렇다면 60년의 세월 동안 '복지'는 어떻게 민주당의 핵심 의제에서 인기 없는 정책으로 전락했던 것일까?

미국의 정치학자 마틴 길렌스(Martin Gilens)는 1950년대와 1960년대에 "가난이 검게 변하면서" 복지가 비난받게 됐다고 말했다. 그는 명백한 역설을 지적했다. 미국의 흑인 중에서 가난한 사람의 비중이 1950년대 말에서 1990년대 초까지 3분의 1 수준을 꾸준히 유지했다는 것이었다. 그런데도 미국 사회에서 빈곤을 다룬 언론 기사의 정서는 크게 바뀌었다. 이런 기사에 실린 사진에서 가난한 흑인이 등장한 경우는 1950년대에 20퍼센트 미만에서 1970년대 중반에 70퍼센트로 크게 늘어났다. 그리고 빈곤을 다룬 기사에서 흑인이 등장한 비중은 실제 비중의 두 배였다.

그런데 미국 언론이 빈곤과 관련해서 노골적으로 인종차별적인 태도를 보였던 이유는 무엇일까? 첫째, 20세기 중반에 아프리카계 미국인들이 남부 시골 지역을 떠나 산업화가 진행되던 북부와 중서부 지역으로 넘어가는 대이동이 일어났다. 그렇게 흑인들이 미시시피 델타의 공동경작지를 떠나 동부 해안가의 주요 도시나 5대호 지역으로 이동하면서 백인 미국인들은 더 이상 흑인의 빈곤 문제를 외면할 수 없게 됐다.

둘째, 시민권 운동이 등장하면서 인종차별과 억압을 둘러싸고 오랫동안 이어진 미국 사회의 분열이 시작됐다. 이런 사회적 흐름은 분리주의자인 조지 월리스(George Wallace)가 대권에 도전하고 마틴 루터 킹이 암살당하면서 정점을 찍었다.

셋째, 아프리카계 미국인들은 1950년대 이후 정부가 제공하는 복지 혜택을 더 많이 누렸다. 그러나 그 이유는 그들이 더 가난하거나 정부에 더 의존했기 때문은 아니었다. AFDC가 처음에 설립됐을 때 국가가 직접 관리했기 때문이었다. 당시 분리주의를 지지했던 남부 주들은 자격 있는 아프리카계 미국인에게 복지 혜택을 주지 않았다. 1960년대에 미 연방정부는 모든 주 정부의 복지 수준을 통일하는 방식으로 더 많은 주와 더 많은 아프리카계 미국인을 AFDC로 끌어들이고자 했다.

이런 세 가지 요소(근접성과 정치 그리고 정책)는 정부의 규모와 역할에 관한 논쟁의 한가운데에 여전히 자리 잡고 있다. 연대는 본질적으로 다른 사람에 대한 지원을 말한다. 그런데 사람들이 서로를 평등하게 바라보지 않으면 무슨 일이 벌어질까? 그리고 다수 집단이 소수 집단에 낙인을 찍는다면? 그럴 때 집단 외부의 사람은 그들과는 '다른 사람'이 된다.

오늘날 미국 정치가 백인과 흑인 간 분열을 중심으로 이뤄지는 가운데 히스패닉과 아시아계 집단의 중요성도 점점 커지고 있다. 그러나 집단의 분열이 항상 인종을 기준으로 나타나는 것은 아니다. 때로는 종교가 기준이 된다. 가령 북아일랜드의 정치는 전통적으로 다수인 프로테스탄트와 소수인 가톨릭 사이의 긴장에 근간을 두고 있다. 때로는 언어가 중요한 기준으로 떠오른다. 스위스 정치에서는 프랑스어와 독일어, 이탈리아어가 분열의 중요한 구심점이다. 또한 민족도 중요하다. 튀르키예의 경우 투르크족과 쿠르드족 사이에 분열이 존재한다.

인종 갈등은 단지 피부색만이 아니라 사람이 태어날 때(인종과 민족) 혹은 어린 시절(언어와 종교)에 부여받는 특성을 기준으로 나타난다. 정치학자들은 인종적 다양성이 연대에 미치는 영향에 관한 연구를 통해 인종적 다양성이 타인에게 도움을 주려는 사람들의 의지에 영향을 미친다는 사실을 확인했다.

왜 인종적 다양성은 연대주의적 지원을 가로막는가? 한 가지 원인은 의사소통의 문제다. 언어가 다를 때 이웃을 이해하고 신뢰하기는 힘들다. 또한 나쁜 행동을 단속하기도 더 힘들다. 하나의 인종 내에 존재하는 여러 집단은 속임수와 사기를 쓰지 못하도록 서로 견제할 수 있다. 그러나 다양한 인종 집단이 있을 때 이런 견제는 더욱 힘들다. 한 가지 사례로, 케냐에서 초등학교의 공공 기금 모금은 하나의 민족으로 구성된 공동체에서 더 쉽게 이뤄진다. 이런 공동체에서 집단의 이익에 기여하지 않은 구성원은 수치심을 느끼기 때문에 연대와 결속이 더 쉽게 이뤄진다.

이제 집단 내부의 행동에서 외부 민족 집단에 대한 태도로 시선을 돌려보자. 민족적 다양성이 연대를 약화하는 한 가지 간단한 이유는 민족 집단끼리 서로 싫어하기 때문이다. 그들은 서로를 동일한 공적 지출을 차지하려는 경쟁자로 인식한다. 또한 자신이 연대의 혜택을 받는 것과는 무관하게 '다른' 집단이 그 혜택을 받는 것을 대단히 싫어한다.

특히 민족 집단들이 부에서 큰 차이를 보일 때 외부 집단에 대한 반감은 더욱 증폭된다. 정치학자들은 민족적 다양성뿐만 아니라 민족 집단 간 소득 격차를 기반으로 연대의 수준을 예측할 수 있다는 사실을 확인했다. 부유한 다수 민족과 가난한 소수 민족이 함께 살 경우 공적 지출을 가난한 자들에게 집중하는 방식의 연대는 쉽게 허물어진다. 그 이유는 돈이 계층의 경계와 함께 민족의 경계까지 넘어야 하기 때문이다. 이런 모습은 남미 지역 국가들에서 가장 뚜렷하게 드러난다. 이 지역에서 계층은 인종을 중심으로 형성되어 있다. 반면 에스토니아와 스위스처럼 사회가 다양한 민족으로 구성되어 있지만 각각의 민족 집단이 비슷한 부의 수준을 보이는 곳에서는 공적 지출의 수준이 낮다는 증거를 찾아보기 힘들다.

연대를 둘러싼 민족 간 긴장은 돈이 아니라 형태의 차원에서 연대를 들여다볼 때 더 두드러지게 나타난다. 공공 주택이나 공교육, 공공 병원 시스템은 공급 측면에서 제한적이다. 그래서 새로운 수혜자 집단이 등장하면 긴장이 발생한다. 여기서 새롭게 등장한 집단이 이민자나 특정 민족일 때 정치학자들이 말하는 '복지 배척주의(welfare chauvinism)'가 모습을 드러낸다. 즉 사람들은 연대를 원하지만 다른 사람들이 아닌 그들만을 위한 연대를 고집한다.

그 좋은 사례는 공공 주택이다. 2003년에 EU는 외부에서 온 이민자들을 공공 시비스에서 배제하지 않겠다고 선언했다. 그리자 공공 주택 경쟁률이 대단히 높은 오스트리아에서 정치적으로 큰 반발이 일었다. 법률이 개정되면서 오스트리아로 들어온 이민자들은 갑작스럽게 공공 주택 대상자가 됐다.

빈 소재 가구의 절반 정도가 공공 주택에 거주한다는 점에서 공공 주택은 중산층도 누릴 수 있는 혜택이다. 그런데 정부가 지원하는 주택에 들어갈 수 있을 것으로 기대했던 사람들은 갑자기 새로운 경쟁 상대와 인상된 임대료를 마주했다. 이런 상황은 정치적으로 영향을 미쳤다. 공공 주택 비중이 매우 높은 빈 지역에서 극우파의 지지율은 5퍼센트포인트 더 높아졌다.

민족적 다양성과 공적 지출에 관한 이런 현상은 많은 사람 혹은 대부분이 인종차별주의자라는 사실을 말해주는가? 꼭 그렇지는 않다. 미국의 경제학자 토머스 셸링(Thomas Schelling)은 인종차별이 별로 없는 사회에서도 민족 간 분리주의가 나타날 수 있다는 사실을 확인했다. 그가 제시한 모형에서 사람들은 소수 민족으로 살아가는 데 거부감이 없지만, 자신이 속한 민족의 비중이 6분의 1 미만인 지역에서는 살지 않으려고 한다. 사람들이 자유롭게 이동할 수 있을 때, 소수 민족으로서 살아가고 싶어 하지 않는 이런 성향은 뚜렷한 분리주의로 쉽게 이어질 수 있다.

그 이유는 무엇일까? 한 사람(어떤 마을에서 자신이 특정 민족의 유일한 구성원이라는 사실이 불편한 사람)이 이동하면 그가 이주하는 마을의 구성이 바뀐다. 이는 다시 그 마을에 사는 누군가를 또 다른 소수 민족으로 만들면서 그 사람이 마을을 떠나도록 부추긴다. 이런 '연쇄 반응'이 이어지면서 사람들은 결국 민족을 기준으로 뚜렷하게 분리된 마을에서 살아가게 된다. 대부분 사람이 처음에는 통합된 마을에서 살아가는 것에 불만이 없었음에도 말이다. 이처럼 분리주의는 사람들이 개인적으로 원하지 않을 때조차 나타날 수 있다.

그런데 거시적인 차원에서 다양성을 바라볼 때, 사람들을 서로 다른 집단으로 분류하는 이런 형태의 '구조적인' 논의는 인간을 평등하게 바라봐야 하는 도덕적 책임에서 벗어나는 것은 아닐까? 이런 논의로 집단 간 차이가 영구적인 것으로 보일 수 있다. 즉 우리는 그 차이를 절대 극복할 수 없고 거기서 절대 자유로울 수 없는 것처럼 보일 수 있다.

우리는 책임이 있어야 할 곳(인종차별적 성향과 적대감으로 세상을 바라보는 사람들의 머릿속)에 책임을 놓아둠으로써 더 행복할 수 있다. 인종차별적인 관점으로 세상을 바라보는 이들은 바로 그 똑같은 관점으로 모든 형태의 정책을 바라보려는 경향이 강하다. 정치학자들은 이런 경향을 '자민족중심주의(ethnocentrism)'라고 부른다.

자민족중심주의가 강한 백인은 가난한 이들을 위한 정부 지원에 대해 그 돈이 모두 흑인들에게 흘러 들어간다고 생각하면서 반대하는 입장을 취한다. 마찬가지로 정부 지원을 받으면서도 자민족중심주의가 강한 가난한 백인 역시 물질적 이기심과는 반대로 식료품 할인 구매권과 같은 혜택에 반대한다. 이런 성향은 외부는 물론 내부로도 작용한다. 미국인의 문화적 마인드 속에서는 퇴직 프로그램인 사회보장제도와 나이 많은 백인 집단이 강하게 연결되어 있다. 그래서 자민족중심주의가 강한 백인들은 정부가 소득이나 연령에 따른 기준보다 사회보장제도에 '더 많이' 지출하기를 원한다. 사회보장제도를 '그들'이 아닌 '우리'를 위한 정책이라고 인식하기 때문이다.

이런 이유로 자민족중심주의가 강한 가난한 이들은 우리의 기대와는 달리 연대를 강력하게 지지하지는 않을 것이다. 그리고 전통적인 좌파에 대한 지지를 점차 중단하면서 이민자와 아웃사이더를 정부 지원에서 배제하겠다고 공약하는 포퓰리즘 우파 정당에 관심을 기울일 것이다. 사람들이 자신에게 경제적으로 이득을 줄 정당에 표를 던지지 않는다는 말은 곧 정치가 실패하고 있다는 뜻일까? 이 질문의 답은 결국 '문화적인' 투표가 사람들의 진정한 관심을 반영한다고 생각하는지, 아니면 잘못된 정보와 문화적 전쟁을 반영한다고 생각하는지에 달렸다. 그러나 어느 쪽이든 이런 현상은 연대에 긍정적인 소식이 아니다.

사람들이 이민자뿐만 아니라 그들 나라의 동료 시민에 대해서도 자민족중심주의를 드러낸다면 세계적인 연대를 위한 희망이 과연 남아 있기나 한 걸까? 해외 원조는 부유한 국가들 사이에서 점차 정치적 논쟁의 주제로 떠오르고 있다. 해외 원조의 규모를 높여야 한다는 주장(국민소득의 0.7퍼센트까지)과 관련해 정치 엘리트 집단과 여론은 뚜렷한 차이를 보여준다.

1972년에서 2014년까지 실시한 일반사회조사(General Social Survey, 1972년 시카고대학교의 국립여론연구소가 시작하고 국립과학재단이 후원하는 사회학적 조사-옮긴이)의 결과에 따르면, 미국인 60퍼센트 이상은 그들 정부가 해외 원조에 지나치게 많은 돈을 쓰고 있다고 일관적으로 답했다. 그러나 미국 정부가 그 기간의 초반에 해외 원조로 지출한 예산은 국민소득의 약 0.2퍼센트 수준이었으며, 그마저도 2000년대 초에는 0.1퍼센트 미만으로 떨어졌다. 미국의 여론을 고려한다면 GDP의 0.7퍼센트라는 국제 목표에 미국 정부가 한참 못 미쳤다는 사실은 그리 놀랍지 않다.

해외 원조에 대한 지지는 유럽에서 더 높다. 해외 원조를 위한 유럽 지역의 지출 규모는 실제로 더 크고 종종 0.7퍼센트 목표를 충족시킨다. 유럽 시민의 약 50퍼센트는 해외 원조를 지지하지만 그렇다고 해서 무조건 찬성하는 것은 아니다. 개인의 경제 사정이 나빠진 유럽인들은 해외 원조를 덜 지지한다. 쉽게 예상할 수 있듯이 해외 원조에 대한 태도를 결정하는 것은 단지 개인의 경제 사정만은 아니다. '다른 사람'을 바라보는 관점 역시 중요한 역할을 한다. 자민족중심주의가 강한 사람들 사이에서 해외 원조에 대한 지지율은 20퍼센트포인트나 더 낮게 나타난다.

그렇다면 자민족중심주의를 극복하고 인종적 장벽을 넘어 연대를 형성하는 방법이 있을까? 아마도 있을 것이다. 그러나 이를 위해서는 또 다른 정체성, 즉 국가 전체가 공유하는 정체성을 강화해야 한다. 국가 정체성은 종종 민족 정체성이기도 하다. 특히 전 유고슬라비아처럼 최근에 등장한 많은 국가는 민족적 경계를 토대로 형성됐다.

물론 꼭 그런 것은 아니다. 포괄적 민족주의는 연대를 강화하는 국가적 정체성을 중심으로 모든 민족적, 종교적, 언어적 집단을 하나로 연결하고자 한다. 이런 모습은 특히 거대 국가로부터 독립을 꾀하는 '민족 국가'에서 쉽게 찾아볼 수 있다. 스코틀랜드와 카탈루냐가 그 좋은 사례다. 하지만 이런 형태의 민족주의는 기대 국가, 즉 영국이나 스페인의 분노로부터 강한 영향을 받는다.

우리는 거대 국가 내부에서도 연대를 국가적 사안으로 인식하고 공통의 상징을 강조함으로써 포괄적 민족주의를 구축할 수 있다. 이와 관련해 한 가지 흥미로운 사례로, 인도의 힌두교도들에게 인도 내 다른 지역에서 발생한 화재의 희생자에게 돈을 기부할 의향이 있는지 물었던 온라인 실험을 살펴보자.

실험자들은 응답자 절반에게 불이 난 지역을 알려줄 때 힌두교 마을의 이름을 알려줬고, 다른 절반에게는 이슬람 마을의 이름을 알려줬다. 그런데 두 그룹의 구성원 모두 웹페이지상에 인도 지도를 국기의 색깔로 칠해놓았는지에 따라 두 진영으로 나뉘었다. 여기서 국기 색깔로 인도 지도를 칠한 것은 사람들이 국가를 전체로서 생각하도록 유도하기 위한 준비 작업이었다. 지도를 국기 색깔로 칠하지 않았을 때 사람들은 예상대로 동료 힌두인에게 더 많이 기부하고자 했다. 반면 국기 색깔의 지도를 본 이들은 이슬람인과 힌두인 모두에게 똑같이 기부하고자 했다. 이런 차이는 특히 사회 계급이 낮은 인도인 사이에서 뚜렷하게 드러났다. 지도를 국기 색깔로 칠함으로써 '낮은 카스트'에 속한 응답자들의 민족적 차이에 대한 인식을 제거해버렸다.

사람들은 민족적 상징이 불화를 조장한다고 생각하면서 이를 본능적으로 밀리하고자 한다. 그러나 국가들 '사이에' 민족적 차이가 존재하는 경우 그 상징은 우리가 연대를 향해 나아가도록 도움을 준다. 우리는 국가의 정치 제도와 국가적 연대 규범을 통해 역사적으로 깊게 뿌리내린 종교적, 민족적 불신을 해소할 수 있다. 물론 공격적인 민족주의를 촉발하는 대가를 치를 위험도 있다. 그러나 연대에는 여전히 한계가 있다. 범세계 정부나 '국기 색깔의 지도'가 존재하지 않는 이상, 우리는 고국의 동료 시민에게는 관대하더라도 세계적인 연대로부터는 멀리 떨어져 있을 것이다.

연대의 실천과 정보의 문제

연대는 불행한 이들을 돕고 공동체가 모든 구성원을 보살피려는 노력이다. 그래서 우리는 연대를 위해 누가 도움이 필요한지, 누가 위험에 처해 있는지 파악해야 한다. 그런데 국가는 누가 그런 사람인지 어떻게 알 수 있을까? 국가는 누가 어디서 살고 있는지, 누가 무엇을 필요로 하는지에 관해 많은 정보를 수집해야 한다. 그리고 연대의 목표로 정한 대상이 신중하게 설계한 계획을 파괴하거나 악용하지 못하도록 막아야 한다.

시민에 관한 정보 수집의 문제로 시작해보자. 오늘날 우리가 사는 세상에는 마음을 어지럽히는 두 가지가 있다. 먼저 빅테크(Big Tech, 구글, 아마존, 메타, 애플, 알파벳 같은 대형 IT 기업을 뜻하는 말-옮긴이)들은 습관과 관심, 정치 성향 등 우리에 관한 많은 것을 알고 있다. 쿠키(cookie, 특정 웹사이트를 방문했을 때 만들어지는 정보를 담는 파일-옮긴이)를 허용할 때마다 우리는 소중한 개인 정보를 그들에게 넘긴다. 이들 기업은 그 정보를 대단히 효과적으로 처리하고 조합하고 상호 참조하며, 그래서 우리는 친구와 몰래 나눈 채팅 내용을 떠올리게 만드는 섬뜩한 인터넷 광고에 매번 놀란다.

다음으로 큰 정부(Big Government, 국민의 삶과 경제에 대한 강력한 통제력을 가진 정부-옮긴이)는 어떤가? 큰 정부도 빅테크만큼 많이 알고 있을까? 그건 정부마다 다를 것이다. 정부는 세법이나 사회보장번호를 기반으로 우리에 관해 많은 것을 알고 있다. 정부는 우리가 공식적으로 얼마를 버는지, 어떤 정부 지원을 받는지, 사회보장제도를 위해 보험료를 얼마나 내는지 안다. 그리고 자녀 양육 세금 공제나 육아 휴직을 신청했다면 우리 가족에 대해서도 알 것이다. 게다가 우리가 세상을 떠날 때 자녀에게 얼마를 남기는지도 알 것이다. 나아가 정부는 누가 우리 집에 살고 있는지 묻는 인구조사 설문지를 10년마다 발송한다.

겉으로 보기에 정부는 상당히 많은 개인 정보를 알고 있다. 사실 한계는 있다. 정부는 우리가 삶에서 피할 수 없는 것들, 즉 죽음 및 세금과 관련해서 우리를 잘 안다. 뜻하지 않게 '법과 질서'에서 벗어나게 되는 죽음은 속일 수 없다. 반면 징수된 세금은 부과된 세금과 정확하게 일치하지 않는다. 정부는 시민이 모든 소득을 정확히 보고하도록 만들고자 한다.

그러나 정부가 '시민등록명부'를 통해 시민에 관한 놀랍도록 방대한 정보를 확보한 스칸디나비아 국가에서도 아주 부유한 이들은 얼마든지 세금을 피할 수 있다. 파나마 페이퍼스[Panama papers, 국제탐사보도언론인협회(ICIJ)가 2016년 4월 폭로한 파나마 로펌 모색 폰세카(Mossack Ponseca)의 내부 자료로, 조세 회피처에 페이퍼 컴퍼니를 설립한 인물의 명단이 실려 있다-옮긴이]에서 유출된 자료에 따르면 노르웨이에서 0.01퍼센트에 해당하는 부유한 가구는 세금의 약 4분의 1을 회피하고 있다.

가난한 이들에게 연대주의 혜택을 제공할 때 정부는 소득이 낮다고 보고한 시민의 소득이 정말로 낮은지 알아야 한다. 그리고 부유한 사람에게 과세할 때 높은 소득을 신고한 시민이 자신의 소득을 정확하게 보고했는지 알아야 한다. 정부가 알고 있는 정보와 '실제' 사이의 격차는 연대를 허물어뜨릴 수 있다. 너무 많은 사람이 '받을 자격이 없는' 혜택을 신청한다면 공적 지출은 늘어날 것이다. 그리고 너무 많은 사람이 '내야 할' 세금을 회피한다면 세수는 줄어들 것이다. 그러면 정부는 머지않아 연대주의 약속을 지킬 수 없을 것이다.

또 다른 은밀한 문제가 있다. 국세청이 시민의 삶을 속속들이 들여다본다고 해도, 드러나지 않는 것은 어떻게 확인할 것인가? 누가 더 많은 지원이 필요한가? 새로운 공원을 건설하면 누가 가장 많은 혜택을 볼 것인가? 정부의 집중적인 개입은 어느 학교 학생에게 가장 많은 도움을 줄 것인가? 어느 기업이 규제 변화로 파산 위험에 내몰릴 것인가?

정부는 어떻게 대중의 기호를 정확히 파악할 수 있을까? 우리는 앞서 민주주의 덫에 관한 연구에서 사람들이 정말로 무엇을 원하는지 이해하기는 대단히 힘들다는 사실을 파악했다. 그 이유는 사람들이 전략적인 차원에서 자신의 의견을 거짓으로 드러내기 때문이다. 정부가 우리의 머릿속을 들여다볼 수는 없기에, 우리는 특정 프로그램의 혜택을 얻기 위해 자신의 선호나 태도를 거짓으로 드러내려는 유혹을 느낀다.

예를 들어 정부는 무역에 대한 타격으로 어려움을 겪는 기업을 지원하고자 한다. 그러나 기업 내부를 들여다보고 장부를 분석하지 않는 한, 불행을 자초한 기업과 아무런 잘못을 하지 않았음에도 심각한 어려움에 직면한 기업을 구분하기 어렵다. 최근에 널리 알려진 사례로, 코로나 지원금을 계속 받기 위해 정부를 속인 기업들이 있었다. 영국의 경우 이런 기업들의 허위 보고로 60억 파운드에 이르는 예산(전체 지원금 지급액의 10퍼센트에 해당하는)이 낭비됐다. 미국에서는 오클라호마에 사는 한 여성이 4,400만 달러에 이르는 코로나 지원금을 부정수급하기도 했다.

우리는 불행으로 어려움을 겪는 사람을 위한 정부 정책에 대해서도 똑같은 이야기를 할 수 있다. 특히 장애 프로그램은 논란이 많은 부분이다. 20세기 초 이후로 산업화 국가들 대부분 질병 및 상해 관련 지원 제도를 실행해왔다. 그 제도는 원래 직장에서 다친 사람들에게 보상을 제공하기 위해 만들어졌다. 그리고 수십 년에 걸쳐 보상 범위가 업무 자체에서 근로 능력을 상실하지 않은 이들까지 포함하는 방향으로 확장됐다. 그러나 많은 장애 사례가 쉽게 판단할 수 없다. 특히 멀리 떨어져 있는 정부 관료라면 더 그렇다.

정부는 높은 위험을 보장함으로써 스스로 파산에 직면하기를 원치 않는다. 동시에 대중이 복지 사기가 국가에 만연하다고 생각할 때 정부는 정치적으로 큰 영향을 받지 않는 프로그램을 만들고자 한다. 영국 정부는 장애보험에 대한 사기가 전체 신청 건수에서 약 0.3퍼센트에 이른다고 알고 있다. 반면 영국 대중은 부정 신청이 3분의 1을 넘는 것으로 추산한다. 대단히 큰 차이다. 그러나 정부가 정보를 쉽게 수집할 수 없다는 사실을 고려할 때 그리 놀랍지 않다. 이런 형태의 차이는 연대에 실질적인 도전 과제를 부여한다.

사람들이 정부가 질병이나 실업 등을 보험을 통해 보장한다고 안심하면서 위험하게 행동할 때, 정부는 도덕적 해이라는 정보 차원의 문제에 직면한다. 이는 보수 진영이 연대를 비판하는 주요한 근거이기도 하다. 그들은 보편적인 의료보험은 사람들이 건강과 관련해서 위험한 행동을 하도록 부추길 뿐이라고 말한다. 이들의 주장에 따르면 국민 의료서비스에 가입한 영국인은 국가가 자신을 구제할 것이라는 믿음으로 제대로 먹지 않거나 과도한 음주나 흡연을 하면서 스스로 건강을 돌보지 않을 것이다.

이런 주장이 사실이라면 우리는 보편적인 의료보험이 없는 국가의 사람들, 특히 보험에 가입하지 않은 사람들이 체계적인 형태로 건강과 관련해서 더 나은 방식으로 행동한다는 사실을 확인할 수 있을 것이다. 또한 미국과 유럽 국가들 사이에서 비만율을 비롯해 전반적인 자기 관리 실태에 관한 비교 결과에 우리는 깜짝 놀랄 것이다.

미국의 경우 부분적이고 값비싼 민간 의료보험 시스템이 건강과 관련해 사람들이 더 나은 행동을 하도록 유도했음에도, 2016년을 기준으로 인구의 37.3퍼센트가 비만인 것으로, 사망 원인의 13퍼센트가 비만인 것으로 나타났다. 반면 모든 시민이 보장받고 정부가 비용 대부분을 부담하는 덴마크와 프랑스의 경우 비만율은 각각 21퍼센트, 23퍼센트였으며 비만에 따른 사망은 7퍼센트에 불과했다.

다음으로 실업보험은 도덕적 해이를 비판하기 위한 더 좋은 근거로 활용되고 있다. 관대한 실업보험을 실행하는 유럽 대륙의 경우 사람들은 이전 직장의 조건에 미치지 못하면 새로운 일자리를 잡으려 하지 않고, 그래서 더 오랫동안 실업 상태일 것으로 예상할 수 있다. 반면 실업보험이 빈약한 국가의 사람들은 일자리를 더 적극적으로 찾을 것으로 기대힐 수 있다.

실업보험에 대한 이런 비판 아래에는 노동의 가치에 대한 사람들의 직관과 일치하는 공통적인 믿음이 깔려 있다. 그런데 과연 이런 믿음은 타당한 것일까? 관대한 실업 급여가 직장으로 돌아가려는 사람들의 의지를 위축시킨다는 주장은 논리적으로 들린다. 하지만 부유한 국가들에서 실업 급여의 대체율(replacement rate, 실업 급여가 실업 이전의 소득을 대체하는 비율-옮긴이)과 전반적인 고용률 사이에 비례 관계가 나타나고 있다. 가령 스위스, 덴마크, 네덜란드 같은 국가는 관대한 실업보험과 높은 취업률을 동시에 보여준다.

비록 도덕적 해이와 같은 문제를 유발한다고 해도, 국가가 관대한 실업보험을 실행해야 할 또 다른 이유가 있다. 바로 사람들이 정부 정책에 대해 부정적으로 혹은 긍정적으로 자신의 행동을 수정하기 때문이다. 독일과 오스트리아, 스웨덴 등 관대한 실업보험을 시행하는 국가들의 경우 기술 수준이 높은 많은 블루칼라 근로자들이 첨단 제조업 분야에서 일하고 있다. 이런 근로자가 습득한 유형의 기술은 숙련에 이르기까지 수십 년이 필요하고, 특정 기업 및 생산 과정에 대단히 밀접하게 연결되어 있다. 이런 점에서 기술 개발은 근로자에게 위험한 투자로 보인다. 그러나 근로자가 관대한 실업보험의 보장에 의지할 수 있을 때 이처럼 '특화된' 기술에 더 많이 투자하려고 한다는 사실은 결코 우연이 아니다. 위험에 대한 보장이 있다고 해서 사람들이 반드시 자신을 파괴하는 방식으로 행동하는 것은 아니다. 그들은 더 적극적으로 투자하기도 한다.

이런 생각이 얼마나 타당한지 검증하기 위해 나는 동료인 존 올퀴스트(John Ahlquist)와 함께 옥스퍼드대학교에서 한 가지 실험을 수행했다. 우리는 사람들에게 지루한 게임을 하도록 했다. 컴퓨터 화면에서 슬라이더(대화 상자에서 마우스를 이용해 상하좌우로 이동시킬 수 있는 바–옮긴이)를 특정한 횟수에 도달할 때까지 이동시키는 게임이었다. 그리고 우리는 사람들에게 슬라이더를 정확하게 옮겨서 더 많은 돈을 벌 수 있는 '기술'에 미리 투자할 기회를 제시해서 그 게임을 좀 더 흥미롭게 만들었다.

또한 우리는 사람들이 실험실에 있는 동안 실업 상태에 놓이게 했다. 즉 특정 시간 동안 아무 일도 하지 않으면서 모니터 앞에 앉아 화면만 바라보고 있도록 했다. 이는 기술에 대한 투자를 위험한 선택으로 만들기 위함이었다. 우리는 사람들에게 슬라이더를 옮기는 과제를 다시 내줄 수도 있었고, 아니면 다른 과제를 내줄 수도 있었다. 과제가 바뀔 경우 기술에 대한 투자는 쓸모없어진다.

이를 통해 우리는 실험실에서 현실 세상의 노동과 실업의 위험을 반영하고자 했다. 이 실험에서 우리는 다음과 같은 질문에 대한 대답을 알아내고 싶었다. 실업 상태에 있는 사람에게 관대한 실업 수당을 지급하면 무슨 일이 벌어질까? 사람들은 기술에 더 많이 투자할까?

실험 결과 우리는 참가자들이 기술에 대한 투자를 더 적극적으로 선택했다는 뚜렷한 증거를 확인했다. 실업보험이 없을 때 참가자의 50퍼센트가 기술에 투자했지만, 이전 소득의 75퍼센트를 보험으로 지급했을 때 약 4분의 3이 투자를 선택했다. 이처럼 사회적 안전망은 사람들이 비용은 들지만 혜택을 얻을 수 있는 투자를 더 적극적으로 선택하도록 만든다.

도덕적 해이와 투자는 모두 역동적인 문제다. 정부는 정책을 수립하고, 사람들은 그 정책을 보완하는 방식 혹은 허물어뜨리는 방식으로 반응한다. 다시 말해 연대를 강화하기 위한 정책이 오히려 연대를 위축시킬 수도 있다.

한 가지 분명한 사례로 젊은이들이 주택 사다리를 밟고 올라서도록 지원하는 정책을 살펴보자. 영국의 헬프투바이(Help to Buy) 프로그램은 주택을 처음으로 구매하는 이들에게 보조금을 지원하는 제도다. 이 프로그램에서 최초 구매자는 정부로부터 주택 가격의 20퍼센트에 해당하는 돈을 빌려서 보증금을 낼 수 있다.

이는 주택에 접근하는 문턱을 낮춰주는 자비로운 정책으로 보인다. 하지만 이 정책은 주택 시장을 잘 알고 있는 주택 판매자를 간과한 것이다. 이 프로그램으로 더 많은 사람이 주택을 구매할 여력이 생겼다는 사실을 알게 된 주택 판매자는 주택 가격을 높여서 젊은 구매자를 위한 정부 혜택의 가치를 상쇄해버린다. 그 결과 주택에 대한 접근 가능성은 아무런 변화가 없고, 젊은이들은 여전히 주택 소유가 힘들다고 느낀다. 그리고 정책의 모든 혜택은 주택 가격을 높인 기존 주택 소유주에게 돌아간다.

이런 문제는 연대의 모든 영역에 걸쳐 드러난다. 예를 들어 교육정책은 학부모들에 의해 쉽게 허물어진다. 일반적으로 학군은 지리를 기준으로 정해진다. 그러나 학부모들은 법적 제한 없이 학군의 경계를 넘어 이사할 수 있기 때문에 부유한 학부모들은 종종 많은 지원을 받는 일류 학교들이 집중된 지역으로 이사한다. 학부모들이 정부 정책에 반응해서 움직이기 때문에 중앙 및 지방 정부의 교육 평준화 정책은 한계가 있다.

미국에서 학교 통합의 역사는 대표적인 사례다. 학교 통합은 이전에 살펴봤던 다양성에 관한 논의와도 밀접한 관련이 있다. 1970년대에 미국의 많은 학군은 흑인 학생을 백인 학교로 보내고 백인 학생을 흑인 학교로 보내는 방식으로 학교들을 인종적인 차원에서 통합하고자 했다. 그러나 백인이면서 중산층인 많은 학부모가 자녀를 사립학교로 전학시키거나 다른 학군으로 이사하는 방법을 택했다. 자민족중심주의가 강한 학부모들은 그들의 자녀가 피부색이 다른 학생과 어울리지 않도록 정책을 허물어뜨렸다. 분리주의는 지금도 여전히 뚜렷하게 나타난다.

정부가 소득 수준을 기준으로 학교를 평준화하고자 했을 때도 비슷한 패턴이 나타났다. 영국과 웨일스의 교육 시스템을 분석하는 과정에서 나는 주택 가격이 높은 지역에서 학교 간 학업 성과 편차가 크게 나타나는 경향이 있다는 사실을 발견했다. 주택 가격이 높은 지역의 경우 부유한 가구들은 고급 주택과 '일류' 학교가 밀집한 특정 마을을 중심으로 경제적인 차원에서 스스로 격리했다. 여기서 이런 생각이 들 수 있다. 그래서 지역의 교육 당국들은 부에 기반을 둔 분리주의를 해소하기 위해 학교들을 전반적으로 평준화하고자 했을까?

그렇게 빨리 바뀌지는 않았다. 중산층 부모들에게는 또 다른 카드가 있었다. 영국과 웨일스의 경우 학교들은 몇십 년에 걸친 교육 개혁의 결과로 지방 정부의 통제 아래 옵트아웃을 선택할 수 있었다. 그리고 옵트아웃을 선택한 학교는 지리적 경계를 제한할 수는 없었지만, 부유한 부모들은 '그들과 같은 사람'들로 유입을 제한할 수 있었다. 다시 말해 학부모들은 종교적 기호나 교습 특성처럼 학업 성적과 무관하게 전략적인 차원에서 학생들을 선발하도록 학교에 요구할 수 있었다. 지리적 경계를 기준으로 학교를 분리할 수 없다면 학부모들은 다른 방법을 동원해서 분리하고자 했다.

정치경제학자들은 이런 행동을 '선별(sorting)'이라고 부른다. 사람들은 자신이 원하는 조세제도와 공공재가 마련된 지역을 선별해서 그곳으로 이동한다. 물론 이는 지극히 반연대주의적 현상이다. 사람들은 자신이 원하는 것을 얻기 위해 뭉치는 대신 분열한다. 이는 평등의 덫을 떠올리게 한다. 즉 값비싼 지역으로 이주할 평등한 권리는 평등한 결과를 위축시킨다. 평등주의적이든 아니든 간에, 이는 자유주의 국가에서 나타나는 엄연한 현실이며 모든 연대주의 정책이 직면하는 중대한 과제다.

연대를 위해 정보 측면에서의 과제를 정리해보자. 먼저 누가 더 많은 혜택을 얻고, 누가 더 많은 세금을 내야 하는지 결정하기 위해 정부는 사람들이 소득을 정확하게 보고하게 해야 한다. 다음으로, 사람들이 자신의 선호를 거짓으로 드러내는 상황에서 누가 정말로 연대가 필요한지 이해해야 한다. 마지막으로, 정부는 그들이 내놓은 정책을 사람들이 허물어버릴 때 이를 통제하지 못할 수 있다. 그렇다면 이런 과제에 맞서 연대주의 정책을 실행에 옮기는 방법이 있을까? 놀랍게도 한 가지 간단한 해결책이 있다. 바로 모두에게 똑같은 걸 주는 것이다. 그게 무슨 뜻인지 다음 장에서 생각해보자.

12장

보편적 기본소득의 한계와 가능성

UBI라는 세 글자는 지난 10년 동안 많은 개혁가의 상상력을 사로잡았다. 보편적 기본소득(Universal Basic Income)을 뜻하는 이 약자는 빈곤에 반대하는 좌파 사회 운동가와 자유주의 우파의 실리콘밸리 거물 같은, 손잡을 가능성이 희박해 보이는 지지자들이 연대하게 만들었다. 오클랜드, 핀란드, 스페인, 시에라리온 등 아주 다양한 지역이 UBI를 실험했다. 그리고 코로나로부터 회복되는 일에서 로봇이 근로자를 대체하는 문제에 이르기까지 21세기의 수많은 문제를 해결할 대안으로 등장했다. 과연 UBI는 기적의 묘약일까? 그리고 우리를 연대의 덫에서 벗어나게 해줄까?

여러 정책과 달리, UBI는 용어 자체로 그 개념에 대해 알 수 있다. 쉽게 이해하기 위해 약자를 하나씩 뒤에서부터 살펴보자. 먼저 I(Income, 소득)는 UBI가 현금을 지급하는 제도라는 사실을 의미한다. UBI는 의료보험이나 식료품 할인 구매권, 교육처럼 현금이 아닌 다른 유형으로 주어지는 연대와는 다르다. 정부는 현금을 쉽게 나눠 줄 수 있다. 현금은 말 그대로 현금이기 때문에 우리는 제공하는 서비스의 품질에 대해 걱정할 필요가 없다.

현금은 또한 얼마든지 대체할 수 있다. 우리는 현금을 쪼개서 다양한 대상에 지출할 수 있다. UBI를 가지고 무엇에 지출할 것인가에 대한 제약은 없다. 패스트푸드나 술을 사는 데 모두 쓴다고 해도 상관없다. 형법 시스템을 제외하면 UBI를 불법적인 약물에 쓰지 못하도록 막는 것은 없다. 마찬가지로 정부가 지급한 연금을 쓰지 못하도록 막는 것도 세월의 지혜 말고는 없다. UBI는 좋든 나쁘든 그 돈을 쓰는 방법을 판단하지 않는다.

다음으로 B(Basic, 기본의)는 UBI가 최소한의 수준을 지원한다는 사실을 의미한다. UBI는 대부분이 먹고살기 충분한 금액은 아니다. 그러나 모두가 똑같은 돈을 받는다. 그래서 정부는 누구에게 얼마를 지급할 것인지 파악할 필요가 없다. 필요와 능력, 노력과 상관없이 모두에게 똑같이 주면 된다. 그래도 UBI에는 기존의 불평등이 여전히 내포되어 있다. 더 많이 버는 사람은 계속 더 많이 벌면서 UBI에서 세금을 뺀 돈만큼 추가로 번다. 그러나 그 돈은 '기본'적인 수준이기에 부유한 이들에게는 별 영향을 미치지 못한다. 반면 가난한 이들은 여전히 다른 이보다 가난하지만 그래도 어느 정도 의지할 수 있는 구석이 생겼다는 점에서 한숨을 돌릴 수 있다.

마지막으로, 가장 단순한 U(Universal, 보편적)는 UBI가 그 나라의 '모든 시민'이 받는 혜택이라는 사실을 의미한다. UBI를 받기 위한 조건은 없다. UBI는 그것을 어떻게 쓰고, 수령자들이 어떻게 행동하는지 알지 못한다. UBI 프로그램은 아이들까지 포함하는지에 따라 형태가 달라지는데, 어떤 프로그램은 연간 소득의 형태가 아니라 18세 젊은 이에게 보조금을 지원하는 방식을 취한다.

순수한 UBI는 가구가 아닌 개인을 대상으로 한다[아이들에게 지급되는 돈은 부모가 수령한다. 그렇게 하지 않으면 그 돈의 10퍼센트는 포트나이트(Fortnite, 미국 게임 개발사 에픽게임즈가 2017년 출시한 3인칭 슈팅 게임-옮긴이)로 흘러 들어가고 말 것이다]. 여기서 '시민'은 제한적인 요소로 작용한다. UBI를 도입한 국가들은 최근 국내에 유입된 이민자를 배제할 수 있다. 이는 일부는 '복지 배척주의' 때문이며, 일부는 UBI를 받기 위해 이민자들이 대거 몰려드는 문제를 예방하기 위해서다.

UBI는 1974년 캐나다 매니토바주에서 가장 먼저 도입됐다. 도핀이라고 하는 작은 시골 마을에서 모든 가구를 대상으로 오늘날 미국 달러로 약 1만 4,000달러를 매년 균등하게 지급했다. '순수한' UBI와 달리, 가구들은 모든 추가적인 소득에 대해 높은 세율로 세금을 내야 했다. 다시 말해 그 혜택은 그 가치의 두 배에 해당하는 금액으로 과세가 됐다. 이 시범 프로그램은 2년밖에 지속되지 못했지만 사람들의 건강에 긍정적인 영향을 미쳤다. 하지만 사람들의 근로시간을 단축하지는 않았다. 이런 점에서 이 프로그램은 전반적으로는 성공을 거두었지만 정치적으로 안정적이지는 못했다. 1979년에 정권을 잡은 보수당은 이 프로그램을 즉각 중단했다.

이후 UBI 프로그램은 일반적으로 덜 관대하게, 재정적으로 불안정하거나 가난한 사람들에게만 제한적인 방식으로 이뤄졌다. 알래스카 영구기금(Alaskan Permanent Fund)은 석유를 통해 얻은 수입으로 모든 영주권자에게 매년 약 1,600달러를 지급하고 있다. 그러나 이 금액은 석유 가격에 따라 변한다. 핀란드 정부는 2015년에 시범 프로그램을 도입했다. 그들은 근로 연령에 속한 2,000명의 실직한 핀란드 국민에게 기존의 실업 급여에 더해 연간 약 7,500달러를 지급했고, 이는 일자리를 찾는 동안에 보장됐다. 스페인은 2017년 바르셀로나 시범 프로그램을 통해 빈민 구역에 사는 주민들에게 돈을 지급했다. 그리고 코로나 이후 가난한 가구에 월 1,000달러의 지원금을 아무런 조건 없이 지급했다. 최근에 UBI와 비슷한 형태로 등장한 프로그램들은 모두를 대상으로 하는 낮고 변동적인 지원과 가난한 이를 대상으로 하는 관대한 지원을 혼합한 형태를 보인다.

보다 야심 찬 UBI는 기술 관료와 과학 기술자, 사회주의자에 이르기까지 폭넓은 정치 집단 사이에서 인기를 끌었다. 앤드루 양(Andrew Yang)과 제러미 코빈 등 여러 유명 정치인은 국가 차원의 UBI 도입을 주장했고, 이를 통해 대중의 관심을 자극했다. 이런 제안은 우리가 지금까지 살펴본 것들보다 규모 면에서 훨씬 크다.

앤드루 양은 모든 미국 시민에게 월 1,000달러의 순수한 UBI['자유 배당금(freedom dividend)'이라고 부른]를 약속했다. 기업가이자 오픈 AI(Open AI)의 CEO인 샘 앨트먼(Sam Altman)은 기업과 토지에 대한 2.5퍼센트 과세를 통해 '아메리칸 에퀴티 펀드(American Equity Fund, AEF)'를 조성함으로써 모든 미국인에게 혜택을 나눠 줘야 한다고 주장했다. 이 프로그램에는 모든 미국 성인에게 연간 1만 3,500달러를 지급하는 방안이 포함되어 있었다. 이와 같은 제안들에는 UBI가 정치적으로 혼란스러운 기존 복지 프로그램보다 훨씬 효과적이고 공정하다는 믿음이 공통으로 깔려 있다.

그런데 UBI는 정말로 우리가 연대의 덫에서 벗어날 수 있도록 해줄까? 좋은 시절을 누리는 사람들은 힘든 시절을 겪는 이들을 위해 돈을 쓰기를 꺼린다는 사실을 떠올려보자. UBI는 일종의 소비 평탄화(consumption smoothing, 향후 소득 감소에 대비해 소득이 높을 때 저축을 많이 한다는 이론-옮긴이)에 해당한다. 다시 말해 우리는 좋은 시절과 나쁜 시절에 정부로부터 매년 똑같은 돈을 받는다. 이는 적어도 우리가 힘든 시절을 겪을 때 그대로 유지되어야 한다.

사람들에 걸친 연대는 어떤가? UBI는 모두가 받는다는 점에서 '이런 사람들'을 위한 것이라고 낙인찍을 수 없다. 자민족중심주의가 강한 사람이 다른 민족 집단에 피해를 주기 위해 UBI 삭감을 주장한다면 이는 자신의 피해로 돌아온다. 또한 우리는 UBI에 대한 접근이 차단된 이민자의 문제가 있다는 사실도 이미 확인했다. UBI를 받기 위해 이민자는 얼마나 오랫동안 그 나라에 거주해야 하는가? UBI를 받지 못하는 이민자에게 UBI를 위한 세금을 부과하는 건 공정한가?

또한 UBI를 비난하기 힘들다는 사실도 분명하지 않다. 가장 분명한 비난의 근거는 모든 사람이 받기 때문에 게으르고 방탕하게 살아가는 자격 없는 사람도 혜택을 받는다는 것이다. '나'는 내가 UBI를 받을 자격이 있다는 사실을 알지만 '당신'도 그런지는 모른다. UBI의 가장 큰 위험은 정치적으로 인기를 잃고 사람들이 이 정책을 게으르고 무능한 '이런 사람들'과 연결시키면서 시스템 전반이 붕괴하는 것이다.

연대의 덫에서 우리를 빠져나오게 만드는 UBI의 덕목은 정보 문제를 해결해준다는 것이다. 정부는 UBI를 나눠 주기 위해 많은 정보를 수집할 필요가 없다. 단지 누가 시민인지만 알면 된다. 그래서 행정 비용이 아주 낮다. 그리고 사람들은 UBI를 더 많이 받기 위해 정책 설계를 이용할 수 없다. 어느 동네로 이사하는지, 자신의 궁핍한 상황을 알리기 위해 정부에 어떤 증거를 제출하는지도 중요하지 않다. 국경을 넘는 것 말고 어떤 것도 UBI에 영향을 미치지 않는다.

또한 UBI는 미래 문제를 해결한다. 정보 기술의 발전은 기존 복지국가의 유지 가능성을 위협한다. 가령 보험사는 빅데이터와 인공지능의 도움으로 역선택 문제를 해결할 수 있다. 누가 '위험이 큰지' 정확히 알 수 있다면, 보험사는 위험이 큰 이들이 보험에 가입하려는 걸 거부할 것이다. 그리고 위험이 적은 이들에 대한 보험료를 낮출 것이다. 이는 다시 복지 국가에 대한 정치적 질문을 던진다. 즉 '위험이 적은 사람'이 시장에서 보험을 들 수 있다면, 왜 세금을 통해 사회보장제도를 지원함으로써 보험료를 '두 번 납부'하는 방안에 동의한단 말인가?

이처럼 정보 기술은 저위험군과 고위험군 사이의 연대를 허물어뜨릴 수 있다. 반면 UBI는 그런 문제로 어려움을 겪지 않는다. 모두에게 똑같이 준다면 더 많은 개인 정보는 전혀 중요하지 않다.

UBI 설계자의 가장 어려운 과제는 아마도 비용일 것이다. 앤드루양의 제안처럼 미국에서 일반적인 UBI 프로그램은 연간 1만 2,000달러 지급을 가정하고 있다. 2019년을 기준으로 미국의 평균 소득(mean income)은 약 6만 6,000달러였다. 그러나 이 수치는 오해를 불러일으킬 수 있다. 미국 사회에서 소득 분배는 대단히 불평등한 형태로 이뤄지기 때문이다. 이와 달리 미국의 중위소득(median income, 모든 가구를 소득순으로 순위를 매긴 후 정확히 가운데 위치한 가구의 소득-옮긴이)은 그 절반을 살짝 넘는 3만 6,000달러이며, 이는 UBI의 약 세 배에 이른다.

그렇다면 실업보험에서 정부가 지원하는 의료보험에 이르기까지 미국의 사회복지는 어느 정도 수준일까? OECD에 따르면 미국 정부는 총액 기준으로 국민소득의 약 19퍼센트를 사회복지비로 지출한다(순액을 기준으로 하면 좀 더 높은 29퍼센트다. 그 차이는 나중에 살펴보도록 하자). 그 규모는 1인당 1만 2,000달러를 조금 넘는 수준이다. 그렇다면 UBI 옹호론자들은 본질적으로 추가적인 사회복지를 요구하는 것 아닌가?

보수주의자들은 사회주의자들과는 아주 다른 근거로 UBI를 지지한다. 그들은 UBI가 기존 사회복지제도를 완벽히 대체할 수 있는 시장과 유사한 방법을 제공한다고 생각한다. 그들은 비효율적인 사회보장국과 공공 주택 사업, 메디케이드가 사라지고 그에 상응하는 현금이 그 자리를 대체할 것이라고 믿는다. UBI는 재분배 수단이기는 하지만 사람들은 민간 의료보험에 가입하고, 민간 주택을 임대하고, 식료품 할인 구매권 대신 UBI로 받은 현금을 사용함으로써 시장 기반으로 돌아간다. 여기서 집값이 낮은 지역에 사는 젊은 대가구는 유리할 것이다. 반면 높은 의료비를 지불하는 다른 사람들은 불리할 것이다. 우리는 현금 차원에서 연대를 형성하지만 사람들이 직면하는 위험의 차원에서는 연대를 이루지 못한다.

물론 UBI가 꼭 기존의 사회복지를 대체해야 하는 것은 아니다. 그러나 정치적인 차원에서 사회복지를 허물어뜨릴 위험이 있다. 우리는 연대의 덫이 무엇을 위협하는지 알고 있다. 사람들은 '다른 사람'이라고 여기는 이들은 물론, 미래의 자신을 위해서도 보험을 지원하는 방안을 끔찍이 싫어한다. 이런 상황에서 복잡한 문제와 많은 비난으로 가득한 기존 사회복지 프로그램 대신에 현금을 제시한다면 사람들은 기꺼이 UBI를 선택할 것이다.

복지 정책의 장점은 UBI의 신선함과는 반대편에 있다. 복지 정책은 장기적인 제도와 그 제도를 기반으로 하는 규범을 갖추고 있다(약간의 부정적인 의미와 함께). 기존의 모든 연금보험과 실업보험 및 보조금 정책은 혜택을 받는 수령자와 정책을 중심으로 형성된 관료 시스템 같은 지지자를 이미 확보하고 있다. 반면 UBI는 아직 정치적으로 검증되지 않았으며 안정적이지 않다. 누가 이 프로그램을 보호할 것인가? 우리 모두? 매니토바주의 최초 UBI 프로그램 사례에서 우리는 제대로 자리 잡지 못한 UBI는 정치적으로 쉽게 사라질 수 있다는 사실을 확인했다. 경기 침체의 국면으로 접어들거나 정권이 바뀔 때 UBI 지지자들은 종적을 감출지 모른다.

이런 우려를 해소할 수 있는 한 가지 방안은 모두가 받는 보편적인 혜택을 강조하면서, 동시에 소득이 더 높은 사람이 더 많이 받도록(다소 비연대주의적 방식으로) 설계하는 것이다. 이와 관련해 발테르 코르피(Walter Korpi)와 요아킴 팔메(Joakim Palme)는 특정한 모형을 제시했다. 두 사람은 소득에 비례해 혜택을 제공하는 국가들이 더 높은 수준의 소득 재분배를 실현하는 경향이 있다고 주장했다. 그들의 표현에 따르면 "가난한 사람을 위한 혜택에만 집중하고 공정한 공적 분배를 통해 평등에만 신경을 쓸수록 빈곤과 불평등 수준이 덜 완화되는 재분배의 역설(paradox of redistribution)"이 존재한다.

코르피와 팔메가 보기에 연대가 작동하려면 중산층을 끌어들여야 한다. 연금이나 실업보험과 같은 혜택을 소득과 연동시키면 중산층 시민에 대한 사회복지의 가치를 높이고, 그들이 민간 시장의 대체 수단으로 빠져나가지 않도록 막을 수 있다. 여기서 후자는 특히 더 중요하다. 소득이 높은 사람들이 정부가 제공하는 보험에서 빠져나가면 정부는 결국 위험 수준이 높은 시민에게만 보험을 제공하게 된다.

나아가 코르피와 팔메의 모형에서 중산층은 세금을 많이 내고 '동시에' 혜택을 많이 받기 때문에 복지 시스템은 그들의 일상생활에서 더 중요해진다. 아이러니하게도 가난한 이들보다 중산층에 특히 관대한(실질적으로 더 나은) 혜택을 제공함으로써 사회복지제도는 정치적으로 더 안정되고 연대는 더 단단해진다.

이런 점에서 UBI의 대안은 보편주의를 기반으로 삼고 이를 복지 정책 전반에 적용하는 것이다. 대표적 사례로 스웨덴의 모형을 들 수 있다. 스웨덴의 사회복지제도는 특유의 관대함을 바탕으로 중산층의 지지를 끌어내는 데 성공했다. 이 복지제도는 단지 UBI 형태로 현금을 지급하는 것이 아니다. 대단히 수준이 높고 모든 시민이 적극적으로 활용하는 광범위한 사회복지제도다. 쉽게 예상할 수 있듯이 이 제도에는 정부가 제공하고 지원하는 의료보험 및 연금보험이 포함된다. 게다가 보육이나 직업 훈련 같은 고용 지원처럼 미국에서는 가난한 사람에게만 지원하는 폭넓은 공공 서비스도 포함된다.

스웨덴과 미국 가구를 비교할 때 보육은 특히 두드러진 차이를 드러내는 영역이다. 스웨덴 부모는 소득에 상관없이 정부가 정한 '막스탁사(maxtaxa, 최고 월 175달러에 이르는 세금)'를 기준으로 보육비를 납부한다. 스웨덴의 보육 서비스는 생후 12개월부터 시작된다. 이와는 대조적으로 미국에서 12개월 아이의 보육을 위해 부모가 부담하는 비용[미국 경제정책연구소(Economic Policy Institute)는 매사추세츠주에서 영유아 보육에 대략 월 1,743달러가 든다고 추산한다]은 무려 10배에 이른다. 네 살 아이는 월 1,250달러가 든다. 이런 점에서 정부가 지원하는 보육 서비스가 고소득 스웨덴 시민에게 얼마나 중요한지 쉽게 이해할 수 있다.

스웨덴 정부는 요람에서 무덤까지 시민들의 일상생활에서 대단히 중요한 역할을 하고 있다. 영어권 독자라면 아마도 조금은 당혹스러울지 모른다. 혹자는 '노예의 길(road to serfdom)'이라는 유명한 표현을 떠올릴지 모른다. 그러나 여기서 우리는 사회복지의 가시성(visibility)을 그 규모와 혼동하지 않도록 주의해야 한다. 나는 앞서 사회복지와 공공 서비스에 대한 미국 정부의 순지출(net amount)이 총지출(gross amount)보다 훨씬 크다고 언급했다. 그런데 이런 회계 용어는 무엇을 의미하는가? 여기서 말하는 순지출에는 표면적으로 드러나지 않는 사회복지 항목이 포함되어 있다.

예를 들어 세금과 관련해 많은 미국인은 정부에 납부하는 세액을 줄이기 위해 활용하는 소득 공제나 세액 공제라고 하는 대단히 복잡하고 장황한 개념에 익숙하다. 반면 세금이 원천 공제되고 세액 공제가 거의 없는 유럽의 관점에서 볼 때 이 이야기는 대단히 복잡해 보일 것이다. 그런데 미국 사회복지의 3분의 1이 바로 이런 세법이 만든 동굴 속에 몸을 숨기고 있다.

미국인은 민간 공급자가 제공하는 공공 서비스를 받기 위해 지불하는 모든 형태의 비용에 대해 세금을 공제받을 수 있다. 대표적인 사례는 의료 서비스에 대한 지출이다[의료저축계정(Health Savings Account)을 통한 직접적인 방식이든, 아니면 기업이 제공하는 의료보험의 세금 공제를 통한 간접적인 방식이든]. 그리고 교육비와 보육비도 세금 공제 대상이다. 자녀에 대해서도 세금 공제를 받을 수 있으며 가난한 가구는 근로소득 세액 공제(Earned Income Tax Credit)도 받을 수 있다. 심지어 담보대출[미국 정부의 모기지은행인 패니메이(Fannie Mae)가 보증하는]에 따른 이자 비용까지도 세금 공제 대상이다.

이렇게 보면 미국 정부는 여전히 연대주의 방안을 제공하고 있다. 미국은 흔히 말하듯 오롯이 혼자 힘으로만 살아가야 하는 나라가 아니다. 다만 그 방안은 더 높은 정부 지출이 아니라 더 낮은 세금의 모습으로 위장하고 있을 뿐이다. 그리고 부유할수록 더 많은 세금을 낸다는 점에서 이런 형태의 소득 공제와 세액 공제는 부자들에게 더 큰 의미가 있다.

이처럼 드러나지 않는 미국의 사회복지는 일반적인 미국 납세자(이로부터 혜택을 받고 있음에도)의 이해 수준 바깥에서 작동하고 있다. 미국의 복잡한 세무 신고를 고려하면 혜택을 받고 있다는 사실을 이해하지 못한다고 해서 미국 납세자들을 비난할 수는 없다. 하지만 이는 미국인들이 인식하는 정부의 혜택과 정부가 실제로 지원하고 지급하는 혜택의 단절을 유발한다. 이런 단절은 시민들의 불만을 잠재우는 것 외에 미국의 복지 정책에 도움이 되지 않는다. 지금의 상황은 이런 문제를 더 악화시키는 듯하다. 보이지 않는 사회복지로부터 혜택을 받고 있으며 의료비와 담보대출 이자로 세금 공제를 받는 부유한 시민들은 참으로 아이러니하게도 이런 복지제도에 가장 반발하고 있다.

뚜렷하게 드러나는 사회복지와 숨어서 드러나지 않는 사회복지 사이의 이런 차이는 비단 미국만의 현상은 아니다. 예를 들면 호주도 총지출과 순지출에서 큰 차이를 보인다. 그리고 이런 현상은 시민들이 정치와 정책을 연결하는 방식을 왜곡시킨다. 미국처럼 가시성이 낮은 사회복지를 실행하는 국가의 경우 시민들은 경제 차원에서 정당들을 좌우 스펙트럼으로 나열하기가 힘들고, 자신의 정책적 성향을 특정 정당에 대한 지지로 연결하기가 힘들다고 느낀다. 반면 스웨덴의 사회복지는 정치적인 상호 공격과 끊임없는 위협의 대상이 아니며 유권자 대중은 그 역할을 분명하게 이해한다. 물론 일부 사람들(일반적으로 사회의 가난한 구성원들)은 다른 사람들보다 그 복지제도를 더 좋아한다. 하지만 그들의 사회복지가 어떤 기능을 하는지에 대한 의견 차이는 거의 찾아볼 수 없다.

이런 사실은 비록 돈이 더 많이 들어가기는 하지만 가시성이 높은 보편적인 사회복지가 가장 확실한 방식이라고 말할 수 있는 근거다. 불행한 이를 돕겠다는 정치적 약속은 언제든 부자들의 위협으로 중단될 위험이 있다. 그래서 그런 약속은 구체적인 제도에 기반을 둬야 한다. 그리고 사람들이 자신이 얻는 혜택을 분명하게 인식하고 그 제도의 논리를 이해할 수 있어야 한다. 복지제도가 우리 모두를 위해 어떻게 기능하고 있는지 쉽게 이해할 수 있을 때 우리는 연대의 덫에서 수월하게 빠져나올 수 있다.

보편주의가 만병통치약은 아니다. 우리가 제공할 수 있는 자원에 내재적인 한계가 있다면 어떻게 해야 할까? 일부 공공 서비스는 그 본질을 근본적으로 바꾸지 않고서는 모두에게 제공할 수 없다. 분명한 사례로 공공 엘리트 고등 교육을 들 수 있다. 이것은 두 가지 이유에서 보편화하기 힘들다. 첫째는 논리적인 차원에서다. 국가나 주에 있는 단 하나의 일류 대학이 모든 고등학교 졸업자를 수용할 수는 없다. 둘째는 다소 냉소적인 차원에서다. 보편화를 추진해서는 특정 제도를 일류로 유지할 수 없다.

물론 이런 생각은 애초에 왜 엘리트 제도가 필요한 것인지 의문을 제기한다. 국가는 일부 학생에게 더 수준 높은 교육을 제공하기 위해 개입해야 할까? 그러나 어떤 국가도 모든 대학이 똑같은 권위를 인정받는 평등한 교육 시스템을 구축할 수는 없다. 대학 교육을 위한 공정한 경기장으로 널리 알려진 스웨덴과 핀란드 같은 나라에서도 대학의 서열이 암묵적으로 존재하며, 고등학교 졸업생과 부모들은 이를 잘 알고 있다.

우리는 제한적인 기회를 공정하게 분배할 수 있을까? 그리고 이는 연대주의 차원에서 가능할까? 과거 엘리트 대학의 접근 가능성은 가구 소득과 밀접한 상관관계가 있었다. 그 이유는 소수의 학생만이 대학에 진학했고 대학의 수 역시 상대적으로 적었기 때문이었다. 그래서 우파 정당들은 전통적으로 대학에 대한 정부의 높은 지원을 옹호했다.

그러나 부유한 국가들 사이에서 대학 등록률이 오르면서 점차 좌파 정당들이 대학 교육에 대한 높은 정부 지출을 주장하기 시작했고, 우파 정당들은 반대로 회의적인 태도를 드러냈다. 이는 1960년대 상황과 극명한 대조를 이룬다. 동시에 높은 대학 등록률은 좌파와 우파 정당 모두에 새로운 도전 과제를 안겨주었다. 바로 대규모 대학 교육 시스템 내부에 엘리트 대학이 여전히 존재한다는 사실이었다. 이런 일류 대학이 기존 엘리트 집단의 사교 무대가 되지 않도록 막으려면 어떻게 입학 자격을 할당해야 할까?

이에 대해 양 진영의 정치인들이 내놓은 대답은 일종의 '능력주의'였다. 그런데 '능력'을 평가하는 기준은 오랫동안 치열한 논쟁의 대상이었다. 학생들을 시험 성적으로만 뽑아야 할까? 그렇다면 부모가 사교육 기회를 충분히 제공할 수 있는 부유한 가정의 자녀들에게 유리하지 않을까? 그리고 표준화된 시험이 인종적 편견을 암묵적으로 담고 있다는 소수 민족의 우려는 어떤가? 나아가 대학은 오로지 학업 성과만 고려해야 할까? 그러나 이런 접근 방식은 대학들이 광범위한 역량과 배경지식을 지닌 학생들과 더불어 폭넓고 거시적인 방향으로 나아가고자 할 때 학문적인 단일 문화로 이어질 수 있다.

미국의 많은 주에서 실행하는 소수집단 우대정책(affirmative action, 인종을 기준으로 하는 입학 할당제)은 이 문제를 극단으로 몰고 갔다. 캘리포니아주 정부에서 대학이 학생의 인종적 구성을 고려하지 못하게 하자 캘리포니아대학교(UC) 시스템의 인구 구성에서 놀라운 변화가 나타났다. 즉 흑인 학생과 히스패닉계 학생들의 수가 크게 줄어들었다. 연대에 관한 다양한 정책 논의에서 그랬던 것처럼 민족적 다양성은 보수 진영과 진보 진영 사이의 전쟁터가 됐다.

UC 시스템에서 변화가 나타나면서 대학들이 다양한 형태로 단일 문화로 나아가는 흐름을 막기 위한 정책적 대응이 이어졌다. UC 시스템은 캘리포니아주의 모든 고등학교에 걸쳐 학업 성적이 상위 9퍼센트 안에 드는 학생들에게 UC 시스템 대학교에 입학(학생들이 원하는 최고의 선택은 아니라고 해도)을 허용하는 정책을 실행했다. 이는 순수한 성과 기반 정책이었다.

동시에 캘리포니아대학교는 각각의 고등학교에서 상위 9퍼센트 안에 드는(해당 학교에서 기존 성적을 기반으로) 모든 학생에게 입학을 허가하는 ELC(Eligibility in the Local Context, 지역 차원의 입학 자격) 정책도 내놨다. ELC는 예전에 특정 고등학교의 학업 성적을 자격 기준(대표적으로 텍사스대학교 오스틴 캠퍼스에 입학하기 위한)으로 활용했던 TTP(Texas Top Ten Percent)라는 텍사스대학교 정책과 설계적인 측면에서 유사했다.

그런데 ELC와 TTP는 희귀한 기회를 공정하게 배분하는 과제와 관련해 연대의 덫에서 벗어나는 데 도움이 됐을까? 이 질문에 좋은 소식과 나쁜 소식이 있다. ELC 자격을 얻은 학생들은 유명하지 않은 대학들보다 캘리포니아대학교 계열 대학들에 약 10퍼센트 더 많이 입학했다. 이들 학생의 절반은 과소 대표 소수 집단(Under Represented Minority, URM) 출신이었고 그들의 SAT 점수는 일반적인 과정을 거쳐 입학한 학생보다 크게 낮았다. 이런 점에서 ELC는 전통적으로 일류 대학에 많은 학생을 진학시키지 못하는 고등학교 출신의 학생들에게 기회의 문을 넓혀주는 역할을 했다.

TTP 역시 이런 유형의 학생들에게 긍정적인 영향을 미쳤다. 텍사스대학교 오스틴 캠퍼스가 '끌어들인' 학생들은 더 많이 졸업했고 중기적으로 더 높은 소득을 올렸다. 반면 '배제된' 학생들(TTP 프로그램 없이 오스틴 캠퍼스에 입학한)은 아무런 차이를 보이지 않았다. 다시 말해 평등을 개선하고자 했던 프로그램이 동시에 효율도 개선했던 것이다.

이런 프로그램의 성공에도 불구하고 연대의 덫은 여전히 입을 벌리고 있다. 한편 전략적인 부모들은 이론적으로 이런 새로운 정책을 이용할 수 있다. 자녀가 캘리포니아대학교나 텍사스대학교 오스틴 캠퍼스에 들어가길 원하는가? 그렇다면 학교에서 더 높은 성적 순위를 차지할 수 있는 경쟁력 없는 학군으로 이사하라.

그러나 이런 전략에는 분명 한계가 있다. 가족 전체가 이사하는 것은 절대 쉬운 문제가 아니다. 그리고 그 선택이 실제로 도움이 될지는 분명하지 않다. 그런데도 경제학자들은 이사를 통해 도움을 받을 수 있었던 텍사스 가구의 약 5퍼센트가 실제로 이사했다는 사실을 확인했다. 이는 다시 TTP 그룹 내에서 소수 민족 학생이 차지하는 비중을 낮췄다. 이런 점에서 TTP 같은 정책은 대부분의 연대주의적 프로그램과 마찬가지로 전략적으로 이용될 위험이 있다.

이런 프로그램의 설계에는 고려해야 할 추가적인 사항이 있다. 이들 프로그램은 민족적 다양성을 높이겠다고 약속한다. 이런 프로그램으로부터 혜택을 받는 가난한 고등학생이 소수 민족 집단에 더 많이 포함되어 있기 때문이다. 하지만 이런 프로그램이 대학 내에서 민족적 다양성을 계속해서 높이기 위해서는 똑같은 형태로 유지되어야 한다. 다시 말해 이런 프로그램은 학교 간 인종적 분리를 '고착화'할 위험이 있다. 연대가 사라진 자리를 분리주의가 차지하는 것은 비극적인 아이러니다. 그러므로 우리는 이런 프로그램을 계속해서 개선하고 새롭게 설계함으로써 진화하는 문제를 해결해나가야 한다. 물론 정부로서는 쉽지 않은 과제다.

연대의 덫에서 빠져나오기 위해서는 '우리'의 범위를 넓혀야 한다. 연대를 가로막는 다양한 문제는 시대와 집단에 걸쳐 공공의 선에 대한 협소한 인식에서 비롯된다. 그 해결책은 공동체를 인식하는 규범을 바꾸는 것이다. 이 말은 국가 내부의 민족적, 종교적, 언어적 분열을 극복한다는 뜻이다. 이는 결코 쉬운 과제가 아니다. 하지만 시민 국가주의의 사례에서 우리는 한 가지 탈출구를 봤다. 즉 연대의 국가적 특성을 강조함으로써 다양한 집단을 결속시킬 수 있다.

영국인들이 국민의료서비스를 '국가 종교'처럼 생각한다는 사실은 이 제도가 없었더라면 사회복지 수준이 낮았을 영국에서 국민의료서비스가 지속적인 인기를 누리는 이유를 설명해준다. 의료보험은 규범을 바꾸기 위해 특히 유용한 수단이다. 그 이유는 일반적으로 수혜자가 민족적, 종교적으로 대단히 다양하기 때문이다. 실제로 환자들은 치료받는 동안에 국가적인 다양성에 노출된다.

또한 우리는 더 많은 사람이 연대에 참여하도록 제도를 설계해야 한다. 예를 들어 스웨덴의 보편적 사회복지를 생각해보자. 스웨덴의 사회복지는 정체를 숨기는 것이 아니라 스스로 그 존재를 분명하게 드러냄으로써 성공을 거뒀다. 세금 공제를 통해 공적 지출을 숨기는 것이 아니라 시민들이 세금이 어디에 쓰이는지 쉽게 알 수 있게 할 때, 이런 투명성을 통해 사회복지에 대한 시민의 지지를 더욱 강화할 수 있다. 따라서 연대에 대한 공적 지원의 확대를 주장하는 사람들은 그 정책을 세법 속에 숨길 것이 아니라 정부가 무엇을 지원하는지에 대해 솔직하고 투명해야 한다.

또한 우리는 UBI 설계자에 대해서도 똑같은 이야기를 할 수 있다.

UBI 안에는 우리를 연대의 덫에서 벗어나게 해줄 다양한 특성이 있다. 그러나 우리는 UBI의 단순함이 이를 주장해야 할 이유라고 생각하기보다는 먼저 UBI를 기존 사회복지 프로그램과 결합하는 방식을 고민해야 한다. 하룻밤 새에 연대 시스템 전체를 바꿀 수 없다. 우리는 서로를 향한 지지라고 하는 공통의 기반을 확실하고 안정적으로 그리고 신뢰로 구축해야 한다.

4부

안전

독재의 위험을 감수하지 않고서
무정부 상태를 피할 수는 없다

13장

전염병 그리고 봉쇄된 도시

"코로나바이러스 공포를 퍼뜨리는 사람들은 중단하라. 당신들은 우리 어머니를 겁주고 있다!"

데이비드 애들러(David Adler)는 예전에 노동자들의 마을이었다가 이제는 유행을 좇는 지역민들에게 사랑받는 자유분방한 로마의 마을로 변신한 산 로렌초의 한 아파트에 살고 있었다. 밖에서는 요란한 파티가 한창이었다. 이탈리아 북부 지역에 코로나바이러스가 급속도로 확산되고 있다는 소식은 다들 알고 있었지만 로마는 아직 직접적인 타격을 입지 않았다. 여전히 봄날은 따스하고 공기는 상쾌했다.

당시 데이비드는 로마에서 1년을 보내고 있었다. 그동안 대학원생들로 바글거리긴 했지만 그래도 고급 호텔처럼 플로렌스 언덕에 자리잡은 유럽대학원(European University Institute)으로 출근했다. 로마에 살기 시작하면서 그는 플로렌스에서 일하게 된 2020년이 좋은 한 해가 될 것으로 기대했다.

그러나 온라인에서 본 상황은 그리 좋아 보이지 않았다. 이제 막 이탈리아에 자리 잡은 미국인이었던 그는 고향에 있는 가족에게 로마의 상황은 아직 정상이라는 사실을 보여주고자 했다. 맨 위에서 언급했듯이 자신의 어머니에 관해 데이비드가 올린 트위터 글은 호들갑스러운 온라인 세상과 다소 느긋한 로마 거리 사이의 뚜렷한 차이를 보여줬다.

데이비드는 산 로렌초 골목을 돌아다니며 샌프란시스코에 있는 형제에게 페이스타임을 통해 술 취한 로마 사람들이 거리에서 파티를 벌이는 모습을 실시간으로 중계했다. 물론 로마인들 역시 전염병이 베르가모와 밀란, 베로나 등 이탈리아 북부 지역에 퍼지고 있다는 사실을 모르지 않았다. 이들 모두 위기의 그림자가 서서히 다가오는 것을 느끼고 있었다. 그래도 이탈리아 정부는 아직 호루라기를 불지 않았다. 지금으로서 상황은 여느 때와 다를 바 없었다.

그러나 다음 날인 3월 9일 일요일, 깔끔한 정장에 푸른색 넥타이를 맨 주세페 콘테(Giuseppe Conte) 총리가 국민에게 '모두 집에 머물러야 한다'라는 내용의 발표를 했다. 그 메시지는 분명했다. 이제 이탈리아 정부는 예외 없이 혹은 경찰 재량에 따라 격리 조치를 시행할 것이었다. 이탈리아 사람들은 갑자기 고립됐다. 식료품을 사거나 운동을 하거나 필수적인 업무나 건강상의 이유로만 외출할 수 있었다.

총리의 발표는 데이비드에게 두 달 동안 로마의 조그마한 아파트에 갇혀 지내야 한다는 사실을 의미했다. 그는 창문으로 텅 빈 거리를 내려다봤다. 푸른색 제복을 입은 이탈리아 헌병대인 카라비니에리(carabinieri) 대원들이 드물게 지나다니는 행인을 멈춰 세우고는 외출한 이유를 확인하고, 충분치 않으면 그들을 집으로 돌려보내는 모습이 눈에 들어왔다. 격리 조치가 강화되면서 경찰은 대담하게도 무력까지 동원해서 봉쇄를 강화했다. 그 과정에서 때로 우스꽝스러운 장면이 연출되기도 했다. 가령 드론을 띄우거나 사륜 오토바이를 타고 다니면서 해안에서 홀로 일광욕을 즐기는 사람들을 체포하는 경찰의 모습이 담긴 영상이 널리 퍼졌다. 다른 한편으로 비극적인 경우도 있었다. 면접권 박탈로 교도소에서 폭동이 일어나면서 12명의 재소자가 사망하는 사건이 발생했다.

강력한 치안 상황 속에서 사소한 위반이 일어나기는 했지만 사람들 대부분이 격리 조치를 잘 따랐다. 데이비드와 아파트 주민들은 운동을 위해 외출이 허용됐지만 집에서 200미터 경계를 벗어나서는 안 되었다. 그러나 시민당 경찰관 수가 유럽에서 가장 많은(10만 명당 450명으로 영국과 스웨덴의 두 배에 이르는) 이탈리아에서도 이 규정을 어긴 사람을 모두 추적할 수는 없는 노릇이었다. 이탈리아 당국은 개인의 양심에 따르건, 아니면 참견을 잘하는 이웃이 당국에 신고할지도 모른다는 우려 때문이건(실제로 사람들은 종종 신고를 했다) 시민들이 자율적으로 규정을 따르기를 기대할 수밖에 없었다.

해가 점점 길어지고 지중해의 풍광이 화려함을 더해가는 가운데, 로마인들은 집 안에 머물면서 산 로렌초 봄날의 저녁을 상징하는 즐거운 파세지아타(passeggiata, 해가 질 무렵에 도시의 거리나 광장에서 사람들과 함께 만남을 즐기는 이탈리아 사람들의 전통적인 활동-옮긴이)를 자제했다. 격리 조치는 대부분 효과적이었고, 그해 봄에 걸쳐 감염자 수는 크게 줄었다. 하지만 이는 자유와 즐거움을 추구하는 로마인들의 일상적인 삶을 억압해서 가능했던 일이었다.

몇 달 전 코로나바이러스가 처음 출현했던 중국 우한의 경우, 질서의 균형은 분명히 경찰 쪽으로 기울었다. 격리 조치가 그들의 자유를 침식할 것이라는 사실을 아직 깨닫지 못한 서구 세상의 시청자들은 강제 격리 정책을 실행한 우한의 디스토피아 상황을 믿지 못하겠다는 듯 멍한 표정으로 그 장면을 지켜봤다.

가장 충격적이었던 건 공무원들이 우한 아파트 단지 주민들이 밖으로 나오지 못하도록 출입문을 용접해서 막아버리는 영상이었다. 이탈리아 도심 지역과 마찬가지로 우한 시민들 대부분은 대규모 아파트 건물에서 살았고, 그래서 중국 당국은 주민들의 출입을 수월하게 감시할 수 있었다. 그러나 이탈리아와는 달리 중국의 격리 정책은 대단히 엄격했다. 1월부터 우한 시민들은 3일에 한 번, 그것도 한 번에 한 사람씩만 외출할 수 있었다. 아파도 건물을 벗어날 수 없었고 병원에 가려면 주민위원회의 승인을 받아야 했다. 우한 전역에 걸쳐 거대한 노란색 바리케이드가 건물과 동네를 가로막았다.

4월에 우한 시민 1,100만 명이 아파트에서 외출이 허락됐을 때 노란색 바리케이드 대신 노란색 코드가 그들의 이동을 막았다. 시민들은 검문소를 통과하기 위해 스마트폰에 저장한 QR 코드를 경찰의 스캐너에 대야 했다. 코드는 색깔별로 달랐다. 녹색은 자유로운 이동을, 노란색은 일주일 격리를, 붉은색은 2주일 격리를 의미했다. 주민들은 아파트 단지 정문에서 제복 입은 정부 요원에게 통제를 당하거나 코드를 통해 보이지 않는 방식으로 통제를 당했다.

자신의 의지와 상관없이 철제 차단기나 스마트폰 앱으로 외출이 통제된 중국 시민들은 어쩔 수 없이 규제를 따라야 했다. 중국 정부는

2003년 수천 명의 중국인이 사망했던 SARS의 기억에서 그리고 외부인을 의심하는 시골 지역 문화에서 도움을 받았다. 바이러스를 두려워했던 농부들은 설 명절 기간에 원치 않는 방문객 유입을 막기 위해 마을 주변에 도랑을 파서 도로를 폐쇄했다.

전반적으로 바이러스 위험으로부터 자유로웠던 베이징과 상하이에서도 이동은 제한됐다. 베이징에서 근무하는 〈파이낸셜타임스〉 편집자 유안 양(Yuan Yang)은 이렇게 당시를 떠올렸다. "베이징 시민들은 국가가 지시하기 전부디 우한에 이어 자발적으로 지가 격리를 시작했습니다." 그리고 아파트 주민위원회에서 자발적으로 방문객 출입을 금지하기 시작했다고 덧붙였다.

중국 정부와 시민은 모두 자유보다 안전을 택했다. 그리고 그 선택은 성공적이었다. 그해 말 우한은 일상을 되찾았다. 제한은 사라졌고 매장들은 문을 열었으며, 사람들은 밖으로 돌아다녔다. 2022년 중반 중국에서 보고된 총사망자 수는 2만 5,000명 미만이었다. 이 수치는 17만 5,000명의 이탈리아 그리고 100만 명을 넘긴 미국과는 큰 대조를 이뤘다. 중국은 전염병을 억제했다. 동시에 시민들을 억제했다.

우한으로부터 지구 한 바퀴의 4분의 1만큼 떨어진 곳에 사우스다코타주 스터지스가 있다. 매년 8월이면 50만 명의 오토바이 마니아들이 스터지스 랠리에 참가하기 위해 모여든다. 스터지스 사례를 객관적으로 바라보기 위해, 먼저 사우스다코타주의 평균 인구는 90만 명이 채 되지 않는다는 점에 유념하자. 코로나바이러스가 창궐하는 동안 스터지스는 오토바이 대회를 그대로 강행했을까?

코로나 기간에 미국 정부는 사회적 거리두기에 관한 규칙을 연방 차원에서 단 하나도 내놓지 않았다. 각 주는 자체적인 의료 상황과 지역 정치에 따라 규칙을 정했다. 그래서 바로 그 '민주주의 실험실(느슨한 형태의 미국 연방주의를 일컫는 말)'은 실험실 사고(事故)의 위험에 그대로 노출되고 말았다.

사우스다코타주는 자유를 중요하게 여기는 지역이었다. 이 지역 주민들은 그들의 터전이 혼자 힘으로 살아가는 자립적인 지역이라고 인식했다. 그들은 마스크를 쓰고 '집에 머물라'라는 지시와 여러 다양한 공공보건 규칙을 회의적인 시선으로 바라봤다. 또한 사우스다코타는 전형적인 농촌 지역이었기에 사회적 거리두기는 사실상 큰 의미가 없었다.

사우스다코타 주지사인 크리스티 놈(Kristi Noem)은 주민들 스스로 위험에 대처할 것이라고 믿는다면서 이렇게 말했다. "마스크 착용을 원하는 주민은 얼마든지 그렇게 할 수 있습니다. 마찬가지로 마스크를 원치 않는 주민은 억지로 마스크를 쓸 필요가 없습니다. 그리고 정부는 이를 강제해서는 안 됩니다."

그해 스터지스 랠리는 다른 해보다 참가자가 조금 줄어든 가운데 그대로 진행됐다. 그러나 9월에 놈은 그 대회가 '슈퍼 전파자' 행사였다는 비난에 직면하고 말았다. 몇 주 후 〈뉴욕타임스〉는 코로나로 사망한 행사 참가자들에 관한 기사를 보도했다. 이후 11월 초가 되자 주간 신규 감염자 수는 사우스다코타주 인구의 1.5퍼센트를 넘어섰다. 사망자 수 역시 12월까지 미국의 모든 주보다 높은 비율로 증가했다. 광활하게 펼쳐진 초원과 주민 개인의 책임만으로는 전염병을 막지 못했다. 그리고 주민을 '성인으로' 대하는 접근 방식은 그들의 감염을 막지 못했다. 우한이나 로마와는 달리, 미국 시민들은 실질적으로 그들의 개인적인 자유를 지켰다. 그러나 그 대가로 2022년 100만 명이 목숨을 잃었다.

그런데 자유는 그 정도의 대가를 감수할 만큼 가치 있는 것이었을까? 모든 국가의 시민들이 '독재의 위험을 감수하지 않고서 무정부 상태를 피할 수 없다'라고 말하는 안전의 덫에 직면했다. 그러나 그 반응은 제각기 달랐다.

전 세계 정부는 사회적 거리두기 지침을 따르지 않으려는 시민들의 반발에 부딪혔다. 주민들을 아파트 단지 안에 가둬둠으로써 규칙을 위반하지 않도록 막을 수 있지만, 제한이 풀리면 곧바로 무질서가 이어진다. 데이비드 애들러의 설명에 따르면 사람들은 격리 후 일주일 동안은 마치 대낮에 영화를 보고 나온 사람들처럼 새롭게 주어진 자유에 놀라서 조심스럽게 행동했다. 그리고 격리되어 있던 동안에는 "정치적 권한이 지나치게 강화되면서 보이지 않는 경계를 항상 느낄 수 있었습니다. 그러나 격리가 풀리자 경계는 사라졌고 사람들은 부모 곁을 떠난 대학 신입생처럼 행동했습니다".

이탈리아 사람들은 그렇게 다시 술집으로 몰려들고, 파티를 열었으며, 마스크를 빗고 마음대로 돌아다니기 시작했다. 물론 마스크를 가지고 다니기는 했다. 그러나 데이비드가 떠올리듯 그의 이탈리아 이웃들은 산 로렌초 거리로 돌아와 "마스크를 팔에다 끼우고서" 다시 파티를 열었다.

격리는 무척 힘든 일이다. 우리는 사회적 동물이다. 그리고 직장이 있다. 모두가 쉽게 격리 지침을 따르면서 생계를 유지할 수 있는 건 아니다. 부모와 배우자, 자녀와 함께 고층 아파트에 사는 택시 운전사는 일하는 동안 그리고 집에 돌아와서도 사회적 거리두기를 쉽게 실천할 수 없다. 나처럼 대학교수로 재택근무가 가능하거나(이 말은 오랜 시간 줌을 하면서 보내야 한다는 의미다) 정원이 딸린 주택에 사는 사람에게는 격리가 즐겁지는 않다고 해도 충분히 할 수 있고 견딜 수 있는 일이다. 그러나 모두가 그런 것은 아니다.

개인의 행동 방식 차이는 일하고 살아가는 곳보다 정치적 이념에서 더 두드러지게 드러났다. 특히 격리라는 억압을 얼마나 적극적으로 참고 견딜 것인지에서 중요한 것은 신뢰였다. 2020년 10월에 나는 사람들이 어떻게 사회적 거리두기에 대해 반응하는지 알아보기 위해 1,600명의 영국인을 대상으로 설문조사를 실시했다. 사회적 거리두기 지침에 대한 사람들의 반응을 보여주는 한 가지 강력한 기준은 2016년에 브렉시트 국민투표에서 그들이 던진 표였다. 브렉시트에 찬성한 사람들은 브뤼셀로부터 거리를 두기를 원했지만 서로 간의 거리는 원하지 않았다. 또한 그들은 정부의 과학 전문가들을 신뢰하지 않았고 백신도 맞지 않으려 했다. 전반적으로, 정부를 신뢰하지 않는 사람들은 전염병의 존재도 믿으려 하지 않았다.

이와 똑같은 패턴이 사람들의 행동 방식에서도 드러났다. 우리는 구글이 수집한 사람들의 휴대전화 위치 정보를 통해, EU 탈퇴에 찬성한 영국 내 지역 주민들은 집에 머무는 경향이 훨씬 더 적었다는 사실을 확인했다. 이런 결론은 지역의 부와 인구 구성을 고려한다고 해도 마찬가지였다. 미국에서도 2016년 대선에서 트럼프에게 투표했던 카운티 주민들은 전염병이 확산하는 동안에 집에 덜 머물렀다. 게다가 덴마크와 스웨덴 등 정부에 대한 신뢰가 큰 스칸디나비아 국가들에서조차, 포퓰리즘 정치인을 많이 지지하거나 정부에 대한 신뢰가 비교적 낮은 지역의 주민들은 사회적 거리두기를 덜 실천한 것으로 드러났다.

일반적인 상황에서 정부를 신뢰하지 않은 이들은 예외적인 상황에서도 정부를 믿지 않았다. 사실 중국의 경우처럼 국가 권력을 비판적으로 바라볼 수 있는 다양한 이유는 존재한다. 그러나 사우스다코타주에서처럼 원하는 대로 자유롭게 행동할 때 우리는 주변 사람들에게 피해를 주게 된다.

2019년에 어떤 민주주의 정부도 그들이 내년에 시민들에게 무엇을 요구할 것인지 상상조차 하지 못했다. 그리고 경찰은 물론 군대까지 동원해서 이런 요구를 강제할 것이라고는 전혀 예상하지 못했다. 그러나 바이러스가 확산하면서 각국 정부는 전시 상태로 접어들었다. 정부는 시민들이 자발적으로 움직이지 않을 때도 안전 보장이라는 그들의 최고 임무를 외면할 수 없었다. 안전은 날카로운 칼날 위에 균형을 잡고 서 있었다. 이런 상황에서 국가는 어떻게 권력자에게 권력이 집중되는 위험한 유혹의 먹잇감이 되지 않고서도 안전을 보장할 수 있을까? 우리는 어떻게 무정부 상태와 억압의 위험을 모두 피하고 안전의 덫에서 벗어날 수 있을까?

14장

무정부 상태와 억압의 줄다리기

나는 매일 침대에서 푹 잠을 자고 눈을 뜬다. 물론 숙면하지 못할 때도 있다. 그래도 한쪽 눈을 뜨고 자지는 않는다. 나는 항상 같은 자리에 놓여 있는 휴대전화에 손을 뻗어 뉴스와 이메일을 확인한다. 그리고 입을 옷을 살펴보고는 계단을 내려가 주전자에 물을 올리고 베이글을 굽는다. 아침을 먹고는 운전을 한다. 아이들을 내려다 주고 나서 옥스퍼드대학교의 중심에 위치한 내 사무실로 들어간다. 출근길은 느리고 막히지만 특별한 일은 벌어지지 않는다. 그렇게 매일 비슷하게 흘러간다.

이 모두는 일반적이고, 지루하고, 일상적인 듯 보인다. 그런데 정말 그럴까? 나는 어떻게 바스락거리거나 윙윙대는 소리 혹은 개가 울부짖는 소리에도 깨지 않고 밤새 잘 수 있는 걸까? 내 옷과 휴대전화, 인터넷 케이블은 어제 있던 자리에 그대로 있다. 감사하게도 내 차도 그렇다. 집 밖에 세워뒀는데도 말이다. 어쩌면 차 문을 잠그지 않았을지도 모른다. 출근길 역시 매일 똑같다. 차가 멈췄을 때 누가 뭔가를 팔기 위해, 물건을 훔치기 위해, 총으로 위협하기 위해 다가올지 모른다고 걱정하지 않는다. 내 일상은 다소 지루하지만 그래도 안전하다.

그런 점에서 나는 운이 좋다. 이 책을 읽고 있는 당신도 아마 그럴 것이다. 우리는 일종의 거품 안에서 살고 있다. 눈에 보이지 않지만 우리를 보호하는 막에 둘러싸여 있다. 단지 우리만이 아니다. 보호막은 우리의 재산도 지켜준다. 어느 날 퇴근하고 돌아왔는데 도둑이 들어 집이 엉망이 되어 있을 수도 있다. 그러면 나는 충격과 함께 두려움과 절망감을 느낄 것이다. 하지만 사방에 존재하는 잠재적인 위험에도 불구하고, 우리의 몸과 소유물은 대부분 온전하고 안전하게 유지된다.

그런데 우리가 정말로 놀라야 할 부분은 이런 상황이 일반적이라는 사실이다. 수십억 인구(부유한 국가 대부분과 몇몇 개발도상국에서 증가하는 인구)가 이처럼 안전한 거품 속에서 살아간다. 그건 놀라운 일이다. 인류 역사 전반에 비춰 볼 때 이는 정말로 특별한 경험이다. 그러나 안타깝게도 오늘날 많은 사람이 그런 세상에서 살아가지 못하고 있다. 가난한 지역이나 안정적인 정부가 들어서지 않은 국가에서 이와 같은 일상적인 안전은 먼 나라의 이야기다. 수천 년 전 이런 세상은 바라기만 할 뿐 기대할 수 없었다. 그러나 지난 몇 세기에 걸쳐 적어도 부유한 지역의 주민들은 이런 세상을 누리고 있다. 그 세상은 우리 사회가 숨 쉬는 공기다.

그런데 이런 보호막이 사라지면 세상은 어떻게 될까? 안전이 사라지면 우리는 '무정부 상태'에서, 다시 말해 정부가 없는 상태에서 살아가야 한다.

정부가 사라진 세상이란 곧 규칙과 합의, 권리, 평화를 실현할 제 3자가 없는 세상을 말한다. 우리는 모두 혼자 힘으로 살아가야 한다. 무정부 사회는 자력으로 살아가야 하는 사회다. 그러나 여기서 말하는 자력이란 커뮤니티센터에서 따뜻한 스웨터를 입고 요가를 하는 사람들이 말하는 그런 자력이 아니다. 무정부 상태에서는 그 누구도, 어떤 서면 합의도 믿을 수 없다.

정부가 없는 세상에서 살아남기 위해서는 언제나 최악의 상황을 가정해야 한다. 혹시 누군가 한밤중에 나를 공격할지 모른다. 그래서 한쪽 눈을 뜨고 자야 한다. 누군가 내 물건을 훔치거나 망가뜨릴 수 있다. 나는 이곳저곳을 자유롭게 돌아다닐 수 있지만 출근길에 다칠 수도 있다. 게다가 옥스퍼드 사무실에 무사히 도착했다고 해도 건물에 불이 나지 않을 것이라는 보장은 없다.

토머스 홉스는 당시 사회가 무정부적인 '자연의 상태'로 돌아가기 직전에 동요하고 있다고 말했다. 여기서 '자연의 상태'란 우리가 생각하는 매력적인 상태가 아니다. 자연에는 제3자가 없다. 그리고 '정글의 법칙'이라는 표현에는 어폐가 있다. 정글에는 강제할 규칙이나 심판이 없으므로 법칙이 애초에 존재하지 않는다. 나는 누구의 약속도 믿지 못한다. 해야 할 일이라고는 나 자신을 지키는 것뿐이다.

토머스 홉스의 저서를 읽어본 적이 있다면 그가 남긴 말도 기억할 것이다. 사회를 떠난 자연의 상태에서 "인간의 삶은 고독하고, 가난하고, 끔찍하고, 야만적이고, 짧다". 물론 이 말은 자연 상태의 매력을 널리 알리는 긍정적인 문구는 아니다.

홉스가 말하고자 했던 의미는 무엇이었던가? 그는 밑바닥에서부터 그의 사회 이론을 쌓아 올렸다. 그의 가장 유명한 저서인 《리바이어던(Leviathan)》을 읽다 보면 그의 야심에 강한 인상을 받게 된다. 홉스는 '폭력적인 죽음에 대한 두려움'이라는 인간의 핵심적인 딜레마를 들여다봄으로써 이야기를 시작한다. 그의 이야기 속에서 우리는 사회가 사라진 상태에서 혼자서 살아간다. 충동과 욕망, 두려움에 따라 움직이는 동안 우리는 모든 것을 지키기 위해 최선을 다한다. 그리고 죽지 않기 위해 끊임없이 투쟁한다. 적들의 공격이 끊이지 않고 우리는 일상적인 삶의 예상치 못한 변화에서 벗어나지 못한다. 언제나 뒤를 돌아봐야 하기에 앞을 내다보지 못한다. 계획을 세울 수 없고, 투자할 수 없으며, 제대로 살아갈 수도 없다.

그러나 이와 같은 끝없는 만인 대 만인의 투쟁에서 벗어날 방법은 있다. 우리를 안전하게 지켜주고 합의를 보증해줄 보호자를 세운다면 우리는 미래를 바라볼 수 있다. 이를 위해 우리 모두를 하나로 뭉쳐 단일 주권에 복종하도록 만드는 '사회적 계약'이 필요하다. 홉스가 보기에 주권이란 우리를 위해 움직이면서 우리 모두의 절대적 복종을 강제하는 존재다. 《리바이어던》 표지에는 주권을 상징하는 거인 제왕이 시민들의 몸으로 이뤄져 있는 그림이 실려 있다. 이 그림을 보면 버락 오바마의 수많은 작은 사진이 그의 얼굴을 이루고 있는 유명한 포스터가 떠오른다.

홉스가 내놓은 대안의 중심에는 긴장이 있다. 주권을 가진 주체는 우리 모두를 보호하고 우리에 대한 절대적 권력을 갖고 있다. 그러나 우리는 이런 사실에 불편함을 느낀다. 우리는 더 이상 동료 시민을 감시할 필요가 없다. 제3의 존재가 다른 사람은 물론 우리 자신의 위반 행위를 처벌하기 때문이다. 그런데 우리는 그 주권을 신뢰할 수 있을까? 누가 그 주권에 규칙을 요구할 수 있을까? 그럴 수 있는 존재가 있을까?

홉스는 새로운 형태의 절대주의 국가를 위한 청사진을 제시했다. 여기서 사람들은 주권에 의문을 품을 수 없고 반드시 복종해야 한다. 홉스의 글을 읽을 때 우리가 느끼는 긴장의 실체는 바로 '독재의 위험을 감수하지 않고서 무정부 상태를 피할 수는 없다'라고 말하는 안전의 덫이다.

그런데 안전은 독재의 위험을 감수할 정도로 좋은 것일까? 우리는 안전이 홉스와 정반대되는 삶을 제공하리라고, 즉 우리의 삶을 '사교적이고, 부유하고, 친절하고, 세련되고, 길게' 만들어줄 것이라고 장담할 수 없다. 그렇지만 안전은 우리가 이런 목표를 향해 걸어가도록 길을 열어줄 수 있다.

안전으로부터 우리가 얻을 수 있는 첫 번째 이익은 분명하다. '우리는 생존의 문제를 넘어서 앞을 내다볼 수 있다.' 갑작스러운 공격을 받지 않을 것이라고 확신하지 못할 때 우리는 항상 자신을 지키기 위해 대비하거나 먼저 공격해야 한다. 내전이 일어나는 동안 시민들의 정신 건강이나 범죄율이 높은 지역에 사는 시민들의 정신 건강에 관한 연구 결과는 지속적인 경계가 정신적, 육체적으로 사람들을 병들게 한다는 사실을 보여준다.

외적 무질서는 내적 무질서로 이어진다. 혼란스러운 환경은 혼란스러운 마음을 유발한다. 사회학자들은 높은 범죄율과 무질서가 사람들의 정신 건강에 어떤 영향을 미치는지 오랫동안 연구했다. 무질서는 뚜렷하게 드러날 수도 있고(그래피티나 공공 기물 파손), 사람들이 서로를 함부로 대한다는 느낌처럼 암묵적으로 드러나기도 한다. 극심한 무질서를 경험한 사람들은 공포와 불안, 우울 같은 심리적 스트레스를 더 많이 보고한다. 이런 스트레스는 태아에게까지 영향을 미친다. 노스캐롤라이나주 주도인 롤리에서 임산부를 연구한 역학 전문가들은 범죄율이 높은 지역에 사는 여성의 경우 조산의 위험이 50퍼센트나 더 높다는 사실을 확인했다.

토머스 제퍼슨의 말이라고 종종 오해받는 유명한 격언이 있다. "자유의 대가는 영원한 경계다." 그런데 문제는 지치지 않고서 '영원히 경계'할 수는 없다는 사실이다. 스스로 보호받고 있다고 생각할 때 우리는 제대로 삶을 살아갈 수 있다. 그리고 장기적으로 계획을 세울 수 있다.

안전이 제공하는 두 번째 이익은 우리가 '장기적으로 투자'할 수 있도록 해준다는 것이다. 안전은 상황을 예측할 수 있게 해준다. 오늘 내가 공격이나 강도, 살해를 당할 위험이 없다고 확신한다면 내일도 나는 그런 위험을 느끼지 않을 것이다. 그리고 내 주변 사람들도 마찬가지일 것이다. 그래서 내일의 이익을 위해 오늘 노력해야 하는 과제에 에너지를 집중할 것이다. 즉 밭에 씨를 뿌리고, 도로를 건설하고, 교육을 받는 일에 투자할 것이다. 농업이 시작된 이후로 인류는 장기적으로 계획을 세우고 문명이 발전했으며 기술이 진화했다. 그러나 이런 흐름을 위해서는 부족장과 왕 그리고 의회와 같은 주권 기관이 안전을 제공해야 한다.

미국의 경제학자 맨커 올슨(Mancur Olson)은 주권이 가져다준 안정을 '정착한 강도(stationary bandit)'라고 불렀다. 이 용어는 긍정적인 표현으로 보이지 않는다. 그러나 올슨은 이를 '떠돌이 강도(roving bandit)'와 비교해서 설명했다. 확고한 규칙이 존재하지 않는 상태에서 사람들은 떠돌아다니는 악당으로부터 강도나 착취, 살인을 당할 위험이 있다. 떠돌이 강도들은 약탈물을 쫓고, 다른 약자를 물색하고, 파괴의 흔적을 남기고 떠난다.

이들을 비록 고압적이지만 안정적인 부족장이나 왕과 같은 통치자와 비교해보자. 통치자는 부패하고 잔인하고 탐욕적이지만 지역 농부와 마을 주민이 장기적으로 계획을 세우고 투자하도록 만들기 위해 노력한다. 그리고 주민의 투자가 나중에 열매를 맺으면 통치자는 칼을 들이대며 자신의 몫을 챙겨 간다. 정착한 통치자는 떠돌이 강도만큼 사악할 수 있지만 그래도 자신의 권력 아래에 있는 이들을 보호할 이유가 있다(비록 사람들의 노동에 따른 보상을 거둬들이기 위함이라고 해도). 안전은 착취적일 수 있지만 그래도 투자할 여건을 마련한다. 오늘날 서구 사회는 부족장이나 왕이 통치하지 않지만 법률과 법원, 경찰을 통해 그리고 필요할 때는 군대를 통해 주권 국가의 강력한 팔을 그대로 유지한다.

셋째로, 안전은 '신뢰'를 창조한다. 우리가 서로에게 하는 약속은 그 자체로 큰 의미가 없다. 계약은 스스로 강제하지 못한다. 우리는 상대방이 약속을 이행하기를 기대할 수밖에 없다. 그러나 상대가 능력이 없거나 거짓말을 했거나 애초에 지킬 생각이 없어서 약속을 저버리면 우리는 그저 운이 없는 것이다. 상대를 신뢰하기 어렵다고 생각했다면 애초에 약속이란 걸 하지 않았을 것이다. 그 결과 모두가 더 가난하고 더 고립된 삶을 살아갈 것이다.

우리에게 필요한 것은 제3의 집행자다. 계약과 합의를 지키도록 강제하는 누군가나 무언가가 필요하다. 이제 우리는 자신 있게 나가서 한 번도 만난 적이 없는 사람 혹은 다시 보지 않을 사람과 거래할 수 있다.

예를 들어 이베이를 생각해보자. 초기 인터넷은 통제 기구가 없는 익명의 사용지 네트워크였다. 즉 신뢰가 높은 공간이 아니었다. 그러나 이베이는 1990년대에 인터넷 세상에 등장한 중고 시장에서 거래를 보장하는 제3자로서 기능함으로써 혁신을 이뤄냈다. 이베이는 불량 판매자를 적발하고 안전한 지불 서비스를 제공해 초기 인터넷 세상의 무정부 상태를 극복했다. 그리고 그런 이베이 뒤에는 미국의 법률 시스템이, 그 뒤에는 미국 정부라는 크고 강력한 존재가 버티고 있었다. 이처럼 인터넷 세상에서 신뢰를 창조하기 위해서는 무엇보다 안전이 필요하다.

오늘날 우리 대부분은 자신의 집에서(개인적 안전) 그리고 자신의 나라에서(국가적 안전) 안전하게 살아간다. 그 두 가지는 우리의 안전을 뒷받침한다. 그렇다면 그보다 범위가 넓은 세 번째 안전은 어떨까? 안타깝게도 세 번째 안전은 존재하지 않는다. 우리는 국가를 보증인으로 삼아 다른 시민과 약속할 수 있다. 그러나 그 논리는 여기까지다. 국가가 우리에게 한 약속은 강제할 수 없다. 국가는 주권을 지닌 주체이며 국가 간의 안전을 보장하는 존재도 없다. 즉 '국제적 안전'이란 존재하지 않는다.

최근 우크라이나 전쟁이 분명히 보여주듯 국가들은 여전히 무정부 상태에서 살아간다. 어떤 외부 세력도 국가들이 합의를 따르고, 약속을 지키고, 서로에 대한 공격을 중단하도록 강제하지 못한다. 국가들은 북대서양조약기구(NATO) 같은 조약에 서명할 수 있다. 하지만 상황이 악화되면 그 조약이 지켜질 것이라고 장담하지 못한다.

우리는 지역적 안전 그리고 세계적 불안이 특징인 세상에 살고 있다. 국가는 밤새 뒤를 살피지 않겠지만 경계 태세를 항상 유지해야 한다. 그리고 여기에는 돈이 든다. 즉 값비싼 군대와 군사 기술이 필요하다. 연합이 허물어지거나 갑작스러운 위험에 처하지 않을 것이라고 확신하지 못하면 미래를 위한 계획 수립은 힘들다.

그리고 국가들은 서로 협상을 체결하지만 제대로 지키지 않는다. 예를 들어 미국은 변화하는 정치적 상황에 따라 파리 기후협약에 가입했다가 탈퇴하고 다시 가입했다. 마찬가지로 조약은 세계적인 승인을 얻지 못할 때 영향력을 발휘하지 못한다. 조약의 파기는 눈살을 찌푸리게 할지언정 어떤 국가도 억지로 규칙을 따를 의무는 없으며 이를 강제할 법정은 없다. 다른 국가들의 압박과 제재의 위협만이 있을 뿐이다.

우리는 국가의 주권을 포기하고서라도 세계의 안전을 원하는가? 최근의 민족주의 움직임 그리고 이탈리아와 영국, 인도 등의 정치인들이 거둔 성공은 그렇지 않다고 말한다. 세계 최고의 주권은 여전히 존재하지 않지만 그래도 우리는 선조들보다 더 안전한 국제적 환경에서 살아가고 있다. 어떻게 우리는 여기에 도달하게 됐을까?

리바이어던의 구축

정의는 생소한 개념이 아니다. 우리는 정의를 자율적으로 강제했다. 현대적인 형태의 경찰이 등장하기 전에 치안 유지는 대중의 몫이었다. 또한 그건 하나의 의무이기도 했다. 그러나 쉽게 짐작할 수 있듯이 이런 방식은 충분한 안전을 제공하지 못했다. 수 세기에 걸쳐 우리는 안전에 대한 약속을 강화하기 위해 아주 다양한 제도를 개발했다. 가령 오늘날 사법 시스템은 공공질서를 유지하고, 범죄를 수사하고, 범법자를 체포하고, 기소하고, 투옥하는 등 대단히 많은 역할을 한다. 하지만 이런 역할을 공정하게 효과적으로 수행하기 위한 경찰과 사법 및 수감 기관의 역량은 크게 달라졌다.

특히 1800년 이후로 한 가지 변화가 나타났다. 우리는 종종 고대 그리스와 로마를 의회와 법률, 규칙, 규제를 갖춘 현대 국가의 원형으로 여긴다. 그러나 적어도 초기에는 법률을 실행하기 위한 체계가 갖춰지지 않았다. 입법가 솔론이 등장하기 전 고대 아테네와 로마 공화정 시절에 범죄를 수사하고 법을 어긴 사람을 체포하는 일은 모두 시민의 몫이었다. 이런 측면에서 그로부터 천년이 흐른 중세 영국에서도 상황은 크게 달라지지 않았다.

예를 들어 당신이 15세기 중반의 가난한 농부라고 상상해보자. 당신은 지금 영국 시골 지역의 귀족 영지에서 농사를 지으며 살아간다. 그런데 누가 돼지를 도둑맞았다고 외친다. 이제 무슨 일이 벌어질까? 물론 지역 경찰관이나 절도 사건을 추적할 수사팀이 오지는 않을 것이다. 그렇다고 당신이 마을 주민으로서 돼지 도둑을 체포해야 할 책임이 있는 것도 아니다. 그저 한 주민이 도둑맞은 돼지를 발견하고는

"도둑이야!"라고 외친다. 그러면 마을 주민들이 하던 일을 멈추고 돼지 도둑을 잡아 마을 판사인 귀족에게 데려갈 것이다.

그렇게 정의는 공동체적이고 유기적이었다. 안전이 존재하기는 했다. 범법자는 마을 주민에게 붙잡혔고 지역의 귀족에게 재판과 처벌을 받았다. 그러나 그 과정은 허술하고 체계가 없었다. 그리고 마을 주민들은 치안 활동에 참여한다고 해서 특별한 보상을 받지는 않았기 때문에 그 의무를 수행해야 할 동기가 약했다. 주민들이 범죄를 예방하고 신고하도록 만든 것은 지역의 풍습과 전통뿐이었다.

19세기 초에 초기 형태의 치안 시스템이 등장했다. 그러나 체계적인 형태는 아니었다. 가령 '순경(constable)'은 이런 시스템에서 임명된 지역 경찰관으로, 그들의 주 임무는 밤에 마을을 순찰하는 것이었다. 그러나 이런 역할에도 보상이 주어지지 않았기에 사람들은 그 일을 맡는 것을 꺼렸다. 영국의 작가 대니얼 디포(Daniel Defoe)는 순경의 임무를 "개인의 시간을 너무 많이 잡아먹어서 일을 전혀 할 수 없게 만들고 때로 일상을 망치기까지 하는 참기 힘든 고통"이라고 설명했다. 이런 공동체적 자율 치안은 대단히 허약했으며 산업 도시들이 모습을 드러내면서 사라졌다.

그 시대의 치안 시스템이 허술하고 임의적인 것처럼 보인다면 처벌 형태에 대해 잠시 살펴보자. 오늘날 범죄자는 체포되고, 재판받고, 특정 기간 교도소에 수감된다. 사람들은 다양한 이유로 교정 시스템의 기능을 회의적으로 바라보지만 적어도 오늘날의 교도소는 지극히 표준화된 형태의 처벌에 해당한다. 나는 학생들을 긴장하게 만들려고 사무실 책장에 교도소 설계에 관한 놀라운 책을 일부러 꽂아놓았다.

그 책에 실린 많은 설계도와 사진은 런던에서 모스크바 그리고 아바나에서 후베이에 이르기까지 전 세계 교도소가 대단히 표준적인 형태로 지어졌으며, 부패와 위생 및 안전의 수준은 저마다 다르지만 그래도 대단히 유사한 기능을 한다는 사실을 보여준다.

초기 교도소는 죄수들이 오랜 기간 형기를 보내는 시설이 아니었다. 대신 비인간적인 처벌을 가했던 수용 시설로서 오늘날 우리가 생각하는 '감옥(jail)'과 같은 곳이었다. 그렇다면 '범죄자들'은(작은따옴표는 의도적으로 붙인 것이다) 여기서 어떤 처벌을 받았을까? 그들은 채찍질과 고문, 처형에 이르는 신체적 처벌, 유배와 치욕, 망명, 추방을 통한 처벌을 받았다. 교도소는 그 자체로 처벌이 아니었다. 대신 비인간적인 처벌을 받기 전에 대기하는 곳이었다.

1826~1833년 사이에 영국에서 장기 징역형은 대단히 드물었다. 10만 건의 선고 중 약 5만 건은 6개월 이하 징역형이었다. 3년 이상 징역형을 받는 사람은 46명에 불과했다. 나머지는 어떤 처벌을 받았을까? 약 1만 명은 처형됐고 2,000명은 태형이나 벌금형을, 약 2만 5,000명은 주로 호주로 '추방형'을 당했다. 유럽 대륙의 상황도 별반 다르지 않았다. 프랑스와 스페인은 죄수들에게 갤리선(galley ship, 고대 그리스나 로마 시대에 주로 노예들에게 노를 젓도록 한 배-옮긴이)에서 죽을 때까지 노를 젓는 형을 내렸다.

오늘날 우리는 교도소가 사회 안전을 위해 여러 가지 기능을 한다고 생각한다. 물론 억압이나 정의, 폭력 충동의 경우처럼 처벌 자체를 위해 처벌하려는 동기도 여전히 존재한다. 또한 우리는 교도소를 일종의 울타리로 사용하고 있다. 즉 공동체의 안전을 위협할 것으로 우려되는 사람들을 격리하는 기능을 한다. 마지막으로, 좀 더 고상한 목표도 있다. 교도소를 통해 범죄자를 교화함으로써 석방됐을 때 더 이상 공동체의 안전을 위협하지 않을 사람으로 만들어 사회로 복귀시킨다. 교도소의 이런 목표는 사실 대단히 생소한 것이다.

역사적으로 죄수에 대한 처벌이 잔인했었다는 사실을 고려할 때, 현대적인 형태의 교도소가 회개를 통해 죄수를 교화하고자 했던 종교적인 박애주의자들의 노력에서 비롯됐다는 사실은 그리 놀랍지 않다. 현대적인 형태의 교도소는 19세기 초 미국에서 이뤄진 두 가지 실험에서 비롯됐다. 하나는 필라델피아에 있는 이스턴 주립 교도소(Eastern State Penitentiary)였고 다른 하나는 뉴욕주에 있는 오번 교도소(Auburn Correctional Facility)였다.

이스턴 주립 교도소는 필라델피아의 퀘이커 교도들이 설립한 시설로, 그 목적은 참회를 위한 이상적인 공간을 만드는 것이었다. 그리고 목적을 달성하기 위해 죄수를 수도승처럼 대우했다. 이곳에서 죄수들은 독방에 기거하면서 완전히 고립된 삶을 살았다. 어떤 방식의 의사소통도 허용되지 않았다. 심지어 교도관들은 신발 위에 양말을 덧신었다. 아무런 소리도 내지 않음으로써 죄수들이 대화를 나누려는 시도를 더 잘 포착하기 위함이었다. 죄수들은 이름이 아닌 숫자로 불렸고, 감방에서 나오면 얼굴 전체를 가리는 마스크를 썼다.

이스턴 주립 교도소 건물은 중심에서 외부로 뻗어나가는 '방사상' 형태로 설계됐으며 이런 설계 방식은 제러미 벤담(Jeremy Bentham)에 의해 모두를 관찰하고 통제할 수 있는 '팬옵티콘(panopticon)'으로 널리 알려졌다. 교도소 중심에 앉아 있는 교도관은 모든 죄수의 움직임을 한눈에 확인할 수 있다. 벤담은 이런 설계 방식을 '보이지 않는 전지전능함'이 군림하는 '유리를 끼운 철장'이라고 불렀다.

이는 안보 국가의 차원에서 다소 급격한 변화였다. 도전할 수 없는 전지전능한 권력이 죄수들을 보호하고 '개선'했다. 미셸 푸코(Michel Foucault)가 보기에 이런 변화는 공개 처형과 망신 주기로부터 죄수들이 국가의 규율을 따르도록 만드는 시스템으로의 전환을 의미했다. 감옥과 노역장, 정신병원이 그때까지 무질서의 전형이었다는 점에서, 교도소가 인진의 진형이 됐다는 사실은 그야말로 아이러니였다.

한 세기 이전에 교도관들은 죄수들에게 맥주를 팔아 돈을 벌었다. 그리고 정신병원은 그 안에서 벌어지는 혼란을 넋 놓고 바라보는 방문객에게 입장료를 받았다. 실제로 '베드럼(bedlam, 아수라장)'이라는 오늘날의 표현은 정신병자를 수용해 호기심 많은 런던 시민들이 소름 끼치는 관광 명소로 찾았던 로열 베들레헴 병원(Royal Bethlehem Hospital)에서 비롯됐다.

교도소와 경찰의 경우 모두 무질서에서 엄격한 질서가 나왔다. 죄수들이 절대적으로 고독하고 조용한 삶을 살았던 펜실베이니아 시스템은 너무 돈이 많이 들었다. 그래서 여전히 조용하지만 죄수들이 공동으로 살면서 일하는 오번 교도소 모형이 표준으로 자리 잡았다. 여기서 죄수들은 서로 대화할 수 있었다. 그리고 신체적인 처벌과 추방이 사라지고 집단 수용이 그 자리를 차지했다. 이후 산업이 성장하는 도시를 중심으로 장기형을 선고받은 수천 명, 수백만 명으로 늘어난 죄수를 수용하기 위한 대규모 교도소가 들어섰다.

처벌이 변화하면서 죄수를 가두는 조직도 변화했다. 19세기 초에 많은 국가는 쉽게 인식할 수 있는 현대적인 형태의 경찰력을 구축했다. 시민 개인이 야간 감시를 담당하는(혹은 돼지 도둑을 잡는) 책임을 맡는 대신에 제복을 입은 훈련받은 전문 경찰 부대가 그 역할을 맡았다. 영국과 미국의 현대적인 경찰에서 가장 혁신적인 측면은 바로 시민으로 조직됐다는 사실이었다. 경찰은 더 이상 군대에서 파생된 조직이 아니라 자율 통치를 시도하기 위한 조직이었다.

19세기 여명이 밝아올 무렵에 미국인과 영국인들은 이런 형태의 경찰력을 홉스의 절대주의로 돌아가는 위험한 후퇴로 그리고 그들이 소중하게 생각하는 자유로부터의 퇴보로 인식했다. 그들은 '경찰'이라고 하면 수도를 순찰하고 왕의 정적을 체포하는 유럽 대륙의 안보를 떠올렸다. 혹은 프랑스와 벨기에, 이탈리아의 헌병대(이제 카라비니에리로 알려진)는 시골 지역을 돌아다니며 강도를 추적하는 군사 조직이었다. 그리고 유럽 대륙의 경찰은 보병 연대가 외부 질서를 유지하는 역할을 맡았던 것처럼 내부 질서를 유지하는 국가 내부의 군대였다.

사실 '경찰'이라는 용어는 유럽 대륙 내에서 다양한 의미가 있었다. 영국인은 '정치(Politics)'와 '정책(Policy)', '경찰(Police)'의 개념을 분명하게 구분하는 반면 프랑스어와 독일어에는 이를 구분하는 용어가 없다. 18세기 독일에서 '경찰'이란 공공질서에서 범죄 예방, 도량형 검사 혹은 사람들이 축제 기간에 입을 옷의 종류에 이르기까지 공적인 사항에 대한 전반적인 관리를 의미했다. 이는 오늘날 많은 사람이 부정적으로 느끼는 '질서 정연한 경찰국가'라는 개념의 일부였다.

오늘날 '경찰'이라는 개념은 안전을 지키는 방식을 넘어선다. 영어권 세상에서 살았던 선조들은 경찰을 오랫동안 이어져 내려온 자유에 대한 위협으로 인식했다. 지금의 〈타임스〉인 〈데일리유니버설레지스터〉는 1785년에 코웃음을 치며 이렇게 선언했다. "우리 헌법은 프랑스 경찰 같은 것을 용납하지 않는다. 많은 외국인은 프랑스 경찰에게 자유를 빼앗기느니 차라리 영국 도둑에게 돈을 빼앗기겠다고 말한다." 그러나 산업혁명과 더불어 현대적인 도시들이 성장하면서 무질서가 점차 증가했다. 이제 무엇을 해야 할까?

1800년 무렵에 뉴욕과 런던, 보스턴, 맨체스터는 범죄로 가득한 무정부적인 도시였다. 절대주의에 대한 두려움은 경찰력의 구축을 얼마나 오랫동안 막았을까? 그 두려움에 대한 해결책은 제복을 입고 엄격한 규칙과 활동 원칙에 따라 움직이는 쉽게 알아볼 수 있는 '시민 경찰'을 조직하는 것이었다. 궁극적으로 이는 자율 통치를 의미했다. 즉 뉴요커가 뉴요커를 감시하는 방식이었다. 설립자인 로버트 필(Robert Peel)에게서 따온 이름인 '바비(bobby)'가 1829년 런던에 모습을 드러낸 이후로 1834년에 토론토, 1844년에 뉴욕, 1851년에 암스테르담 등 전 세계 도시에 걸쳐 이런 시민 경찰이 등장하기 시작했다.

시민 경찰은 안전의 부재와 안전의 독재 모두에 대한 해결책이었다. 그리고 안전의 덫에서 빠져나오는 방법이었다. 국가는 경찰을 정규적이고 비인격적인 형태로 조직함으로써 무정부 상태를 억제했다. 시민 경찰은 예외나 편파 없이 규칙을 시행했다. 그리고 사람들을 평등하게 대했다. 그러나 잔인한 군대 역시 사람들을 평등하게 대할 수 있었다. 물론 이는 계엄령과 같은 부정적인 방식으로 평등하게 대하는 것이었다. 그래서 평등하게 대하는 것만으로는 부족했다.

경찰은 어떻게 자신을 스스로 제한할 수 있을까? 그러자면 경찰은 그들이 권한을 행사하는 대상인 사회의 일부로 편입되어야 했다. 그리고 궁극적으로 사회가 경찰을 제한할 수 있어야 했다. 경찰력이 지나치게 강해질 때 정부는 재정 지원을 삭감함으로써 힘을 제한할 수 있어야 했다. 다시 말해 자율적으로 제한적인 방식으로 안전을 보장하겠다는 약속을 지키기 위해 국민은 그들을 감시하는 자를 감시할 수 있어야 했다.

그런데 질서의 등장에 관한 내 이야기는 너무 좋아서 현실이 아닌 것처럼 들린다. 그렇지 않은가? 오늘날의 교도소와 경찰력이 200년 전의 혼란을 대체하는 동안, 그들은 억압을 강화하지 않으면서 안전을 구축하겠다는 약속을 항상 지킨 것은 아니었다. 사실 거의 지키지 않았다. 많은 경찰 부서와 교도소에 부패가 만연했다. 소수 민족 집단과 도시 거주민, 가난한 이들은 평등하고 공정한 대우를 받지 못했다. 안전의 두 가지 차원인 개인적인 안전과 국가적인 안전에서 우리는 이 문제를 모두 해결하지 못했다. 그래도 현대적인 경찰의 등장은 우리의 삶이 토머스 홉스가 생각했던 '더럽고, 야만적이고, 짧은' 삶으로 전락하지 않기 위해 필수적인 안전을 구축하는 과정에서 중요한 역할을 했다.

지금까지 우리는 '개인적인' 안전과 '국가적인' 안전에 관해 이야기했다. 그렇다면 세 번째 안전인 '국제적인 안전'은 어떤가? 당신은 지금까지 글을 읽고 이렇게 생각했을 수도 있다. 핵심을 빠트린 게 아닐까? 물론 우리는 100년 전처럼 거리에서 소매치기를 당하지 않고서도 영국의 화이트채플이나 라스베이거스 레스토랑인 헬스키친에서 나와 안전하게 길을 건널 수 있게 됐다. 그런데 지난 100년 동안 대체 무슨 일이 벌어진 걸까?

20세기 전반부에 일어난 두 차례의 세계대전은 잔인함과 지리적 범위에서 이전의 모든 충돌을 훌쩍 뛰어넘는 수준이었다. 독일 제국과 에드워드 왕 시대의 영국, 나치 독일과 프랑스 제3공화국, 제국주의 일본과 뉴딜 시대의 미국 사이에 끼어들어서 이들을 뜯어말리는 제복 입은 경찰은 없었다. 사실 그런 경찰의 존재를 상상하는 것조차 어리석어 보인다.

우리는 20세기의 수많은 세계적인 악당을 체포해서 재판하고 투옥하지 못했다. 과연 누가 그들의 군대를 가로막고 지휘관을 체포할 수 있었을까? 당시 국가들은 그야말로 홉스의 무정부 상태 속에서 살았다. 기댈 수 있는 제3의 존재는 없었고 모든 국가는 제각각 생존해야 했다. 연합을 통해 가입국이 독자적으로 움직이지 못하도록 막을 수 있었지만 적들은 아무런 구속도 받지 않았다.

이제 제2차 세계대전이 끝나고 75년의 세월이 흘렀다. 정말로 뭔가 바뀌었는가? 우리는 지금 더 안전하지 않은가? 그렇다면 이는 민주주의와 합의 그리고 참여의 규범을 기반으로 어떻게든 국제적인 안전을 구축했기 때문인가?

그 대답은 일반적인 학자들의 답변처럼 '경우에 따라 다르다'. 이미 시작된 치열한 학술 논쟁을 지켜보던 캐나다의 심리학자 스티븐 핑커(Steven Pinker)는 몇 년 전 《우리 본성의 선한 천사》라는 제목의 책을 내놨다. 여기서 그는 오늘날 우리가 몇십 년 전만 해도 상상할 수 없었던 더 안전하고 평화로운 세상에서 살고 있다고 주장했다. 전쟁은 수 세기에 걸쳐 크게 줄어들고 5년 된 아이폰처럼 쓸모없어졌다. 그는 지난 몇백 년에 걸쳐 과학적, 지성적 깨달음이 우리를 전쟁의 심연으로부터 끌어냈다고 강조했다.

그러나 안타깝게도 이 매력적인 주장에서 전쟁이 줄어들었다는 사실은 확실하지 않다. 정치학자인 베어 브로멜러(Bear Braumoeller)는 핑커의 이론과 데이터에 모두 의문을 제기할 필요가 있다고 지적했다. 핑커는 계몽시대의 개념들이 이성과 평등 그리고 (임마누엘 칸트를 읽어봤다면) '영구적인 평화'의 가능성에 대한 믿음을 뒷받침한다고 주장했다. 그런데 문제는 계몽주의가 우리에게 칸트만 준 것은 아니라는 사실이다. 계몽주의는 우리에게 홉스와 헤겔, 그리고 강력한 국가에 관한 이념도 줬다. 또한 루소 및 헤르더와 함께 문화적 응집과 민족주의에 관한 그들의 이론도 가져다줬다. 게다가 계급 투쟁을 신봉한 카를 마르크스도 줬다.

계몽시대는 이런 개념들에 대해 모두가 합의했던 시대가 아니었다. 이들 개념에는 강력한 국가 관료주의와 인종적, 민족적 '순수성' 그리고 절대 끝나지 않을 계급 갈등도 포함되어 있었다. 이들 중 어떤 개념도 핑커처럼 평화주의를 외치진 않았다.

그러나 전쟁 빈도의 감소와 관련해 우리가 주의해야 할 것은 계몽주의에 관한 이런 부분적인 시각만은 아니다. 거시적인 관점으로 볼 때 분쟁의 빈도는 거의 모든 기준으로 19세기 전반보다 1900년에서 냉전 종식에 이르는 기간에 더 높았다. 물론 1990년 이후 국가 간 전쟁이 줄어든 것은 사실이다. 그러나 그 이유는 총부리가 국가 내부로 향했기 때문이었다. 1990년 이후로 내전은 훨씬 더 광범위하게 일어났다. 게다가 이런 내전은 국가 간 전쟁보다 더 길게 이어지는 양상을 보인다. 마지막으로, 부유한 민주주의 국가들은 알카에다와 탈레반, 가장 최근에는 ISIS(급진 수니파 무장단체 이라크-레반트 이슬람국가)처럼 국가가 아닌 조직과 20년 넘게 전쟁을 벌이고 있다.

이런 점에서 우리가 열강들 사이의 전쟁에 더 이상 큰 우려를 하지 않는다고 해도 미국과 프랑스, 영국, 중국의 군대가 빈둥빈둥 놀고 있는 것은 아니다. 실제로 브로멜러가 지적한 것처럼 이와 같은 '국제화된 내전'까지 포함할 경우 2016년은 1945년 이후로 가장 전쟁이 빈번하게 일어났던 한 해였다.

우리는 최근 들어 국가들, 특히 거대 국가들이 50년 전보다 전쟁에 덜 뛰어들고 있다고 말할 수 있다. 그렇다면 이는 안전을 뜻하는가? 만일 그렇다면 그 이유는 우리가 국제 경찰력과 같은 기구를 새롭게 만들어냈기 때문인가? 아니다. 절대 아니다. 물론 세계 정부를 향한 청사진이라고 말할 수 있는 UN에는 평화유지군이 있다. 그리고 실질적인 위협으로 모습을 드러내는 작은 국가들 사이의 전쟁이나 일부 내전의 경우, 푸른 헬멧을 쓴 UN 평화유지군이 푸른 제복을 입은 경찰을 대체할 수 있다. 하지만 UN 평화유지군은 보스니아, 르완다, 미얀마에서 벌어진 대량 학살을 막지 못했다. 미국이 이라크를 침공했을 때 그랬던 것처럼 덩치 큰 국가들은 UN의 경고에 별로 신경 쓰지 않는다.

특히 2022년 러시아의 우크라이나 침공은 국가 간 충돌 가능성에 관한 일반적인 통념을 완전히 뒤집어놨다. 최근에 국경을 침범하는 공격이나 영토를 합병하는 사례가 줄어들면서 군사 전문가들은 현실에 대한 만족감을 드러냈었다. 그러나 러시아군이 부차에서 마리우폴에 이르는 여러 지역에서 저지른 전쟁 범죄에 관한 수많은 이야기는 누구도 폭력과 악이 끊임없이 이어지는 상황에 익숙해질 수 없다는 사실을 상기시킨다. 그리고 국제적인 안전이란 여전히 모순적인 표현으로 남아 있다는 사실을 떠올리게 한다.

15장

안전의 덫

평화로우면서도 단조로운 우리의 삶은 사실 날카로운 칼날 위에 간신히 균형을 잡고 있다. 질서를 유지하려면 감시자에게 권력을 넘겨버릴 위험을 감수해야 한다. 반대로 그런 위험을 제거하고자 한다면 우리 사회는 자칫 무질서의 세상으로 전락할 수 있다. 여기서 우리는 안전의 덫에 직면한다. 즉 '독재의 위험을 감수하지 않고서 무정부 상태를 피할 수는 없다.'

독재의 문제는 우리가 사회 안전의 책임을 맡긴 감시자가 선을 넘지 못하도록 막는 방법에 관한 것이다. 이는 '그들'에 관한 문제다. 그들이 물리력을 행사하는 독점적인 권한을 갖고 있을 때 우리는 어떻게든 그들을 통제할 수 있어야 한다. 시민이 경찰이나 군대를 제어하지 못한다면 어떻게 그들이 선을 넘지 않을 것이라고 안심할 수 있겠는가? 우리가 기댈 수 있는 더 높은 권력이 존재한다면 그 권력은 아마도 감시자가 선을 넘을 때 그를 위협할 것이다. 그러나 정말로 그럴 때 더 높은 권력이 자신의 힘을 남용하지 못하도록 무엇이 막아줄 것인가? 점점 더 커지는 러시아 인형처럼 우리는 보다 높은 권력을 발견할 때마다 누가 그것을 통제할 것인지 물어야 하는가? 여기서 우리는 로마의 시인 유베날리스(Iuvenalis)가 던졌던 영원한 질문에 직면한다. '누가 감시자를 감시할 것인가?'

이제 안전의 덫의 두 번째 얼굴인 무정부주의로 시선을 돌려보자. 이는 '그들'이 아니라 '우리'에 관한 문제다. 누구도 우리를 감시하지 않는다면 혹은 누구도 우리를 처벌하지 않는다면 왜 규칙을 따른단 말인가? 빅브라더가 없을 때 우리는 질서를 지킬 것인가, 아니면 마음대로 행동할 것인가? 어떤 안전 시스템도 우리의 모든 행동을 항상 감시하지는 못한다. 우리가 그 시스템의 문제를 해결하기 위해 최선을 다했다고 해도 말이다. 현실 세상에서 무정부 상태는 항상 어느 정도 스며들어 있기 마련이다.

안전의 덫에서 벗어난다는 말은 한편에는 독재가 등장하고 다른 한편에는 무정부 상태의 혼돈이 존재하는 사이를 아슬아슬하게 걸어가면서, 경찰과 교도소와 군대 같은 제도가 우리의 안전을 지킬 만큼 강하면서도 우리를 착취할 만큼 강하지 않도록 만들어간다는 뜻이다. 정치가 실패하지 않기 위해 우리는 균형을 잡는 법을 배워야 한다.

독재: 누가 감시자를 감시할 것인가?

'누가 감시자를 감시할 것인가?' 유베날리스의 이 질문은 안전의 덫 핵심을 찌른다. 여기서 우리는 무한한 순환에 직면한다. 독재의 문제는 우리가 추가한 각 단계의 감시자가 아래 단계에 있는 모든 감시자를 통제할 수 있을 정도로 강해야 한다는 사실에서 시작된다. 그러므로 안전을 확보했다고 생각할 때마다 우리는 더 강력하고 잠재적으로 더 통제하기 힘든 힘에 의존해야 한다. 그리고 그럴 때 우리는 처음 문제보다 더 큰 문제에 직면한다.

게임 이론가들은 유베날리스의 질문에 오랫동안 많은 관심을 기울였고, 끝나지 않는 감시자의 소용돌이에서 빠져나오기 위한 해결책을 모색했다. 그중 한 가지는 소용돌이를 어떻게든 원으로 만들어 무한한 순환을 멈추는 것이었다. 우리가 악당을 처벌하고 다른 누군가가 우리를 처벌할 수 있다면 우리는 처벌을 하는 사람이자 처벌을 받는 사람이 된다. 이렇게 감시자가 서로를 감시하도록 할 때 우리는 무한 후퇴의 문제에서 벗어날 수 있다.

이는 안전의 덫에 대한 깔끔한 해결책이지만 완전히 만족스럽지는 않다. 이 해결책은 '오링(O-Ring)'의 문제에 직면한다. 오링은 비운의 우주왕복선 챌린저호를 제작할 때 로켓 추진체 접합부에 사용한 고무 링 부품이었다. 그런데 그 오링은 낮은 온도(플로리다 기준으로)에서 내구성이 떨어졌다. 실제로 우주선 발사 당일에 오링은 버티지 못했다. 결국 미국의 우주 프로그램은 사소한 고무 부품 하나로 실패하고 말았다. 이처럼 수많은 경제적, 정치적 문제는 '가장 약한 연결 고리'의 딜레마에 직면한다. 다시 말해 단 하나의 요소만 제대로 기능하지 못해도 시스템 전체가 무너진다.

이런 점에서 안전의 덫에 대한 '원' 해결책 역시 위태롭다. 내가 처벌해야 할 사람을 처벌하지 못하면 원이 끊어지면서 시스템 전체가 무너진다. 민주주의 선거는 그 원을 더 탄탄하게 만들어준다. 그래서 각자 책임을 다해야 하는 개별 구성원에 대한 의존도를 낮출 수 있다.

선거는 최후 수단의 '중재자'로서 기능할 수 있다. 가령 '부패 척결'을 공약으로 선출된 새로운 시장은 법원이 심각하게 부패한 상황에서도 부패 경찰을 처벌할 수 있다. 이는 좋은 생각이다. 하지만 경찰의 힘을 제한하고자 했던 미국의 민주주의 정치 경험은 완벽한 해결책과 거리가 멀다.

'흑인의 목숨도 소중하다(Black Lives Matter)'라는 슬로건을 내걸었던 미국 사회의 운동은 조지 플로이드(George Floyd) 사망 사건으로 재점화됐다. 사실 이 슬로건은 2014년 미주리주 퍼거슨에서 일어난 총격 사건 이후로 대중의 많은 관심을 받았다. 대런 윌슨(Darren Wilson)이라는 백인 경찰이 10대 아프리카계 미국인 마이클 브라운(Michael Brown)에게 총을 쏴서 사망에 이르게 한 사건이 벌어졌다. 변호사와 기자, 시위대, 정치인들이 퍼거슨으로 몰려들었고, 많은 관심이 퍼거슨 경찰서의 움직임에 갑작스럽게 쏠렸다. 그러나 퍼거슨 경찰서는 언론의 강한 스포트라이트를 받으면서 이렇다 할 대응을 하지 못했다.

그런 퍼거슨 경찰서를 가장 날카롭게 비난했던 곳은 미국 사법부였다. 사법부는 그 사건에 대한 보고서를 100페이지에 걸쳐 꼼꼼하게 작성했다. 그리고 시 정부 및 지방 법원과 한통속이었던 퍼거슨 경찰서를 폭력적인 갈취 행위로 고발했다. 퍼거슨 시 정부는 세수를 마련하기 위해 법원이 부과하는 벌금에 크게 의존했다. 그래서 경찰이 아주 사소한 위반에도 벌금을 부과하고, 법원이 벌금을 기한 내 납부하지 않은 시민에게 추가적인 벌금을 부과하고 소환하도록 부추겼고 퍼거슨 시민들을 빚더미로 몰아넣었다.

사법부의 수사 과정에서 밝혀진 한 가지 사례에서 한 아프리카계 미국인은 농구 게임을 마치고 운동장 옆에 세워둔 차에 앉아 땀을 식히다가 체포됐다. 당시 경찰관이 다가와 그를 소아성애자라고 비난하면서 차량 수색을 요구했다. 그러나 남성이 정당한 사유 없이 수색당하지 않을 헌법상 권리를 언급하자 경찰은 총을 겨누고 그를 체포했다. 그리고 이름을 거짓으로 댄 것(그는 자신의 이름이 마이클이 아니라 마이크라고 했다)과 안전띠를 매지 않은 것(차량은 주차된 상태였다)을 포함해 여덟 가지 항목의 경범죄를 적용했다. 그 남성은 벌금형을 받고 법원에 불려갔으며 결국 일자리를 잃었다.

상상할 수 있는 모든 사소한 위반이 벌금과 법정 소환, 실직으로 이어지는 이런 위태로운 치안 활동이 퍼거슨 경찰서의 기본적인 업무처리 방식이었다. 퍼거슨 경찰서의 관심은 시민에게서 돈을 짜내는 것이었다. 그리고 시민을 보호하는 게 아니라 위협하는 것이었다. 사법부의 표현을 그대로 인용하자면 "많은 경찰관이 일부 주민, 특히 아프리카계 미국인이 주로 거주하는 퍼거슨 지구 시민들을 보호해야 할 대상이 아니라 잠재적 범법자이자 세수의 원천으로 봤다".

명목적으로 시민을 보호해야 할 경찰은 '우리 대 그들(주로 인종을 기준으로)'의 렌즈로 시민을 바라봤다. 퍼거슨 경찰서 직원들은 90퍼센트 이상이 백인이었고, 그들이 '보호하는' 공동체 주민들은 3분의 2가 흑인이었다. 그들은 아프리카계 미국인들을 차별 대우했고 나아가 그들을 '잠재적인 범법자'로 인식했다. 그렇게 경찰은 그들이 보호해야 할 시민을 경찰의 안위를 위협하는 존재 혹은 벌금을 갈취할 대상으로 바라봤다.

그런데 어쩌다가 퍼거슨은 보호자가 그들이 보호해야 할 대상을 거꾸로 먹이로 삼는 끔찍한 상황에 이르고 말았을까? 여기서 미주리주의 인종차별적 정치를 살펴보자. 30년 전 퍼거슨 인구는 4분의 3이 백인이었고, 경찰은 이후 발생한 지역의 인구 변화를 범죄 위험과 세수의 기회로 봤다. 퍼거슨 경찰은 뚜렷한 인종적 적대감과 함께 수익의 동기에 따라 움직였다. 그리고 크게 분산화된 미 사법 시스템이 이런 상황을 더 악화시켰다. 퍼거슨 시 정부와 경찰은 새로운 세수 원천을 찾아내야 했다. 퍼거슨이 전 세계 언론의 헤드라인을 장식할 때까지 미국의 연방정부와 주 정부는 전혀 감시하지 않았다.

세수 원천을 찾으려는 움직임은 미 국방부의 군용 무기 판매와 동시에 일어났다. 이라크와 아프가니스탄 전쟁이 막을 내리면서 미 국방부는 군용 차량과 총기, 심지어 항공기까지 판매하기 시작했다. 그리고 이런 상황에서 완전무장한 퍼거슨 경찰이 무기를 실은 군용 지프차를 몰면서 시위대를 향해 섬광 수류탄을 발포하는 충격적인 사진이 등장했다. 명목적으로 시민을 외세의 위협으로부터 보호하기 위해 만든 무기를 고향 마을의 시민에게 겨누면서, 미국 사회는 안전의 덫에 또 하나의 안전의 덫을 더했다.

무정부 상태 vs 독재 국가

우리는 모두 퍼거슨의 사례처럼 제복을 입은 정부 요원이 강력하게 법을 집행하는 상황은 어떻게든 피하고자 한다. 문제는 하나를 주면 열을 요구한다는 것이다. 사람들 모두가 규칙을 지킬 때 우리는 이익을 얻는다. 그런데 아무도 자신을 보지 않는다고 생각할 때 우리는 종종 규칙을 어긴다. 무정부 상태는 유혹적이다. 그리고 돈이 많이 든다.

나른 사람을 신뢰하지 못하면 우리는 자신의 안전을 지키기 위해 소중한 자원을 몽땅 써버릴 것이다. 그리고 합의하지 못하고 번영하지 못한다.

규칙을 지키거나, 아니면 무정부 상태로 내버려 두려는 동기를 세 가지 차원에서 생각해보자.

첫째, 우리는 자신이 규칙을 어기는 모습을 누군가 보고 있다면 처벌받을 수 있다고 생각하게 된다. 그때 홉스의 리바이어던이 몸을 숙여 우리의 어깨를 툭 친다. 그래도 사람들은 많은 상황에서 규칙을 어긴다. 그건 누군가 자신을 관찰하고 있다고 생각하지 않기 때문이다.

이런 경우에 정부는 법 집행을 '무작위로' 시도해볼 수 있다. 공항 세관에서 '신고할 것 없음'이라고 적힌 문을 통과할 때 우리는 집중적인 시선을 받는다. 세관 직원은 자신의 직감과 승객의 수하물, 도착 시간 혹은 (남용의 여지가 높은) 외모를 기준으로 특정 승객을 멈춰 세우고 그 승객의 짐을 검사한다. 이는 확률적인 방식이다. 당신은 세관 직원에게 붙잡힐 수도 있고 그렇지 않을 수도 있다. 기본적으로 운에 달렸다.

고속도로에서 과속하거나, 세무 신고를 허위로 하거나, 마약을 가지고 나이트클럽에 들어갈 때 당신은 자신의 운을 시험해보고 있는 셈이다. 규칙을 어겨서 체포되고 처벌받을 가능성이 아주 클 때 우리는 무정부 상태의 위험을 크게 줄일 수 있다. 중대한 처벌을 받을 가능성이 조금만 있어도 많은 위반 행위를 효과적으로 막을 수 있다.

둘째, 규칙을 어기면 가족과 친구로부터 망신당한다고 생각할 때 우리는 법적 강제가 없어도 규칙을 따른다. 이는 사회적 규범의 영역이다. 경찰이 없는 상황에서 법을 어길 때 우리는 사회적 규범에 직면한다. 가령 가족과 함께 있는 상황에서 초콜릿을 훔칠 때가 그렇다. 한편으로 사회적 규범은 우리가 스스로 올바르게 행동하도록 만든다. 그래서 우리는 행인에게 욕을 하거나, 지하철 안에서 상대를 밀거나 시비를 걸지 않는다.

사회적 규범이 제대로 기능하기 위해서는 정보(누가 바르게 행동하고 나쁘게 행동하는지) 그리고 특정한 형태의 집단적 정체성(모든 나쁜 행동을 막을 수 없지만 집단 내 구성원을 처벌하거나 보상할 수 있다)이 필요하다. 그리고 이를 위해 규칙을 어긴 자를 처벌하지 않는 사람 또는 세력을 처벌하는 집단적 역량이 필요하다.

그러나 이런 시스템은 집단 내부에서 규범을 유지해줄 뿐 아니라 반복되는 복수와 따돌림, 심지어 명예살인(honor killing, 집안의 명예를 더럽혔다는 이유로 가족 구성원을 죽이는 관습-옮긴이)으로까지 이어질 수 있다. 북부 알바니아의 카눈(Kanun)이라는 관습은 마을 주민들이 복수가 성공해서 '정화'가 됐다고 느낄 때까지 폭력적인 복수에 가담하도록 부추긴다. 그리고 카눈을 실천하지 않는 구성원은 주민들로부터 따돌림과 모욕을 받는다. 이처럼 사회적 규범은 무정부 상태에서 질서를 구현해낸다. 그런데 계속되는 복수를 통해 안전을 지키는 사회가 정말로 안전한 사회인 걸까?

마지막으로, 도덕적 규범이 있다. 우리는 아무도 보지 않는 상황에서도 규칙과 원칙을 따른다. 우리가 아무도 없는 시골 찻길에서 신호등을 보고 차를 멈추는 것은 바로 도덕적 규범 때문이다. 길가 무인 가판대에서 달걀을 가져가면서 돈을 놓아두는 것도 마찬가지다. 이상적인 세상에서 우리는 이런 도덕적 규범을 기반으로 무정부 상태를 제어할 수 있다. 여기서 우리는 임마누엘 칸트의 '정언명령(Categorical Imperative, 반드시 따라야 할 도덕률-옮긴이)'을 따라 보편적인 법칙으로 인정된 방식대로 행동한다. 우리의 도덕적인 행동은 그 자체로 법과 같다. 하지만 이처럼 개인의 도덕성에 의존하는 방식은 위험하다. 그러다 내가 비도덕적인 동료에게 이용당하면 어떻게 할 것인가?

자신을 통제하고 무정부 상태를 막을 수 있는 또 다른 방법으로 '유사 도덕적 규범'이 있다. 이 규범은 사람들이 자신의 행동을 볼 수 없지만 자신은 사람들의 행동을 볼 수 있을 때 (적어도 전반적으로) 작동한다. 이와 관련해서 콜롬비아 보고타 시장을 지낸 수학자이자 철학자인 안타나스 모쿠스(Antanas Mockus)는 흥미로운 사례를 제시했다. 사방이 육지로 둘러싸인 많은 도시처럼 보고타 역시 수자원에 대한 접근에 많은 어려움을 겪었다. 모쿠스는 물 부족 사태를 해결하기 위해 네트워크 TV를 통해 사람들에게 매일 밤 총 물 소비량을 보여주었다. 보고타 시 정부는 시민 모두를 감시할 수 없지만 시민들 모두 전체 물 소비량이 줄어들었다는 사실을 확인할 수 있었다.

그런데 어쩌면 이런 정보를 접한 시민은 다른 사람들 모두 물을 절약하기 위해 애쓰고 있다고 생각하면서 정작 자신은 무임승차를 하려고 들지 모른다. 그러나 보고타 시민들은 실제로 다른 사람들이 무임승차를 하지 않았다는 사실을 알았고, 그에 따라 그들도 샤워를 오랫동안 하지 않았다. 또한 TV에 출연한 모쿠스는 샤워하면서 비누칠을 할 때 물을 잠그는 모습을 보여줌으로써 바람직한 행동의 모범을 제시했다. 물론 정치인이 TV에 나와 샤워하는 장면을 보고 싶어 하는 사람은 없을 테지만 어쨌든 모쿠스의 시도는 효과가 있었다.

또한 모쿠스는 사회적 규범을 기반으로 무정부 상태의 보고타 운전자들이 올바른 행동을 하도록 장려했다. 작가인 엘레오노라 파소티(Eleonora Pasotti)는 모쿠스와 인터뷰를 나누면서 그의 특별한 전략에 관해 물었다. 모쿠스는 두 가지 유형의 무정부적인 교통 문제, 즉 자동차 대 자동차 문제 그리고 자동차 대 보행자 문제를 해결하고자 했다. 자동차 대 자동차 문제의 경우 그는 운전자가 서로에게 만족할 때, 서로에게 화가 날 때(더욱 자주 일어나는 상황이다) 상대에게 흔들어 보일 수 있는, 칭찬과 비난의 상징을 담은 35만 장의 카드를 제작했다. 그 목적은 역효과를 쉽게 예상할 수 있기는 하지만 서로에게 사회적 규범(존경과 수치를 모두 활용한)을 강조함으로써 시민들 스스로 폭력적인 운전 행위를 자제하도록 만드는 것이었다.

다음으로 자동차 대 보행자 문제는 다소 일방적인 싸움이다. 보고타 운전자들은 일반적으로 사거리에서 꼬리물기를 막는 교통경찰의 신호를 무시한다. 이에 대해 모쿠스는 (믿거나 말거나) 수신호 대신에 말하자면 프랑스의 팬터마임 배우인 마르셀 마르소(Marcel Marceau) 스타일의 마임을 활용하는 방안을 내놨다. 그는 마임을 통해 경찰이 할 수 없는 방식으로 운전자에게 사회적 규범을 강화하고자 했다.

모쿠스의 한 보좌관은 이렇게 말했다. "마임으로 얼룩말 줄무늬를 보여줌으로써 해당 운전자가 다른 이들을 위협하고 있다는 사실을 알려줬습니다. 그건 하나의 게임이자 즐거운 예술 활동이었으며, 동시에 시민의 양심에 힘을 실어주는 행위였습니다." 이처럼 규범을 실행하는 일은 때로 놀라움을 자극하는 일이기도 하다.

부질서한 교통은 골칫거리다. 그런데 더 나아가 정부가 아예 존재하지 않는다면? 지난 수 세기 동안 부유한 국가의 시민들은 이 질문에 고민할 필요가 없었다. 그 이유는 유럽과 북미, 일본의 정부들이 이미 나라의 구석구석을 통제하고 있었기 때문이다. 그러나 정부는 지금도 계속 무너지고 있으며 때로 회복은 대단히 더디다.

가령 소말리아에서는 1991년 이후로 정부가 제대로 기능하지 못하고 있다. 그해 모하메드 시아드 바레(Mohamed Siad Barre) 소장의 20년에 걸친 독재가 막을 내렸다. 바레는 내전에 이어 쿠데타가 일어나면서 자리에서 쫓겨났다. 그리고 시민들이 따라야 할 정부가 사라졌다. 이후 소말리아 북서부 지방들, 그다음에는 동부 지방들이 독립을 선언했다. 결국 어떤 형태의 중앙 정부도 없었던 소말리아 땅은 서로 경쟁하는 군사 지도자들이 손에 조각이 났다.

이렇게 정부가 기능을 멈출 때 안전에 어떤 일이 벌어질까? 소말리아는 안전을 민영화했다. 소말리아의 수도 모가디슈는 민간 보안 기업들이 '보호' 서비스를 맡게 됐다. 당시 이들 기업은 꽤 성공적으로 평화를 유지했지만 합의를 강제하기 위한 법원은 없었다. 그래서 이들은 수익과 권력을 좇아 새롭게 시장에 진입한 경쟁자들의 도전에 계속해서 직면했다. 경쟁하는 군사 지도자들은 가난한 10대로 구성된 사설 군사단체를 고용했다. 그리고 이들 단체는 올슨이 말한 떠돌이 강도처럼 움직였다. 그들은 항구에서 비행장에 이르기까지 예전에 국가 소유였던 시설들을 장악했고 시민에게 세금을 부과했다. 이들이 요구하는 보호비에 염증을 느낀 사업가들은 이슬람교도의 움직임을 지지함으로써 혼란을 끝내고자 했다.

그러나 얼마 후 에티오피아에 전쟁을 선포한 급진파가 이런 움직임을 장악했다. 이에 이슬람교도는 즉각 힘을 잃었고, 소말리아의 나머지 영토는 2012년에 설립된 중앙 정부가 명목상으로 지배하는 지역과 이슬람 무장 조직이 지배하는 지역 그리고 그 밖의 지역으로 분할됐다.

소말리아는 분명하게도 무정부 상태의 장점을 널리 알리는 훌륭한 광고 사례가 아니다. 그러나 여기에 미묘한 측면이 있다. 이는 오늘날 소말리아를 무엇과 비교하느냐에 달렸다. 가령 에티오피아와 케냐처럼 비교적 안정적인 동아프리카 국가와 비교할 때 소말리아는 불안정하고 가난하다. 하지만 시아드 바레의 독재와 비교할 때 소말리아 시민들의 삶은 많이 나아졌다.

미국의 경제학자 피터 리슨(Peter Leeson)은 소말리아에서 무정부 상태가 독재에 승리를 거뒀다고 주장했다. 1990~2005년 사이에 소말리아인의 기대수명과 영아 사망률, 공중위생, 전화 사용률 모두 이웃 나라들과 비교해서 크게 개선됐다. 또한 1990년대에는 주요 수출(가축)이 크게 성장했다. 리슨은 소말리아 사회를 괴롭히는 다양한 고질적인 문제를 인정하면서도, 독재 대신에 무정부 상태를 선택할 만한 충분한 가치가 있다고 주장했다. 지나치게 약한 권력이 때로 지나치게 강한 권력보다 더 나을 수 있다. 그래도 무정부 상태는 소말리아 시민이 벗어나야 할 위험이다. 2015년에 UN은 200만 명에 이르는 소말리아 시민이 주로 국경 너머의 난민수용소로 이민을 떠난 것으로 추산했다.

질서의 문제

스칸디나비아 사람들은 세상에서 가장 부유하고 안전한 나라에 살고 있다. 그들은 소말리아가 직면했던 독재와 무정부 상태 사이의 교환에 대해 고민할 필요가 없다. 그런데 이런 안전 외에 다른 안전은 없을까?

'얀테의 법칙(Law of Jante)'은 1930년대에 소설가 악셀 산데모세(Aksel Sandemose)가 덴마크 사람들의 삶과 관련해 농담조로 만들어낸 일련의 규칙이다. 이것은 '스스로 특별한 존재라고 생각하지 말 것'부터 '다른 사람에게 뭔가 가르칠 수 있다고 생각하지 말 것'까지 총 10가지 규칙으로 구성된다. 이를 통해 산데모세는 덴마크 한 작은 마을의 일상적인 순종적 삶을 희화화했다.

그 마을의 덕목은 순종이 최고의 선이며 특이함은 의심을 받는다는 것이다. 그들은 사회적 규범을 예의 바르면서도 극단적으로 강조함으로써 복종을 강요한다. 순종하지 않는 사람, 저항하는 사람, 거만한 사람은 따돌림과 비난을 받는다. 얀테의 삶에는 무정부적인 측면도, 독재적인 측면도 없다. 완벽하게 안전하고 질서 정연하다. 그러나 많은 사람은 이런 형태의 질서에 숨이 막힌다.

얀테의 법칙은 개인의 뛰어남이나 성공을 인정하는 문화와 어울리지 않는다. 유명한 스웨덴 배우인 알렉산데르 스카르스고르드는 스티븐 콜베어가 진행하는 〈더 레이트 쇼(The Late Show)〉에 출연해서 얀테의 법칙 때문에 골든 글로브 수상을 공개적으로 자랑하지 못했다고 농담했다. 또 다른 경우에 이런 형태의 순종주의는 사람들이 부모님을 방문하기 위한 여행이나 어려운 소설을 읽는 것처럼 아주 사소한 성취마저도 자랑하지 못하도록 막는다.

그러나 얀테의 법칙은 사회적 결집에 도움이 된다. 이는 스칸디나비아 지역의 사회적 신뢰를 뒷받침하며, 이런 사회적 신뢰는 다시 광범위한 사회복지와 낮은 범죄율을 뒷받침한다. 그런데 얀테의 법칙에 대한 수용이 실제로 다른 시민에 대한 더 '보편화된 신뢰'로 이어지는지 살펴본 두 노르웨이 사회학자에 따르면, 사람들 사이에 얀테의 정서가 더 강할수록 다른 사람을 신뢰하지 않는 성향이 더 뚜렷하게 나타났다. 그렇다면 이런 형태의 순종주의는 모두가 서로를 신뢰하는 것처럼 보이지만, 규칙을 파괴하는 사람에 대한 개인적인 우려를 기반으로 하는 질서 정연한 사회를 구축한다고 볼 수 있다.

로버트 퍼트넘(Robert Putnam)은 유명한 저서 《나 홀로 볼링》에서 이런 현상을 "사회적 자본의 어두운 측면"이라고 불렀다. 사회적 자본은 사실 성공적인 다국적기업이 연례 보고서에서 언급하길 좋아하는 용어다. 이는 사회 속 상호 신뢰의 정도를 뜻하는 말로, 모두를 연결하는 사회적 접착제이자 협상 과정에서 불신의 문제를 해결해주는 경제적 용제로 기능한다. 퍼트넘이 볼 때 이탈리아 남부 지역의 정치적, 경제적 어려움 그리고 지역 주민들의 '비도덕적 가족주의(amoral familism, 자신의 가족만 소중하며 외부인은 잠재적인 위협이나 속임수의 대상으로 바라보는 윤리 규범)'에 대한 지나친 의존은 사회적 자본이 부족했기 때문이었다. 이런 사회적 자본의 결핍은 앞서 논의했던 무정부 상태의 경우와 비슷해 보인다.

그러나 사회적 자본이 항상 좋은 것만은 아니다. 퍼트넘이 지적했듯이 스칸디나비아나 내 고향인 미네소타주처럼 상호 신뢰가 높은 지역의 특징은 순응적이고 외부인에게 불친절하다. 이처럼 사회적 자본은 높지만 외부 집단에 관대하지 않을 때 사람들의 마음가짐은 폐쇄적이고 편협해진다.

지나치게 강력한 질서는 순종주의를 강제할 뿐만 아니라 정체로도 이어질 수 있다. 급속한 경제 성장은 '오믈렛을 만들려면 달걀을 깨야 한다'라는 원칙을 따른다. 여기서 달걀은 기존 기업들을 말한다. 조지프 슘페터는 성장은 '창조적 파괴'에서 시작된다고 말했다. 기술 발전은 종종 기존 기업들을 위협하고 시장에서 쫓아낸다.

창조적 파괴는 경제적 개념으로서는 유용하지만 여기에는 정치적 문제가 있다. 지금 힘 있는 기존 기업들이 왜 창조적 파괴가 일어나도록 내버려 둔단 말인가? 왜 스스로 창조적 파괴의 희생자가 되길 원한단 말인가? 정치 엘리트, 특히 부유한 산업가의 후원을 받는 정치인들은 종종 신기술을 막으려고 시도한다. 또한 순응주의 사회는 신기술을 쉽게 받아들이려 하지 않을 것이다. 그렇게 산업은 고착화된다. 우리는 권력자와 순종주의자가 새로운 아이디어를 쉽게 차단할 수 있는 모든 곳에서 정체를 만나게 된다.

질서가 사람들에게 무력감을 안겨준다는 사실을 고려하면 역사적으로 수많은 사람이 질서에서 벗어나 개척자로 살아가기를 원했다는 것은 그리 놀랍지 않다. 미국의 정치학자 제임스 C. 스콧(James C. Scott)은 이를 '지배당하지 않는 기술'이라고 불렀다. 지배당한다는 것은 곧 폭력적인 억압과 함께 관찰을 당하고 합리화된다는 것을 의미한다. 스콧은 국가가 억압적인 홉스주의 통치자로서가 아니라, 모든 개인과 자연의 모든 영역을 분류하기 위해 시도하는 집착적인 수집가로서 시민을 통제하고 명령하고자 한다고 지적했다.

우리가 쓰는 성(姓)은 국가가 전국 규모의 인구조사를 통해 정보를 수집하려는 최초의 시도에서 비롯됐다. 조그마한 마을에서는 모두가 다른 모두를 알기 때문에 이름만으로도 충분하다. 마을에 존이 두 명 있다면 한 사람을 '정육점 집 아들 존'이라고 부르면 됐다. 하지만 이는 인구 조사원에게는 충분하지 않다. 그들은 '정육점 집 아들'이라는 정보를 서류 여백에 적어 넣을 수 없다. 그래서 그들은 모든 존에게 성을 기재하도록 요구한다.

이 존은 페터의 아들(son of Peter)이라서 존 페터슨(John Peterson)이다. 그리고 저 존은 정육업자(butcher)라서 존 부처(John Butcher)다. 그렇게 이 존과 저 존을 구분할 때 국가는 이름을 기준으로 세금을 부과하고, 징집 명령을 내리고, 법정에서 재판할 수 있다. 질서는 창조됐다. 그러나 그것은 대부분 국가의 관점에서다.

이런 유형의 질서는 이를 따라야 하는 사람에게 항상 매력적이지만은 않다. 20세기 말까지만 해도 손쉬운 해결책이 있었다. 바로 도망가는 것이었다. 국가들 대부분 이 통치 범위를 광활한 평야나 계곡으로까지 확장할 수는 없었다. 산이나 늪, 섬, 사막, 삼각주와 같은 주변 지역은 감시하고 순찰하기 힘들다. 그래서 자신의 재산과 생명을 요구하는 국가를 못마땅하게 여기는 주민은 그런 주변 지역으로 조용히 사라졌다.

스콧은 조미아(Zomia)라는 가상의 국가에 대해 언급했다. 조미아는 지리적으로 실존하지만 정치적 경계가 없는 동남아시아의 고원 지역으로 미얀마, 태국, 캄보디아, 라오스, 베트남, 중국, 인도에 걸쳐 있다.

이 고원 지역은 최근까지도 국가의 통치가 대단히 어려운 곳으로 남아 있었다. 거리가 20킬로미터 정도밖에 되지 않는다고 해도 국가의 무장 요원들이 거기까지 가는 데는 며칠이 걸렸다.

스콧에 따르면 "지난 몇 세기 전까지 사람들은 실제로 국가를 떠나 살아갈 수 있었다". 사람들은 이곳 고원 지대로 들어가 질서의 요구를 피할 수 있었다. 이 지역에서도 거래가 이뤄졌지만 자족적인 방식이었다. 주민들은 저지대의 강력한 사회적 수직 체계를 피해 달아난 "의도적인 야만인이었다". 그러나 그 고원 국가는 무정부 상태가 아니었다. 그들은 다양한 형태의 정치 제도(일부는 평등하고 다른 일부는 불평등한)를 구축했으며 군인이나 세무 공무원과 같은 지배 도구는 없었다.

우리는 스콧이 말한 조미아의 자유를 재창조할 수 있을까? 이를 위해 우리는 질서를 포기하고 무정부 상태를 선택해야 할까? 창조적 파괴의 혁신적인 에너지만으로도 안전을 지킬 수 있을까? 지난 10년 동안 주권 국가들이 국제 질서에서 벗어나려는 움직임이 있었다. 한 예로 '특별 도시(charter city)'는 위압적인 국가에서 벗어나 그 잠재력을 실현하는 창조적 파괴의 공간이다.

특별 도시 프로젝트는 우리가 스스로 행동을 규제하기 위해 정한 규칙을 기반으로 삼는다. 정치인들이 그 규칙을 바꿀 때, 런던이나 스톡홀름 같은 도시가 정체 부담금을 부과할 때처럼 사람들의 행동이 바뀐다. 이렇게 작은 규모의 사회적 실험이 긍정적인 결과로 이어지면 (저주하는 운전자로 가득한 꽉 막힌 도로 대신에 맑은 공기가 도심을 채우면) 그 아이디어는 널리 전파될 것이다. 그리고 많은 도시가 그 규칙을 받아들일 것이다. 그러나 이런 특별 도시가 성공하기 위해서는 많은 실험이 필요하다. 거대하고, 순종적이고, 질서정연한 국가는 이런 실험에 서툴 것이다. 반면 도시는 실험에 훨씬 더 유연한 모습을 보일 것이다.

놀라운 사례로 홍콩과 중국 본토에서 홍콩을 마주 보는 선전을 꼽을 수 있다. 1980년에 중국 공산당이 선전을 수출 특별 구역으로 지정했을 때 당시 인구는 약 3만 명에 불과했고 대부분 어민과 마을 주민이었다. 그러나 2015년에 선전은 중국에서 다섯 번째로 큰 도시로 성장했고 인구는 1,100만을 넘어섰다. 나는 2005년에 영국의 교육정책 검토 사업의 일환으로 선전을 직접 방문했다. 당시 그곳은 믿을 수 없게도 고층 건물로 가득한 화려한 요새처럼 보였다. 선전은 홍콩을 성공적인 도시로 만든 규칙을 배우고 일반적인 국가 영토를 벗어나 특별 구역에서 그 규칙을 실행했다. 말하자면 선전은 무질서를 의도적으로 조장한 도시였다.

특별 도시들은 바로 이런 모형을 따른다. 특별 도시를 주장하는 이들은 개발도상국들이 인구밀도가 낮은 해안 지역에 이와 비슷한 모형을 기반으로 이런 도시를 구축해나가야 한다고 말한다. 특별 도시는 그 성공 여부에 따라 특정한 규칙이나 통치 시스템을 실험하고, 선택하고, 포기하고, 유지할 수 있다.

그런데 이런 시도는 과연 성공을 거뒀을까? 특별 도시 프로젝트는 초반에 많은 관심을 끌었지만 무질서한 에너지를 활용하도록 개발도상국 정부들을 설득하는 과정에서 이렇다 할 진전이 없었다. 한 가지 이유는 정치적인 문제였다. 특히 다른 지역보다 빠른 성장을 기록해 위협적일 수 있는 도시에 주권을 넘겨주라는 요구를 그대로 수용할 정부는 없었다.

그리고 독재 국가가 특별 도시 프로젝트를 시도할 경우 그 도시에 허용했던 자유를 언제든 손쉽게 거둬들일 수 있었다. 실제로 중국 공산당이 홍콩과 선진에서 언론의 자유를 억압하기 시작하면서, 선진이 홍콩과 비슷한 도시가 됐다기보다 홍콩이 선진과 비슷한 도시가 되고 말았다. 일반적으로 독재 정권은 무정부 상태에 폭압으로 대응한다.

또 다른 이유는 전략적인 문제였다. 예산 문제를 비롯해 해안 지역에 수백만 인구가 살아갈 땅을 발견하는 일은 낙관주의자들에게도 상상하기 힘든 과제였다. 최근 마다가스카르와 온두라스, 엘살바도르 등의 국가를 대상으로 서구 경제학자들이 설계한 특별 도시 프로젝트는 모두 수포로 돌아갔다. 이후 프로젝트 자체에 대한 비판이 일었다. 특별 도시는 결국 개발도상국 세상에서 또 하나의 신식민주의 시도가 아닌가? '메타 규칙(meta-rule, 다른 규칙들을 설명하거나 규정하기 위해 사용되는 상위의 규칙-옮긴이)'은 기술 엘리트에게만 귀를 기울이는 자유주의 기술 관료제로 전락하고 말 것인가?

이런 문제는 해결할 수 있지만 새롭게 이주할 주민을 보호하기 위한 다양한 장치가 필요하다. 특별 도시를 지지하는 이들은 보호 장치를 통해 규칙을 실험하는 과정에서 발생하는 전반적인 문제를 해결할 수 있다고 주장한다. 그러나 특별 도시 프로젝트는 자칫 평범한 마을을 더럽고, 복잡하고, 혼란스러운 마을로 만들어버릴 위험이 있다.

16장

안전의 덫을 피하는 과학 기술

사람들 대부분은 특별 도시로의 이주를 안전의 덫이라는 딜레마에서 벗어나기 위한 현실적인 해결책이라고 생각하지 않을 것이다. 우리는 '우리의' 경찰이 선을 넘지 않도록 제어하는 과제에 많은 관심이 있다. 동시에 '우리의' 거리가 질서 있고 '우리의' 시민이 올바르게 행동하기를 바란다. 그렇다면 안전의 덫에서 벗어나기 위해 우리는 무엇을 해야 할까?

안전의 덫은 우리에게 두 가지 문제를 안겨준다. 바로 독재의 위협과 무정부 상태의 혼란이다. 이 문제는 골치 아픈 정치 없이도 얼마든지 해결할 수 있을 것이다. 그러나 해결책들은 그리 전망 있어 보이지 않는다. 사회가 무정부 상태를 보일 때 사람들은 종종 정치를 건너뛰어 문제를 처리하는 '강한 지도자'를 요구한다. 그러나 러시아의 블라디미르 푸틴에서 터키의 레제프 타이이프 에르도안에 이르기까지 그런 지도자는 일단 권력을 잡은 뒤 평화 시위를 탄압하고 반대자를 숙청한다. 그렇게 사람들은 무정부 상태 대신 독재를 선택한다.

시장 모형을 선택하는 대안 역시 안전의 덫에서 벗어나는 데 도움을 주지 않는다. 사람들이 좋아하지 않는 거래를 거부할 수 있고, 재화와 서비스를 자유롭고 자발적으로 거래할 수 있을 때 시장은 효과적으로 움직인다. 그러나 무정부 상태는 기존의 재산권을 인정하지 않는다. 그리고 안전과 시장 사이에는 공통점이 별로 없다.

독재는 위협을 통해 사람들이 좋아하지 않는 거래도 받아들이도록 강요한다. 안전은 인간의 기본적인 욕구다. 폭력이 생존을 위협할 때 사람들은 안전을 지키기 위해 무엇이든 지불하고자 한다. 그래서 안전을 제공하는 민간 기업이 고객에게서 돈을 갈취하지 못하도록 막기는 힘들다. 특히 그 기업이 유일한 '지역의 공급자'라면 말이다. 시장은 무정부 상태에서 제대로 기능하지 못하고 우리를 독재로 몰아갈 수 있다.

그렇다면 기술은 어떨까? 신기술은 우리가 스스로 감시하고(무정부 상태를 막고) 감시자를 감시하도록(독재를 막도록) 해준다. 그러나 여기서 우리는 신중해야 한다. 그렇지 않을 때 한 가지 문제를 해결하기 위한 신기술이 다른 문제를 낳을 수 있다. 기술은 전체적인 그림을 보지 못한다. 기계 학습과 인공지능, 원격 탐사는 도덕과 거리가 먼 중립적인 알고리즘이다. 이런 기술을 통해 무정부 상태를 막고자 한다면 우리 사회는 독재로 흘러갈 수 있다. 기술은 정치가 없는 세상에 존재하지 않는다.

무정부 상태에서 벗어나는 방법에 관한 이야기로 시작해보자. 무정부 상태는 안전에 난 미세한 균열을 통해 우리의 삶으로 스며든다. 잘못된 행동을 감시할 수 없는 곳에서 무정부 상태는 언제든 나타난다.

그렇다면 우리는 무엇보다 감시 능력을 개선해야 할 것이다. 몇십 년 전만 해도 감시 능력을 개선한다는 말은 기본적으로 감시자 수를 늘린다는 의미였다. 즉 더 많은 경찰을 고용해야 했다. 공산주의 사회라면 첩보원 수를 늘려야 했다.

그러나 CCTV와 안면 인식 기술을 기반으로 방대한 시각 데이터를 분석하는 컴퓨터 알고리즘이 등장하면서 감시의 수준과 비용이 완전히 바뀌었다. 한 가지 익숙한 사례로 과속 카메라를 살펴보자. 30년 전에는 과속 차량을 단속하기 위해 또 다른 차량이 과속해야 했다. 즉 경찰차가 과속 차량을 따라잡아야 했다. 훈련받은 경찰관이 레이더 스피드건을 가지고 과속 차량을 적발하고 경찰차가 그 차량을 추적해야 했다.

그러나 과속 카메라와 자동 번호판 인식 시스템이 결합하면서 과속 단속 과정에서 경찰관이 필요 없어졌다. 카메라는 이제 속도를 측정하고, 위반 차량을 촬영하고, 번호판을 인식할 수 있게 됐다. 덕분에 교통경찰의 임무는 과태료 고지서를 발송하는 일로 줄어들었다. 물론 우리는 과속 카메라를 싫어하지만 그 장비는 효과적으로 기능하고 있다. 과속 카메라 시스템은 영국에서 사고와 부상 위험을 40퍼센트나 줄여준다. 시애틀 어린이 보호구역에 설치된 과속 카메라는 과속 건수를 절반이나 줄여준다. 자신이 감시받고 있다고 생각할 때 사람들은 불평하면서도 안전하게 운전한다.

과속 카메라의 이런 효과를, 감시받지 않는 곳에서 사람들이 마음대로 행동하는 영역으로 확장해볼 수 있지 않을까? 사실 런던은 이미 그렇게 하고 있다! 영국인들은 모든 가로등과 버스 정류장 꼭대기에 비둘기처럼 앉아서 모든 상황을 감시하는 CCTV의 존재에 익숙해졌다. 이들 카메라는 위법 행위를 억제하는 기능을 수행한다. 가령 슈퍼마켓 외부에 설치한 카메라는 도둑이 겁을 먹도록 한다.

오늘날 런던 경찰은 안면 인식 시스템과 더불어 CCTV를 적극적으로 활용하고 있다. 그 기술은 원래 사진을 데이터베이스와 비교하는 방식이었다. 이는 수사관에게는 유용했지만 '사건이 벌어진 이후에만' 가능했다. 이런 상황에서 런던은 감시 과정을 라이브 활동으로 만드는 혁신을 이룩했다. 가령 CCTV는 경찰의 감시 목록에 올라 있는 사람이 거리를 지나갈 때 이를 실시간으로 확인한다. 마치 얼굴을 정확하게 기억하는 독수리의 눈을 가진 경찰관들이 도시 곳곳에서 실시간으로 감시하는 것처럼 말이다.

하지만 이런 기술은 예전에는 그리 정확하지 못했다. 런던 경찰은 안면 인식 기술에 대한 객관적인 검토를 통해 이런 문제를 광범위하게 해결했다. 특히 인권 및 데이터 보호에 관한 최근 입법과 관련해 이런 기술의 합법성 여부가 애매모호했다. 그리고 기술이 적절하게 기능하는지 투명하게 확인할 방법이 없었다. 거대한 웨스트필드 스트랫퍼드 쇼핑센터에서 실행한 실험에서, 인공지능 시스템은 경찰의 감시 목록에 오른 42명의 인물을 확인했다. 그러나 이 시스템이 정확하게 인식한 것은 여덟 명에 불과한 것으로 드러났다.

더 중요한 질문은 안면 인식 기술을 민주주의 사회에서 허용할 수 있는지 여부다. 런던 경찰의 경우처럼 주로 부유한 민주주의 국가들은 인공지능 감시 기술을 도입했다. 반면 이런 감시 기술을 주로 제공하는 쪽은 점차 부유해지고 있는 독재 국가인 중국이다. 화웨이는 최근에 관련 기술을 50여 개국에 제공하고 있다. 화웨이는 관련 데이터를 중국 정부와 공유하지 않겠다고 말하지만 이는 정보 접근을 요구하는 중국의 법률과 모순된다.

개인 정보 데이터베이스를 안면 인식 기술과 결합하는 대표적인 감시 시스템은 중국에서 떠오르고 있는 '사회적 신용(social credit)' 시스템이다. 이는 중국의 소셜 미디어 기업에서 소규모 도시, 중국 시민의 개인 정보를 대조하는 중앙 데이터베이스에 이르기까지 모든 다양한 시스템을 포괄한다. 중국 정부는 시민을 처벌하거나 보상을 제공할 때 이 시스템을 사용한다. 사회적 신용 시스템은 누군가 벌금을 내지 않거나, 공공질서를 어지럽히거나, 교통 신호를 위반하는 등 부정적인 행동을 할 때 그 사람의 사회적 신용 점수를 떨어트린다. 반대로 자원봉사나 헌혈과 같은 '긍정적인' 행동은 신용 점수를 높인다.

그런데 신용 점수가 높으면 어떤 혜택이 있을까? 그건 분명하지 않다. 그래도 여행 할인이나 도서관에서 더 많은 책을 빌릴 수 있는 특혜 혹은 지역 언론의 감사 표시와 같은 혜택이 있다. 〈파이낸셜타임스〉의 유안 양이 내게 말했던 것처럼 사회적 신용 시스템은 실제보다 더 방대하고 중앙 집중화된 시스템처럼 보인다. 하지만 실제로 이 시스템은 지역 차원에서 운영되며 도시들 대부분 이를 전혀 도입하지 않고 있다.

'신용 점수'를 모아 혜택을 받을 수 있다는 점에서 이 시스템은 매장의 로열티 프로그램과 비슷하다. 양의 표현에 따르면 중국 정부의 메시지는 '여기에 멋진 스티커가 있습니다'라는 것이다. 이 시스템은 지역 정부와 기관의 다소 불안정한 네트워크를 기반으로 돌아가며,

기술 마법사가 아니라 수백 명의 하위 공무원의 노동력에 의존하고 있다.

이 시스템의 실질적인 영향력은 이른바 '블랙리스트'에서 드러난다. 블랙리스트는 중국 규제 기관이 법적, 규제적 규칙을 위반한 사람의 목록을 전국적인 차원에서 작성한 자료다. 블랙리스트에 오른 중국인은 실질적인 불이익을 받는다. 가령 비행기를 탈 수 없거나 자녀를 명문 학교에 입학시킬 수 없다. 바로 여기서 20세기의 블랙리스트가 21세기의 인공지능과 만난다. 감시 카메라는 블랙리스드에 오른 사람을 인식하고 관찰할 수 있으며, 민간 보안 기업들은 자세한 정보를 정부와 공유할 수 있다. 이제 사람들은 그저 고원 지대로 달아날 수만은 없게 되었다.

사회적 신용 시스템이 어떻게 독재로 흘러갈 수 있는지 이해하기는 어렵지 않다. 독재 국가는 정치적으로 눈에 거슬리는 인물을 상습적인 범법자만큼 쉽게 블랙리스트에 올릴 수 있다. 그런데도 많은 중국인은 사회적 신용 시스템을 무정부 상태에 대처하기 위해 꼭 필요한 제도로 인식한다.

중국의 산업화 속도를 파악하기는 때로 쉽지 않다. 1980년에는 중국 인구의 20퍼센트에 해당하는 2억 명 미만이 도시에 거주했다. 오늘날에는 중국인의 60퍼센트에 해당하는 8억 명 이상이 도시에서 산다. 미국과 영국, 프랑스의 현대적인 안전 시스템은 시골 지역의 수많은 익명의 사람들이 새로운 도시로 이주하고 기존의 질서 시스템이 허물어졌던 산업 시대에 모습을 드러내기 시작했다. 런던 유니버시티 칼리지의 인류학자 신 유안 왕(Xin Yuan Wang)은 사회적 신용 시스템에 대해 어떻게 느끼는지를 주제로 중국 시민과 인터뷰를 나눴다. 그 결과 그는 많은 사람이 이 시스템을 급속한 도시화 시대에서 정부가 신뢰를 창조하는 데 필요한 제도로 여긴다는 사실을 확인했다.

왕에 따르면 사람들이 도시로 이주하면서 개인의 신뢰성과 사회적 관계에 대한 시골 지역 주민들의 오랜 생각이 무너졌다. 도시 거주자들은 이제 누구를 믿어야 할지 알지 못했고, 사람들을 공동체로 연결하는 전통적인 관계와 사회 규범이 사라졌다. 왕은 인터뷰를 나눈 한 사람의 말을 언급했다. "중국에서 살아간다는 것은 너무도 피곤한 일입니다. … 항상 조심해야 하고 다른 사람을 경계해야 하니까요."

그들은 사회적 신용 시스템을 이런 문제에 대한 해결책으로 봤다. 흥미롭게도, 많은 중국인이 서구 사회에 사회적 신용 시스템이 이미 존재한다고 믿고 있었다. 중국 사회에는 예전에 무임승차 때문에 취업이 거부된 유럽인에 관한 미신이 널리 퍼져 있었고, 사람들은 미국에서 널리 알려진 '신용 점수(담보대출을 위한)' 시스템과 정부가 관리하는 '사회적 신용' 시스템 간의 차이를 구분하지 못했다.

미국인과 유럽인이 파산하거나 범죄를 저질렀을 때 고원 지대로 도망치기는 훨씬 더 힘들다. 최근 신용 등급과 범죄 기록 및 납세 내역은 컴퓨터상에서 쉽게 수집되고 통합된다. 그리고 경찰은 그 정보를 새로운 지리적 범죄 예측 기술과 통합해 무정부 상태를 벼랑 끝까지 몰아세우고 있다.

데이터 과학은 범죄를 예방하는 새로운 기갑 부대다. 이제 IT 기업들은 점점 더 복잡해지는 알고리즘과 프로세싱 파워를 기반으로 가로세로 각각 500미터 정도의 구역(기본적으로 도시의 한 블록에 해당하는)의 범죄율을 예측한다. 그리고 이전에 범죄가 발생한 장소를 통합하고 지리적 예측 기술을 활용해서 앞으로 어디서 범죄가 일어날 것인지에 관한 정보를 경찰에 제공한다.

이런 알고리즘의 정확성은 논란의 대상이다. 일부의 경우 알고리즘은 기본적으로 이전 범죄의 이동 평균(moving average, 일부 데이터에 대한 가중치를 달리하여 구한 평균값-옮긴이)을 기반으로 한다. 이런 접근 방식에서 한 가지 분명한 문제는 양의 피드백(positive feedback, 범죄가 발생한 지역에서 앞으로 더 많은 범죄가 발생할 것이다) 효과와 상태 의존성(state dependence, 처음에 범죄자를 체포한 지역이 앞으로 범죄자를 체포할 지역을 결정한다)이 나타난다는 점이다.

예를 들어 경찰이 가난한 지역이나 소수 민족 구성원이 거주하는 지역에서 많이 활동할 때 알고리즘은 그들을 계속해서 그 지역으로 파견 보낸다. 그래서 경찰 활동이 덜 중립적이고 덜 일관적이며 스스로 편향을 강화할 위험이 커진다. 즉 한때 무정부 상태였던 지역에서 독재가 자라나는 것이다.

이제 우리를 보호해야 할 감시자의 잘못된 행동으로 시선을 돌려보자. 앞서 AI 기술이 무정부 상태를 막는 데 효과적일 수 있다는 사실을 살펴봤다. 하지만 바로 그 기술이 국가 권력을 강화하는 데 사용(남용)될 수 있다는 사실 역시 분명하다. 앞서 언급했듯이 기술 자체는 중립적이다. 우리가 감시자의 손을 묶고자 한다면 그 사람을 억제할 수 있어야 한다.

놀랍지도 않게 미국 사회에서는 경찰을 통제할 것인지, 한다면 어떻게 할 것인지에 관한 논의가 제대로 이뤄지지 못했다. 2020년에 일어난 조지 플로이드와 브레오나 테일러(Breonna Taylor) 총격 사건은 안타깝게도 최근에 불거진 현상이 아니었다. 1990년대 초에는 로드니 킹(Rodney King) 폭행 사건이 벌어지면서 경찰의 폭력에 대한 전국적인 관심이 집중됐다. 이후 경찰 개혁 작업이 수십 년 동안 활발하게 이뤄졌다. 하지만 경찰 폭력 역시 활발하게 이뤄졌다. 이제 무슨 일을 해야 할까?

경찰 개혁 방안에 대해서는 기술 변화에서 경찰 활동 그리고 경찰 없이 공공질서를 유지하는 방법에 대한 전면적인 재검토에 이르기까지 폭넓은 스펙트럼에서 선택할 수 있다. 모든 경우에서 우리는 안전의 덫을 고려해야 한다. 우리가 선택한 해결책이 무정부 상태를 독재로 대체하는 결과로 이어질 수 있기 때문이다. 혹은 의도와는 달리 독재를 더 강화할 수도 있다.

안면 인식 기술로 대중을 감시하는 것과 똑같은 방식으로 경찰을 감시하는 기술 혁신에 관한 이야기를 시작해보자. 최근에 경찰은 보디캠을 마지못해 도입했다. 이 장비는 경찰의 가슴팍이나 헬멧에 부착되어 차량 통제나 총기 사용 등 공적인 활동을 촬영한다. 무엇보다 보디캠은 '상시' 작동한다. 경찰관이 보디캠을 켜기 전 30초 분량의 영상을 저장한다. 총기 사용 직후에 보디캠을 켜야 하므로 총기 사용에 대한 유혹을 완전히 없애지는 못한다고 해도 어느 정도 줄여준다. 그리고 그 데이터는 경찰서의 암호화된 데이터베이스로 전송되어 수개월간 저장된다.

보디캠의 장점은 무엇일까? 가장 분명한 장점은 보디캠을 착용한 경찰관이 차량을 막고 권총을 꺼내거나 용의자를 심문할 때 실제로 어떻게 행동했는지에 관한 객관적인 증거를 제공한다는 것이다. 이는 대중과 접촉하는 과정에서 경찰의 잘잘못을 판단할 수 있다는 점에서 대단히 유용하다.

그러나 더 큰 장점은 보디캠의 간접적인 효과다. 자신의 모든 활동이 촬영되고 있다고 생각하면 경찰은 스스로 행동을 수정하게 된다. 미래의 영상 증거가 현재의 행동을 제약하는 것이다. 그리고 경찰관이 보디캠을 착용하고 있다는 사실을 인지한 시민들은 자신이 경찰로부터 존중을, 적어도 정당한 대우를 받을 것이라고 믿는다. 보디캠이 작동할 때 우리가 서로에게 느끼는 불확실성은 낮아지고 신뢰는 높아질 것이며 행동을 올바르게 개선해줄 것이다.

하지만 그것은 이론이다. 현실도 그럴까? 경찰서 내에서 무작위로 활용할 수 있다는 점에서 보디캠은 사회과학적 분석에 상당히 적합한 도구다. 일부 경찰에겐 활동 중 보디캠을 착용하도록 하고 다른 경찰은 착용하지 않도록 하면, 보디캠을 착용한 경찰이 무력을 덜 사용했는지 확인할 수 있다.

2012년에 캘리포니아주 리알토에 있는 경찰서에서 1년 동안 실시한 실험에서 연구원들은 무작위로 특정 근무 시간에 경찰관들이 보디캠을 착용하도록 했다. 그 결과 보디캠을 착용했을 때 무력을 사용한 횟수가 절반으로 줄어든 것으로 나타났다. 연구원들은 경찰관 개인이 아니라 근무 시간을 기준으로 보디캠을 착용하도록 했다. 즉 모든 경찰관이 특정 시간대에 보디캠을 착용했다. 이를 통해 연구원들은 '파급효과(spillover effect)'가 나타났다는 사실을 확인했다. 경찰관들은 보디캠을 착용하지 않았을 때도 그전 해보다 무력을 덜 사용했다. 보디캠을 착용하지 않았을 때도 '마치' 착용한 것처럼 행동하는 문화적 변화가 나타난 것이다.

몇몇 경찰만이 보디캠을 착용했을 때도 경찰력 전반의 행동을 제한한다는 뚜렷한 증거가 발견됐다. 2014년부터 단계적으로 보디캠을 도입했던 흐름을 살펴보면 이 장비는 경찰의 무력 사용을 줄여줬다. 특히 살인으로 이어진 경우를 절반이나 줄였다. 또한 트위터상에서 드러난 지역 경찰서에 대한 부정적인 인식, '흑인의 목숨도 소중하다'를 구글에서 검색한 횟수 모두 경찰서들이 보디캠을 도입한 이후로 줄어들었다.

그렇다면 보디캠의 부작용은 무엇일까? 보디캠은 '썩은 사과'를 골라내면서 '좋은 사과'도 함께 골라내지 않았을까? 경찰에 대한 감시는 그들이 더 소극적으로 행동하게 만들면서 범죄자들이 더 활개 치도록 허용하고 범죄율을 높일 위험이 있다. 2015년 제임스 코미(James Comey) FBI 국장은 이런 우려를 드러냈다. "오늘날 유튜브 세상에서 경찰관들은 좀처럼 차량에서 나와 폭력적인 범죄를 제압하는 임무를 수행하려고 들지 않는다." 정말로 그렇다면 이는 심각한 문제다. 하지만 워싱턴주 스포캔에서 경찰관들을 대상으로 한 무작위 방식의 연구는 보디캠을 착용했을 때 경찰관들이 소극적으로 행동한다는 증거를 하나도 보여주지 못했다.

그리고 우리의 보호자들은 어쩌면 자신의 행동이 촬영되고 있다는 사실에 별로 개의치 않는 것인지도 모른다. 우리는 경찰관 데릭 쇼빈(Derek Chauvin)이 조지 플로이드를 살해하는 과정에서 무슨 일이 벌어졌는지 자세히 알고 있다. 쇼빈의 동료 경찰관인 투 타오(Tou Thao)

의 보디캠에서 촬영된 영상이 유출됐기 때문이다. 플로이드의 사망 영상은 경찰이 시민을 상대로 얼마나 잔인하게 행동할 수 있는지 분명하게 보여줬다. 이렇게 영상에 찍힌 경찰은 거짓 부인만으로 문제에서 빠져나오지 못한다.

그런데 문제는 쇼빈이 촬영 사실을 알고 있었음에도 스스로 행동을 제어하지 않았다는 점이다. 또한 정말로 전 세계적인 혐오감을 유발한 것은 쇼빈의 동료가 착용한 보디캠 영상이 아니라 행인들이 스마트폰으로 찍은 영상이었다. 일반 시민이 촬영한 영상 증거가 없다면 경찰은 보디캠 영상을 공개하지 않았을 수도 있다.

또한 경찰의 문제는 무력 사용을 넘어 지역 공동체를 대하는 전반적인 방식으로 확장된다. 미주리주 퍼거슨 경찰서의 문제는 단지 경찰의 폭력이 아니라, 그들이 봉사하고 보호해야 할 시민을 위협의 대상이나 세수의 원천으로 바라봤던 경찰의 문화였다.

이제 경찰 개혁에 대한 전면적인 비전은 점진적인 발전이 아닌 혁명을 강조하고 있다. 2020년에는 '경찰 예산을 삭감하라(Defund the Police)'라는 슬로건이 등장했다. 그것이 의미하는 바는 여전히 치열한 논쟁의 대상으로 남았다. 일부는 예산 삭감이 보디캠과 면책 특권 박탈, 조직 개편 등을 포함하는 일련의 경찰 개혁을 대신할 것이라고 말한다. 반면 다른 이들은 말 그대로 경찰에 대한 전면적인 예산 삭감을 의미하는 것이라고 말한다. 그렇다면 그 진정한 의미는 무엇일까?

경찰 예산을 전면적으로 삭감하면 사회복지사나 정신과 의사, 약물 재활 전문가 등 다양한 공공 서비스를 제공하는 이들이 경찰의 역할을 대신할 것이다. 그리고 어느 정도의 공동체 자율 치안 활동이 요구된다. 이 방안을 주장하는 사람들이 보기에 경찰은 가난한 지역에서 발생하는 시위에 폭력적으로 대응하고 시민에게 과중한 벌금을 부과함으로써 주민들을 범죄자로 만들고 그들을 빈곤으로 몰아넣고 있다. 그리고 그 과정에서 범죄를 실제로 부추기고 있다. 서유럽의 경우를 보자. 서유럽 사람들은 경찰 예산이 낮은 지역에서 범죄율 또한 낮다고 말한다. 그들은 경찰 예산의 확대가 문제를 해결하는 것이 아니라 오히려 더 악화시키는 것은 아닌지 묻는다.

그렇다면 경찰 예산을 삭감함으로써 미국 사회의 범죄와 경찰 폭력을 모두 줄일 수 있을까? 아니면 예산 삭감으로 무정부 상태가 고개를 쳐들 것인가? 미국의 광범위한 사회적 문제를 해결하지 않고서 경찰 예산만 줄이는 방식으로는 아마도 범죄율을 낮추지 못할 것이다. 그러나 유럽의 사회복지제도를 따라가기 위해서는 전례 없는 수준의 (적어도 미국에는) 전반적인 공공 지출 확대가 필요하다. 이는 경찰 예산 삭감의 단계를 훌쩍 넘어서는 것이다. 다시 말해 안전을 위해 연대가 필요하다. 그리고 부드럽게 말해서, 미국이 항상 연대주의 사회였던 것은 아니다.

지금까지 우리는 '개인적' 안전과 '국가적' 안전의 차원에서 안전의 덫으로부터 빠져나오는 방안에 대해 살펴봤다. 이제 마지막으로 중대한 과제가 남았다. 바로 '국제적' 안전이다. '세계 평화'가 많은 국제적 행사에서 등장하는 소망이라는 사실은 놀랍지 않다. 이는 세계 평화가 바람직하지만 성취하기가 절망적으로 힘든 목표이기 때문이다. 앞서 살펴봤듯이 스티븐 핑커와 같은 사상가는 오늘날 우리가 선조들보다 더 평화로운 세상에 살고 있다고 주장하지만 이는 여전히 치열한 논쟁거리로 남아 있다. 지금도 내전과 테러 공격, 국경 지역 충돌이 끊임없이 이어지고 있다. 분쟁은 오히려 냉전 시대가 끝난 이후로 계속해서 증가하고 있다. 그렇다면 전쟁과 국제적인 분쟁을 줄이기 위해 우리는 무엇을 할 수 있을까?

가장 먼저 공식적이거나 비공식적인 협력으로 세계적인 무정부 상태에 맞설 수 있다. 비공식적인 협력은 때로 평화적인 관계를 유지하는 데 큰 도움을 준다. 또한 우리는 조약에 서명하거나 동맹을 맺음으로써 협력의 약속에 '반지를 끼우고자 한다'. 비공식적인 협력은 무역을 시작하거나 유사한 정치 시스템을 구축하는 일처럼 쉬울 수 있다. 정치학의 한 가지 법칙은 민주주의 국가끼리는 서로 전쟁을 벌이지 않는다는 것이다. '민주주의적 평화(democratic peace)'라고 부르는 이 개념은 클린턴과 부시, 오바마 대통령이 사용하면서 널리 알려졌다.

실제로 민주주의 국가끼리는 전쟁을 벌이지 않을 것이라고 기대할 수 있는 근거는 많이 있다. 민주주의 국가는 전쟁터에 나가야 할 바로 그 국민의 뜻을 더 잘 반영한다. 그리고 협상에 능하다. 민주주의 정치 시스템 자체가 논쟁을 벌이고 교환하기 위한 것이기 때문이다. 게다가 민주주의 국가의 지도자는 값비싼 전쟁에 뛰어드는 결정에 대한 여론의 반응을 두려워한다.

또한 민주주의 국가는 자유 시장을 지키고 무역을 장려한다. 그래서 전쟁은 대단히 값비싼 대가다. 우리는 이런 생각을 일컬어 '자본주의 평화'라고 부른다. 이 개념은 〈뉴욕타임스〉 칼럼니스트 토머스 프리드먼(Thomas Friedman)의 유명한 '황금 아치(golden arches)' 이론의 핵심이다. 황금 아치 이론은 맥도널드가 있는 나라끼리는 절대 서로 전쟁을 벌이지 않는다고 말한다. 안타깝게도 이 이론은 NATO가 폭격한 세르비아 그리고 러시아와 조지아, 우크라이나 간 분쟁의 잔해 속에 묻히고 말았다. 평화를 유지하는 패스트푸드 산업의 힘도 이런 충돌을 해결하지는 못했다.

경제적 상호의존성이 전쟁을 막는다는 주장과 관련해 아주 비극적인 역사가 있다. 1909년에 노먼 에인절(Norman Angell)은 국제 관계를 주제로 쓴 유명한 저서 《위대한 환상(The Great Illusion)》에서 국제 무역과 투자가 전쟁과 약탈을 의미 없게 만든다고 주장했다. 그러나 이 책은 그리 좋은 시기에 나오지 못했다. 지금도 역시 긴밀한 경제적 관계가 평화 유지에 도움이 된다고 생각하기는 어렵다. 일반적으로 전쟁은 비즈니스에 좋지 않다. 특히 전쟁 재원을 마련하기 위한 세금과 전쟁으로 인한 인플레이션 압박 때문에 그렇다.

그렇다면 민주주의 국가끼리는 전쟁을 벌이지 않는다는 주장은 우리에게 어떤 해결책을 제시하는가? 아주 거대한 해결책을 제시한다. 바로 평화를 증진하기 위해 민주주의를 전 세계로 확장해야 한다는 것이다. 이는 결코 불가능한 과제가 아니다. 1990년대 이후로 이 과제는 사실 미국 외교 정책의 일부였다. 미국의 전미 민주주의 기금(National Endowment for Democracy), 독일의 아데나워 재단(Konrad Adenauer Foundation), EU의 국제기구와 세계은행 같은 조직은 민주주의의 세계적 확산을 핵심 목표로 삼고 있다.

하지만 쉽게 상상할 수 있듯이 부유한 국가의 외침이 항상 주목받는 것은 아니다. 이라크와 아프가니스탄 전쟁은 러시아와 중국의 강력한 반발과 더불어 민주주의의 확산에 짙은 그림자를 드리우고 있다. 그래도 남미 지역 민주주의 국가들 혹은 최근 아프리카 지역 민주주의 국가들 간 전쟁이 벌어지지 않고 있다는 사실은 민주주의적 평화가 다행히 이어지고 있다는 이야기를 들려준다.

국가 간 평화를 보장하는 더욱 직접적인 방법은 집단적인 안보 협정에 서명하는 것이다. 예를 들어 NATO에 가입하는 것이다. NATO 회원국들은 상호 간 전쟁을 벌이지 않는 것은 물론 동맹국이 침공을 당할 때 집단적 방어에 나설 것을 약속한다. 실제로 NATO는 9.11 테러 이후에 아프가니스탄 전쟁에 개입했다. 또한 그리스와 터키는 NATO 덕분에 제2차 세계대전이 끝나고 평화를 이어오고 있다(위태롭기는 하지만).

NATO 시스템은 회원국이 아닌 우크라이나와 2004년에 회원국이 된 발트해 국가들이 왜 서로 다른 경험을 하고 있는지 잘 설명해준다. NATO가 집단적인 안보 협의체로 기능하기 위해서는 미국과 프랑스, 영국을 비롯한 모든 회원국이 에스토니아와 라트비아, 리투아니아 같은 국가가 침공을 받았을 때 공동으로 방어에 나서야 한다. 그런데 도널드 트럼프는 NATO를 '쓸모없는' 조직이라고 비난하며 노골적으로 불만을 드러냈다. 하지만 NATO는 트럼프 행정부 시절에 발트해 국가들에 대한 러시아의 침공을 실질적으로 막아냈다.

반면 우크라이나와 서구 열강의 관계는 NATO보다 훨씬 느슨한 형태의 군사 동맹이었다. NATO는 2008년부터 우크라이나를 회원국으로 받아들이겠다고 약속했지만, 표준적인 '가입' 절차인 회원국 자격 행동 계획(Membership Action Plan)을 우크라이나에 제시하지 않았다. 미국의 정치학자 팀 프라이(Tim Frye)는 이를 '세상에서 가장 나쁜 일'

이라고 비판했다. 우크라이나의 기대를 외면하고, NATO 내부의 분열을 조장하고, 러시아의 집착을 강화했기 때문이다. 중요하게도 NATO의 이런 태도는 서구 동맹이 우크라이나에 구속력 있는 약속을 하지 않았다는 사실을 의미했다. 우크라이나 혼자서는 아무것도 바꿀 수 없었다. 2019년 우크라이나 의회는 NATO 가입을 더 수월하게 만들기 위해 헌법까지 수정했다. 2020년 우크라이나는 NATO의 '향상된 기회의 파트너'가 됐다.

그러나 이런 노력에도 우크라이나는 정식 회원국이 되지 못했다. 무정부 상태의 세상에서 우크라이나가 NATO 회원국들과 맺은 다양한 협의는 현금화할 수 없는 수표에 불과했다. 러시아가 우크라이나를 공격한 것은 NATO의 팽창주의 때문은 아니었다. 오바마 행정부 시절에 미국의 주러시아 대사인 마이클 맥폴(Michael McFaul)은 "오바마와 러시아 관료 사이에 NATO의 팽창에 관한 진지한 논의는 전혀 없었다"라고 말했다.

우크라이나가 일반적인 러시아인들이 함께 살아가는 국가가 아니라는 푸틴의 주장도 마찬가지였다. 2020년 1월에는 러시아인의 80퍼센트 이상이 우크라이나가 독립해야 한다고 생각했다. 푸틴은 개인적으로 이웃 국가의 비우호적인 지도부를 제거하기 위해, 러시아어를 쓰는 사람들이 살고 있는 영토를 점령하기 위해 그리고 세계열강으로서 러시아의 영구적 지위를 분명하게 선언하기 위해 우크라이나를 침공했다. 이는 우크라이나가 NATO 회원국이 아니었기 때문에, 그래서 NATO 동맹국들이 우크라이나를 지킬 책임이 없었기 때문에 가능했다.

러시아의 우크라이나 침공에서 얻을 수 있는 교훈은 적어도 동맹국 사이에서는 공식적인 조약이 중요하다는 사실이다. 공식적인 조약이야말로 무정부 상태의 세상에서 유일하게 보여줄 수 있는 신뢰의 신호다. 동맹국으로 대우받고, 심지어 무기까지 지원받는 '가입 절차'는 실제 회원국이 되는 것과는 같지 않다. 발트해 국가들은 NATO 회원국으로서 자유를 지켜냈다. 반면 NATO 회원국이 아닌 우크라이나는 조지아 및 몰도바와 함께 무정부 상태와 공허한 약속이라는 저승의 땅에 내버려졌다.

동맹국 간 조약은 원활하게 작동하는 것으로 보인다. 그렇다면 적국과의 조약은 어떨까? 문서에 서명함으로써 적국이 마음대로 행동하지 못하게 막을 수 있을까?

핵무기와 화학무기에 관한 국제 조약의 역사는 그럴 수 있다고 말해준다. 우리 시대에 가장 성공적인 군비 제한 협정은 핵무기 조약이다. 1960년대 말부터 국제 관계에서 약자로 표기된 다양한 기구가 등장했다. NPT와 SALT 조약, START 협정이 그것이다. 이런 협정은 비록 냉전 종식에 직접적인 역할을 하지 못했지만 핵무기 및 화학무기의 확산 방지와 군비 감축이라는 목표를 전반적으로 달성했다.

20세기에 또 다른 치명적인 무기는 화학무기였다. 화학무기는 제1차 세계대전에 사용되면서 100만 명 이상에게 끔찍한 피해를 줬다. 그 후로 사담 후세인이나 바샤르 알아사드처럼 자국민에게 독가스 공격을 가했던 독재자를 제외하고는 화학무기는 거의 사용되지 않았다.

그 이유는 무엇일까? 평화(혹은 적어도 덜 잔인한 전쟁)를 추구해야 할 책임이 규범으로, 그 규범을 실현하기 위한 조약으로 자리 잡았기 때문이다. 제네바 의정서(Geneva Protocol)는 화학무기 사용(보유까지는 아니더라도)을 금지하고 있다. 그리고 1993년 화학무기금지조약(Chemical Weapons Convention)은 화학무기 개발을 금하고 있다. 이렇게 화학무기 사용에 대한 '금기'가 모습을 드러냈고 전반적으로 유지되고 있다.

오늘날 우리는 국가가 전시에 시민에 대한 법적인 '보호 의무'를 다해야 하는지도 논의하고 있다. 유고슬라비아 전쟁 이후에 설립된 국제재판소 같은 기구가 심판의 역할을 할 수 있을 것이다. 이런 점에서 비록 법을 통해 전쟁을 막지는 못한다고 해도, 국제 협력에 기대어 최악의 전쟁 충동을 억제할 수 있다는 낙관적인 전망을 해볼 수 있다.

핵무기와 화학무기는 새로운 군사 기술이다. 우리는 이렇게 물을 수 있다. 이런 무기의 사용을 막는 데 중요한 것은 국제 협력인가? 아니면 기술 자체에 관한 것인가? 기술이 더 발전하고 더 치명적인 기능을 탑재할수록 전쟁이 일어날 가능성이 실제로 줄어들 것이라고 말할 수 있을까? 만일 그렇다면 아주 안심하지는 못한다고 해도 다행스러운 상황일 것이다.

핵무기는 인류가 개발한 가장 파괴적인 무기다. 그런데 많은 국제관계학 학자가 핵무기가 제3차 세계대전을 막고 있다고 주장한다. 핵무기가 상호확증파괴(Mutually Assured Destruction, 적절하게도 약자가 'MAD'다)로 이어지기 때문이다. 제2격 능력(second-strike capability, 핵무기 공격을 받았을 때 핵무기로 보복할 수 있는 군사 능력)을 갖춘 국가는 적국이 선제공격하지 못하게 막을 수 있다. 다시 말해 먼저 핵무기를 발사하면 모두 '공멸'할 것이라는 사실을 인지하기 때문에 적국은 선제공격하지 않을 것이라는 말이다.

가장 치명적인 무기가 평화 유지에 도움을 주고 있다(누군가 실수하지 않는 한)는 사실은 놀라운 아이러니다. 최근에 있었던 가장 대표적인 '일촉즉발' 상황은 러시아 중령인 스타니슬라프 페트로프(Stanislav Petrov)가 미국에서 핵미사일이 날아오고 있다는 조기 경보 상황에서 제2격 공격을 하지 않기로 판단을 내린 때였다. 페트로프의 판단은 옳았다. 실제로 그 '미사일'의 실체는 높은 고도에 있는 구름에 햇빛이 반사된 것이었다. 그래서 우리는 지금 살아 있고 당신도 이 책을 읽을 수 있다. 이것이 바로 MAD의 위험성이다. 다시 말해 모든 상황이 정상적으로 돌아갈 때만 평화가 유지될 수 있다.

앞으로 50년 동안 어떤 군사 기술이 새롭게 모습을 드러낼 것인가? 그 기술은 국가 간 평화를 강화할 것인가, 아니면 허물어뜨릴 것인가? 앞서 살펴본 보디캠과 사회적 신용의 사례처럼 신무기 시스템역시 이미지를 인식해서 데이터를 처리하는 첨단 기술을 활용하고 있다. 한 예로 드론은 군대의 새로운 눈이다. 이는 대중 감시와 정밀 타격 기능을 수행할 수 있다. 이제 군대는 인공지능을 기반으로 수 테라바이트에 이르는 정보를 처리해서 목표물을 발견하고 말 그대로 제거할 수 있게 됐다.

가장 흥미로운 기술 발전은 드론이 인공지능과 결합하면서 이뤄졌다. 즉 자율형 치사 병기 시스템(Lethal Autonomous Weapons System, 아이러니하게도 약자가 'LAWS'다)이 등장했다. 당신이 '터미네이터'나 '로보캅'을 떠올린다면 착각에 불과하다. 물론 이 시스템은 대단히 치명적이다. 그 사실에는 새로울 게 없다. 새로운 점은 이 시스템이 자율형이라는 것이다. 자율형이란 인간의 직접적인 개입 없이도 스스로 목표물을 선택하고 이동해서 파괴할 능력이 있다는 뜻이다. 공상과학소설처럼 들리지만 엄연한 현실이다.

2007년에 미국은 이미 지정된 목표물을 향해 자율 비행해서 탑재물을 낙하하도록 설계된 MQ-9 리퍼(Reaper)를 선보였다. 이제 이 무기는 AI 기술을 만나 목표물을 스스로 선택해서 인간의 승인을 기다린다. 여기서 승인할 권한을 가진 인간은 이 무기가 우리가 대적할 수 없는 상대가 되지 못하도록 막는 유일한 법적 보호막이다.

LAWS의 등장은 전쟁 억제를 통한 평화 유지와 관련해서 무엇을 의미하는가? 우리는 로봇 친구들이 우리를 파괴하지 못하도록 막을 수 있을까? 인간에게 최종 결정권이 있기는 하지만 LAWS의 정확성에 관한 의심은 아마도 전쟁 억제에 도움이 될 것이다. 2003년 미국의 자동화된 패트리엇 미사일은 잘못된 정보로 미군들을 죽였다. 이런 오류에 대한 의심은 전쟁을 막을 수 있다.

그러나 LAWS가 오류를 범하지 않게 되더라도 그 존재는 전쟁 억제에 여전히 도움이 될 것이다. LAWS는 특성상 관찰이 힘들다. 드론은 크기가 작고 어떤 운영 AI 시스템이 탑재되어 있는지 알 수 없다. 그래서 LAWS는 전쟁 억제에 도움이 된다. 우리가 LAWS를 보유하고 있고 공격을 받았을 때 이를 사용할 것이라는 사실을 적국이 인지한다면 그들은 우리가 허세를 부리는지, 아니면 실제로 무시무시한 결과가 벌어질지 판단하기 힘들다. LAWS의 치명적인 공격성은 핵무기와 마찬가지로 평화 유지에 도움을 줄 수 있다. 적어도 로봇들이 우리의 통제를 벗어나지 않는 한 말이다.

범죄자 그리고 경찰에 대한 일상적인 안전에서 세계 멸망에 대한 안전에 이르기까지 우리는 안전의 덫에서 빠져나오기 위해 무정부 상태와 독재라는 쌍둥이 위험에 끊임없이 맞서서 싸워야만 한다. 우리는 문제 일부를 스스로 해결할 수 있다. 우리의 일상적인 안전은 서로에 대한 신뢰에 달렸다. 우리가 서로 양보할 때 거리의 질서는 유지될 것이다. 교통 신호를 보내는 마임 예술가도 필요 없을 것이다. 규칙을 어긴 사람을 추방하거나 망신을 주기 위해 체계적으로 구축된 사회적 규범은 어쩌면 답답하게 느껴질 수도 있겠지만, 우리의 일상에 확실성을 가져다준다.

그러나 익명의 온라인 세상은 그런 규범을 파괴하겠다고 위협한다. 트위터를 매일 들여다보는 사람이라면 이런 사실을 잘 알 것이다. 그렇기에 우리의 상호작용을 신중하게 조율하는 특정한 형태의 중앙 집중적인 권력이 필요하다. 오늘날 탈중심화된 온라인 금융 거래는 암호화폐라는 황량한 서부 세상을 제외하고는 일반적으로 중앙집중적인 이베이 스타일의 보증인이 관리하고 있다. 그러나 언론의 자유에 대해서도 그런 통제를 허용할 것인지는 또 다른 문제다.

이제 우리는 영상 기술과 인공지능의 발전으로 대중 감시가 끊임없이 이뤄지는 시대를 살아가고 있다. 전방위 감시 시스템이 우리가 어디에 가는지, 온라인으로 무슨 글을 쓰는지 그 모두를 감시하기 시작하면서 무정부 상태는 일상적인 삶에서 서서히 내몰리고 있다. CCTV가 범죄자를 포착하고 온라인 채팅방이 테러리스트를 확인할 수 있다면 이런 시스템은 우리의 안전을 강화할 것이다. 하지만 이것은 자칫 중국의 사회적 신용 시스템처럼 독재로 기울어질 위험이 있다. 그리고 이런 흐름을 되돌리기에 너무 늦었다면 우리를 감시하는 세력에 맞서 힘의 균형을 이룰 수 있는 제도를 개발해야 한다. 우리가 무정부 상태를 끝내기 위해 스스로 감시하는 시스템을 만들어냈다면, 동시에 우리의 감시자를 감시할 시스템도 만들어내야 한다.

보디캠 기술은 경찰이 시민을 대상으로 권력을 남용하지 못하게끔 막을 수 있다. 비록 조지 플로이드의 죽음을 막지는 못했지만 말이다. 그러나 우리는 여기서 더 나아가야 한다. 국가가 사용하는 새로운 감시 도구에 대해 투명성을 요구해야 한다. 다시 말해 범죄 예측에 사용하는 알고리즘 공개를 요구하고, 실시간 안면 인식 기술과 군사 목적의 위성 영상 활용을 감시해야 한다.

합의에 기반을 둔 치안 활동과 민간이 주도하는 군대를 유지하고자 한다면, 정치적으로 개입해 책임을 물음으로써 치안과 보안 활동을 투명하게 만드는 방안이 필요하다. 그리고 정치인이 이런 감시 활동을 수행하도록 힘을 실어주고 신뢰해야 한다. 또한 국제적인 차원에서는 강대국들이 반대하더라도, 아니 오히려 그들이 반대할수록 전쟁 범죄를 처벌하는 법적 기반을 계속해서 만들어나가야 한다. 물론 이는 끊임없는 도전이 될 것이다. 우리가 규칙을 준수하도록 강제하는 주체는 동시에 우리가 그로부터 우리 자신을 지켜야 할 대상이다. 안전의 덫은 우리를 둘러싼 사방에 존재한다.

5부

번영

단기적으로 더 부유해지는 길은
장기적으로 더 가난해지는 길이다

17장

기후 협약은 왜 번번이 실패했는가

로랑 파비우스(Laurent Fabius)는 늦었다. 파리 기후 협약을 마무리하고 온실가스 감축에 대한 세계적인 합의를 끌어내는 중요한 마지막 순간이었다. 2주 전부터 파비우스 프랑스 총리는 190여 개국 협상단을 맞이하기 위해 오래된 군사 비행장에 설치한 임시 천막 안에서 치열한 협상을 벌여왔다.

2009년 코펜하겐에서 마지막으로 열렸던 기후 회의는 실패로 끝났다. 구속력 있는 어떤 합의도 나오지 않았고, 기후 변화에 대한 협력은 기대와 달리 제대로 이뤄지지 못했다. 그러나 파리는 달랐다. 주요 선수들(탄소를 대량으로 방출하는 국가들)이 참여했고 미국과 중국, 인도, 러시아가 의견 일치를 보였다. 그런데 파비우스는 대체 무엇을 하고 있었을까? 시간은 저녁 7시가 넘었고 회의는 90분 일찍 마무리될 예정이었다.

오후 7시 13분, 파비우스는 서둘러 연단에 올랐다. 그는 파리 회의에 참석한 모든 국가가 탄소 배출 감축과 지구 기온에 대한 지속적 감시라는 단일 목표를 향해 나아가도록 밀어붙였다. 이제 결정의 순간이 왔다. 그러나 기후 변화를 개선하고자 했던 정치는 너무나 복잡했다. 파비우스는 참석자들의 관심을 자극하고자 했다. 특히 인도를 끌어들이기 위해 대표단 전원에게 인도와 프랑스의 철학 경구가 담긴 책을 선물했다. 외교는 까다로운 협상의 핵심이었다.

파비우스는 이렇게 말했다. "국가는 냉혈 괴물이 아닙니다." 그러나 이미 국가들 사이에서 의견 차이가 나타나고 있었다. 남아프리카의 한 협상가는 100개국이 넘는 개발도상국과 중국을 대표해 기초보고서가 "인종차별 정책과 비슷하며" 가난한 나라들은 "권리를 박탈당했다"라고 주장했다.

어떻게든 합의를 끌어내야 했기에 외교는 특히 힘든 숙제였다. 파비우스는 197개국 모두가 기후 변화에 관한 유엔 기본 협약(United Nations Framework Convention on Climate Change)에 동의하도록 만들어야 했다. 단 하나의 나라만 반대 목소리를 내도 모든 노력이 수포가 될 수 있었다. 회의가 절정에 다다랐을 때 니카라과의 대표단이 정말로 그렇게 하려고 자리에서 일어났다.

파비우스는 연단으로 달려가 재빨리 마이크를 잡았다. 그의 얼굴은 당황한 기색이 역력했다. 니카라과 대표단은 결과가 궁금했다. 하지만 그들의 반대 의견은 받아들여지지 않았다. 파비우스는 서둘러 이렇게 선언했다. "회의장을 둘러보면서 긍정적인 반응을 확인했습니다. 파리 기후 협약이 받아들여졌습니다." 그가 의사봉을 내려놓으면서 파리 협약은 공식적으로 승인됐다. 니카라과의 반대는 묵살됐다.

그렇게 거의 마무리되고 있었다. 하지만 미국 대표단은 '아마도

(shall)'라는 표현이 합의문에 슬며시 들어갈 것이라는 사실을 이미 눈치챘다. 이 말은 법적 약속이 합의 전체를 무효화할 수도 있다는 의미였다. 파리 협약에 반대하는 공화당이 장악한 미 하원이 개입할 것이기 때문이었다. 프랑스 대표단은 그저 '기술적 오류'가 발생한 것이며 '아마도(shall)'를 '반드시(should)'로 바꾸면서 모든 사항을 바로잡을 것이라고 사람들을 안심시켰다. 파리는 코펜하겐과는 달리 큰 성공을 거뒀다. 파리 협약은 지속적인 세계 번영을 향한 집단적인 해결책이 가능하다는 희망을 보여줬다. 그런데 거기에 정말로 실질적인 의미가 담겨 있었을까?

기후 변화는 인류에게 가장 힘든 정치적 문제다. 기후 변화를 해결할 수 있다면 아마 우리는 다른 집단적인 도전 과제들도 해결할 수 있을 것이다. 또한 기후 변화는 말 그대로 세계적인 문제다. 우리 모두 영향을 받고 있으며, 그래서 우리 모두 협력해야 한다. 이 문제를 해결해줄 세계 정부는 없다. 역사적으로 정당한 불만을 품은 각국 정부는 자체적으로 에너지를 생산하고 소비해야 했다. 파리 협약은 모든 주요 선수를 하나의 방 안에(비록 천막이기는 하지만) 몰아넣고 앞으로 나아갈 여정에 동의하도록 만들었다. 그러나 이는 국제 협의가 실질적으로 영향력을 행사하도록 만드는 다양한 요소들, 즉 구속력 있는 약속과 제재, 강제 실행을 포기해야지만 가능했다.

파리 협약은 그 전신이라 할 수 있는 교토 의정서가 실패로 돌아가고 코펜하겐 협정이 무너지면서 등장했다. 1997년에 채택된 교토 의정서는 탄소 감축과 관련해 구속력 있는 세계적인 합의를 끌어내기 위한 최초의 시도였다. 선진국들은 교토 의정서를 통해 온실가스 배출에 대한 구체적인 감축안에 서명했다. 그 목표를 달성하지 못한 국가는 공식적인 차원에서 재정적 불이익을 받을 것이었다. 교토 의정서는 법적으로 구속력 있고 실행을 강제할 시스템을 갖추고 있었다. 그렇다면 강력하고 실질적인 협력이라고 말할 수 있지 않을까? 그러나 현실은 그렇지 못했다.

교토 의정서는 채택 이후로 직접적인 문제에 봉착했다. 미국은 온실가스 배출 감축안에 서명했다. 하지만 그렇다고 해서 미국 정부에 법적 구속력을 행사할 수 있다는 의미는 아니었다. 먼저 미국 상원의 비준을 거쳐야 했다. 교토 의정서에 대한 협상이 이뤄지는 동안 미 상원은 개발도상국이 아닌 미국의 배출 감축을 의무화하는 조약에 미 정부가 서명해서는 안 된다는 법안을 통과시켰다. 그 조약은 바로 교토 의정서를 의미했다. 다시 말해 미 상원은 교토 의정서 비준을 고려조차 하지 않았다.

그런데 왜 미국 정치인들은 그렇게 교토 의정서에 반대했던 걸까? 아마도 에너지 기업들의 로비 혹은 기후 변화 이론에 대한 불신 때문이었을 것이다. 또한 논란의 중심에는 다른 나라들이 기후 변화를 막기 위해 아무런 노력을 하지 않는 동안 미국만 희생할 것이라는 우려가 있었다. 이는 왜 기후 변화가 정치적으로 그토록 까다로운 문제인지를 말해준다. 모두의 미래를 위해 개인은 희생해야 한다. 그러나 미래는 모든 개인이 직접적으로 관심을 기울이는 대상이 아니다. 바로 이런 이유로 번영의 덫이 입을 벌린다. '단기적으로 더 부유해지는 길은 장기적으로 더 가난해지는 길이다.'

앞서 나는 대구 어획 사례에서 '공유지의 비극'이라는 개념을 소개했다. 어민들이 자율적으로 어업을 자제하기로 동의하지 않으면 결국 대구는 씨가 말라버릴 것이다. 은유적으로 표현하면, 우리는 거대한 수조에서 물고기를 잡고 있다. 기후는 최대의 공유지다. 어떤 국가가 탄소를 배출할 때 이는 그들의 국경 안에 머무르지 않는다. 오염 물질은 원래 세계주의자이며 방랑벽이 있다. 오염 물질이 대기로 확산하면 지구의 기온을 높이는 전 세계 온실가스 총량이 증가한다.

우리는 모두 전 세계 탄소 배출을 줄이는 일에 참여해야 한다. 그러나 배출 속도를 늦추려면 돈이 든다. 단지 태양광 패널이나 풍력 터빈을 생산하는 예산뿐만이 아니다. 산업 전반, 특히 화석 연료를 사용하는 산업을 근본적으로 개선해야 하고, 이상적으로는 폐쇄해야 한다. 그리고 이를 위해 광부들이 실직하고 공장이 문을 닫는 희생이 필요하다.

모든 국가가 동참하지 않는다면 이런 노력은 의미가 없다. 몇몇 국가가 탄소 중립(net zero, 이산화탄소 배출량을 줄이고 대기 중 이산화탄소를 흡수하는 방식으로 인간 활동에서 비롯되는 추가적인 온실가스의 양을 0으로 만드는 것-옮긴이)을 실현하기 위해 돈을 쓴다고 해도, 다른 나라들이 전혀 부담하지 않는다면 지구의 온도는 계속 상승할 것이다. 그리고 방글라데시와 브루나이, 영국과 같은 작은 국가들은 아무 노력도 하지 않은 채 다른 나라의 희생에 무임승차하려는 유혹을 느낄 것이다. 모두가 탄소 중립을 추구하면 나 하나쯤 세계 기후에 미치는 영향은 미미할 것이라는 생각에 온실가스를 마구 배출하려는 유혹 말이다. 그러나 모두가 그렇게 생각하면 상황은 통제 불가능한 수준에 이른다. 바로 이런 점에서 기후 변화는 최대 규모의 집단행동 문제다.

미국은 작은 나라가 아니다. 1990년에 전 세계 탄소 배출량에서 약 22퍼센트를 차지한 미국이 탄소 배출량을 줄인다면 지구 온난화 흐름에 뚜렷한 변화가 나타났을 것이다. 그런데 2017년 미국의 탄소 배출량은 20년 전보다 많지 않았고, 지금 전 세계 탄소 배출에서 차지하는 비중은 12.6센트로 감소했다. 배출 감축을 위한 교토 의정서에서는 자유로운 개발도상국들이 새로운 오염원으로 떠오르고 있었다. 중국은 1990년에 전 세계 탄소 배출량에서 11퍼센트를 차지했지만 2017년에 25.9퍼센트로 늘어났고, 인도는 2퍼센트에서 7.3퍼센트로 늘어났다.

하지만 중국과 인도의 관점에서 볼 때 탄소 배출 억제는 공정한 처사인가? 미국과 유럽 국가들은 수십 년 동안 오염 물질을 마구 배출해왔다. 그들은 '그들의 차례'를 마음껏 누렸다. 그리고 이제 개발도상국들의 차례가 왔다. 그들은 정말로 '무임승차'를 하는 것인가? 그것이 공정함인가?

미국의 탈퇴는 교토 의정서의 효력을 완전히 무력화했다. 하지만 미국이 유일한 파괴자는 아니었다. 캐나다 역시 목표를 달성할 가능성이 희박해지면서 2011년에 교토 의정서에서 탈퇴했다. 그 이유는 특히 앨버타 지역의 역청탄으로부터 수익성 높은 석유를 추출하기 시작했기 때문이었다. 반면 동유럽의 주요 국가들은 약속을 지켰다. 그들은 공산주의 시절의 공장과 발전소를 폐쇄함으로써 이익을 얻었다. 이처럼 국가들은 목표 달성이 쉬울 경우는 교토 의정서를 따랐고, 힘들면 파기했다.

다른 한편으로 파리 협약은 재량권과 의도적인 애매모호함을 활용했다. 각국은 탄소 감축을 위한 목표와 이상적으로 야심 찬 목표를 자율적으로 세웠다. 이는 세계적인 차원에서 국가별 목표를 할당하는 방식과는 달랐다. 다시 말해 하향식이 아닌 상향식으로 수립됐다. 유일한 집단적인 목표는 지구 기온의 상승을 1.5도 아래로 억제하는 것이었다. 그러나 이는 구속력 있는 약속이 아니었으며 다만 이상적으로 야심 찬 목표였다. 결국 배출 감축은 국가의 재량에 달렸다.

그리고 애매모호하게도 배출 목표에는 구속력이 없었다. 어떤 국가가 목표를 달성하기 위해 실제로 노력할 것인지는 알 수 없었다. 그리고 모든 국가가 지구의 온도 상승을 막기로 합의했지만 개발도상국은 선진국과 똑같은 배출 목표를 세울 필요가 없었다. 이런 방식은 남아프리카와 중국 그리고 우려되는 다른 개발도상국의 참여를 끌어내는 데 도움이 됐다. 다만 각국 정부는 목표 달성과 관련해 5년마다 보고하고 새로운(바라건대 더 야심 찬) 목표를 세우기만 하면 된다. 이렇게 각국 정부를 탄소 중립으로 밀어붙이는 톱니 효과를 만들어내고자 했지만 배출을 감시하는 세계 경찰은 없었다. 그리고 배출을 중재하는 재판소도 없었다. 미국과 중국, 인도와 같은 덩치 큰 선수들은 이를 절대 허용하지 않을 것이었다.

파리 협약은 기후 변화와 관련해 국제 공동체의 전략 변화를 의미했다. 구속력 있는 국제 협력은 이미 불가능한 것으로 드러났다. 각국은 배출 목표를 달성하기 위해 단기적으로 막대한 비용을 지불하려고 들지 않았다. 또한 국제법의 절대적인 권한도 인정하지 않았다. 그래도 강력하지 않지만 장기적인 차원에서 앞으로의 방향에 대한 일부 합의가 이뤄졌다. 이는 우리가 번영의 덫으로부터 벗어나도록 도움을 줄 수 있다. 파리 협약은 실패로 끝난 이전 시도들보다 더 현실적인 접근 방식이었다. 그리고 미국은 적어도 이번에는 탈퇴하지 않을 것으로 보였다.

그러나 2016년 11월 8일에는 그런 희망조차 꺾였다. 당시 대통령 당선인이었던 도널드 트럼프는 이듬해 6월 1일에 선거 운동에서 약속했던 것처럼 파리 협약을 탈퇴하는 절차를 밟겠다고 선언했다. 전 세계 환경운동가들은 충격에 휩싸였다. 옛날로 다시 돌아온 느낌이었다. 그러나 그렇게 쉽게 끝나지는 않았다.

파리 협약에서 크게 주목받지 못했던 한 조항은 서명 후 3년까지는 탈퇴 절차를 밟을 수 없도록 규정하고 있었다. 이는 합의 파기로 발생할 단기적인 정치적 불안을 막으려는 조치였다. 또한 탈퇴 절차를 마무리하기 위해서는 또다시 1년의 기간이 필요했다. 즉 탈퇴하기까지 총 4년이라는 시간이 필요했다. 4년 후면 트럼프 첫 임기가 끝날 때였다. 대단히 절묘했다. 지속 가능한 번영은 어쨌든 실패할 운명이 아니었던 셈이다.

18장

성장의 역사가 남긴 교훈

번영이란 무엇인가? 번영은 어디서 오는가? 간단히 말해서 번영이란 '좋은 삶'에 관한 것이다. 그리고 만족할 만큼 충분히 누리는 삶에 관한 것이다. 혹은 자녀와 손자들의 더 나은 삶의 보장에 관한 것이다. 부유한 국가에 사는 사람들은 높은 수준의 물질적 편리함과 경제 성장에 익숙하다. 그러나 모두가 이런 풍요를 누리는 것은 아니다. 또한 경제 성장 역시 보장된 약속이 아니다. 물론 '더 많은 풍요'가 행복의 유일한 원천도 아니다. 그래도 한 세기 전의 선조들(증조부 세대)과 비교하면 우리는 상상하기 힘든 풍요의 세상을 살아가고 있다.

그러나 역사의 흐름은 이런 번영이 당연한 것은 아니라는 이야기를 들려준다. 한때 부유했던 문명과 국가가 쇠락하면서 많은 지역이 다시 가난해졌다. 오늘날 세상은 1500년대보다 믿을 수 없을 만큼 더 풍요롭다. 과거에는 아즈텍 제국의 수도인 테노치티틀란과 카이로, 베이징이 상징적인 대도시였다면, 오늘날에는 뉴욕과 도쿄 그리고 다시 한번 베이징이 있다.

지역은 성장하고 쇠퇴한다. 그 이유는 단기적으로 유혹적인 경제 정책이 장기적인 성장을 가로막기 때문이다. 모든 국가와 모든 도시는 이런 번영의 덫에 직면해 있다. '단기적으로 더 부유해지는 길은 장기적으로 더 가난해지는 길이다.'

우리가 왜 번영의 덫에 갇히게 되는지 이해하기에 앞서, 번영이 무슨 뜻인지 먼저 살펴보도록 하자. 번영을 측정하는 가장 일반적인 기준이라 할 수 있는 GDP는 조만간 그 한계에 대해 살펴보겠지만 번영을 주제로 이야기를 나누기 위한 나쁜 출발점은 아니다.

우리는 GDP를 세 가지 관점에서 살펴볼 것이다. 각각의 관점은 모두 동등하다. 첫째, GDP는 하나의 경제 안에서 생산한 모든 것의 총가치를 말한다. 둘째, 근로자와 기업 소유주가 벌어들인 소득의 총합이다. 셋째, 소비와 투자 및 정부에 대한 총지출에 수출을 더하고 수입을 뺀 것이다. 다시 말해 국내에서 생산된 가치는 시민이 번 소득과 같고, 시민의 소득은 다시 그들이 국내 생산에 지출한 것과 같다.

부유한 나라와 가난한 나라를 비교할 때 우리는 대개 1인당 GDP를 참조한다. 이를 가지고 국가별 평균 소득을 비교하는데, 마치 환전소에서 돈을 바꾸듯 이것으로 국가들이 얼마나 부유한지 비교하는 건 자칫 오해를 불러일으킬 수 있다. 모든 재화와 서비스가 국제적으로 거래된다면 문제가 없겠지만 사실 그렇지 않은 경우가 많다. 그리고 일반적으로 재화와 서비스의 가격은 가난한 나라에서 더 저렴하다.

이와 관련해 한 가지 유명한 사례는 〈이코노미스트〉가 발표하는 빅맥 지수(Big Mac index)다. 맥도널드의 빅맥에 들어가는 비용 대부분은 해당 지역의 운영비다. 당신은 아마도 빅맥이 선 세계에 걸쳐 배를 타고 이동하지 않는다는 사실에 기뻐할지 모른다. 2022년 1월을 기준으로 미국에서 빅맥의 가격은 5.81달러였다. 지역 임금과 비용이 훨씬 낮은 인도와 남아프리카에서는 2.50달러였다. 반면 물가가 높은 스위스에서 빅맥 하나를 먹으려면 7달러를 내야 했다.

통계학자들은 구매력평가지수(Purchasing Power Parity adjustment)를 고려한다. 구매력평가지수는 빅맥을 비롯해 다양한 상품이 가난한 국가에서 가격이 낮은 이유를 설명해준다. 2020년 IMF는 우세 환율로 루피를 달러로 바꿀 때 인도의 1인당 소득은 2,000달러에 못 미치는 것으로 추산했다. 국가별 생계비로 조정했을 때는 세 배가 넘는 약 6,500달러였다. 반면 스위스의 1인당 국민소득인 8만 6,489달러는 구매력을 고려할 때 7만 2,874달러로 줄었다.

국가 간 번영을 비교하는 작업은 쉽지 않다. 또한 시간에 걸쳐 비교하는 작업, 특히 아주 오랜 세월에 걸쳐 비교하는 것은 더 어렵다. 우리가 알고 있는 GDP의 개념이 나온 건 한 세기도 되지 않았다. GDP를 처음 사용한 것은 정치인과 경제학자들이 그들의 나라가 얼마나 더 가난해졌는지를 측정하고자 했던 대공황 시절이었다. 우리가 살고 있는 국가가 수 세기 전 혹은 수십 년 전에 얼마나 부유했는지 추측하기는 쉽지 않다. 데이터가 없기 때문이다. 그래도 앵거스 매디슨(Angus Maddison) 같은 경제역사가는 흩어져 있는 역사적 원천으로부터 데이터를 찾아 2,000년 전 1인당 GDP를 구하는 작업을 했다.

GDP는 널리 사용되면서도 최근 들어 집중적인 공격을 받고 있다. 그 이유는 무엇일까? 첫 번째 문제는 GDP가 배제하는 것들이다.

GDP는 비공식적으로 고용된 보모에서부터 마취약과 같은 완전히 불법적인 시장에 이르기까지 정부의 공식적인 조사 범위를 벗어난 시장을 고려하지 않는다. 1987년 이탈리아 통계청이 이런 '비공식적인' 생산에 대한 예측 데이터를 포함하기로 하자 이탈리아 국민소득은 하룻밤 새에 20퍼센트나 증가해서 영국을 앞질렀다.

또한 GDP는 가구 내 생산 활동을 고려하지 않는다. 수십억 시간에 이르는 가사 노동과 육아 및 간병 그리고 나이 많은 가족을 돌보는 일은 GDP의 차원에 존재하지 않는다. 혹은 더 나쁘게 '여가' 활동으로 분류된다. 이런 점에서 이전에 가족이 했던 노동(요리와 세탁, 육아)을 시장으로 더 많이 아웃소싱할수록 GDP는 더 높아진다. 물론 전체적인 관점에서 노동이 추가로 투입되지 않았음에도 말이다. 수 세기 동안 여성이 담당했던 노동에 대한 체계적인 평가절하를 고려하면 GDP에 대한 페미니스트들의 반발은 충분히 이해할 수 있다.

또한 우리는 GDP를 통해 인간의 행복과 복지를 온전히 이해하지 못한다. 아마르티아 센의 관점에서 보면 인간의 번영에서 중요한 것은 소득 그 자체가 아니라 소득을 기반으로 사람들이 원하는 삶을 살아갈 수 있는 역량이다. 소득은 사람들이 생존 수단과 기회에 접근하도록 확실한 도움을 준다. 그러나 우리는 다른 방법을 통해서도 그렇게 할 수 있다.

가령 교육과 건강은 우리가 기회를 발견하고 활용하기 위한 필수 요소다. 인간개발지수(Human Development Index, HDI)는 GDP만이 아니라 기대수명과 교육 성과도 함께 고려한다. HDI는 우리가 일반적으로 알고 있는 국가 순위를 크게 바꿔놓는다. 가령 카타르는 6위에서 45위로 떨어지는 반면, 스웨덴은 27위에서 7위로 상승한다. 우리의 장기적인 번영은 결국 단기적인 국민소득보다 장기적인 건강과 교육에 더 많이 의존한다. 그래서 우리가 번영의 덫을 피하고자 한다면 HDI를 진지하게 고려함으로써 장기적인 성장에 중요한 요소를 주목해야 한다.

GDP는 또한 거기에 포함된 요소로 공격을 받는다. 시장의 다양한 활동은 사회에 피해를 준다. 화석 연료의 추출은 GDP를 높이지만 인근 하천이나 대기 중 탄소 농도 등에 부정적인 영향을 미친다. 미국의 경제학자 사이먼 쿠즈네츠는 1940년대에 생산 대신 인간의 복지에 주목하는 번영 지수(prosperity index)를 내놨다. 번영 지수는 군비 생산처럼 전반적으로 파괴적인 영향을 미치는 생산 활동을 배제한다. 그러나 이런 활동을 배제하면 군인이나 광부들 역시 소비자라는 사실이 문제가 된다. 즉 그들의 생산을 배제하면 국내 생산과 국민소득 그리고 지출이 일치하지 않는다.

우리는 GDP 안에서 번영의 덫이라는 세균이 자라나는 모습을 본다. 정치학자들은 선거 이전의 경제 성장이 현직 정치인의 당선 가능성을 높인다는 사실을 여러 세대에 걸쳐 확인했다. 그래서 정치인들은 선거 전에 에너지 생산과 군비 증강에 적극적으로 보조금을 지급한다. 이런 노력이 장기적인 차원에서 부정적인 영향으로 이어진다고 해도 말이다. 그들에게 '장기'란 선거 이후의 일이기 때문이다.

이런 단기적/장기적 불일치 문제를 해소하기 위해 경제학자 마틴 웨이츠먼(Martin Weitzman)은 국민순생산(Net National Product, NNP)이라는 개념을 내놨다. NNP는 천연자원을 비롯해 현재의 국가적 자본으로부터 얻을 수 있는 잠재적인 연간 수익이라고 생각할 수 있다. NNP보다 더 많이 소비할 때 우리는 내일을 위한 종자용 씨앗을 희생하면서 소비하는 셈이다. 화석 연료를 비롯해 여러 다양한 한정된 자원을 추출하는 행위는 말하자면 천연자원에 대한 감가상각이다. 그렇다면 이를 국민소득을 산출하는 과정에서 배제해야 마땅하다. 이런 점에서 NNP는 성장의 '지속 가능성'을 말해주는 기준이다.

지속 가능한 성장은 환경정치경제학자들이 번영에 대해 생각하는 핵심 기준이다. 1987년 UN의 브룬틀란 위원회(Bruntland Commission)는 지속 가능성을 "미래 세대가 그들 자신의 수요를 충족시키는 역량을 훼손하지 않은 상태로 현재의 수요를 충족시키는 개발"이라고 정의했다. 이는 번영의 덫이라는 위험에 대한 초라한 정의와 다르다. 그러나 지속 가능성은 달성하기가 대단히 힘든 목표다. 특히 천연자원에 크게 의존하는 국가의 경우는 더 그렇다.

2004년에 케네스 애로(앞서 언급한 미국의 경제학자로 1950년대에 '애로의 불가능성 정리'를 주장했다)가 이끄는 경제학자 그룹은 아프리카 사하라 이남 지역의 많은 국가와 중동 지역의 국가들은 이런 지속 가능성 기준을 충족시키지 못하고 있다는 사실을 확인했다. 그 이유는 천연자원을 사용하기 위한 이들의 투자가 어마어마하기 때문이다. 2000년에 세계은행은 나이지리아와 아제르바이잔, 브루나이 같은 국가들의 '실질 저축(genuine savings)'이 천연자원의 사용을 고려할 때 마이너스라고 지적했다. 그리고 나이지리아 정부가 자원을 더 신중하게 사용하고 저축했더라면 자본금이 부채의 5분의 1은 되었을 것이라고 주장했다.

우리는 번영을 정의하고 측정하는 동안에도 번영의 덫을 마주한다. 단기적인 차원에서 미래를 포기하려는 유혹을 느낄 때, 어떻게 우리는 다시 미래로 시선을 돌릴 수 있을까? 우리가 단기적인 유혹과 장기적인 지속 가능성 사이에서 균형을 잡아야 하는 도전 과제에 직면한 것은 지금이 처음은 아니다. 경제 발전의 역사는 번영의 덫에서 빠져나오려고 씨름했던 우리 선조들의 역사이기도 하다.

번영의 역사

우리는 어떻게 부유해졌을까? 어쩌면 우리 중 일부는 이 사회가 특별히 부유하다고 느끼지 않을 것이다. 어떤 사람은 비즈니스 클래스를 타고 가면서 이 책을 읽고 있을지 모른다. 어쨌든 우리는 수 세기 전에, 아니 수십 년 전까지도 불가능해 보였던 풍요로운 세상에서 살고 있다. 19세기 초 세계 최고 갑부였던 네이선 드 로스차일드(Nathan de Rothschild)는 오늘날 몇 푼 안 되는 항생제만 있으면 치료받을 수 있었던 농양으로 사망했다. 로스차일드의 불행과 오늘날 우리의 상대적인 행운 사이에는 기술과 과학의 발전, 이후 제품의 생산과 분배에 대한 거대한 투자가 존재한다.

오늘날 일반적인 사람들은 의료를 비롯해 다양한 분야에서 과거의 백만장자들보다 더 높은 수준의 풍요를 누린다. 내 손에는 인류의 거의 모든 지식에 접근할 수 있는 전자 장비가 들려 있다. 나는 이 장비를 가지고 샌디에이고에 사는 친구와 이야기를 나누면서 동시에 예약해둔 레스토랑으로 가는 최적 경로를 검색할 수 있다. 그리고 생각 없이 쓴 트윗에 대한 전 세계 사람들의 짜증 섞인 반응을 확인할 수 있다. 그리 멀지 않은 과거의 시선으로 바라봐도 우리는 그야말로 기적의 시대에 살고 있다.

과거의 일상은 언제나 비슷했다. 사람들은 먼 선조 또는 아직 태어나지 않은 후손보다는 비슷한 수준으로 부유했다. 토머스 맬서스 목사(Reverend Thomas Malthus, 1766~1834)의 이름에서 따온 '맬서스의 덫(Malthusian Trap)'의 시대였다. 맬서스는 인류가 영원한 빈곤의 운명을 짊어지고 있다고 주장했다. 그에 따르면 사람들 대부분은 하루하루 살아가기 위한 소득밖에 벌지 못한다. 기술 발전으로 소득이 높아지면 사람들은 자녀를 더 많이 낳는다. 인구가 기하급수적으로 증가하면 인구를 먹여 살릴 수 있는 농업 기술의 한계점에 도달한다. 그러면 이후 사망률은 직접적으로 빈곤을 통해 혹은 간접적으로 질병과 전쟁을 통해 증가한다. 맬서스는 당혹스럽게도 이런 현상을 "긍정적인 억제(positive check)"라고 불렀다.

여기서 우리는 초창기 번영의 덫이 모습을 드러내는 것을 본다. 전반적으로 사회에서는 자녀를 낳으려는 욕망을 억제할 때(완곡하게 말해서) 더 잘살 수 있다. 그러나 각각의 개인은 다른 사람이 자녀를 낳지 못하도록 막을 수 없다. 자녀는 가구에게 노동력을 의미한다. 혹은 자녀를 낳는 것을 그저 좋아할 수도 있다. 어느 경우든 간에 개인적인 동기와 사회적인 동기는 일치하지 않는다. 결국 덫에 걸릴 운명을 피할 수 없다.

그러나 우리는 지금 맬서스의 세상에서 살아가지 않는다. 오늘날 우리 사회는 기하급수적으로 증가한, 지난 100년 동안에는 네 배 증가한 80억 인구를 먹여 살릴 수 있다. 그렇다면 무엇이 맬서스의 예측을 어긋나게 했을까? 여기에는 두 가지 요인이 작용했다. 첫째, 맬서스가 의심했던 것이 가능해졌다. 사람들은 출산할 자녀의 수를 자발적으로 줄일 수 있게 됐다. 시대의 보편적인 편견에서 자유롭지 못했던 맬서스는 출산 제한이 상류 계층에서는 가능하더라도 가난한 지역이나 유럽 외부에서는 불가능하다고 생각했다. 둘째, 기하급수적으로 증가하는 인구를 위해 먹이고, 옷을 입히고, 보호하고, 자원을 제공할 수 있는 역량이 인구 증가를 앞질렀다.

소득과 인구 증가가 정체됐던 1800년 이전의 세상으로 돌이가 보자. 앵거스 매디슨은 첫 번째 1,000년 동안 전 세계의 1인당 연간 평균 소득을 450달러 정도로 추산했다(1990년 시점의 미국 달러로 환산했을 때). 이는 단지 생존을 위한 수준에 불과했다. 그리고 1000년에서 1820년까지 소득은 670달러로 증가했다.

물론 지역에 따라 약간의 차이가 있었다. 아프리카와 아시아는 400~600달러 수준이었던 반면, 서유럽을 비롯해 영어를 쓰는 식민지 지역의 연간 1인당 소득은 1,200달러에 이르렀다. 그러나 연간 성장률을 기준으로 할 때 지역 간 차이는 말 그대로 0퍼센트와 '성장하는' 서유럽 지역의 0.14퍼센트 사이의 차이였다.

그리고 갑자기 경제 성장이 일어났다. 그 흐름은 기근과 같은 맬서스의 제약으로 되돌아가지 않고 지속해서 이어졌다. 물론 오늘날 기준으로 그리 빠른 성장은 아니었다. 19세기 중반 호경기를 누린 서유럽에서도 소득은 연간 1퍼센트 속도로 성장했다. 그러나 성장은 누적됐다. 제1차 세계대전 당시 서유럽의 평균 소득은 4,000달러를 기록했고, 두 차례의 세계대전이 끝난 후부터 1970년까지 1만 2,000달러로 증가했다. 그리고 1990년대에는 2만 달러로 성장했다.

1820년부터 1998년까지 서유럽의 연간 성장률은 이전 8세기 동안의 0.14퍼센트에서 1.51퍼센트로 10배 이상 증가했다. 영어를 쓰는 유럽 식민지 지역과 더불어 일본은 훨씬 더 높은 장기적인 성장을 보여줬다. 1.51퍼센트 성장률은 오늘날 관점에서 평범한 수준이지만 이는 21세기 유럽인이 1820년의 선조보다 15배 넘게 부유해졌다는 사실을 의미했다.

그러나 나머지 지역으로 눈길을 돌리면 이야기는 완전히 달라진다. 남미와 동유럽 지역도 성장했지만 속도는 아주 느렸다. 1820년부터 1992년까지 일본을 제외한 아시아 지역의 성장률은 연간 1퍼센트 미만이었고 아프리카는 0.67퍼센트 정도였다. 그 2세기 동안 서유럽은 20배 더 부유해졌지만 아프리카는 네 배 미만이었다. 오늘날 노르웨이와 스위스, 미국 같은 나라의 평균 소득은 6만 달러를 넘어선다. 반면 모잠비크와 리베리아, 콩고민주공화국은 1,500달러에도 미치지 못한다(구매력을 고려할 때). 무려 40배 차이다. 미국의 경제학자 랜트 프리쳇(Lant Pritchett)의 표현을 빌리자면 "대규모 발산(divergence, big time)"이 벌어졌다.

그 이유는 무엇일까? 경제 성장을 연구하는 학자들은 국가를 거대한 '생산함수(production function)'로 이해했다. 여기서 노동(근로자)과 자본(기계와 공장)을 투입하면 국가의 생산량이 도출된다. 이런 관점에서 GDP를 높이는 두 가지 방법이 있다. 인구 증가나 자본 구축을 통해 투입의 양을 늘리거나, 교육이나 기술을 통해 노동과 자본을 개선함으로써 투입의 질을 높이는 것이다. 전통적으로 성장 이론은 전자의 방법을 강조했다. 즉 저축이 증가해서 자본이 구축될 때 국가는 더 부유해진다. 다소 도덕주의적인 주장처럼 들리지만 그래도 번영의 덫 논리와 일치한다. 다시 말해 지금 소비하려는 유혹을 이겨내고 더 많이 투자하는 국가는 더 밝은 미래를 열어나간다.

최근 경제학자들은 아이디어를 창조하고 교육에 더 많이 투자함으로써 기술을 효과적으로 활용하는 역량의 중요성을 강조한다. 그럴 때 성장 속도는 더 가속화된다. 기술적인 아이디어는 비용을 추가하지 않고서도 복제할 수 있기 때문이다. 즉 누가 아이디어를 개발했는지와는 상관없이 모든 기업이 이로부터 도움을 얻을 수 있다. 물리학자 제임스 맥스웰(James Maxwell)이 발견한 전자기파에 대해 생각해보자. 전자기파의 발견은 이후 라디오와 TV, 전자레인지 등 다양한 혁신을 가능케 했다.

그러나 이런 성장은 단기적인 혁신을 추구하는 이들의 노력에 달렸다. 물론 이들이 혁신에 따른 장기적인 이익 전부를 차지할 수는 없을 것이다. 개인적인 관점에서 볼 때 뉴턴이나 맥스웰, 에디슨이 아닌 이상 나와 당신의 선택은 집단의 성장에 큰 영향을 미치지 못할 것이다. 그래도 우리는 다른 이들의 노력으로부터 개인적인 차원에서 이익을 얻을 수 있다. 그래서 사람들은 그냥 지금 소비하고, 나중에 다른 이들의 저축과 혁신이 일궈낸 부로부터 이익을 얻으려는 유혹을 느낀다. 우리가 모두 그렇게 생각한다면 사회는 발전하지 못하고 빈곤에 머물 것이다. 다시 한번 번영의 덫이 고개를 든다. 단기적으로 우리에게 합리적인 선택은 장기적으로 우리에게 피해를 준다.

그런데 왜 어떤 나라는 다른 나라보다 더 부유할까? 분명하게도 일부 국가는 더 많이 저축하고 더 많이 교육에 투자했다. 과연 무엇이 처음에 그런 바퀴가 굴러가게 했던 것일까? 그들은 어떻게 번영의 덫에서 벗어났던 걸까? 또한 어떻게 사람들이 단기적 유혹을 이기고 장기적 성장을 선택하도록 만들 수 있을까? 바로 여기서 정치가 모습을 드러낸다.

경제학자 대런 아세모글루(Daron Acemoglu)와 시카고대학교의 정치학 교수 제임스 로빈슨(James Robinson)는 정치가 어떻게 성장에 영향을 미치는지에 대해 가장 설득력 있는 설명을 내놨다. 두 사람은 오늘날 소득 격차의 이유를 1500년에 구축된 정치 제도에서 찾을 수 있다고 말한다. 이 말은 다소 냉철하게 들린다. 여기서 '구축된'이라는 말은 유럽 식민주의자들이 총을 겨눴다는 사실을 뜻한다.

당시 그들이 구축한 정치적 제도는 식민지에 거주하는 모든 유럽인을 포함하기도 했고, 소수의 식민지 개척자들만 포함하기도 했다. 그러나 분명한 사실은 식민지 원주민에게는 정치적 참여를 허용하지 않았다는 점이다. 식민지의 정치적 제도가 포괄적인 형태일 경우는 장기적인 성장을 일궈냈다. 반면 배타적인 형태일 경우는 장기적인 정체로 이어졌다. 그렇게 정치는 성장을 만들어냈다.

유럽이 식민지에서 구축한 정치적 제도의 형태는 얼마나 많은 유럽인이 그곳에 거주했는지에 따라 달랐다. 열대 질병으로 인한 사망률이 높을 때, 유럽의 식민지 개척자들은 그곳에서 살려고 하지 않았다. 소수의 병약한 유럽 엘리트만이 그곳에 거주하면서 노예제나 계약 노동을 기반으로 원주민들로부터 최대한 많은 노동력과 자원을 뽑아내고자 했다. 이런 방식은 소수 식민주의자의 이익만을 대변하는,

정치적으로 지극히 배타적인 제도로 이어졌다. 그들은 경제적인 차원에서 강제 노역을 통해 담배나 은, 설탕을 생산해 부를 축적했다. 하지만 산업 자본이나 교육에 대한 투자는 제한적이었다. 그래서 그 지역의 경제는 장기적으로 퇴보했다.

배타적인 정치적 제도는 '부의 반전'으로 이어졌다. 즉 아즈텍 제국의 멕시코나 모굴 제국의 인도처럼 한때 거대하고 부유했던 유럽 외부의 국가들은 유럽의 착취적인 통치 아래 경제적으로 후퇴하기 시작했고, 19세기 말에는 빈곤의 수렁으로 빠져들었다.

반면에 질병 위험이 낮은 지역에서는 유럽의 식민주의자들이 집단으로 거주하면서 그들의 개인 재산을 보호해줄 정치적 제도를 요구하기 시작했다. 다시 말해 그들은 보편적인 번영을 가능케 했던 투표권과 재산권을 포함하는 포괄적인 정치적 제도를 요구했다. 그러나 이경우에도 제도는 오직 유럽인만을 위한 것이었다. 질병 위험이 적고 많은 유럽인이 이민 온 최대 식민지인 미국에서도 이런 포괄적인 정치적 제도가 모습을 드러냈다. 그래도 노예는 그 제도의 혜택을 누리지 못했다.

우리는 이 이야기에서 번영의 덫을 만난다. 유럽인들은 식민지에서 탐욕스럽게, 종종 폭력적으로 자원을 착취했고 16세기에 엄청난 부를 축적했다. 그러나 그들은 오랫동안 장기적인 부를 창출하기 위한 정치적, 경제적 제도에 투자하지 않았다. 불운한 남미의 식민지와 더불어 가장 탐욕적인 제국주의 국가인 포르투갈과 스페인이 점령했던 일부 지역이 그랬다.

유럽의 일부 지역이 급속한 산업화를 이룩했던 반면에 다른 지역은

20세기 중반까지도 농경 문화와 빈곤에서 벗어나지 못한 이유는 식민주의 역사만으로는 설명할 수 없다. 한때 유럽에서 가장 부유한 도시였던 베네치아와 마드리드, 리스본, 콘스탄티노플은 1800년 무렵에 런던과 암스테르담, 앤트워프에 자리를 넘겨줬다. 그런데 산업혁명은 왜 마드리드가 아닌 맨체스터에서 시작됐을까?

다시 한번, 번영의 덫에서 빠져나오는 과정에서 핵심적인 역할을 한 것은 정치적 제도였다. 그 분명한 사례는 갑작스럽게 경제적 초강대국으로 성장한 영국이었다. 경제역사가들은 1688년 영국에서 일어난 명예혁명을 중요한 순간으로 꼽는다. 당시 영국 의회는 가톨릭 왕인 제임스 2세를 내쫓고 그의 프로테스탄트 딸인 메리와 그녀의 네덜란드인 남편 윌리엄을 맞아들였다. 종교적인 충돌로 시작된 이 사건은 놀라운 경제 결과로 이어졌다.

1688년 이후 영국 왕들은 대중에게 일방적으로 세금을 걷을 힘을 잃어버렸다. 1640년대 영국 내전은 왕실의 독점과 왕실의 비용을 마련하기 위한 '강제 공채' 때문에 촉발됐다. 왕의 지대추구(rent-seeking, 특별한 노력 없이 이득을 얻기 위해 비생산적이고 부당한 활동에 경쟁적으로 자원을 낭비하는 행위-옮긴이)와 징발은 부유한 지주와 상인 계층을 대변하는 의회의 반발을 샀다. 당시 지주와 상인들은 선호하는 특정 기업에 특별한 권리를 주는 왕에게 분노를 느꼈다. 이런 상황에서 메리와 윌리엄은 왕에 대한 견제와 의회 지상주의를 받아들였다.

이제 영국의 왕은 의회의 간섭을 받게 됐지만, 의회가 왕이 공채 조건을 마음대로 바꿀 수 없도록 막는 법을 통과시키면서 아이러니하게도 왕실의 과세 권한은 더 강화됐다. 영국 정부의 지출 규모는 명예

혁명 직전에 연간 100만 파운드를 살짝 넘는 수준에서 1750년 700만 파운드로 크게 늘어났다. 그리고 부채 규모 역시 100만 파운드에서 무려 7,800만 파운드로 늘었다. 그런데도 왕실에 부과했던 이자율이 14퍼센트에서 3퍼센트로 떨어지면서 이런 상황이 지속 가능해졌다. 영국 부자들은 권한이 제한된 왕에게 돈을 더 적극적으로 빌려주고자 했다. 정치적 약속에 대한 신뢰가 커졌기 때문이다.

이런 신뢰는 복잡한 자본 시장의 성장으로 이어졌고, 런던 주식거래소 가치는 1720년대에 30배로 뛰었다. 왕의 권한을 억제함으로써 부는 더 커졌다. 왕이 단기적인 징발의 유혹에 넘어가지 못하도록 막음으로써 장기적인 번영을 위한 기반이 마련됐고, 이는 영국을 맬서스의 덫에서 벗어나게 만든 산업혁명으로 이어졌다.

오늘날 우리는 오랜 역사적 사건으로부터 어떤 교훈을 얻을 수 있을까? 우리는 경제 성장에 대해 생각할 때 위험천만하게도 정치를 종종 무시한다. 정치적 제도는 누가 경제에 참여하고, 어떤 조건에서 참여하는지를 규정한다. 그리고 장기적 투자 대신 단기적 유혹에 굴복하려는 동기를 만들어낸다. 반대로 단기적 이익만을 좇지 않겠다는 정치적 약속의 신뢰성을 높인다. 정치적 제도는 우리를 번영의 덫에서 꺼내줄 수 있지만 덫 안으로 밀어 넣을 수도 있다.

19장

번영의 덫

우리는 내일 번영하기를 바란다. 그러나 오늘은 내일을 외면하라고 우리를 유혹한다. 오늘의 달콤한 풍요는 길을 잃게 만든다. 이런 단기적인 유혹은 장기적인 정체로, 결국은 파멸로 이어진다. 번영의 덫이란 '단기적으로 더 부유해지는 길은 장기적으로 더 가난해지는 길이다'라는 딜레마를 뜻한다.

번영의 덫은 다른 사람과 협력해서 장기적으로 더 부유하게 살 수 있을 때도 모습을 드러낸다. 우리는 속이고, 약속을 어기고, 착취함으로써 즉각적인 이익을 취하려 한다. 스스로 제약이 없고 자신의 손을 묶지 않을 때 우리는 다른 이의 노력에 무임승차하려는 단기적인 유혹에 넘어간다. 그리고 단 한 사람이라도 그렇게 할 때 전체는 무너진다. 우리가 좋은 것으로 '알고 있는' 많은 협력적인 성과(탄소 배출량 감축과 공공 서비스를 위한 세금 납부 등)가 순식간에 사라진다.

또한 번영의 덫은 협력이 필요하지 않을 때도 모습을 드러낸다. 우리는 석유나 다이아몬드 같은 자연의 선물로부터 즉각적인 이익을 얻는다. 그러나 우리는 이솝 우화에 나오는 베짱이처럼 그 행운이 앞으로 계속 이어질지, 아니면 운이 다했을 때 무엇을 해야 할지 고민하지 않는다. 자원으로 이룩한 부는 다양한 부정적인 방식으로 우리의 정치를 왜곡한다. 그러나 '자원의 저주'는 인간의 운명이 아니다. 예를 들어 노르웨이는 석유 자원을 신중하게 활용함으로써 1인당 25만 달러에 이르는 국부펀드를 구축했다. 또한 석유 자원은 내전을 촉발하고(나이지리아), 독재를 등장시키고(사우디아라비아), 어리석은 선택(카타르 월드컵)을 내리게 만든다.

마지막으로 번영의 덫은 우리가 협력하더라도 그런 노력이 장기적인 번영에 대한 왜곡된 이해로 이어질 때 나타난다. 대표적인 사례가 금융 열풍(그리고 그 후폭풍)이다. 우리는 튤립 광풍(17세기 네덜란드에서 벌어진 과열 투기 현상으로, 튤립 구근 가격이 한 달 동안 몇천 퍼센트 오르기도 했으나 석 달 만에 거품이 꺼져 폭락했다-옮긴이)과 피닉스 콘도 투기(미국 애리조나주 피닉스 지역에서 아파트를 중심으로 부동산 투기 열풍이 일었다가 2008년 금융위기가 터지면서 집값이 폭락한 사건-옮긴이) 혹은 암호화폐 열광에 대해 알고 있다. 이런 경우가 아니라면 투자는 합리적 선택이다.

결국 금융 가치는 사람들이 지불하려는 가격을 말한다. 그러나 우리가 자산의 근본적인 가치 혹은 잠재적 미래 가치를 오해할 때, 의심이 피어오르면서 붕괴가 갑작스럽게 시작된다. 그리고 우리가 '이번만은 다를 것이다'라는 확신에 힘없이 굴복할 때 거품이 일어난다. 그렇다면 이런 비이성적인 과열을 막거나, 적어도 의심이 공포로 이어지지 않도록 막을 방법은 없을까?

죄수의 딜레마가 설명해주는 것

지금까지 이 책의 모든 장에서 유령이 출몰했다. 그 유령은 바로 집단행동이다. 개인적인 이해관계와 집단적인 목표가 충돌할 때 덫은 모습을 드러낸다. 민주주의의 경우 그 덫은 개인의 표를 전략적으로 이용해서 투표 전체를 망가뜨리려는 생각이다. 평등의 경우는 평등한 개인의 자유와 평등한 집단적 결과 사이의 긴장이었다. 연대의 경우는 개인적인 이익을 확실히 얻을 수 있을 때만 집단을 구제하려는 개인의 욕망이었다. 그리고 안전의 경우 집단의 규칙이 자신에게 불리할 때 이를 외면하려는 유혹이었다.

이제 번영의 경우 우리는 집단행동 문제의 중심으로 뛰어든다. 번영은 성장에 관한 것이다. 즉 모든 세대가 이전 세대보다 더 잘사는 일에 관한 것이다. 번영은 높은 경제 성장만을 의미하지 않는다. 그보다는 행복의 지속적인 성장을 의미한다. 번영의 핵심은 우리 모두 지금보다 더 잘살 수 있다는 사실이다.

이런 만족스러운 결과를 일컬어 '포지티브섬(positive sum)'이라고 한다. 정치적인 사건에 대해 생각해보자. 우리는 무력 협상에 서명하고, 환경 법안을 통과시키고, 세금을 줄인다. 포지티브섬은 특정한 정치적 사건 이후 모두가 얼마나 더 잘살게 됐는지 혹은 더 못살게 됐는지 합계를 냈을 때 그 값이 양이 되는 결과를 말한다. 포지티브섬 결과가 나오면 사람들은 평균적으로 해당 사건 이후에 더 잘살게 된다(물론 일부는 손해를 보겠지만). 그런 경우 승자의 이득 일부를 패자에게 나눠 줌으로써 모두가 더 잘살 수 있다.

반면 '네거티브섬(negative sum)'은 사람들이 전반적으로 더 못살게 되는 결과를 말한다(일부는 이득을 보겠지만). 당신은 사람들이 네거티브섬 결과를 어떻게든 피하려고 할 것이라고 생각하는가? 그렇다면 당신은 틀림없이 유복한 어린 시절을 보냈을 것이다. 안타깝게도 현실에서는 집단적인 목표를 허물어뜨리는 개인의 이기심이 네거티브섬 결과를 내고 만다.

마지막 결과는 승자의 이득과 패자의 손해가 정확하게 균형을 이루는 상태다. 스포츠와 게임 대부분이 바로 이런 제로섬(zero-sum) 결과의 세상에 존재한다. 풋볼 경기를 시작하기 전에 하는 동전 던지기를 떠올려보자. 동전은 오직 두 가지 결과만을 보여준다. 그리고 경기가 끝나면 승자와 패자가 나뉜다. 이런 제로섬 결과는 정치 세상에도 만연하다. 대표적인 사례는 영토다. 영토는 특정 시점에 특정 주권에만 귀속된다. 영토의 평화로운 양도는 제로섬이다. 투표도 그렇다. 캐나다나 미국에서 유권자는 한 후보자에게만 투표할 수 있다. 다음 선거에서 사람들이 다른 후보에게 투표하면 승자(새로운 후보)와 패자(현직 후보)가 바뀐다.

이제 번영에 주목해보자. 우리는 포지티브섬과 네거티브섬, 제로섬 결과를 어떻게 바라봐야 할까? 우리는 경제 안에서 두 가지 방식으로 포지티브섬 결과를 얻을 수 있다. 첫째, 발견(보라, 여기 유전이 있다!)과 노력(농부들이여, 더 열심히 일하라!), 발명(유레카!)을 통해 더 많이 생산하는 법을 알아낸다. 둘째, 모두가 더 행복해지도록 우리가 이미 가진 것을 나눠 주는 방법을 알아낸다. 흔히 말하는 '거래의 이득'이다.

더 많이 생산하고 더 효과적으로 분배하기 위해 우리는 특정한 방식으로 협력해야 한다. 예를 들어 연구와 설계 및 발견에 집단적으로 투자하고, 거래 장벽을 낮추고, 서로 신뢰할 수 있는 법률 시스템을 마련해야 한다. 그렇다고 해서 중앙집중적인 계획 수립이 꼭 필요한 건 아니다(개인의 노력과 이기심으로도 충분하다). 하지만 협력을 안정적인 형태로 만들기 위해서는 집단적인 기반이 필요하다.

제로섬과 네거티브섬에 해당하는 경제적 결과는 어떤가? 제로섬은 파이를 나누는 것처럼 양이 한정된 자원을 분배하는 것이다. 대표적인 예로 토지를 들 수 있다. 유쾌한 부동산업자들이 말하듯 국가는 토지를 만들어내지 않는다(네덜란드를 제외하고). 예를 들어 영주와 농부가 시골 지역의 토지를 나눠 갖는 상황을 상상해보자. 농부들이 공동으로 소유했던 토지를 영주가 나서서 울타리를 치고 출입을 막는다면, 이는 말 그대로 제로섬 이전이다. 토지는 마을 주민의 소유에서 영주 소유로 넘어갔다. 석유와 다이아몬드, 천연가스 등 양이 제한된 자원 역시 마찬가지다. 공급이 제한되어 있으므로 누군가 이를 차지하면 다른 사람은 차지할 수 없다.

제로섬 상황에서 패자가 되려는 이는 없다. 네거티브섬 결과는 물론 제로섬 결과 또한 모든 거래가 자발적으로 이뤄지는 이상적인 시장 경제에서는 나타나지 않는다. 그러나 정치에서는 가능하다. 많은 역사적 사례가 그런 이야기를 들려준다. 때로 자발적인 시장 거래 대신 폭력이 등장한다. 이는 경제가 네거티브섬 결과를 드러낸다는 사실을 의미한다. 예를 들면 땅을 차지하려는 과정에서 유혈 사태가 벌어지기도 한다. 양측이 피를 흘리지 않고서 땅을 주고받았다면 그들 모두 더 잘살았을 것이다. 물론 승자와 패자는 분명히 존재하겠지만 말이다. 그러나 평화적으로 땅을 주고받는 일은 현실에서 일어나지 않는다. 귀하고 공급이 제한된 자원이 존재하는 세상에서, 폭력으로 의견 불일치를 해결하려는 세상에서 성장은 제한되고 분쟁은 지속된다. 번영으로 나아갈 길은 없다.

번영과 포지티브섬 결과는 함께 손잡고 나아간다. 반면 제로섬(혹은 네거티브섬까지도) 결과는 부정적이다. 이론적으로 포지티브섬 결과가 가능할 때조차 우리는 현실적으로 거기에 도달하지 못한다. 그 이유는 개인의 이기심이 집단적 이익을 향한 목표를 압도하기 때문이다.

포지티브섬 결과를 얻기 힘들다는 사실을 보여주는 대표적인 사례로 악명 높은 죄수의 딜레마(Prisoner's Dilemma)를 꼽을 수 있다. 일반적으로 죄수의 딜레마에서 두 명의 죄수는 서로를 밀고할 것인지, 아니면 입을 다물 것인지 선택의 길에 선다. 우리는 이를 통해 모든 형태의 정치적, 경제적 딜레마를 설명할 수 있다. 죄수의 딜레마는 협력을 파기함으로써(즉 속임수를 써서) 개인적인 이득을 얻을 수 있을 때 구성원들 사이에서 집단적인 협력을 끌어내기가 대단히 힘들다는 사실을 말해준다.

전문가들은 냉전 기간의 미국-소련 간 군비 경쟁을 종종 죄수의 딜레마로 설명하곤 한다. 죄수의 딜레마에서 두 사람에게는 두 가지 선택권이 있다. 그들은 협력하거나 협력을 저버릴 수 있다. 군비 경쟁에서 협력은 새로운 핵무기 개발을 중단하는 것이다. 그리고 협력을 저버리는 것은 핵무기를 계속해서 생산하는 것이다. 상대의 선택에 따라 자신의 선택을 내리게 될 때 이런 죄수의 딜레마가 등장한다.

핵무기 개발에는 많은 돈이 들었다. 그리고 이는 뜻하지 않게 핵전쟁으로 이어질 위험을 고조시켰다. 미국과 소련이 협력해서 더 이상

핵무기를 개발하지 않았더라면 협력을 저버리고 군비 경쟁을 이어나간 경우보다 더 잘살았을 것이다. 그러나 양측은 자신은 핵무기 개발을 중단했는데 상대가 비밀리에 개발을 이어간다면 전략적으로 불리해질 것이라고 우려했다. 결국 양측은 이런 우려 때문에 협력을 저버렸고 군비 경쟁을 이어갔다. 양측은 협력을 통해 더 잘살 수 있었다. 그러나 그들의 선택은 상대가 어떤 선택을 하든 협력을 저버리는 것이었다. 그리고 실제로 그렇게 했다.

죄수의 딜레마는 의사소통이 막혀 있고, 신뢰가 없고, 협상할 방법도 없고, 의사결정도 내릴 수 없는 다양한 사회적 상황을 설명해준다. 예를 들면 알바니아의 가문 간 폭력처럼 무정부 상태 속 인간의 행동을 잘 설명해준다. 합의를 강제하는 제3자가 없고 관계를 형성할 능력이 없을 때, 죄수의 딜레마는 만연하게 나타난다. 이런 사실은 내전이 벌어지고 있거나 민족적 집단이나 종교적 집단 간 혹은 국가 간 뿌리 깊은 불신이 존재하는 지역에서 번영이 시작되지 못했던 이유를 설명해준다.

또한 죄수의 딜레마는 비교적 덜 폭력적인 경제 상황을 설명하는 데도 도움이 된다. 상대방의 정체를 알지 못하거나, 상대방과 계약을 맺을 수 없거나, 속임수로 이익을 얻을 수 있을 때 협력은 제대로 이뤄지지 않을 것이다. 크레이그리스트(Craigslist, 미국의 지역 생활 정보 사이트로 시작해 전 세계로 확장된 온라인 벼룩시장-옮긴이)나 길거리 자판기, 마약이나 장물의 불법 거래에 이르기까지 구매자와 판매자가 익명으로 혹은 간헐적으로 만나는 시장에서는 협력을 저버리려는 유혹이 강하다.

정부도 죄수의 딜레마에 직면한다. 가령 부패가 높고 신뢰가 낮은 국가에서 과세는 대단히 힘들다. 모두가 세금을 성실히 납부할 때 세수는 증가하고 정부는 현대적인 관료 시스템을 효율적으로 운영할 수 있다. 이는 포지티브섬 결과다. 그러나 다른 모두가 성실하게 납세하는 상황에서 혼자 세금을 내지 않으면 개인적으로 이익을 볼 수 있다. 그리고 모두가 그렇게 생각하면 우리는 조세 회피가 만연한 세상에 살게 된다.

남부 이탈리아의 세무서가 자영업자를 대상으로 감사를 실시했을 때 소득의 약 3분의 2가 신고에서 누락됐다는 사실을 발견했다. 경제학자들은 모든 이탈리아 납세자가 감사를 받을 위험뿐만 아니라 다른 사람의 행동에 따라 반응했다는 사실을 확인할 수 있었다. 이후 세무서가 감사 대상의 비중을 수정하자 감사가 납세자에게 미치는 효과가 세 배로 증가했다. 이처럼 조세 회피는 전염성이 강하다.

두 명 이상이 참여한다는 점에서 과세는 특히 힘든 과제다. 참여자가 많아질수록 우리는 협력을 통해 더 많은 이익을 얻을 수 있고, 동시에 다른 사람을 속여서 더 쉽게 이익을 가로챌 수도 있다. 어쨌든 나 혼자 세금을 내지 않아도 정부 세수에는 영향이 없다. 하지만 모두 그렇게 생각한다면 세수는 줄고 우리 사회는 아무것도 이뤄내지 못할 것이다.

이것이 바로 '집단행동의 문제'다. 모두가 집단적인 목표에 기여해야 할 때 개인은 다른 이들의 노력에 무임승차하려는 유혹을 느낀다. 그러나 지퍼가 열리는 것처럼 한 사람이 협력을 저버리면 다른 사람들도 따라 하기 시작하면서, 우리는 결국 아무것도 이루지 못한다. 우리는 모두 집단의 계획을 따라야 한다고 생각한다. 하지만 다른 이들이 무임승차할 거라고 의심하기 시작하면 개인적인 차원에서 노력할 필요를 느끼지 못한다.

기후 변화는 대표적인 집단행동의 문제다. 지구 온도의 상승은 전 세계가 배출하는 온실가스에 달렸기 때문에 모든 나라는 탄소 배출량을 줄이기 위해 노력해야 한다. 그러나 개별 국가, 특히 규모가 작은 국가는 다른 국가들이 협력할 때 안정적인 기후의 이익을 누리면서도 계속해서 온실가스를 배출할 수 있다. 하지만 모든 국가는 같은 처지에 있다. 일부 국가들이 오염 물질을 마구 배출한다면 어떤 국가도 오염 산업을 규제하는 비용을 지불하려고 하지 않을 것이다.

그렇다면 우리가 할 수 있는 일은 무엇일까? 국가와 사람들이 단순한 죄수의 딜레마에 빠져 있다면 할 수 있는 일은 그리 많지 않다. 죄수의 딜레마의 특성을 떠올려보자. 여기에는 단지 협력을 저버리려는 동기만 있는 것이 아니다. 이는 단편적인 특성일 뿐이다. 여기에는 감시하고 강제하는 제3자가 없다. 그리고 의사소통과 신뢰가 없다. 그렇다면 우리가 법과 제도를 통해 최악의 충동을 억누르고자 할 때, 무슨 일이 벌어질까?

죄수의 딜레마와 관련해 일회성이라는 특성으로부터 이야기를 시작해보자. 우리가 살아가면서 경험하는 교류는 대부분 반복적으로 이뤄진다. 오랜 시간에 걸쳐 관계가 형성되는 친구와 고객, 직원, 고용주와의 교류는 평생에 걸쳐 이어진다. 국가 간 교류 역시 일회적으로 끝나지 않는다. 오늘 어떤 국가가 동맹국이나 적을 속일 때, 내일 상대는 그 사실을 기억할 것이다. 외교는 장기적으로 이뤄진다. 국가는 계속된 교류의 과정에서 의견 차이를 좁혀나간다. 이처럼 교류가 이어질 때 어두컴컴한 죄수의 딜레마 세상에는 무슨 일이 벌어질까?

아마도 어둠 속에서 빛을 발견할 것이다. 죄수의 딜레마가 무한정 반복되면 '포크 정리(folk theorem, 개인이 전략적 선택을 통해 어떤 결과를 달성하려는 상황에서 발생하는 균형 상태를 설명하는 이론-옮긴이)'가 모습을 드러낸다. 협력을 유지하기 위한 전략은 언제나 있다. 예를 들어 우리는 '잔인한 방아쇠(grim trigger)' 전략을 활용할 수 있다(이름이 다소 불길한 느낌을 준다). 이 전략은 상대가 배신할 때 이에 대한 처벌로 영원히 배신하는 전략이다. 우리는 상대가 협력하는 한 협력한다. 그러나 상대가 배신할 때 우리는 전쟁이라는 개의 목줄을 풀어버린다. 이렇게 배신의 대가가 무엇인지 알면 상대를 배신하지 않을 동기가 생긴다.

이는 다소 가혹한 전략처럼 보인다. 우리는 사소한 위반에 대해서도 상대를 영원히 처벌할 것인가? 이는 처음부터 시작되는 배신보다 더 나은가? 그래도 다행스럽게도 대안은 있다. 바로 '팃포탯(Tit for Tat)' 전략이다. 팃포탯 전략은 상대가 협력하면 우리도 협력하고 상대가 배신하면 우리도 배신하지만, 처벌을 받은 상대가 다시 협력하면 우리도 협력하는 전략이다. 다시 말해 착한 행동에는 보상을, 나쁜 행동에는 처벌을 주는 전략이다.

팃포탯 전략은 때로 가장 가능성이 없어 보이는 상황에서 모습을 드러낸다. 이 전략을 개발한 미국의 정치학자 로버트 액설로드(Robert Axelrod)는 제1차 세계대전에서 독일군과 영국군이 전시 중 첫 크리스마스를 포함해 특정 기간에는 상관의 사격 명령에도 서로 총격을 하지 않기로 합의했던 사례를 언급했다.

이런 형태의 합의는 폭력적이고 무정부적인 상황에서 수 세기 동안 이어지기도 했다. 역사적인 사례를 들면 13세기부터 16세기까지 중세 시대의 영국과 스코틀랜드 사이에는 법의 힘이 미치지 못했던 '국경지대(Marches)'가 존재했다. 이곳에 거주했던 주민들은 종종 국경을 넘어 민가의 가축을 훔치거나 마을을 약탈하는 끝없는 '습격'을 이어나갔다.

이런 상황은 네거티브섬 결과로 이어졌을 것이며, 상습적인 절도 및 살인과 더불어 빈곤과 기아가 발생했을 것이다. 시간이 흐르면서 '국경법(Leges Marchiarum)'이 제정됐지만 국경법으로도 습격의 관행은 막지 못했다. 그건 불가능한 일이었다. 그러나 국경법을 기반으로 팃포탯 전략을 활용한 느슨한 형태의 협력 방안이 마련됐다.

가령 누군가 국경을 넘어 정당한 이유 없이 살인하면 국경법은 '살인 배상금'을 요구했다. 즉 살인자를 잡으면 국경 너머로 돌려보내 처형을 당하게 하거나, 아니면 경제적인 차원에서 몸값을 요구할 수 있었다. 혹은 가축을 도둑맞았다면 주민들은 국경을 넘어 범인을 추적할 수 있었다. 그럴 때 상대 지역의 주민은 범인 추적에 협조해야 했다. 이런 관습은 '핫 트로드(hot trod)'라고 불렀다.

마지막으로, 팃포탯 전략의 가장 흥미로운 특징인 '휴전 기간(days of truce)'은 양측이 분쟁 해결을 위해 만날 때마다 모습을 드러냈다. 그들은 법을 어긴 자를 심판하기 위해 순회 재판소를 세웠다. 여기에 흥미로운 점이 한 가지 있었다. 영국인들은 스코틀랜드 배심원을 선택하고, 스코틀랜드인들은 영국 배심원을 선택했다는 것이다. 이런 관습은 서로 올바르게 행동하도록 만들었다. 상대가 배심원을 공정한 방식으로 꾸릴 때 우리도 그렇게 행동한다. 반대로 상대가 부정한 방식으로 꾸리면 우리도 그렇게 한다. 영국과 스코틀랜드는 역사적으로 항상 서로를 향해 으르렁댔지만, 국경법이 제정된 1249년부터 영국과 스코틀랜드 왕실이 통합된 1603년까지 국경 지역의 무정부 상태는 어느 정도 억제됐다.

우리는 영구적인 협력이라는 풍부한 자원으로 무슨 일을 할 수 있을까? 위 사례는 배신할 동기가 있는 상황에서 신뢰를 구축하는 방법을 말해준다. 즉 오랫동안 협상을 이어나가는 방법을 보여준다. 그리고 우리의 직관과는 달리, 신뢰할 수 없는 상대와도 오랫동안 관계를 유지하는 편이 더 낫다는 이야기를 들려준다. 우리가 매일매일 약속하고 그 약속을 지킨다면 약속을 강제하는 (존재하지 않는) 제3자에 의존할 필요가 없다. 다만 우리는 시간에 의지하면 된다.

관계를 중단하는 선택은 죄수의 딜레마에서 부정적인 결과로 이어진다. 상대를 마지막으로 만난다고 생각할 때 우리는 더 쉽게 속임수를 쓴다. 또한 그런 생각은 이전의 관계마저 망친다. 그 이유는 마지막에서 두 번째 만남에서도, 마지막에서 세 번째 만남에서도 우리는 더 쉽게 속이려 하기 때문이다.

이는 정치인에 대한 임기 제한이 역효과를 일으키는 한 가지 이유다. 정치인이 더 이상 개인적인 이익을 위해 할 수 있는 일이 없다고 생각할 때 그리고 그들을 처벌할 방법이 없을 때, 그들은 마지막 임기 때 국민을 '배신'하고 자신의 배를 불릴 것이다. 모든 정치인이 이런 유혹을 느낀다는 사실을 아는 유권자는 이전의 모든 선거에서도 결국 그들을 배신하는 후보자를 만났을 것이다. 그 유권자는 정치인들은 모두 똑같다고 생각했을 것이며, 그래서 지금도 부패하고 나중에도 부패할 후보자를 뽑을 것이다.

하지만 잠재적인 적과의 관계를 계속 이어나감으로써 번영의 덫을 뒤집어놓을 수 있다. 우리를 장기적으로 더 부유하게 만들어주는 것은 우리가 단기적인 유혹에 무릎 꿇지 않도록 지켜준다. 다른 사람이 우리를 처벌하리라고 생각할 때 우리는 즉각적인 이기심을 이기고 집단의 목표를 향해 나아간다. 이런 점에서 우리는 성실하면서도 자신을 공정하게 대하는 상대와 협상해야 한다. 자신이 똑같이 행동할 것이라는 가정 아래 상대는 우리가 규칙을 지키도록 만들어주기 때문이다.

그러나 의심할 여지가 없는 팃포탯 전략의 논리에도 불구하고, 아쉽게도 나는 그 전략이 양육에는 아무런 도움이 되지 않는다는 사실을 발견했다. 내 아이들이 정말로 이것이 무기한의 관계라고 생각하는지 병적으로 의심하게 되었기 때문이다.

시간의 지평선을 확장하는 것은 번영을 보장하는 한 가지 해결책이다. 그러나 항상 효과가 있는 것은 아니다. 예를 들어 익명의 관계에서는 도움이 되지 않는다. 그렇다면 어떤 대안이 있을까? 한 가지 분명한 것은 강제하는 제3자의 존재다. 경찰이 우리를 감시하고 법원이 우리의 위법행위를 처벌할 때 우리는 협력의 과제를 아웃소싱하는 셈이다. 우리는 자신이 앞으로 할 일에 대해 협박이나 약속을 하지 않아도 된다. 법에 의존하기만 하면 되기 때문이다.

그러나 정치가 하나의 약속이고, 그래서 언제나 제3자에 의존해 강제할 수 없다면 이런 해결책은 아무런 도움이 되지 않는다. 다른 대안이 필요하다. 그중 한 가지는 사람들에게 이익을 제공하면서 무임승차 대신 협력을 선택하도록 만드는 것이다. 이 아이디어는 미국의 경제학자 맨커 올슨이 내놓은 것이다. 올슨은 사회과학자로서 다소 도발적인 주장을 했다. 그는 집단 구성원이 일관적으로 행동할 가능성 자체를 부정했다.

올슨은 집단의 모든 구성원이 그들이 원하는 목표에 동의할 때조차, 개별 구성원은 목표를 달성하기 위한 다른 사람의 노력에 무임승차를 하려는 동기를 갖는다고 말했다. 가령 당신이 임금 협상으로부터 보호받는 근로자라고 생각해보자. 파업에 참여하지 않고도 임금 인상의 혜택을 누린다면 정말 좋지 않겠는가? 혹은 가격을 높게 유지하기 위해 공급을 제한하는 산유국 동맹의 회원국이라고 해보자. 그렇다면 석유를 몰래 빼돌려 팔려는 유혹을 느끼지 않겠는가?

그렇다면 어떻게 구성원 모두가 항상 존재하는 무임승차의 유혹을 이겨내고 협력에 동참하도록 만들 수 있을까? 이는 채찍과 당근을 통해서 가능하다. 여기서 채찍이란 규칙을 어긴 구성원을 처벌하는 규범을 말한다. 우리는 규칙을 정하고 무임승차자에게 벌금을 부과하는 제도를 통해 규범을 적용할 수 있다. 노동조합 회원 규칙이 그 좋은 사례다. 혹은 알바니아의 복수 규범에서 스칸디나비아 마을의 순종주의에 이르기까지 안전의 덫에서 살펴봤던 다양한 형태의 사회적 규범을 적용할 수도 있다.

다음으로 올슨이 '선택적 동기(selective incentive)'라고 부른 당근에 대해 살펴보자. 선택적 동기란 우리가 기여할 때만 받는 혜택이다. 여기서 제도는 다시 한번 약속을 보장하기 위한 한 가지 방법이다. 가령 노동조합 회원만 이용하는 술집이나 수영장 같은 혜택에 관한 규칙을 들 수 있다. 혹은 조직폭력배 조직원이 사망했을 때 유가족에게 주는 장례식 비용이나 위로금도 여기에 해당한다.

그러나 올슨도 지적했듯이 이런 방법에는 또 다른 문제가 있다. 누가 당근과 채찍을 관리할 것인가? 누가 선택적 동기의 비용을 지불할 것인가? 누가 무임승차하는 구성원을 감시하고 처벌하는 데 들어가는 비용을 지불할 것인가? 이제 우리는 집단행동 문제를 한 단계 뒤로 미뤘을 뿐이다.

올슨은 한 구성원이 그 비용을 지불할 정도로 부유하다면 집단의 목표를 달성할 수 있다고 지적했다. 어쨌든 그 구성원은 목표를 달성함으로써 이익을 챙길 수 있다. 하지만 이 말은 다른 구성원이 무임승차를 한다는 뜻이다! 이는 또한 냉전 시대의 NATO에 대한 고상한 설명이기도 하다. 미국은 냉전 기간에 상당 비용을 부담함으로써 NATO 동맹을 유지하는 이익을 충분히 얻었다. 그러나 이 말은 독일과 이탈리아, 네덜란드 등 많은 회원국이 미국의 안보 우산 아래 무임승차했다는 의미다. 어쩌면 도널드 트럼프도 올슨의 책을 읽은 것인지 모르겠다.

집단행동 문제는 구성원을 감시하기 힘들 때 발생한다. 그리고 이런 경우는 정치 곳곳에 만연하다. 한 가지 사례로 이탈리아 버팔로 모차렐라 치즈를 살펴보자. 버팔로 모차렐라 치즈를 살 때 치즈 속에 함유된 우유가 이탈리아 북부 지방의 대규모 낙농장에서 온 것이 아니라 나폴리 습지에서 자란 버팔로에게서 온 것인지 어떻게 확인할 수 있을까? 일반 낙농장 우유는 더 싸다. 그래서 소비자가 확인하기 어려울 정도로 일반 우유를 버팔로 우유에 섞었을 수도 있다. 이는 특히 사회적 신뢰가 낮고 조직범죄와 부패가 만연한 남부 이탈리아 지역의 버팔로 모차렐라 생산자에게 골치 아픈 문제였다.

버팔로 모차렐라 치즈 생산자들이 해결책으로 내놓은 방안은 올슨의 것과 비슷했다. 그들은 모든 치즈를 생산자 이름이 찍힌 종이로 포장하도록 규제하는 협회의 운영비를 부담했다. 이를 통해 감시의 문제를 해결했다. 그리고 생산자에게 선택적 동기를 제공하기 위해 정부에 로비를 벌여 DOC 브랜드(프랑스 와인처럼)를 만들었다.

그러나 이런 상황에서도 소규모 생산자는 치즈의 품질을 떨어뜨리면서 DOC 브랜드에 무임승차를 할 수 있었다. 실제로 1990년대 초 검수 작업을 실시했을 때 버팔로 모차렐라 치즈의 3분의 1 이상이 일반 우유를 섞어서 만든 것이라는 사실이 드러났다. 여기서 올슨의 처벌 원칙이 등장했다. 협회는 규칙을 위반한 생산자에게 벌금을 부과했으며 세 번을 어길 경우 협회에서 제명했다. 이런 시스템은 비용이 많이 들었지만 효과가 있었다. 이후 1990년대 말에 일반 우유를 섞은 제품의 비중은 10퍼센트 밑으로 떨어졌다. 이제 사람들은 값비싼 버팔로 모차렐라 치즈를 안심하고 살 수 있게 됐다.

다음으로 우리 시대의 고유한 문제인 기후 변화로 시선을 돌려보자. 여기에 가장 극단적인 형태의 '번영의 덫'이 있다. 장기적으로 우리는 지구의 온도를 유지 불가능한 수준으로 높일 위험이 있다. 그런데도 우리는 단기적으로 익숙한 삶을 위해 오염 물질을 배출하려는 유혹에 빠진다.

지금까지 살펴본 죄수의 딜레마에서 우리는 어떤 교훈을 얻을 수 있을까? 그리고 그 교훈은 우리가 다가오는 위기에서 벗어나도록 어떤 도움을 줄 수 있을까? 최초의 주요한 기후 협정인 1997년 교토 의정서는 실패로 끝났다. 얼핏 봤을 때 교토 의정서는 집단행동 문제를 해결했다. 국가들이 합의를 따르도록 만드는 감시와 인증 시스템을 갖췄다. 그리고 따르지 않는 국가에 벌금을 부과하거나 국가 간 배출 거래를 금지하는 것처럼 과거로 퇴행하거나 무임승차를 막기 위한 강제적인 시스템도 갖췄다. 마지막으로 배출 목표를 수정해나가는 정기 회의를 통해 미래의 전망까지 밝혔다.

그런데도 왜 실패로 끝났을까? 첫째, 국제적인 강제는 그 자체로 모순어법이다. 국제 시스템은 무정부적이며 처벌을 강제하는 수직 체계가 없다. 캐나다는 벌금을 물면서도 교토 의정서에서 탈퇴했다. 둘째, 규칙을 따르는 비용이 대단히 크다. 특히 몇몇 국가에는 그랬다. 걸프 지역 국가와 미국과 같은 대형 에너지 생산국 그리고 중국과 같은 주요 산업 국가는 집단행동을 방해할 동기가 충분했다. 그들은 무임승차자를 넘어 협력 파괴자였다.

반면 파리 협약은 많은 국가의 승인을 받았다. 그런데 그런 만큼 실질적인 효과가 있었을까? 파리 협약에는 교토 의정서의 감시 및 강제 시스템이 없었다. 그래도 파리 협약은 미래 전망을 강조했다. 가입국은 5년마다 배출 목표를 새롭게 정해야 한다. 그리고 실제로 배출량을 줄이는지 서로 감시해야 한다. 서로에 대한 감시와 고발은 법적 효과는 없지만 그래도 각국 정치인들의 마음가짐과 행동에 동기를 부여할 수 있다.

우리는 죄수의 딜레마를 통해 기후 변화의 정치에 관한 몇 가지 측면을 설명할 수 있다. 죄수의 딜레마는 모든 당사자가 집단행동에 대한 기여에 똑같은 비용을 지불하고 똑같은 혜택을 얻는다고 가정한다. 그러나 지구 온난화라는 문제와 그 해결로부터 누가 이익을 얻고 누가 피해를 입는지 국가 간 차이가 크다.

가령 러시아와 캐나다처럼 북쪽에 위치한 대형 에너지 생산국은 기온 상승으로 예전에 얼어 있던 땅이 경작 가능할 정도로 녹으면서 이익을 얻을 수 있다. 따라서 오히려 배출 감축으로 경제적 손실을 입을 수 있다. 반면 세이셸이나 몰디브 같은 저지대 섬나라는 기후 변화에 따른 해수면 상승으로 위협받고 있다. 그리고 이들은 국가가 보호해야 할, 오염 물질을 배출하는 산업도 없다. 이런 점에서 우리는 패자를 결집함으로써 그리고 승자를 매수하거나 정치적으로 압박함으로써 기후 변화에 더 효과적으로 대처할 수 있다.

한편 똑같은 이야기를 비즈니스와 산업에 대해서도 할 수 있다. 에너지 기업들은 재생에너지로 빠르게 넘어가지 않는 한 탄소 배출량 감축으로 타격을 입을 것이다. 또한 보험 및 금융 기업들은 2021년 독일의 홍수와 그리스의 대형 화재처럼 기후 변화에 따른 재앙으로부터 타격을 입을 것이다. 그러나 일부 국가나 기업이 독자적인 행동으로 얻는 이익은 협력을 위한 비용을 넘어설 수 있다.

마지막으로, 기후 변화가 심각해지면서 더 많은 이들이 피해를 보고 있으며 환경 관련 협력의 범위가 넓어지고 있다. 그리고 재생에너지 기술이 발전하면서 가격이 점점 하락하고 초기 투자자들은 점점 더 많은 수익을 내고 있다. 또한 민주주의 국가에서는 사회적 규범이 환경운동에 힘을 실어주면서 이런 흐름에 저항하는 정치인을 더 강하게 압박하고 있다.

이는 일종의 '촉매적 협력(catalytic cooperation)'이다. 일단 시작되면 스스로 강화된다. 파리 협약은 집단적 번영을 보장하는 이와 같은 상향식 접근 방식과 조화를 이룬다. 이런 협약은 오래 지속하는 약속으로 남을 수 있다. 그 약속이 지구 기후에 대한 중대한 변화 그리고 전조를 보이는 모든 파괴와 절망을 막을 수 있는지는 좀 더 지켜봐야 할 것이다.

'자원의 저주'에 걸린 나라들

세계적인 번영의 역사는 주로 새로운 부의 창조와 관련이 있다. 막대한 부가 땅속에 묻혀 있고 이것을 꺼낼 준비가 된 운 좋은 국가들의 상황은 어떨까? 땅에서 자원을 추출하는 일은 금융과 제약 및 첨단기술 분야를 뒷받침하는 복잡한 협력과 신뢰의 그물망에 비해 단순하다. 그리고 단일 기업이나 국가도 할 수 있으며 협력 실패에 따른 위험은 낮다.

귀한 자원의 방대한 저장고를 갖춘 운 좋은 나라들을 살펴보면 어떤 모습을 확인할 수 있는가? 때로는 두바이의 번쩍이는 고층 빌딩처럼 천연자원이 화려한 결실을 맺은 모습을 볼 수 있다. 또한 시에라리온의 다이아몬드 전쟁 혹은 리비아나 이라크 같은 실패한 산유국도 볼 수 있다. 아랍에미리트처럼 부와 평화가 공존하는 국가는 열악한 대우를 받는 이민 노동자에 의존한다. 반면 그 시민들은 별 의미 없는 일을 하면서 고액의 연봉을 받는 공무원으로 살아간다. 그리고 대부분의 경우 천연자원에 대한 통제는 독재적인 정치 시스템과 함께 손잡고 걸어간다.

이런 자연의 축복과 인간의 고통 사이의 대조를 일컬어 흔히 '자원의 저주'라고 부른다. 자원의 저주는 어떻게 보면 이솝 우화와 비슷하다. 말하는 동물은 나오지 않지만 말이다. 부는 유혹을 창조하고 사람들은 그 유혹에 힘없이 무릎을 꿇는다. 이는 죄수의 딜레마와는 다르다. 죄수의 딜레마에서 사람들은 협력에 실패함으로써 부를 차지하지 못한다. 반면 자원의 저주에서 우리를 병들게 만드는 것은 부 그 자체다.

이는 완전히 새로운 번영의 덫이다. 갑작스럽게 모습을 드러낸 번영은 모든 단기적인 유혹을 뻗치면서, 우리가 장기적인 집단적 목표를 버리고 즉각적인 이기심을 좇도록 만든다.

새로운 자원을 발견하는 기본적인 상황으로 이야기를 시작해보자. 이 경우 국가는 전혀 다른 분야로 넘어간다. 유명한 사례로 네덜란드가 1960년대에 거대한 천연가스 저장고를 발견했던 경우를 꼽을 수 있다. 이는 나중에 '네덜란드 병(Dutch Disease)'으로 널리 알려졌다. 네덜란드가 새로운 자원을 발견하면서 그 자원을 채굴하는 산업에 대한 투자는 증가했다. 그에 따라 국민소득, 재화와 재산의 가격, 근로자 임금도 상승했다.

많은 사람에게 좋은 일이었으며, 특히 부동산 중개인에게는 더욱 그랬다. 하지만 제품을 생산해서 세계 시장에 수출하는 제조 기업은 그렇지 못했다. 비용이 증가하면서 매출이 하락했기 때문이다. 이들 기업은 가격을 낮추기 위해 근로자 임금을 삭감해야 했다. 그러자 근로자들은 임금 수준이 더 높은 분야로 떠났다. 이런 상황에서 해외 자금이 자원 시장으로 몰려들었고 네덜란드 화폐 가치는 더 크게 올랐다. 결국 수출에 의존하는 제조 기업들이 경쟁력을 잃어버리면서 파산이 줄을 이었다.

한편 자원의 가격은 대단히 불안정하다. 석유에 대해 생각해보자. 서부 텍사스 원유 1배럴의 가격은 2000년에 20달러 수준이었다. 그러나 2008년 초 140달러로 치솟았다가 금융 위기를 겪으면서 40달러를 살짝 넘는 수준으로 떨어졌다. 그리고 코로나가 닥치면서 60달러에서 20달러로 폭락했다. 이후 코로나가 잦아들고 러시아가 우크라이나를 침공하면서 다시 110달러로 치솟았다. 또한 석유는 국제 카르텔인 OPEC이 가격을 통제하고 있다.

가격이 불안정하다는 말은 자원에 의존하는 국가들이 국제적인 수요와 공급의 충격에 무방비로 노출되어 있다는 뜻이다. 이는 비단 석유만의 문제가 아니다. 가스와 구리, 커피 등 가격 변동이 심한 수출 품목은 국가의 안녕을 변덕스러운 세계 시장의 손에 맡겨버렸다. 잠비아는 독립 초기인 1960년대와 1970년대 초에 구리를 수출해서 엄청난 경제 호황을 누렸다. 당시 구리는 잠비아 수출에서 95퍼센트를 차지했다. 낙관주의 시대가 시작됐다. 잠비아의 젊은이들은 '잠록 (Zamrock, 1970년대 초 잠비아에서 등장해 인기를 끌었던 음악 장르-옮긴이)' 밴드를 결성했고, 최초의 잠비아 항공사가 등장했다. 하지만 구리 가격이 1975년에 절반으로 떨어지자 잠비아는 세계에서 가장 부채가 높은 국가 중 하나가 됐다. 이후 잠비아는 2005년이 되어서야 평균 소득 수준을 회복했다.

이는 생소한 이야기가 아니다. 19세기 말, 미국에 이어 캐나다와 아르헨티나, 호주, 러시아가 전 세계 밀 시장으로 뛰어들면서 밀 공급이 늘어나고 이로 인해 가격이 폭락하자 유럽에서 밀을 재배했던 농부들은 큰 타격을 입었다. 그리고 그렇게 시장에서 쫓겨난 유럽의 농부들은 가난한 이민자 신세가 되어 밀을 생산하는 다른 국가로 떠났다.

불안정성은 정치를 엉망으로 만든다. 자원 수출이 국민소득의 핵심일 때 정부는 당연하게도 예산 균형을 맞추기 위해 자원에 크게 의존한다. 그러나 이런 모습은 대단히 위험하다. 자원 산업에서 거두는 세금은 세계 시장이 호황일 때 증가했다가, 경기 침체와 함께 떨어진다. 게다가 정부는 힘든 시절에 더 많은 실업 급여를 제공해야 한다.

석유 매장량이 풍부한 국가들은 호황기 때 표준 소득세 시스템을 중단한다. 가령 사우디아라비아의 소득세는 1950년대에 국가 수입의 거의 절반을 차지했지만 1978년에는 2퍼센트 아래로 떨어졌다. 하지만 석유 시장이 불황일 때, 자원이 풍부한 국가들은 안정적인 소득과 소비 흐름 대신에 불안정한 유가에 의존하는 대단히 불균형한 세금 시스템에 직면한다.

자원 산업은 정치적으로 막강한 영향력을 발휘하며, 보조금과 세금 감면 및 우호적인 신용 접근의 혜택을 누린다. 하지만 정부가 세수의 큰 부분을 차지하면서 정치적으로 강력한 끈을 가진 산업 분야에 의존하면 위험한 일이 벌어진다. 가령 엄청난 수익을 벌어들이는 자원 기업들이 세금은 조금밖에 내지 않기도 한다. 예를 들어 미국의 석유 및 가스 기업들은 다른 기업보다 훨씬 낮은 세율을 적용받고 있다.

네덜란드 병과 불안정성은 본질적으로 경제 문제다. 그러나 정치 세상은 경제 영역에서 벌어지는 일과 무관하지 않다. 자원 산업은 대규모 투자와 높은 수준의 안전이 필요하다는 점에서 국가가 관여해야 할 '자연적인' 분야다. 그러나 국가가 개입할 때 그 결과는 긍정적이지 않다.

미국의 정치가 마이클 로스(Michael Ross)는 석유를 비롯한 다양한 천연자원이 정치적 약점으로 작용할 수 있다고 말한다.

첫째, 천연자원 산업으로부터 거둬들이는 세금은 국가를 불로소득에 의존하는 '지대추구자'로 만든다. 즉 안락의자에 앉아 빈둥거리면서 투자 수익이 굴러들어오는 걸 지켜보는 빅토리아 시대의 투자가로 만든다.

그런데 왜 불로소득이 민주주의에 해를 입히는가? 일단 정부는 불만 가득한 시민을 돈으로 매수할 수 있다. 즉 즐길 거리를 더 많이 제공함으로써 대중의 불만을 누그러뜨릴 수 있다. 정부가 그 돈으로 석유 공기업의 남아도는 일자리에 있는 모든 시민에게 억대 연봉을 준다면 그들은 정치적 권리를 그리 강하게 요구하지 않을 것이다. 정권이 바뀌면 그들의 안락한 일자리가 위협받을 수 있기 때문이다. 게다가 정부는 세금을 낮게 유지할 수 있다. 국가가 과세할 때, 시민은 누가 책임자인지 관심을 기울인다. 그러나 과세하지 않을 때, 과거 독립을 열망했던 미국인들의 유명한 슬로건인 '대표 없이 과세 없다(no taxation with no representation)'라는 말의 의미를 반대로 해석하게 된다.

둘째, 천연자원은 외세의 위협만이 아니라 그 시민으로부터 독재 정권을 보호할 수 있는 재원을 마련해준다. 이제 그들은 독재 정권을 유지하기가 더 수월해졌다. 총과 버터를 모두 확보했기 때문이다. 오만과 사우디아라비아, 쿠웨이트, 아랍에미리트 모두 국민소득의 5퍼센트 이상을 군사비로 지출한다. 특히 오만과 사우디아라비아는 8퍼센트를 넘어섰다. 미국의 경우는 국민소득의 3.5퍼센트, 영국은 2.2퍼센트, 일본은 1퍼센트에 불과하다. 걸프 지역은 분명하게도 국제 관계의 차원에서 마음 편한 곳이 아니다. 외부 위협이 항상 존재한다. 동시에 군사는 일회용 상품이 아니다. 저항하는 시민을 향해 얼마든지 돌아설 수 있다.

셋째, 천연자원이 풍부할 때 국가는 장기적인 번영 '그리고' 민주주의 개혁에 도움을 주는 다른 경제 분야를 외면하게 된다. 천연자원은 추출 산업이다. 추출 경제의 제도는 소수 엘리트를 위한 정치적 제도와 함께 손잡고 걸어간다. 자원을 추출하는 일은 기술적으로는 까다로운 과제지만 사회적으로는 단순하다. 몇몇 전문가를 올바른 도구와 함께 올바른 장소에 배치하기만 하면 된다. 반면 금융이나 소프트웨어 개발, 마케팅과 같은 서비스 산업은 사회적인 차원에서 대단히 복잡하다. 다양한 분야에서 고등 교육을 받은 근로자가 국가의 이해 범위를 벗어나 활발하게 교류해야 한다. 이런 점에서 독재 국가가 서비스 산업을 성공적으로 이끌어가기는 힘들다.

추출 산업은 숙련된 근로자 집단을 요구하지 않는다. 또한 대부분 남성들만 고용한다. 그래서 천연자원에 의존하는 국가들은 교육, 특히 여성 교육에 많이 투자하지 않는다. 나는 연구를 통해 석유 수출국들이 교육에 투자하는 수준이 국민소득의 1.5퍼센트를 넘지 않는다는 사실을 확인했다. 이는 다른 국가들에 비해 약 3분의 1이나 낮은 수준이다. 게다가 천연자원 산업은 불균형한 형태로 남성을 더 많이 고용하기 때문에, 여성은 노동력에서 차지하는 비중이 작고 정치적 영향력 역시 낮다.

중동 지역을 살펴보면 석유가 풍부하지 않은 튀니지의 의회는 2003년을 기준으로 4분의 1 정도가 여성이었다. 반면 석유가 풍부한 사우디아라비아와 쿠웨이트, 카타르, 아랍에미리트에서는 여성 의원이 단 한 명도 없었다. 중동 지역에서 여성 의원 수가 적은 것은 꼭 이슬람 정권이어서가 아니라(튀니지를 보라) 석유 때문이기도 하다.

번영의 덫으로 다시 돌아가 보자. 자원 산업의 호황이 민주주의에 부정적인 영향을 미치는 이유는 그 자원을 통제하는 지도자들이 국가에 도움을 주는 장기적인 의사결정, 특히 석유가 바닥났을 때를 대비한 의사결정이 아니라 단기적인 이익을 기준으로 의사결정을 내리는 경향이 있기 때문이다. 자신의 정권이나 왕조의 단기적인 생존을 걱정하는 독재자는 무한해 보이는 자원을 최대한 활용해서 시민을 매수하거나 억압하려는 유혹을 강하게 느낀다. 그리고 이런 국가의 시민은 비록 정권 교체가 장기적으로 더 좋다고 해도, 그런 정치적 위험을 감수하기보다 당장의 이익이나 일자리를 선택할 것이다.

마지막으로, 정부가 말 그대로 땅에서 솟아나는 천연자원의 즉각적인 혜택에 주목하면 오랜 시간이 필요한 법적, 교육적, 금융적 시스템 구축에 매력을 느끼지 못한다. 천연자원은 단기적 생존에 특효약이다. 자원이 풍부한 국가는 정치적 약속을 하고 이를 지키기 위해 노력하기보다 석유의 덫을 설치한다. 이런 국가에 필요한 것은 더 적은 정치가 아니라 더 많은 정치다.

지난 몇십 년 동안 카타르와 아랍에미리트 같은 몇몇 산유국은 자원의 저주에서 벗어나기 위해 애썼다. 그리고 이를 위해 시민을 새롭게 창조하고자 했다. 물론 다른 국가들도 시민들의 바람직한 인식과 사고방식을 구축하기 위해 오랫동안 노력했다. 그러나 이들 산유국이 달랐던 점은 독재 정권을 그대로 유지하면서 상상하기 힘든 자원의 부에서 시민을 떼어놓고자 했다는 사실이다.

이들 국가의 지도자들은 석유가 고갈됐을 때를 대비해 기업가의 역량을 갖춘 시민을 양성하기 위해 노력하고 있다. 그리고 교육에 막대한 투자를 하고 있다. 예를 들어 서구 대학의 강의계획안을 그대로 받아들이거나, 뉴욕대학교 아부다비 캠퍼스 또는 카네기멜론대학교 카타르 캠퍼스처럼 주요 대학과 협력 관계를 추진하고 있다. 또한 국가적 구경거리도 적극적으로 활용하는데, 아부다비에 들어선 부르즈 할리파(828미터 높이의 초고층 빌딩-옮긴이)와 루브르 및 구겐하임 미술관이나, 아랍에미리트의 사고 축제(Festival of Thinking)와 카타르의 월드컵 개최 같은 대규모 국제 행사가 좋은 사례다.

그러나 이런 전략이 기대대로 흘러가고 있는지, 성과를 보여주고 있는지는 아직 확실하지 않다. 이들 국가는 미국이나 유럽의 경우와는 달리 정치적 권리를 박탈당했음에도 불만을 품지 않은 기업가적 시민을 양성하는 것이 아니라 '자격 있는 애국주의자'를 길러내고 있다. 시민들은 정권의 배를 흔들려고 하지 않으며 점차 민족주의 방향으로 나아가고 있다(카타르와 아랍에미리트 사이의 냉전을 보자). 그러나 그들은 한가로운 공직 일자리를 통해 국가가 보장하는 거액의 연봉을 포기하지 않을 것이다. 그리고 이들 국가는 정권의 생존 가능성을 정치적, 경제적 권리를 박탈당한, 보수가 낮은 이민 근로자 집단에 의존하고 있다. 자원의 저주에서 벗어나기란 절대 쉬운 일이 아니다.

광풍과 공포

현대적인 금융 시장이 존재하는 한 거품도 존재하기 마련이다. 1630
년대 암스테르담의 튤립 구근에서 1920년대 플로리다 부동산, 오늘
날 비트코인이나 이더리움 같은 암호화폐에 이르기까지 수많은 사례
는 아마추어 투자자의 무모함에 관한 현대적인 우화와 관련 있다. 모
든 거품 사례에서는 무한한 수요와 함께 자산 가격이 크게 상승했다
가 예전에는 상상할 수 없었던 정점에 이른 후 갑자기 꺾이면서 원래
시작점으로 떨어지는 패턴이 나타난다.

1720년 영국의 남해 포말 사건(South Sea Bubble)은 아이러니하게도
1688년에 왕실이 더 이상 방탕하게 돈을 빌리지 못하도록 의회가 막
으면서 영국이 안정적인 번영으로 나아가기 시작했기 때문에 벌어졌
다. 18세기 초 금리가 크게 떨어졌다. 그러나 영국 왕실은 이미 엄청
난 규모의 부채를 떠안고 있었기에 매각할 만한 자산을 찾고 있었다.
그런 차원에서 영국 왕실은 그들이 후원하고 새롭게 남대서양 무역
특권을 차지한 남해회사(South Sea Company)의 지분을 채권자들에게
나눠 주겠다고 약속했다. 그러나 그 기업의 활동 범위는 제한적이었
다. 당시 스페인이 장악했던 수역에는 접근할 수 없었다. 그런데도 투
자자들은 그 기업의 지분에 열광했고, 영국의 금융 시장은 이런 수요
에 부응했다.

1720년 몇 달 동안 남해회사의 주가는 10배로 뛰면서 예상치 못한
부를 창출했다. 당시 엘리트 집단 사이에서는 소동이 일었다. 전 런던
시장인 길버트 히스코트(Gilbert Heathcote) 경은 "1년 전 그들이 망쳐
놓은 신사들의 시종도 될 수 없었던 악당들이 막대한 재산을 차지했

다"라며 한탄했다. 그렇게 파멸의 그림자가 널리 퍼졌다. 1721년 중반에 주가는 출발점 아래로 내려왔다.

18세기 영국인들은 광기에 사로잡혔던 걸까? 그렇지만은 않을 것이다. 많은 금융 기업은 '거품을 타고' 큰돈을 벌었다. 투자자가 계속해서 몰려드는 동안 주식을 보유하는 것은 합리적인 전략이다. 그러나 문제는 언제 팔 것인가다. 당시 개인의 이기심과 집단의 행동은 서로 어색한 춤을 추고 있었다.

광풍의 존재는 당시보다 세월이 흐르고 나서 뚜렷하게 드러난다. 따라서 새로운 유행이 떠오를 때마다 무모하게 투자한다면 결국 파산하고 말 것이다. 나아가 모두가 그렇게 행동한다면('이번은 다르다'라는 확신에 사로잡혀) 근간이 탄탄한 산업은 투자를 받지 못하고 자본이 말라버리면서 사회 전반은 더 가난해질 것이다.

광풍과 그에 따른 공포는 번영의 덫과 관련해 직관적인 사례를 보여준다. 우리는 빨리 돈을 벌고 싶어 한다. 시장이 상승할 때 판다면 즉각 돈을 벌 수 있다. 그러나 시장이 롤러코스터처럼 요동치며 올라갈 때마다 사람들은 보유하고, 더 많이 사들이고, 가격이 조금이라도 더 오를지 지켜보려는 유혹을 느낀다. 모두가 뛰어들면서 시장은 상승한다. 적어도 새로운 투자자가 계속 유입될 때까지는 그렇다. 이제 사람들의 관심은 최대한 빨리 팔아치우고 자신의 몫을 챙겨서 떠나는 것이다. 그러나 모두가 똑같이 행동할 때 악몽은 현실이 되어 공포가 우리를 집어삼킨다. 우리가 개인적으로 최고의 단기 전략에 따라 행동할 때마다 우리는 집단적으로 충격에 빠지고 꿈은 무너진다.

이런 패턴은 다소 경멸적인 표현인 '군집행동(herding behaviour)'이라고 불린다. 그러나 군집행동이 반드시 나쁜 것만은 아니다. 무리를 짓는 것은 때로 좋은 일이다. 동물들이 무리 지어 움직이는 데는 그럴 만한 이유가 있다. 다른 사람의 행동을 따라 하는 것이 때론 옳은 전략이 된다. 동물들은 군집을 이뤄 포식자를 물리친다. 새들은 함께 날아올라 서로 부딪히지 않고서 비행한다.

임의적인 선택의 경우에도 협력은 도움이 된다. 가령 도로에서 어느 쪽으로 운전하는 것이 더 안전한지 생각해보자. 미국과 유럽 독자들은 당연하게도 우측주행이 더 안전하다고 말할 것이다. 반면 영국과 일본, 인도의 독자들은 좌측주행이 안전하다고 말할 것이다. 하지만 어느 쪽이 '더 안전한지'를 떠나서, 나는 운전자들이 어느 쪽이 안전한 차선인지에 대해 서로 다르게 확신하며 운전하기보다 모두가 도로의 '같은' 쪽에서 운전하는 편이 더 안전하다고 생각한다.

협력은 상호 신뢰를 먹고 자라난다. 모두가 협력해야 한다고 생각할 때, 서로를 신뢰한다면 더 좋을 것이다. 그러나 누군가 잘못을 저지를 것이라고 의심할 때, 신뢰는 허물어진다. 그리고 관계가 복잡할수록 더 많은 사람이 개입한다. 모두가 똑같은 역할을 해야 한다면 우리는 그중에서 가장 약한 연결 고리에 신뢰를 집중해야 할 것이다.

이런 점에서 광풍과 공포는 협력의 문제로 보인다. 우리가 돈을 똑같은 대상에 투자할 때, '모두'가 그렇게 한다는 사실이 투자 대상의 가치를 높인다. 오늘날 경제에서 무언가의 '가치'는 사람들이 그것에 얼마를 지불하려고 하는지에 달렸다. 모두가 튤립 구근에 많은 돈을 지불하려고 한다면 구근은 엄청난 가치를 갖게 된다. 다이아몬드도 마찬가지다. 이런 생각은 또한 암호화폐를 뒷받침하는 논리다. 가장 유명한 암호화폐인 비트코인은 희귀한 자원이다. 비트코인 수는 알고리즘으로 제한되어 있으며, 수학적인 문제를 해결함으로써 그 화폐를 '채굴'하는 비용은 점점 더 비싸지고 있다. 그러나 비트코인의 가격이 높은 핵심적인 이유는 우리가 그 가치에 동의하기 때문이다. 이는 우리가 금의 가치에 동의하기 때문에 교환의 도구가 될 수 있을 정도로 가치가 높은 것과 같다. 금의 공급은 한정적이다. 그런데 사실 많은 것이 한정적이다. 대부분이 그렇다.

모두가 어떤 대상을 놓고 협력한다면 그 가치를 높일 수 있다. 그런데 극렬한 반대자 혹은 임금님이 벌거벗었다고 외치는 개구쟁이가 있다면? 협력은 시들고 모두가 동의했던 대상의 가치도 무너질 것이다. 다시 협력을 시작하기 전까지는 말이다. 개인은 단기적인 차원에서 합리적으로 행동하지만 집단은 장기적인 차원에서 비합리적으로 행동할 수 있다. 이런 광풍은 번영의 덫이 모습을 드러내는 한 가지 극단적인 형태다.

오늘날 금리는 대단히 낮은 수준이어서 이와 같은 사례를 더 많이 볼 수 있다. 최근에는 주택이나 고가의 미술품 같은 고정 자산에 투자하는 편이 더 낫다. 저축의 이자율이 너무 낮기 때문이다. 그래서 사람들은 주택 시장이나 골동품 시장, 최근에는 NFT(non-fungible token, 대체 불가능 토큰. 디지털 예술 작품, 트윗이나 고양이 사진 같은 비예술 작품을 영구적으로 소유할 수 있는 권리)라고 하는 생소한 시장으로 몰려들고 있다.

새로운 투기 자산과 관련해 가장 충격적인 사례는 암호화폐 시장이다. 암호화폐는 정치적인 매력을 지녔다. 암호화폐는 정부가 발행한 명목화폐로부터 그리고 국제 금융기관으로부터 독립을 약속한다.

그러나 대단히 높은 불안정성은 우리를 번영의 덫으로 이끈다.

2021년 나이브 부켈레(Nayib Bukele) 엘살바도르 대통령은 비트코인을 법적 통화로 승인했다. 변덕스러운 포퓰리스트인 부켈레는 비트코인이 공식적인 경제 외부에서 엘살바도르 국민에게 도움이 될 것이며(처음에 모든 시민에게 30달러에 이르는 비트코인 지갑을 받을 권리를 부여했다) 조국을 혁신의 고향으로 만들어줄 것이라고 주장했다. 또한 그는 그해 9월에 국가 보유고로 비트코인에 2,100만 달러를 투자했다. 이후 몇 달에 걸쳐 비슷한 규모로 수차례 비트코인을 사들였다.

물론 비트코인의 장기적인 미래가 이런 결정을 현명한 선택으로 만들어줄 수도 있다. 그러나 2022년 초 몇 달 동안 비트코인 가치가 급락하면서 엘살바도르는 국가 보유고에서 수천만 달러를 잃었다. 비트코인 상승이 선사하는 단기적인 짜릿한 기쁨은 암호화폐 공포라는 충격으로 즉각 바뀔 수 있다. 그리고 작고 상대적으로 가난한 국가에 거대한 재정적 타격을 입힐 수 있다. 또한 장기적인 위험도 있다. 엘살바도르 사람들은 익명으로 그리고 개인적으로 비트코인 지갑을 사용한다. 이에 국제 금융기관들은 점차 혼란을 느끼고 있으며 비트코인의 교환 가능성을 막아야 한다고 요구한다. 단기적인 도박은 국가에 다소 가혹한, 장기적인 피해를 줄 수 있다.

20장

지속 가능한 성장은 신뢰 위에서만 가능하다

어떻게 정치가 장기적인 차원에서 효과적으로 기능하도록 만들 수 있을까? 단기적 유혹에 사로잡혀 장기적 목표로 나아가는 과정에서 길을 잃을 때, 번영의 덫은 우리 앞에 모습을 드러낸다. 정치가 미래를 위한 약속을 보장하는 일이라면 어떤 형태의 정책과 제도 혹은 규범이 이런 약속을 지켜줄 것인가? 우리에게는 부를 창출하고 그렇게 얻은 부를 현명하게 사용하도록 만들어줄 아이디어가 필요하다. 그리고 그 과정에서 지구를 파괴하지 않는 방법도 발견해야 한다.

정부는 우리가 부유해지도록 도움을 줄 수 있을까? 정치와 경제에 사이에는 뚜렷한 긴장 관계가 존재한다. 정치학자들은 경제가 호황일 때 집권당이 선거에서 이길 가능성이 크다고 말한다. 그러나 경제학자들은 정부가 시장에 어느 정도 개입해야 하지만 이런 개입은 종종 장기적인 차원에서 역효과로 이어질 수 있다고 주장한다. 다시 말해 정부의 단기적인 개입은 장기적으로 피해를 줄 수 있다. 이는 바로 번영의 덫에 담긴 핵심 개념이다.

그런데 장기적인 성장과 혁신에 관해서 이야기할 때도 이 말은 진실일까? 기술과 교육에 대한 정부 투자가 결실을 맺기까지는 오랜 시간이 걸린다. 그래서 정책입안자가 현직에 있는 동안에는 결실을 보기 어렵다. 여기서 우리는 상반된 문제에 직면한다. 즉 우리를 장기적으로 부유하게 만들어주는 정책은 단기적인 차원에서 정권에 좋지 않다. 이는 연대의 덫에서 살펴본 내용이기도 하다.

'BBB(building back better, 국가나 공동체 구성원이 미래의 재난으로부터 겪을 위험을 낮추기 위한 전략-옮긴이)'나 '상향조정(levelling up)'에 관한 캠페인 슬로건은 무척 매력적으로 들린다. 그러나 유권자에 대한 공약으로서는 이상적인 정책이 아니다. 가난한 도시의 개선이나 지역의 성장은 대단히 느리고 점진적으로 이뤄지며, 그래서 선거 주기에 적합하지 않다.

장기적인 경제 성장을 일궈내기 위해서는 정치인들이 다음 선거에서 승리하고자 하는, 나아가 공공의 자금을 유용하려는 단기적인 유혹에 넘어가지 못하도록 막는 안정적이고 믿을 만한 정치 제도가 필요하다. 우리는 시장의 '마술'에만 의존할 수 없다. 혁신을 이어가기 위한 안정적인 재산권과 신뢰할 만한 법원, 보편적인 교육, 사회적 신뢰가 필요하다면 더욱 그렇다. 또한 우리는 특수한 이해관계를 제거함으로써 경제를 살리겠다고 약속하는 '강력한 지도자'들이 흔히 내놓은 공약에만 의존할 수도 없다. 머지않아 힘을 잃은 그 지도자는 공약을 내팽개치고 스위스 은행 계좌로 돈을 빼돌릴 것이다. 그래서 우리에게는 정치가 필요하다. 그런데 어떤 형태의 정치가 필요한 걸까?

어떻게 우리는 정부가 장기적이고 모두가 함께 누릴 수 있는 혁신적인 성장 정책에 투자하도록 만들 수 있을까? 독일의 혁신 모형은 종종 정책결정자에게, 특히 영어권 세계의 정책결정자에게 매력적으로 보인다. 독일 기업들은 자동차에서 가전, 공구에 이르기까지 첨단 기술과 대량생산 시장을 장악하고 있다. 오늘날 독일 브랜드는 품질의 대명사가 됐다. 독일은 지난 20년 동안 낮은 실업률과 제한적인 불평등을 기반으로 꾸준한 성장을 이어왔다. 앞서 평등의 덫에 대해 논의할 때 우리는 독일의 견습제와 직업 훈련이 이런 성공을 일부 뒷받침했다는 사실을 확인했다. 하지만 독일의 독특한 '자본주의 방식'에는 중요한 뭔가가 있다. 바로 장기적인 금융 시장이다.

독일 은행들은 자국의 제조 기업에 '인내 자본(patient capital)'이라고 불리는 장기 대출 서비스를 제공한다. 그리고 대출 조건으로 해당 기업에 이사회 자리를 요구한다. 이는 기업이 정말로 대출을 효과적으로 활용하고 있는지 확인하기 위함이다. 기업들은 이런 장기적 지평선에서 점진적인 혁신에 투자함으로써 제품의 품질을 꾸준히 개선해나간다. 가령 보슈 식기세척기나 BMW 3 시리즈는 이전 모델의 디자인과 생산으로부터 배운 지식을 기반으로 삼았다. 그리고 장기적인 직업 훈련 시스템, 노동조합과 기업 연합 사이의 협력에 기반을 두고 있다.

이처럼 서로 연결된 제도의 두꺼운 그물망 덕분에 독일 기업들은 장기적인 계획을 세움으로써 번영의 덫에서 벗어날 수 있었다. 근로자에게는 특수한 기술에 투자해도 고용 상태를 유지할 수 있다는 확신이 있었고, 기업에는 계속해서 제품 개선에 투자할 여력이 있었다.

그러나 이 모든 보완적인 제도의 중요성을 고려할 때 독일 모형을 다른 국가에 기계적으로 이식하는 일은 불가능하다. 그렇다면 혁신을 강화하려는 국가가 현실적으로 택할 수 있는 대안은 무엇일까? 한 가지는 자금을 투자하고 혁신적인 비즈니스를 지원하는 공공 혁신 기구를 설립하는 것이다. 이는 경제학자 마리아나 마추카토(Mariana Mazzucato)가 제시한 '기업가적 국가(entrepreneurial state)'의 핵심 개념이기도 하다.

핀란드는 혁신 기관인 테케스[Tekes, 현재는 비즈니스 핀란드(Business Finland)]와 혁신 투자 및 연구소인 시트라(Sitra, 마리아나 마추카토가 이사로 있는)와 더불어 대표적인 성공 사례로 종종 거론된다. 영국 정부의 교육정책에 관한 일을 하고 있었을 때 나는 테케스의 관리자들을 만날 수 있었다. 그들은 우리에게 루프톱 사우나 시설을 자랑스럽게 보여줬다. 이는 다소 따분한 영국 공무원들에게 깜찍한 혁신이었다.

테케스는 핀란드 기업과 대학이 추진하는 연구와 개발 프로젝트에 대한 투자를 위해 설립된 기관이다. 1990년대에 테케스는 노키아가 추진했던 프로젝트 중 약 4분의 1에 투자했고, 이를 계기로 핀란드는 기술 중심적인 경제로 이동했다. 이후 노키아 비즈니스가 위축되기 시작하면서 테케스는 연간 5억 유로가 넘는 막대한 자금을 스타트업에 투자하고 있다.

테케스는 독립적으로 움직이면서도 고용경제청에 소속된 기관인 반면 시트라는 그 규모가 훨씬 작지만 정부와는 독립적으로 운영된다. 시트라는 10억 유로에 이르는 독립적인 기부를 기반으로 설립됐으며 스타트업을 대상으로 한 투자에 집중한다. 모든 연구개발 기관은 투자에서 실수를 저지를 수 있지만 이들 핀란드 기관은 상대적인 독립성과 스칸디나비아 특유의 규범 덕분에 지원을 따내려는 부실한 기업에 매수되지 않을 수 있다. 그들은 확실히 단기적인 관점에서 그들이 선호하는 기업에 투자하려는 정치적 유혹을 이겨냈다. 그리고 핀란드 정책입안자들은 혁신 정책을 선거 주기와 분리함으로써 수개월이 아닌 수십 년의 지평선을 기반으로 국가의 산업 전략을 계획하는 시간적 여유를 누린다.

물론 이런 혁신 모형에도 위험은 있다. 그중 한 가지는 국가가 첨단 혁신 분야에 에너지를 집중할 필요가 없다는 것이다. 국가가 '차세대 실리콘밸리'를 구축하려 할 때 실수를 저지르게 된다. 그 이유는 실리콘밸리가 기반을 두고 있는 벤처 캐피털 투자 모형은 사실 '기술 신생 기업'이 아니라 구글 규모의 거대 기업이나 5~10년 된 초혁신적인 스타트업을 위한 것이기 때문이다.

하지만 일반적으로 거대 기술 기업이나 스타트업은 세수에 큰 도움이 되지 않는다. 거대 기술 기업은 다국적 비즈니스를 기반으로 활동하고, 스타트업은 종종 적자를 기록하기 때문이다. 또한 불평등 완화에도 도움이 되지 않는다. 대형 기술 기업들은 주로 해외에서 더 많이 생산하면서 본사에는 고액 연봉을 받는 임원들만 두기 때문이다.

기술 신생기업이 지역에서 성장하고 발전하려면 그리고 보다 폭넓은 일자리를 제공하려면 장기적인 투자 모형이 필요하다. 이런 목표를 위해서는 신기술을 발명하는 기업보다 대만의 자전거 회사인 자이언트(Giant)나 독일의 공구 기업들처럼 기존 기술을 점진적으로 개선하는 안정적이고, 수익성 높고, 장기적인 기업이 더 유리하다. 독일은 여기서도 다시 한번 그 존재감을 드러낸다. 장기적인 투자의 중요성, 장기적인 지평선을 내다보는 산업 규제 및 비즈니스 규범의 필요성을 또다시 확인하는 부분이다. 협력과 마찬가지로 혁신에도 시간이 필요한 법이다.

〈파이낸셜타임스〉는 '어떻게 소비할 것인가'라는 다소 자극적인 제목의 주말 증보판을 부유한 독자를 대상으로 발행한다. 여기서는 주로 다양한 고급 요리와 제품 및 부동산을 다룬다. 전통적으로 자원 경제의 호황을 누리는 국가들 혹은 그 지도자들은 비슷한 소비 패턴을 보인다. 그들은 석유를 팔아서 번 돈으로 쾌속정이나 보석, 펜트하우스를 사들인다.

앞서 살펴봤듯이 최근 몇십 년 동안 일부 산유국은 교육과 인프라에 투자하는 움직임을 보여주고 있다. 하지만 산유국의 방대한 자원을 소유한 왕족에 대한 감시는 제대로 이뤄지지 않기 때문에, 그들은 런던의 부동산이나 적자를 기록하는 축구팀을 사들이기 위해 여전히 값비싼 지출을 이어나가고 있다.

그런데 자원으로 구축한 부를 더 효과적으로 관리하는 방법이 있지 않을까? 반대 사례를 살펴보기 위해 유럽의 산유국인 노르웨이로 시선을 돌려보자. 1970년대 중반에 석유를 발견하기 전까지 사실 노르웨이는 스칸디나비아 이웃 나라인 스웨덴보다 훨씬 가난했다. 그러나 스웨덴의 3분의 2 수준에 불과했던 평균 노르웨이 국민의 부는 석유 발견 이후로 스웨덴의 1.5배 수준으로 높아졌다. 석유의 발견이 시민을 더 잘살게 해줬다는 건 놀라운 사실이 아니다. 여기서 주목해야 할 부분은 노르웨이가 국민소득의 6퍼센트에 이르는 정부 지출을 안정적으로 충당하기 위한 다양한 정책을 수립했다는 사실이다. 다시 말해 노르웨이 정부는 석유와 가스 산업을 기반으로 상당한 규모의 영구적인 예산 적자를 메꿀 수 있게 됐다.

석유는 재생 불가능한 자원이며 그래서 언젠가 바닥을 드러낼 것이다. 그러나 노르웨이는 새롭게 발견한 부를 효과적으로 관리하는 방식을 찾아냄으로써 그들이 획득한 보너스 예산을 향후 50년 동안 누릴 수 있게 됐다. 노르웨이 모형은 세 가지 핵심 정책에 기반을 둔다. 첫째, 천연자원에 대한 강력한 정부 통제와 과세 정책이다. 노르웨이 정부는 석유 기업인 스타토일(Statoil)을 소유하고 있다. 스타토일은 모든 유전에 대한 소유권을 갖고 있다. 즉 노르웨이 정부가 석유 탐사와 생산을 위한 모든 허가권을 쥐고 있다. 그리고 민간 에너지 기업에 놀랍게도 수익의 78퍼센트에 이르는 세금을 부과한다. 이런 사실은 노르웨이가 어디서 세수를 확보하는지 설명해준다. 또한 노르웨이는 석유와 가스 산업에서 거둬들인 막대한 부에서 상당 부분을 해외 에너지 기업이 아니라 노르웨이 시민에게 돌려주고 있다.

그런데도 왜 기업들은 그 산업에 투자할까? 과세는 부담스럽지만 그 과정이 투명하고 일관적으로 이뤄지기 때문이다. 기업은 얼마를 세금으로 내야 할지 예상할 수 있다. 그들은 노르웨이 정부가 기업의 재산을 마음대로 몰수하지 않을 것이라는 사실을 알고 있으며, 투자가 과연 가치 있는 선택인지 스스로 판단할 수 있다. 이처럼 노르웨이 정치는 기업의 신뢰를 받고 있다. 이는 그 나라가 민주주의 사회이며 안정적인 재산권 시스템을 갖췄기 때문이다.

이런 제도적 장점은 노르웨이 모형의 두 핵심 정책을 뒷받침한다. 그중 하나는 에너지 산업의 세금과 스타토일의 수입이 흘러가는 곳이다. 노르웨이가 에너지로 벌어들인 수입은 집권당이나 왕의 지인들이 운영하는 석유 관련 부처의 음침한 금고가 아니라 NBIM(Norges Bank Investment Management, 노르웨이 은행투자운영회)가 관리하는 국부펀드로 들어간다. 여기서 NBIM은 그 돈을 가지고 해외 자산에 투자하는 역할을 맡고 있다.

노르웨이는 그렇게 다양한 정치적 위험을 피하고 있다. 국부펀드의 운영은 정부의 간섭을 받지 않고서 두 단계로 이뤄지며 정기적으로 감사를 받는다. 이런 시스템이 성공적으로 기능하는 이유는 NBIM이 공식적인 독립 기관일 뿐 아니라, 노르웨이 정치인들이 그 기관을 간섭하지 않는 비공식적인 규범을 마련했기 때문이다. 또한 펀드를 해외 시장에 투자해야 한다고 규정함으로써, 노르웨이 기업이 투자를 받기 위해 로비 활동을 벌일 때 나타날 수 있는 부패와 이익집단의 알력을 피하고 있다.

노르웨이 모형에서 마지막 핵심 정책은 지출 방식이다. 그 돈은 국부펀드에 무한정 머물지 않는다. 일반적인 노르웨이 시민들은 국가의 석유 판매로부터 혜택을 받는다. 그런데 노르웨이 정부는 불안정한 지출과 쓸데없는 예산 낭비라고 하는 쌍둥이 위험을 어떻게 피하고 있을까(노르웨이는 월드컵을 주최하기 위해 여덟 곳의 경기장을 새로 구축하는 사업을 벌이고 있지 않다)?

노르웨이는 국부펀드의 '기대 실질 수익(expected real return)'을 가지고 정부의 구조적인 예산 적자를 메우는 재정 규칙을 마련했다. 실제로 그들은 약 4퍼센트의 연수익으로 노르웨이 정부의 6퍼센트 예산 적자를 메우고 있다. 이 말은 그 펀드가 본질적으로 일상적인 정부 지출을 부담하고 있다는 뜻이다. 노르웨이는 요람에서 무덤에 이르는 복지 정책을 계속해서 실행하고 있다. 가령 1년간 급여 전액을 지원하는 육아 휴직, 유럽 최고 수준의 사회적 지출, 유럽 최고의 대학들에 대한 꾸준한 지원 등이 그렇다.

이런 안정적이고 장기적인 정책은 노르웨이 정치의 합의적 특성에 기반을 둔다. 이런 정책은 다른 나라가 쉽게 따라 할 수 없다. 노르웨이 정치는 특유의 선거 시스템 덕분에 연합 정권이 표준으로 자리 잡았다. 각각 중도좌파와 우파의 자리를 차지한 노르웨이의 양당은 이 모형의 세 가지 핵심 정책에 합의하고 있다. 또한 국부펀드로 예산을 충당함으로써 돈이 많이 들어가는 사회 서비스에 집중한다. 그리고 NBIM 같은 독립적이고 비민주적인 기관에 대한 운영 책임을 기꺼이 포기하고 있다. 나아가 양당은 에너지 기업에 대한 높은 과세에 동의한다. 결론적으로 노르웨이 모형의 성공은 노르웨이 정치의 성공에서 비롯됐다.

그러나 자원에 대한 신중한 관리로 노르웨이를 칭찬한다면 이는 핵심을 놓치는 것이다. 노르웨이의 부는 재생이 불가능한 화석 연료에서 온 것이다. 그리고 그 연료는 지구의 기후를 위험에 빠트리고 있는 바로 그 자원이다. 비록 모두가 화석 연료로 쌓은 부를 책임 있게 관리하는 방식에 동의한다고 해도, 도끼가 깨끗하다고 사형집행인을 칭찬하는 것 같은 느낌을 지울 수는 없다.

대부분 국가는 노르웨이와 같은 행운을 누리지 못한다. 그래도 경기 호황의 이익을 누릴 수 없는 것은 아니다. 문제는 최근 많은 경기 호황이 모래성처럼 보인다는 점이다. 2000년대 초 서브프라임 모기지를 등에 업은 부동산 시장의 호황, 불안정한 암호화폐를 등에 업은 웹 3.0 호황이 그렇다. 이런 호황을 애초에 막을 방법은 없을까? 그리 매력적이지 않은 한 가지 방법은 세금을 높이는 것이다. 부동산을 비롯한 다양한 자산 거래에 높은 세금을 부과하면 투기 속도는 틀림없이 느려질 것이다. 그러나 여기서 내가 의미하는 것은 소득에 대한 세금이다.

높은 과세는 신용 거품의 급격한 성장을 막는다. 간단히 말해서 세금을 높이면 사람들의 행동을 두 가지 방식으로 억제할 수 있다. 첫째, 부자들이 덜 부유해지면서 이런 유형의 자산에 대한 투자를 줄인다. 또한 사람들의 소비에 따라 혹은 다른 사람의 소비에 관심을 기울이는 성향에 따라 나타나는 낙수 효과를 기대할 수 있다. 우리는 종종 '남에게 뒤처지지 않기 위해' 노력한다. 그래서 부자들의 소비를 관찰하고, 이를 기준으로 자신의 소비를 결정한다. 부자들이 주머니에 현금을 덜 넣고 다닐 때 사람들은 소비 충동을 억제한다. 부자 가족이 우리 가족과 크게 다르지 않다고 생각하기 때문이다.

불평등이 의심스러운 소비와 신용 거품으로 넘어가는 흐름은 세금에 달렸다. 세금이 낮은 국가의 경우 높은 소득 불평등은 더 많은 대출과 신용으로 신속하게 이어진다. 가령 2000년대 초에 미국과 영국, 아일랜드에서 발생한 엄청난 주택 거품을 떠올려보자. 그러나 부자가 많은 세금을 내는 국가에서는 이런 흐름이 미미하게 나타난다.

물론 세금이 유일한 해답은 아니다. 당신은 아마도 이 말을 듣고 싶었을 것이다. 신용 위기는 오늘날 우리가 꼼짝없이 치러야 할 대가다. 북위 49도 경계가 나누는 캐나다와 미국의 경우를 살펴보자. 1800년 이후 미국은 무려 14번의 금융 위기를 겪었다. 반면 캐나다는 두 번에 불과했고, 마지막 위기는 1839년이었다. 캐나다의 금융 산업이 제한적이어서가 아니다. 사실 2007년 캐나다의 은행 대출 규모는 국민소득을 기준으로 미국의 두 배에 이르렀다.

캐나다 금융 시스템은 정치적 설계가 안정성을 뒷받침한다. 미국과 캐나다 모두 연방국가다. 그러나 미국의 연방주의는 캐나다보다 더 멀리 나아갔다. 반면 캐나다 연방정부는 모든 권력을 그대로 유지한 채 지방에 많은 자율권을 넘기지 않았다. 캐나다 연방정부는 지역 정치인들의 반발에 신경 쓰지 않고서 국가의 금융 시스템을 규제할 수 있다. 반면 미국의 주 정부들은 지역의 금융 산업에 대한 영향력을 어떻게든 유지하기 위해 경쟁적으로 노력했다.

그 결과 지극히 대조적인 금융 시스템이 탄생했다. 캐나다에서는 전국 규모의 몇몇 대형 은행이 시장을 장악했다. 이들 은행은 규모의 경제를 확보하고 다양한 대출 포트폴리오를 마련했으며, 이를 기반으로 경제적 충격을 효과적으로 흡수했다. 비록 소수 대형 은행들 사이에서 카르텔과 같은 조직이 형성될 위험이 있었지만, 전국적인 시스템으로 은행들은 정부 규제를 받았고 5년마다 신규 허가를 얻기 위해 연방은행법 기준을 따라야 했다. 캐나다 은행들은 안정적이었고 대출자는 미국보다 더 낮은 비용으로 융자에 접근할 수 있었다.

반면 미국에서 일반 은행에 대한 규제는 전반적으로 주 정부가 담당한다. 모든 주는 자체적으로 법률을 정했고, 은행들은 규제 기관을 대상으로 로비를 벌였다. 그리고 보호주의 정책이 시작되면서 몇십 년 전까지도 전국 규모의 은행이 모습을 드러내지 않았다. 지역의 '단일 점포 은행'이 자본에 대한 접근을 장악하면서 효과적인 다각화를 이루지 못했다. 그래서 예금자들이 지역 은행이 자신의 돈을 제대로 관리하지 못하고 있다고 갑작스럽게 두려움을 느끼면 뱅크런 사태가 언제라도 일어날 위험이 있었다. 이렇게 무능한 시스템이었어도 한편으로는 안정적이었다. 규제 역시 지역적으로 이뤄졌기 때문이다. 다시 말해 은행들은 더 큰 경쟁자가 시장에 들어오지 못하도록 막는 방식으로 기존 시장점유율을 유지했다.

당시 금융 시장의 중심에서는 정치적 약속의 성공과 실패에 따라 신용 위기와 광풍 그리고 공포가 일었다. 이는 놀라운 사실이 아니다. 신용은 결국 신뢰에 관한 것이다. 그리고 신뢰는 불확실한 미래에 대한 약속에서 비롯된다. 캐나다 은행들은 장기적인 규제가 어떤 형태로 작동할 것인지 투명하게 확인할 수 있었다. 그리고 그들이 따라야 할 법률에 영향을 미치기 위해 지역 정치인을 매수할 힘은 없었다. 정치적 제도와 규범은 사람들의 행동에 대한 불확실성 그리고 지도자를 따라야 할 동기의 기반을 규정한다. 세계적인 신용 시장에서도 지역적 차이는 대단히 중요하다.

이제 우리가 이야기를 시작했던 기후 변화로 돌아가 보자. 우리는 화석 연료에서 비롯된 부를 책임 있게 활용하는 세상으로부터 화석 연료를 아예 사용하지 않는 세상으로 넘어갈 수 있을까? 전 세계는 지구 온도의 상승을 낮추기 위해 대기로 방출하는 탄소량을 어떻게든 줄여야 한다. 배출을 금지하거나 배출에 세금이나 보조금을 지급함으로써 탄소량을 줄일 수 있다. 그렇다면 어떤 방법이 가장 효과적일까? 탄소 배출 감축과 관련해 어떤 형태의 정치적 약속을 가장 쉽게 지킬 수 있을까?

우리 앞에는 탄소 중립(탄소를 대기에 배출하는 만큼 탄소를 흡수하는)으로 나아가는 세 가지 선택지가 놓여 있다. 첫 번째 선택지는 가장 단순한 방식이다. 기업과 소비자가 탄소를 배출하지 못하도록 막는 것이다. 가령 석탄 광산의 개발을 막거나 신차에 마일리지 기준을 적용하는 식의 규제를 통해 그렇게 할 수 있다. 이는 직접적이고 합리적인 방식으로 보인다. 여기에는 어떤 문제가 있을까?

첫째, 이런 규제는 보기만큼 보편적이지 않다. 즉 일반적으로 '신규' 발전소나 신차에만 적용할 수 있다. 그래서 여전히 남아 있는 '기존' 오염원의 가치가 커진다. 더 희귀해졌기 때문이다. 둘째, 규제에 따른 정치적 위험이 존재한다. 이런 규제는 영향을 받고 직접적인 비용을 부담하는 기업들 사이에서 인기가 없다. 그래서 이들 기업은 규제를 바꾸기 위해 로비를 벌인다. 그리고 정치에는 영원한 것이란 없다. 헌법을 수정하지 않는 한, 정권은 그들의 다음 주자가 하는 일을 막지 못한다. 가령 온실가스 배출을 규제하는 오바마 대통령의 행정 명령은 트럼프의 환경보호청에 의해 무력화됐다. 셋째, 규제는 전반적으로 융통성이 부족하다. 고정된 목표는 탄소 배출과 관련해 변화된 상황에 유연하게 대응하지 못한다. 고착화된 약속은 종종 지키기가 더 힘들다.

화석 연료에 대한 규제가 쉽지 않다면 재생 가능한 에너지에 보조금을 지급하는 방안은 어떨까? 이것이 두 번째 선택지다. 많은 나라가 태양광 패널이나 풍력발전[독일의 유명한 '발전차액지원제도(feed-in tariffs)'] 혹은 전기차 구매(영국은 전기차 한 대당 최대 2,500파운드를 지원한다)에 직접적으로 보조금을 지급하고 있다. 보조금은 기업과 소비자의 동기를 바꾼다. 그리고 고정적인 형태의 규제보다 유연하다. 더 많은 사람이 재생에너지에 투자하거나 사용할수록 보조금 규모는 증가한다. 하지만 보조금은 왜곡된 결과를 초래할 수 있다. 에너지 요금이 낮아지면서 사람들이 이전보다 더 많이 에너지를 사용하게 되고, 이로써 원래의 취지가 무색해질 수 있다.

보조금에 따른 다른 문제는 연대의 덫에서 이미 살펴봤다. 누가 보조금을 필요로 하는지, 정부가 장려하는 활동이 보조금 없이도 이뤄질 수 있는지 가늠하기는 쉽지 않다. 이런 정보 차원의 문제는 재생에너지 구매의 3분의 2가 어떻게든 일어나겠지만 납세자만 부담을 떠안는다는 걸 의미한다. 또한 재정적으로 지속 가능성이 의심스러운 기업이 달콤한 보조금만 노리면서 정부로부터 무한정 지원을 챙길 위험도 있다.

기후 변화와 관련해 경제학자들이 선호하는 방안은 규제도, 보조금도 아니다. 세 번째 선택지는 바로 무시무시한 과세다. 전체적으로 두 가지 유형의 환경 과세가 있다. 하나는 배출한 탄소량에 대해 직접적으로 탄소세를 부과하는 것이다. 다른 하나는 전체 배출량을 정하는 '배출권 거래' 시스템이다. 배출권 거래 시스템에서 정부는 배출 허가권을 발행하고 기업은 이런 허가권을 거래할 수 있다. 전자의 경우 정부가 탄소 배출 가격을 직접적으로 정하지만, 후자의 경우 배출 가격은 시장에서 형성된다.

두 가지 과세 방식의 장점은 기업과 소비자가 비용을 기준으로 '모든' 의사결정을 내린다는 사실이다. 그들은 가장 효율적인 방식으로 탄소를 배출하고, 재생 가능한 에너지를 생산하고 소비하는 방식을 적극적으로 모색하게 된다. 그리고 정부는 엄격한 규제를 실행하거나 지속 가능성이 없는 기업에 보조금을 줄 위험을 피할 수 있다.

우리는 이미 탄소세와 배출권 거래제가 존재하는 세상에 살고 있다. 그러나 이런 방법이 탄소 배출에 미치는 영향은 미미한 상태다. 탄소세는 스웨덴이 1991년에 처음 도입한 이후로 널리 확산됐다. 탄소세는 규모 면에서 아주 다양하게 나타나고 있다. 일본과 멕시코, 우크라이나의 경우는 톤당 5달러 이하로 아주 낮은 수준이다. 반면 노르웨이와 핀란드는 톤당 65달러 이상으로 상당히 높으며, 스웨덴은 그 두 배에 이른다. 배출권 거래제 역시 캘리포니아주 시스템에서 EU의 ETS(Emissions Trading Scheme, 배출권 거래제)에 이르기까지 널리 퍼져 있다. ETS의 경우 2020년에 2,000억 유로의 배출권이 거래됐다.

이런 시스템의 정치적 장점과 단점은 무엇일까? 먼저 배출권 거래제를 살펴보자. 좋은 소식은 바로 세금처럼 보이지 않는다는 점이다! 실제로 여론은 이를 일종의 보너스라고 생각한다. 그러나 나쁜 소식도 있다. 배출 한도를 효과적으로 설정하기 힘들다는 것이다. ETS는 낮은 수준에서 한도를 설정했다. 덕분에 초기 단계에서 정치적 실현 가능성을 높일 수 있었지만, 동시에 탄소 가격을 너무 낮게 책정함으로써 실질적인 배출 감축으로 이어지지는 못했다.

또한 배출권 거래제는 행정 차원에서 대단히 복잡하며, 관리를 위해 대규모 관료 조직(EU의 학생들이 깜짝 놀라지 않을 정도로)이 필요하다. 게다가 배출 허가권은 비트코인 지갑을 도둑맞는 것처럼 적법한 사용자 손에서 쉽게 빠져나갈 위험이 있다. 실제로 2011년에 해커들이 체코공화국과 오스트리아, 에스토니아의 계좌로부터 수백만 유로에 이르는 배출 허가권을 훔쳤을 때, ETS와 관련해서 대규모 스캔들이 발생했다.

마지막으로, 배출권 거래제에는 주요한 정치적 위험이 따른다. 즉 미래의 정부가 규칙을 수정함으로써 기존의 모든 허가권의 가치를 떨어뜨릴 위험이 있다. 그래서 시장만으로는 이 문제를 해결할 수 없다. 배출권 거래제가 제대로 기능하기 위해서는 정부의 정치적 약속을 기업들이 신뢰해야 한다.

반면 탄소세는 이처럼 다양한 행정적 문제를 피할 수 있다. 탄소세는 하향식이 아닌 상향식으로 에너지 공급자로부터 원천 징수된다. 탄소세는 일반적으로 투명하고 단순하다. 미래의 정부가 탄소세를 바꾼다고 해도 이후의 과세에만 적용되며 현재에 영향을 미치지 않는다. 이런 점에서 정치적 위험이 낮다.

실제로 효율적인 탄소세는 스위스의 경우처럼 역동적인 모습을 보인다. 스위스의 탄소세는 정부가 탄소 배출 목표를 달성하지 못했을 때 상승한다. 이런 특성은 탄소세를 더 신뢰할 만한 약속으로 만들어준다. 정부는 오염과 관련해 사람들이 얼마나 올바르게 행동했는지를 기준으로 탄소세를 책정함으로써 세금의 효과를 강화할 수 있다. 과세의 틋포탯 전략이라 할 수 있겠다.

더욱 매력적인 점은, 정부가 탄소세에서 얻은 수입을 사람들에게 다시 나눠 줌으로써 지지 기반을 형성할 수 있다는 점이다. 영국 정부는 컬럼비아 탄소세를 기반으로 기업에 세금 환급을, 가난한 가구에 '저소득 기후 세금 공제'를, 모든 주민에게 100달러에 해당하는 '기후 활동 배당금'을 주고 있다.

하지만 탄소세는 결국 세금이다. 세금은 앞서 평등의 덫과 연대의 덫에서 살펴봤던 모든 문제에 직면한다. 특히 사람들은 자신에게 주어지지 않을 혜택을 위한 세금을 싫어한다. 게다가 탄소세는 실제 수혜자가 다른 사람이 아니라 아직 태어나지 않은 세대라는 점에서 더 어렵다. 우리는 윤리적인 차원에서 미래 세대에 대한 책임을 지고 있다. 그러나 사람들이 미래의 자신에게 혜택을 주는 세금마저도 받아들이지 않는다면, 미래 세대를 위해 기꺼이 지불할 것으로 기대하기는 어렵다. 우리는 환경을 위한 협력이 앞으로 강화될 것으로 기대한다. 그래도 우리가 죽어야 할 존재라는 사실에는 변함이 없다.

사람들이 정말로 탄소세를 받아들일 것인지 알아보기 위한 설문조사 결과는 지금으로서는 대단히 고무적이다. 탄소세로 거둬들인 돈이 세금 감면이나 지출 삭감의 형태로 되돌아올 것으로 생각할 때, 사람들은 탄소세를 더 많이 지지했다. 프랑스와 독일, 영국에서는 과반을 살짝 넘은 수가 탄소세를 지지했으며 이 지지율은 다른 국가들도 탄소세를 실행할 계획이라는 이야기를 들려줬을 때 더 올라갔다. 이런 사실은 번영의 덫 핵심을 찌른다. 사람들은 기후 변화를 집단행동 문제로 인식하고 있다. 그렇기에 많은 나라 혹은 모든 나라가 동참할 때 실질적인 진보가 이뤄질 수 있다.

다음으로 탄소세가 효과적으로 기능하려면 글로벌 탄소세를 도입해야 하는지에 관한 질문이 있다. 글로벌 탄소세는 정치적으로 대단히 힘든 과제다. 설문조사 결과, 전 세계 모든 시민에게 일률적인 국제 기후 배당금을 지급하는 글로벌 탄소세에 대한 사람들의 반응은 국가별로 뚜렷한 차이를 보였다. 글로벌 탄소세는 놀랍지 않게도 미국보다 인도와 같은 가난한 나라에서 더 인기가 높았다. 우리는 모두 같은 행성에 살고 있다. 그러나 똑같은 세금 시스템에서 살아본 적은 한 번도 없다.

번영의 덫에서 벗어나기 위해 우리는 장기적인 차원에서 노력해야 하며 단기적 유혹에 무릎 꿇지 않도록 함께 손을 잡아야 한다. 한편에서는 투기 광풍이 금융 시스템을 흔들지 못하도록 은행 규제와 같은 제도를 구축해야 한다. 다른 한편에서는 전쟁터의 뒷포탯 전략에서 상호 환경 정책에 이르기까지 모두가 너무 먼 미래를 내다보는 차원에서 집중하도록 만드는 규범을 구축해야 한다. 너무 먼 미래를 내다보는 약속은 지키기 힘들다. 그러나 약속을 지키고 신뢰하는 것은 번영의 핵심이다.

정치는 어떻게 성공하는가

이 책의 제목처럼 정치는 왜 실패하는가? 우리가 정치 없이도 잘살 수 있는 척할 때 정치는 실패한다. 우리가 정치를 진지하게 받아들이지 않을 때 정치는 실패한다. 그리고 정치를 시험하고, 억압하고, 질식시키고, 제거하려고 할 때 정치는 실패한다. 우리는 서로의 의견 차이가 사라지길 바랄 수 없다. 차이를 없애려는 시도 그리고 순수하고 명료하게도 단 하나의 해결책이나 단 한 명의 인물로 그런 차이를 대체하려는 시도는 결국 실패하고 말 것이다. 우리의 의견은 언제나 일치하지 않을 것이다. 그래서 이런 시도는 차이를 드러내고 그에 따라 반응하는 우리의 역량을 억압할 것이다.

수많은 책이 정치에서 벗어나야 세계적인 문제를 해결할 수 있다고 주장한다. 수많은 저자가 기술과 시장을 통해, 강력한 리더십이나 도덕적인 진보를 통해 더 나은 삶이 가능하다고 말한다. 그러나 이 책은 그렇게 말하지 않는다. 나는 집단적인 목표를 성취하는 과정에서 정치가 핵심적인 역할을 한다고 주장한다. 그러나 우리는 현실을 직시해야 하며 잘못된 정치, 즉 너무 과한 정치나 너무 빈약한 정치가 우리를 미래의 꿈으로부터 더 멀어지게 만들 수 있다는 사실을 인정해야 한다.

정치를 외면한 대안은 우리를 좌절의 길로 이끌 것이다. 기술 자유주의는 정치인과 관료, 심지어 유권자마저 진보를 가로막는 방해물로 인식한다. 기술 자유주의를 외치는 사람들은 정치인이 기술 기업을 규제하려는 시도를 멈춰야 기업이 비로소 혁신을 통해 세계적인 문제를 해결하는 길을 열어줄 것이라고 말한다. 그리고 인공위성 감시 시스템을 통해 전 세계의 폭력을 막을 수 있다고 장담한다. 또한 지구공학으로 기후 변화를 해결할 수 있다고 확신한다. 그래서 똑똑한 사람들이 해결책을 찾아내도록 맡겨놓아야 한다고 외친다.

그러나 기술적 해결책은 문제의 대상이 답을 들려주지 못할 때 더 효과적으로 작동한다. 적어도 지금 인간은 컴퓨터보다 더 똑똑하다. 알고리즘은 인간이 목표를 달성하도록 항상 도움을 주지는 못한다. 인간은 알고리즘을 이용하거나 더불어 일하는 방법을 찾고 있지만 알고리즘 대부분이 우리 사회를 이해하지 못하며, 그래서 성차별이나 인종차별 문제를 더 심화할 우려가 있다.

그리고 기술적 해결책은 종종 민주주의에 반한다. 기술적 해결책은 개인의 욕망과 의사결정을 시도하고 설계할 수 있다. 궁극적으로 인간이 통제권을 갖고 있다면 우리는 인간이 원하는 바를 외면할 수 없다. 유권자와 정치인이 원하는 한, 정치는 여전히 기술을 통제할 수 있다. 우리는 기술적 혁신으로 정치를 제거할 수 없다.

잘 알려진 또 다른 해결책은 정치인들이 시장을 가로막고 있다고 비난하는 것이다. 기후 변화가 문제인가? 그렇다면 탄소에 가격을 매겨서 거래하도록 하라. 민주주의가 대중의 불만에 제대로 대처하지 못하는가? 그렇다면 사람들이 표를 거래하고 복수의 표를 행사할 수 있도록 하라. 그러나 문제는 완벽한 시장은 거의 없다는 사실이다. 단지 정부가 '방해하기' 때문만은 아니다. 재산권이 불확실하고, 감시가 불완전하고, 제3자가 부당한 피해를 입는 곳에서는 많은 충돌이 일어난다. 계약만으로 해결하지 못하는, 그래서 결국 정치적 약속에 의존해야 하는 애매모호한 상황들이 있다.

지난 10년간 우리는 또 다른 부활의 흐름을 목격했다. 바로 정치인들의 논쟁을 중단시킬 강력한 지도자에 대한 갈망이다. 그런 지도자를 원하는 이들은 정치가 일반 시민을 곤경에 빠트리고 무력하게 만들기 위한 엘리트 집단의 각본이라고 비난한다. 그 각본을 따를 필요가 없는 지도자가 등장할 때 기존의 정치적 약속은 깨진다.

이런 관점은 근본적으로 민주주의 정치를 제대로 이해하지 못한다. 이는 사람들 사이에 다양한 취향이 존재하는 현실을 부정한다. 그리고 안정적인 민주주의를 지탱하는 정치적 제도와 규범의 가치를 폄하하고 심지어 무너뜨려야 한다고 주장한다. 영국의 경우, 브렉시트 논의가 이뤄지는 동안 사람들은 판사들을 '국민의 적'으로 매도하고 불법적으로 회기를 중단한 의회를 비난했다. 미국의 경우, 트럼프 대통령은 정적들을 옭아매고자 했고 이후 대선 결과를 부당하게 비난하면서 국회의사당 폭동을 일으켰다. 국가는 제도를 보호하지만, 국가가 등을 돌릴 때 제도는 위태로워진다. 규범은 제도보다 더 위태롭다. 하지만 제도와 규범이야말로 정치가 실패하지 않게 해주는 모든 것이다.

좌파 진영에는 정치에서 악의적인 행위자의 영향력을 제거하려는 전통이 존재한다. 좌파 진영 사람들은 이렇게 말한다. "비즈니스를 정치에서 제거하라. 선거 후원을 정치에서 제거하라. 이기심을 정치에서 제거하라. 그리고 그 자리에 국민이 요구하는 것을 가져다줄 관대한 정부를 집어넣어라." 하지만 우리는 정치에서 이기심을 제거할 수 없다. 그리고 모두가 동의하는 '국민의 뜻'과 같은 것은 존재하지 않는다.

우리가 공동의 목표에 동의한다고 해도 그 목표를 어떻게 달성할 것인지, 그 목표가 정확하게 어떤 형태인지에 대해서는 저마다 생각이 다르다. 이런 의견 차이는 바란다고 해서 사라지지 않는다. 그리고 이런 차이는 이익집단의 파괴적인 영향력의 산물만은 아니다. 차이는 집단적인 삶에서 나타나는 근본적인 요소다.

기술주의자와 시장 근본주의자, 좌파나 우파의 예언자가 그릇된 확신을 품고 있다고 해도 불확실한 미래를 위해 서로 약속하려는 우리의 의지는 절대 사라지지 않을 것이다. 그래서 우리에게는 정치가 필요하다.

결코 외면할 수 없는 정치

정치는 성공할 수 있을까? 항상 그렇지는 않을 것이다. 어쩔 수 없는 현실이다. 우리는 필연적으로 덫을 마주할 것이며, 덫을 피하거나 빠져나오기 위해 항상 눈을 크게 떠야 한다. 우리는 서로 의견이 다르고 각자 이기심을 좇아서 움직이는 불확실한 세상에서 살아간다. 그래도 우리에게는 집단적인 목표가 있다. 그리고 그 목표를 달성하기 위해 우리는 서로 약속해야 한다. 그러나 그 약속을 완벽하게 강제하지는 못한다. 약속이란 본질적으로 정치적인 것이기 때문이다.

그렇다면 어떻게 해야 약속을 더 신뢰할 만한 것으로 만들 수 있을까? 어떻게든 사람들이 약속을 지키게끔 해야 한다. 그리고 약속이 오래 지속되도록 만들어야 한다. 이를 위해 우리는 불확실한 상황 속에서 시스템을 만들어내야 한다. 정치적 제도와 규범을 만들어 약속의 신뢰성을 높여야 한다.

제도는 일종의 공식적 합의다. 그러나 제도는 티타늄으로 만들어지지 않는다. 쉽게 무시당하고 무너질 수 있다. 그러나 신뢰를 저버릴 때, 우리는 제도가 주는 안정이 필요한 순간에 후회할 것이다. 우리는 제도를 파괴적인 포퓰리스트의 화살로부터 보호해야 한다. 제도를 중심으로 힘을 모아서 위반을 처벌하고 협력에 보상해야 한다.

온라인 혹은 오프라인 방식의 시민 모임을 통해 우리는 모두가 무엇에 동의하는지 이해하고 합의를 끌어낼 수 있다. 가령 사회적 투자 정책과 견습제를 기반으로 대학을 졸업하지 못한 이들에게 보장된 삶을 제공함으로써 불평등을 완화할 수 있다. 그리고 보편적인 사회보장 프로그램으로 중산층이 복지 정책을 지지하도록 만들 수 있다. 집단적인 안보 협약을 기반으로 '야심'과 '과정'보다 위험에 처한 국가를 더 잘 보호할 수 있으며, 독립적인 국부펀드를 통해 정부가 광물 자원의 유혹에 사로잡히지 않도록 막을 수 있다. 또한 유연한 기후 조약으로 환경적인 무정부 상태와 구속력 없는 협약 사이의 험난한 경로를 이을 수 있다.

약속을 지키고 신뢰를 이어가는 방법에 관한 규범이 형성될 때 제도는 더 효과적으로 작동한다. 민주주의를 위해, 우리는 함께 논의함으로써 합의점을 확인하고 패자가 항상 패하지 않도록 만들어야 한다. 평등을 위해, 우리는 평등한 결과와 평등한 권리 사이에서 균형을 유지하는 부드러운 형태의 타협을 기꺼이 받아들여야 한다. 연대를 위해, 우리는 민족이나 종교를 떠나 모든 시민을 포괄하는 광범위한 '우리'의 개념을 창조해야 한다. 안전을 위해, 우리를 보호해야 할 감시자가 우리를 이용할 때 그들을 처벌해야 한다. 번영을 위해, 우리는 신뢰를 구축하고 장기적인 지평선에 주목함으로써 단기적인 유혹을 이겨내야 한다.

우리가 직면하는 덫들은 종종 서로를 강화한다. 가령 양극화된 민주주의는 불평등을 더 악화한다. 허술한 사회안전망은 범죄율을 높이고, 통제를 벗어난 기후 변화는 세계 평화를 위협한다. 그래도 우리에게는 그 모든 덫으로부터 한 번에 벗어날 수 있는 거대한 해결책이 남아 있다.

가장 먼저 비례대표제(proportional representation, PR)에 대해 생각해보자. 선거 시스템으로서 비례대표제는 우리가 민주주의 덫에서 실질적으로 벗어나도록 도움을 준다. 이는 서로의 다양한 차이를 잘 드러내고 정당 간의 협력을 강화하기 때문이다. 하지만 비례대표제의 효과는 비단 선거에만 국한되지 않는다. 스웨덴이나 노르웨이처럼 비례대표제를 시행하는 국가들은 다른 덫으로부터도 더 잘 빠져나오는 모습을 보여줬다.

예를 들어 스칸디나비아 지역 국가들이나 네덜란드처럼 비례대표제를 시행하는 국가의 불평등 수준과 호주나 영국, 미국처럼 다수결 선거 시스템을 시행하는 국가의 불평등 수준을 비교해보자. 비례대표제 국가의 경우 소득뿐만 아니라(강력한 노동조합의 유산처럼) 가처분소득에서도 불평등 수준이 상당히 낮게 나타난다. 그 이유는 비례대표제 국가의 재분배 수준이 훨씬 높기 때문이다. 그리고 부분적으로는 더 많은 좌파 정당이 행정부 구성에 참여하기 때문이다. 높은 과세와 강력한 노동조합은 우리가 불평등의 덫에서 벗어나기 위해 기꺼이 지불하는 대가는 아니겠지만, 비례대표제는 확실히 이를 강화하는 것으로 보인다.

또한 비례대표제 국가들은 연대와 번영의 덫으로부터도 잘 벗어나고 있다. 이들 국가는 관대하고 안정적인 복지 정책을 시행하는 경향이 있다. 그리고 중산층을 끌어들이며, 긴축 정책으로 정부 지출을 대폭 삭감하지 않는다(영국의 경우와는 달리). 비례대표제는 안정적으로 정책을 세운다. 더 많은 정당이 주요한 변화에 합의해야 하기 때문이다. 이런 점에서 연립 정부를 구성하면 경제 성장에 따른 불안정성을 좀 더 낮출 수 있다. 앞서 살펴봤듯이 노르웨이는 합의를 기반으로 정책을 결정함으로써 북해 지역의 석유로 얻은 막대한 부를 가지고 국부 펀드를 조성하는 데 성공했다. 반면 단기적인 감세 정책을 선택하고 국부펀드에 투자하지 않은 영국은 3,540억 파운드에 이르는 돈을 그냥 날려버리고 말았다.

물론 선거 시스템으로 모든 문제를 해결하지는 못한다. 그런 문제의 많은 부분은 본질적으로 세계적인 것이다. 그러므로 안전과 번영의 덫에서 벗어나기 위해서는 무엇보다 국제적인 협력이 필요하다.

한 가지 흥미로운 점이 있다. 안전의 덫에서 벗어나기 위한 해결책이 번영의 덫에서 벗어나는 데 반드시 도움이 되는 것은 아니다. 세계적인 차원에서 안전의 덫은 일반적으로 '그들'에 관한 문제다. 즉 국가를 비롯해 악의적인 행위 주체가 우리에게 위해를 가하지 못하도록 막는 문제다.

최근 러시아의 우크라이나 침공 사례는 안보를 위한 국제 협력이 신뢰를 얻기 위해서는 공식적이고 구체적인 형태를 취해야 한다는 사실을 말해준다. 우크라이나는 NATO와 협력을 위한 비공식적인 합의를 맺었고, 심지어 가입 절차를 밟는 과정에 있었다. 그렇지만 NATO의 정식 회원국은 아니었다. 그래서 서방 국가들에게는 러시아가 발트해 국가들을 침공했을 때처럼 적극적으로 개입해야 할 책임이 없었다. 비록 무기 공수와 원조로 우크라이나를 돕고 있지만 이런 노력은 러시아를 막지 못했고 전쟁을 다국가 간 전쟁으로 만들지도 못했다. 안전의 덫에서 벗어나기 위해서는 모두에 대한 강력한 구속력이 필요하다.

반면 번영의 덫은 '우리'에 관한 문제다. 우리는 단기적인 유혹 때문에 장기적인 번영을 위한 희생을 외면하려 한다. 오늘날 기후 변화만큼 충격적이고 중대한 문제는 없다. 그런데도 교토 의정서가 부여한 엄격하고 공식적인 규칙은 모두 실패로 돌아갔다. 누구도 그 규칙을 강제할 의지와 능력이 없었다. 교토 의정서는 군사 동맹이 아니라 환경오염에 대한 합의에 불과했다. 실질적인 강제 없는 상태에서 우리는 국가가 해야 할 일을 현실적으로 바라볼 필요가 있다. 즉 유연성과 타협을 고려해야 한다.

파리 협약은 온건하고 포용적인 방식을 택했다. 물론 파리 협약 역시 실패로 끝날 수 있다. 그래도 그 협약은 실질적으로 모든 주요 국가를 끌어들였다. 번영의 덫에서 벗어나기 위해 우리는 도움을 주고받는 규범을 마련하고, 동시에 예외적인 위반은 용서해야 한다.

이들 모두 국가적 혹은 국제적 차원의 거대한 해법이다. 모두가 협약을 지지한다고 해도 혼자서는 실행할 수 없다. 혼자서 할 수 있는 일이 뭐가 있겠는가? 모두가 무관심할 때 혼자서 나아갈 수 있는 한계를 외면해서는 안 될 것이다.

이 책을 시작하면서 나는 보편적인 이기심의 존재에 대해 이야기했다. 우리가 먼저 인정하고 넘어가야 할 부분은, 이기심은 필연적이며 자신과 다른 사람의 이기심이 비도덕적인 것은 아니라는 사실이다. 집단적인 목표가 좌절되는 것은 개인의 다양한 이기심이 서로 충돌하기 때문이다. 그러므로 우리는 이기심을 탓하기보다 제도를 설계하고 이를 뒷받침하는 규범을 존중해야 한다. 다시 말해 우리를 둘러싼 정치적 제도를 너무 성급하게 비효율적이라거나 부패했다고(물론 때로는 그렇지만!) 비난해서는 안 된다.

우리는 제도를 기반으로 다른 사람이 어떻게 행동할지 예상하고, 그에 따라 자신의 행동을 계획한다. 제도를 비난하기에 앞서 신중한 태도를 취해야 한다. 그러지 않으면 우리는 이기심이 통제를 벗어나 위태롭고 어쩌면 폭력적인 방식으로 충돌하는 세상에 직면할 것이다. 그래서 우리는 서로를 이해해야 한다. 다른 사람이 이기적이라고 성급하게 판단해서는 안 된다. 그리고 기성 정치인을 몰아내고 기존 제도를 뒤집어엎어야 한다고 주장하는 선동가의 외침을 비판적인 시각으로 바라봐야 한다. 새로운 세상을 요구하면서도 혁명의 이면에 정치가 숨어 있다는 사실을 이해하지 못하는 이들의 주장을 경계해야 한다. 우리는 불완전한 세상에서 살아간다. 그러나 이런 불완전성은 종종 모두를 연결하는 접착제 역할을 한다.

이 책에서 내가 제안한 해결책이 언제나 성공을 거두지는 않을 것이다. 때로는 실망스러울 것이다. 우리는 새로운 도전 과제에 직면해 해결책을 계속 새롭게 다듬어나가야 한다. 막스 베버(Max Weber)는 정치를 "딱딱한 판에 서서히 구멍을 뚫는 일"이라고 설명했다. 과거에 구축한 제도와 규범은 현재에 잘 들어맞지 않을 것이다. 그렇기에 우리는 새로운 정치적 약속을 계속 반복해서 만들어나가야 한다.

그래도 정치의 불확실한 약속은 인류가 직면하는 뿌리 깊고 고질적인 문제를 완전히 해결하겠다는 기술주의자와 포퓰리스트의 거짓 약속보다는 더 낫다. 우리는 언제나 의견 차이를 보일 것이다. 바로 그런 사실을 인정하면서 해결책을 찾아야 한다. 정치는 결코 끝나지 않을 것이다. 그렇다면 실패하는 정치보다는 모두의 더 나은 삶을 이끄는 정치를 위해 노력하는 게 낫지 않을까?

정치경제학 전반을 다루는 책을 쓰는 동안 학문적으로 많은 사람의 도움을 받았다. 그리고 그 도움의 시작은 우리 집이었다.

가장 먼저 내게 격려와 응원, 관대함과 조언을 보내준 부모님에게 감사를 드리고 싶다. 특히 두 분에게 이 책을 바치고 싶다. 아버지 토니 앤셀은 언제나 열성적인 논쟁가였다. 언제나 날카로운 시선으로 사람들을 긴장하게 만들면서 동시에 상대의 마음을 움직이는 분이었다. 나는 아버지 집 지하실에서 많은 글을 쓰고 편집도 했다! 함께 나눈 모든 논쟁과 때때로 이뤄진 합의의 시간을 함께한 아버지에게 감사드린다. 어머니 페니 앤셀은 집안의 사회과학자였다. 조금은 반항적인 우등생들을 가르치는 심리학·사회학 교사였다. 친절하면서도 신중한 조언과 지지로 나를 설득하곤 했던 어머니는 사람들의 행동에 관한 진지한 연구에서 무엇이 정말로 중요한지를 보여주었다. 어머니에게 고마움을 전한다.

다음으로 아내 제인 킹리치의 도움이 없었다면 나는 이 책을 시작하지 못했을 것이다. 아내는 내가 이 책을 끝내기까지 많은 희생을 했고, 내게 많은 시간을 허락해줬으며, 내가 없는 시간을 잘 버텨줬다. 제인에게 감사와 사랑을 전한다. 또한 두 아들 테오와 엘리는 내 인생의 기쁨이다. 활기 넘치는 멋진 청년으로 성장해주어 고맙다.

또한 이 책을 시작할 무렵(템스강에서 탄 거룻배에서 이 책이 시작됐다) 응원을 보내준 평생의 친구들에게 감사를 전하고 싶다. 특히 에드 앤셀과 잭 스틸고, 페이스 휴머스톤, 톰 에지, 짐 맥타비시, 루퍼트 러셀, 제임스 쇼에게 고마움을 전한다(차마 별명을 부르지 못해 아쉽다).

내게 대학원 연구 과정을 소개하고 새내기 학자 시절에 도움을 준 이들에게도 큰 고마움을 전한다. 특히 마크 미칼레를 만나지 못했다면 나는 이 길로 들어서지도, 지금 미국에 있지도 못했을 것이다. 마크는 나와 함께 정신질환의 사회적 측면을 연구했다. 이는 정치경제학과 아주 가깝지는 않지만 그리 멀지도 않은 분야다.

정치대학원에서 내가 정치경제학에 관심을 갖고 학자가 되기까지 세 사람이 중요한 역할을 했다. 학과장인 베스 시먼스는 내가 정치경제학에 관심을 갖도록 이끌었고 초기에 엄격한 실증적 연구를 진지하게 생각하도록 도움을 주었다. 하버드 시절에 만난 토번 아이버슨과 데이비드 소스키스는 내가 정말로 원했던 것을 보여줬다. 형식적 우아함과 정책적 연관성의 핵심을 담아낸 그들의 연구는 언제나 내가 따라 하고픈 모범이었다. 세 사람 모두 내가 경력을 쌓아나가면서 흥미진진하고 예상치 못했던 분야로 진출하는 동안에 과분한 지원을 보내줬다.

정치학과 경제학 공동체로부터도 너무도 많은 도움을 받았다. 그

빚은 평생 다 갚지 못할 것 같다. 공저자들, 특히 데이비드 새뮤얼스와 요하네스 린드볼, 존 알퀴스트, 제인 깅리치는 함께 연구하는 동안 소중한 도움을 줬다. 나의 끝없는 요구를 받아준 인내심에 정말로 감사드린다.

또한 수많은 정치학자에게 감사를 드려야 하지만 특히 짐 알트와 데이비드 알트, 파블로 베라멘디, 데이비드 도일, 피터 홀, 실리야 하우저만, 데스 킹, 요나 레비, 줄리 린치, 캐시 조 마틴, 이제 고인이 된 위대한 밥 파월, 데이비드 루에다, 캐시 셸렌, 마야 튜더, 스테파니 월터, 존 자이스먼에게 감사를 드리고 싶다. 그리고 경제학자 중에서는 특히 팀 베슬리와 폴 존슨, 대니 로드릭에게 나를 반겨 맞이해준 친절함에 감사를 드린다.

다음으로 옥스퍼드대학교와 너필드 칼리지 동료들에게도 특별한 고마움을 표한다. 특히 이제까지 만난(혹은 앞으로 만날) 스승 중에 최고의 스승이라는 사실과 더불어, 학문적인 연구를 정책과 대중으로 연결하는 영감을 전해준 앤드루 딜노트 경에게 가슴에서 우러난 고마움을 전한다.

데이비드 애들러, 톰 치버스, 톰 헤일, 이언 맥린, 유안 양에게는 인터뷰를 나눠 주고 이 책과 관련해서 많은 정보를 건네준 것에 대해 감사함을 전한다. 그리고 원고와 관련해서 너무나 소중한 조언을 전해준 탬신 메이더에게도 고마움을 전한다.

내 에이전트이자 예전에 나의 숨은 편집자였던 잭 람에게도 감사를 전한다. 그와 함께한 작업은 내 인생에서 가장 치열한 경험 중 하나였다.

정치는 왜 실패하는가

펭귄과 바이킹의 환상적인 팀이 없었다면 나는 이 책을 쓸 수 없었을 것이다(적어도 읽기 쉽게 쓰지는 못했을 것이다). 특히 편집자 코너 브라운과 그렉 클로스의 교정과 조언 덕분에 이 책의 좋은 부분은 더 좋아졌고 아쉬운 부분은 대부분 사라졌다. 원고 교정을 맡아준 마크 핸즐리, 제작을 담당한 엘리 스미스를 만났던 것은 내게 큰 행운이었다. 역시 훌륭한 편집자인 퍼블릭어페어스의 존 매허니는 콘, 그렉과 함께 작업하면서 가장 중요한 질문인 '왜 정치는 실패하는가?'를 항상 떠올리게 해줬다. 부디 이 책이 그 질문에 대한 대답을 찾아가는 여정에서 중요한 지침이 되기를 바란다.

Acemoglu, Daron(2008). *Introduction to Modern Economic Growth*. Princeton University Press.

Acemoglu, Daron, Simon Johnson and James A. Robinson(2001). 'The colonial origins of comparative development: An empirical investigation.' *American Economic Review* 91.5: 1369 – 401.

Acemoglu, Daron, Simon Johnson and James A. Robinson(2002). 'Reversal of fortune: Geography and institutions in the making of the modern world income distribution.' *The Quarterly Journal of Economics* 117.4: 1231 – 94.

Acemoglu, Daron, Suresh Naidu, Pascual Restrepo and James Robinson(2019). 'Democracy does cause growth.' *Journal of Political Economy* 127.1: 47 – 100.

Acemoglu, Daron, and Pascual Restrepo(2020). 'Robots and jobs: Evidence from US labor markets.' *Journal of Political Economy* 128.6: 2188 – 244.

Acemoglu, Daron, and James A. Robinson(2002). 'The political economy of the Kuznets curve.' *Review of Development Economics* 6.2: 183 – 203.

Acemoglu, Daron, and James A. Robinson(2006a). *Economic Origins of Dictatorship and Democracy*. Cambridge University Press.

Acemoglu, Daron, and James A. Robinson(2006b). 'Economic backwardness in political perspective.' *American Political Science Review* 100.1: 115 – 31.

Acemoglu, Daron, and James A. Robinson(2012). *Why Nations Fail: The Origins of Power, Prosperity, and Poverty*. Crown Publishers.

Ackerman, Bruce, and Anne Alstott(1999). *The Stakeholder Society*. Yale University Press.

Adler, David, and Ben W. Ansell(2020). 'Housing and populism.' *West European Politics* 43.2: 344 – 65.

Aelst, Peter van, and Tom Louwerse(2014). 'Parliament without government:

The Belgian parliament and the government formation processes of 2007 – 2011.' *West European Politics* 37.3: 475 – 96.

Ahlquist, John S., and Ben W. Ansell(2017). 'Taking credit: Redistribution and borrowing in an age of economic polarization.' *World Politics* 69.4: 640 – 75.

Ahlquist, John S., and Ben W. Ansell(2022). 'Unemployment insurance, risk, and the acquisition of specific skills: An experimental approach.' Working Paper.

Aidt, Toke, Felix Grey and Alexandru Savu(2021). 'The meaningful votes: Voting on Brexit in the British House of Commons.' *Public Choice* 186.3: 587 – 617.

Aklin, Michaël, and Matto Mildenberger(2020). 'Prisoners of the wrong dilemma: Why distributive conflict, not collective action, characterizes the politics of climate change.' *Global Environmental Politics* 20.4: 4 – 27.

Alesina, Alberto, and Edward Glaeser(2004). *Fighting Poverty in the US and Europe: A World of Difference*. Oxford University Press.

Alfani, Guido(2015). 'Economic inequality in northwestern Italy: A long-term view(fourteenth to eighteenth centuries).' *The Journal of Economic History* 75.4: 1058 – 96.

Alfani, Guido(2017). 'The rich in historical perspective: evidence for pre-industrial Europe(ca. 1300 – 1800).' *Cliometrica* 11.3: 321 – 48.

Allen, Robert C.(2003). 'Progress and poverty in early modern Europe.' *The Economic History Review* 56, no. 3: 403 – 43.

Alstadsæter, Annette, Niels Johannesen and Gabriel Zucman(2019). 'Tax evasion and inequality.' *American Economic Review* 109.6: 2073 – 103.

Anderson, Christopher J., Andre Blais, Shane Bowler, et al., eds.(2005). *Losers' Consent: Elections and Democratic Legitimacy*. Oxford University Press.

Andrew, Alison, Oriana Bandiera, Monica Costa-Dias and Camille Landais(2021). 'Women and men at work.' *IFS Deaton Review of Inequalities*.

Ansell, Ben W.(2008a). 'Traders, teachers, and tyrants: Democracy, globalization, and public investment in education.' *International Organization* 62.2: 289 – 322.

Ansell, Ben W.(2008b). 'University challenges: Explaining institutional change in higher education.' *World Politics* 60.2: 189 – 230.

Ansell, Ben W.(2010). *From the Ballot to the Blackboard: The Redistributive*

Political Economy of Education. Cambridge University Press.

Ansell, Ben W.(2014). 'The political economy of ownership: Housing markets and the welfare state.' *American Political Science Review* 108.2: 383 – 402.

Ansell, Ben W.(2019). 'The politics of housing.' *Annual Review of Political Science* 22.1: 165 – 85.

Ansell, Ben W., Martin Bauer, Jane Gingrich and Jack Stilgoe(2021). 'Coping with Covid: Two wave survey.' Working Paper, https://rpubs.com/benwansell/729135.

Ansell, Ben W., Laure Bokobza, Asli Cansunar, et al.(2022). 'How do wealth and income affect individuals' attitudes towards redistribution and taxation?' Working Paper.

Ansell, Ben, Asli Cansunar and Mads Andreas Elkjaer(2021). 'Social distancing, politics and wealth.' *West European Politics* 44. 5 – 6: 1283 – 313.

Ansell, Ben, and Jane Gingrich(2017). 'Mismatch: University education and labor market institutions.' *PS: Political Science & Politics* 50.2: 423 – 5.

Ansell, Ben, Frederik Hjorth, Jacob Nyrup and Martin Vinæs Larsen(2022). 'Sheltering populists? House prices and the support for populist parties.' *The Journal of Politics* 84.3: 1420 – 36.

Ansell, Ben W., and Johannes Lindvall(2021). *Inward Conquest: The Political Origins of Modern Public Services*. Cambridge University Press.

Ansell, Ben W., and David J. Samuels(2014). *Inequality and Democratization*. Cambridge University Press.

Ariel, Barak, William A. Farrar and Alex Sutherland(2015). 'The effect of police body-worn cameras on use of force and citizens' complaints against the police: A randomized controlled trial.' *Journal of Quantitative Criminology* 31.3: 509 – 35.

Arrow, Kenneth J.(1950). 'A difficulty in the concept of social welfare.' *Journal of Political Economy* 58.4: 328 – 46.

Arrow, Kenneth J.(1951). *Social Choice and Individual Values*. Yale University Press.

Arrow, Kenneth, Partha Dasgupta, Lawrence Goulder, et al.(2004). 'Are we consuming too much?' *Journal of Economic Perspectives* 18.3: 147 – 72.

Atkinson, Giles, and Kirk Hamilton(2020). 'Sustaining wealth: Simulating a sovereign wealth fund for the UK's oil and gas resources, past and future.' *Energy Policy* 139: 111273.

Austen-Smith, D., and J. Banks(1996). 'Information aggregation, rationality, and the Condorcet jury theorem.' *American Political Science Review*, 90.1: 34-45.

Axelrod, Robert(1984). *The Evolution of Cooperation*. Basic Books.

Axelrod, Robert, and Robert O. Keohane(1985). 'Achieving cooperation under anarchy: Strategies and institutions.' *World Politics* 38.1: 226-54.

Baldwin, Kate, and John D. Huber(2010). 'Economic versus cultural differences: Forms of ethnic diversity and public goods provision.' *American Political Science Review* 104.4: 644-62.

Balkin, Jack(2011). '3 ways Obama could bypass Congress.' CNN website, 28 July 2011. https://edition.cnn.com/2011/OPINION/07/28/balkin.obama. options/.

Barr, Nicholas Adrian(2001). *The Welfare State as Piggy Bank: Information, Risk, Uncertainty, and the Role of the State*. Oxford University Press.

Barr, Nicholas(2012). 'The higher education White Paper: The good, the bad, the unspeakable -and the next White Paper.' *Social Policy & Administration* 46.5: 483-508.

Barry, Brian(1989). *Democracy, Power, and Justice: Essays in Political Theory*. Vol. 1. Oxford University Press.

Bartels, Larry M.(2005). 'Homer gets a tax cut: Inequality and public policy in the American mind.' *Perspectives on Politics* 3.1: 15-31.

Bartels, Larry M.(2016). *Unequal Democracy*. Princeton University Press.

Batson, C. Daniel, M. P. Polycarpou, E. Harmon-Jones, et al.(1997). 'Empathy and attitudes: Can feeling for a member of a stigmatized group improve feelings toward the group?' *Journal of Personality and Social Psychology* 72.1: 105.

Bayley, David H.(1990). *Patterns of Policing: A Comparative* International Analysis. Rutgers University Press.

Bechtel, Michael M., Kenneth Scheve and Elisabeth van Lieshout(2019). 'What determines climate policy preferences if reducing greenhouse-gas emissions is a global public good?' SSRN 3472314.

Beramendi, Pablo, Silja Häusermann, Herbert Kitschelt and Hanspeter Kriesi, eds.(2015). *The Politics of Advanced Capitalism*. Cambridge University Press.

Bertrand, Marianne(2020). 'Gender in the twenty-first century.' *AEA Papers and*

Proceedings 110: 1 – 24.

Bidadanure, Juliana Uhuru(2019). 'The political theory of universal basic income.' *Annual Review of Political Science* 22: 481 – 501.

Binmore, Ken(2004). 'Reciprocity and the social contract.' *Politics, Philosophy & Economics* 3.1: 5 – 35.

Black, Duncan(1948). 'On the rationale of group decision-making.' *Journal of Political Economy* 56.1: 23 – 34.

Black, Sandra E., Jeffrey T. Denning and Jesse Rothstein(2020). *Winners and Losers? The Effect of Gaining and Losing Access to Selective Colleges on Education and Labor Market Outcomes.* No. w26821. National Bureau ofEconomic Research.

Black, Sandra, Paul Devereux, Fanny Landaud and Kjcll Salvanes(2022). *The (Un)Importance of Inheritance.* No. w29693. National Bureau of Economic Research.

Bleemer, Zachary(2021). 'Top percent policies and the return to postsecondary selectivity.' *Research & Occasional Paper Series: CSHE* 1.

Bloodworth, James(2018). *Hired: Six Months Undercover in Low-Wage Britain.* Atlantic Books.

Boix, Carles(2003). *Democracy and Redistribution.* Cambridge University Press.

Bolton, Matt(2020). '"Democratic socialism" and the concept of (post) capitalism.' *The Political Quarterly* 91.2: 334 – 42.

Bonica, Adam, Nolan McCarty, Keith T. Poole and Howard Rosenthal(2013). 'Why hasn't democracy slowed rising inequality?' *Journal of Economic Perspectives* 27.3: 103 – 24.

Bränström, Richard, and Yvonne Brandberg(2010). 'Health risk perception, optimistic bias, and personal satisfaction.' *American Journal of Health Behavior* 34.2: 197 – 205.

Braumoeller, Bear F.(2019). *Only the Dead: The Persistence of War in the Modern Age.* Oxford University Press.

Breen, Richard, and Signe Hald Andersen(2012). 'Educational assortative mating and income inequality in Denmark.' *Demography* 49.3: 867 – 87.

Brennan, Jason(2017). *Against Democracy.* Princeton University Press.

Breznitz, Dan(2021). *Innovation in Real Places: Strategies for Prosperity in an Unforgiving World.* Oxford University Press.

Breznitz, Dan, and Darius Ornston(2013). 'The revolutionary power of peripheral agencies.' *Comparative Political Studies* 46.10: 1219–45.

Buchanan, Neil H., and Michael C. Dorf(2012). 'Nullifying the debt ceiling threat once and for all: Why the president should embrace the least unconstitutional option.' *Columbia Law Review* 112.

Calomiris, Charles W., and Stephen H. Haber(2015). *Fragile by Design: The Political Origins of Banking Crises and Scarce Credit*. Princeton University Press.

Canon, J.(2022). 'Three general wills in Rousseau.' *The Review of Politics*, 84.3: 350–71.

Caplan, Bryan(2011). *The Myth of the Rational Voter*. Princeton University Press.

Cappelen, Cornelius, and Stefan Dahlberg(2018). 'The Law of Jante and generalized trust.' *Acta Sociologica* 61.4: 419–40.

Carattini, Stefano, Steffen Kallbekken and Anton Orlov(2019). 'How to win public support for a global carbon tax.' *Nature* 565.7739: 289–91.

Carozzi, Felipe, Christian A. L. Hilber and Xiaolun Yu(2020). 'On the economic impacts of mortgage credit expansion policies: Evidence from Help to Buy.' CEPR Discussion Paper No. DP14620(April 2020).

Carugati, Federica(2020). 'Tradeoffs of inclusion: Development in ancient Athens.' *Comparative Political Studies* 53.1: 144–70.

Catlin, Aaron C. and Cathy A. Cowan(2015). 'History of health spending in the United States, 1960–2013.' Centers for Medicare and Medicaid Services.

Cavaille, Charlotte, and Jeremy Ferwerda(2022). 'How distributional conflict over in-kind benefits generates support for far-right parties.' *The Journal of Politics*.

Charities Aid Foundation(2016). *Gross Domestic Philanthropy: An International Analysis of GDP, Tax, and Giving*. The Trustees of the Charities Aid Foundation.

Charnysh, Volha, Christopher Lucas and Prerna Singh(2015). 'The ties that bind: National identity salience and pro-social behavior toward the ethnic other.' *Comparative Political Studies* 48.3: 267–300.

Chaudhry, Kiren Aziz(1997). *The Price of Wealth: Economies and Institutions in the Middle East*. Cornell University Press.

Chetty, Raj(2008). 'Moral hazard versus liquidity and optimal unemployment insurance.' *Journal of Political Economy* 116.2: 173 – 234.

Cobbina-Dungy, Jennifer E., and Delores Jones-Brown(2021). 'Too much policing: Why calls are made to defund the police.' *Punishment & Society*.

Cohen, Gerald A.(1989). 'On the currency of egalitarian justice.' *Ethics* 99.4: 906 – 44.

Cohen, Gerald Allan(2008). *Rescuing Justice and Equality*. Harvard University Press.

Cohen, Robin, Emily Terlizzi and Michael Martinez(2019). 'Health insurance coverage: Early release of estimates from the National Health Interview Survey, 2018.' National Center for Health Statistics. May 2019.

Colgan, Jeff D., Jessica F. Green and Thomas N. Hale(2021). 'Asset revaluation and the existential politics of climate change.' *International Organization* 75.2: 586 – 610.

Cook, Lisa D.(2014). 'Violence and economic activity: Evidence from African American patents, 1870 – 1940.' *Journal of Economic Growth* 19.2: 221 – 57.

Corden, Warner Max(1984). 'Booming sector and Dutch disease economics: Survey and consolidation.' *Oxford Economic Papers* 36.3: 359 – 80.

Coyle, Diane(2015). *GDP: A Brief But Affectionate History*, revised and expanded edition. Princeton University Press.

Creemers, Rogier(2018). 'China's social credit system: An evolving practice of control.' Available at SSRN 3175792.

Crepaz, Markus M. L.(1998). 'Inclusion versus exclusion: Political institutions and welfare expenditures.' *Comparative Politics* 31.1: 61 – 80.

Cullen, Julie Berry, Mark C. Long and Randall Reback(2013). 'Jockeying for position: Strategic high school choice under Texas' top ten percent plan.' *Journal of Public Economics* 97: 32 – 48.

Dahl, Gordon B., Katrine V. Løken and Magne Mogstad(2014). 'Peer effects in program participation.' *American Economic Review* 104.7: 2049 – 74.

Dancygier, Rafaela M.(2010). *Immigration and Conflict in Europe*. Cambridge University Press.

de Swaan, Abram(1988). *In Care of the State: Health Care, Education and Welfare in Europe and the USA in the Modern Era*. Oxford University Press.

Dixit, Avinash K., and Barry J. Nalebuff(1993). *Thinking Strategically: The Competitive Edge in Business, Politics, and Everyday Life*. W. W. Norton & Company.

Downs, Anthony(1957). *An Economic Theory of Democracy*. Harper.

Dryzek, John S., and Christian List(2003). 'Social choice theory and deliberative democracy: A reconciliation.' *British Journal of Political Science* 33.1: 1 – 28.

Duch, Raymond M., and Randolph T. Stevenson(2008). *The Economic Vote: How Political and Economic Institutions Condition Election Results*. Cambridge University Press.

Durkheim, Emile(2019). 'The division of labor in society.' *Social Stratification*. Routledge(originally 1893).

Dworkin, Ronald(1983). 'Comment on Narveson: In defense of equality.' *Social Philosophy and Policy* 1.1: 24 – 40.

Economist(2015). 'Princes of paperwork', 19 March.

Economist(2019). 'How Argentina and Japan continue to confound macroeconomists', 28 March.

Eeckhaut, Mieke C. W., and Maria A. Stanfors(2021). 'Educational assortative mating, gender equality, and income differentiation across Europe: A simulation study.' *Acta Sociologica* 64.1: 48 – 69.

Eggers, Andrew C.(2021). 'A diagram for analyzing ordinal voting systems.' *Social Choice and Welfare* 56.1: 143 – 71.

Eika, Lasse, Magne Mogstad and Basit Zafar(2019). 'Educational assortative mating and household income inequality.' *Journal of Political Economy* 127.6: 2795 – 835.

Ekberg, John, Rickard Eriksson and Guido Friebel(2013). 'Parental leave — A policy evaluation of the Swedish "Daddy-Month" reform.' *Journal of Public Economics* 97: 131 – 43.

Ekiert, Grzegorz(1998). 'Liberum Veto.' *The Encyclopedia of Democracy*, ed. Seymour M. Lipset. Congressional Quarterly Books, 1340 – 46.

Elkjaer, Mads, Ben Ansell, Laure Bokobza, et al.(2022). 'Why is it so hard to counteract wealth inequality? Evidence from England and Wales.' Working Paper.

Elster, Jon(2015). *Explaining Social Behavior: More Nuts and Bolts for the Social Sciences*. Cambridge University Press.

Emsley, Clive(2014). *The English Police: A Political and Social History*. Routledge.

Ermisch, John, Marco Francesconi and Thomas Siedler(2006). 'Intergenerational mobility and marital sorting.' *The Economic Journal* 116.513: 659 – 79.

Esping-Andersen, Gosta(1990). *The Three Worlds of Welfare Capitalism*. Princeton University Press.

Estevez-Abe, Margarita, Torben Iversen and David Soskice(2001). 'Social protection and the formation of skills: A reinterpretation of the welfare state.' In Hall and Soskice(2001), 145 -83.

Farrell, David M., Jane Suiter and Clodagh Harris(2019). '"Systematizing" constitutional deliberation: The 2016 -18 citizens' assembly in Ireland.' *Irish Political Studies* 34.1: 113 -23.

Foucault, Michel(1977). *Discipline and Punish: The Birth of the Prison*. Random House.

Fowler, Anthony(2013). 'Electoral and policy consequences of voter turnout: Evidence from compulsory voting in Australia.' *Quarterly Journal of Political Science* 8.2: 159 -82.

Frye, Timothy(2022). *Weak Strongman: The Limits of Power in Putin's Russia*. Princeton University Press.

Fukuyama, Francis(2006). *The End of History and The Last Man*. Simon & Schuster.

Fussey, Peter, and Daragh Murray(2019). 'Independent report on the London Metropolitan Police Service's trial of live facial recognition technology.'

Gaikwad, Nikhar, Federica Genovese and Dustin Tingley(2022). 'Creating climate coalitions: Mass preferences for compensating vulnerability in the world's two largest democracies.' *American Political Science Review* 116.4: 1165 -83.

Gains, Adrian, Benjamin Heydecker, John Shrewsbury and Sandy Robertson (2004). 'The national safety camera programme — three year evaluation report.' Available at http://speedcamerareport.co.uk/4_year_evaluation.pdf.

Galbiati, Roberto, and Giulio Zanella(2012). 'The tax evasion social multiplier: Evidence from Italy.' *Journal of Public Economics* 96. 5 -6: 485 -94.

Gartzke, Erik(2007). 'The capitalist peace.' *American Journal of Political Science* 51.1: 166 -91.

Geiger, Ben Baumberg(2018). 'Benefit "myths"? The accuracy and inaccuracy of public beliefs about the benefits system.' *Social Policy & Administration* 52.5: 998 -1018.

Gest, Justin(2016). *The New Minority: White Working Class Politics in an Age of Immigration and Inequality*. Oxford University Press.

Gest, Justin, Tyler Reny and Jeremy Mayer(2018). 'Roots of the radical right: Nostalgic deprivation in the United States and Britain.' *Comparative Political Studies* 51.13: 1694−719.

Gibbard, Allan(1973). 'Manipulation of voting schemes: A general result.' *Econometrica: Journal of the Econometric Society* 41.4: 587−601.

Gibbons, Robert S.(1992). *Game Theory for Applied Economists*. Princeton University Press.

Gilens, Martin(2003). 'How the poor became black: The racialization of American poverty in the mass media.' *Race and the Politics of Welfare Reform*, ed. Sanford F. Schram, Joe Soss and Richard C. Fording, 101−30. University of Michigan Press.

Gilens, Martin(2009). *Why Americans Hate Welfare: Race, Media, and the Politics of Antipoverty Policy*. University of Chicago Press.

Gingrich, Jane(2014). 'Visibility, values, and voters: The informational role of the welfare state.' *The Journal of Politics* 76.2: 565−80.

Gingrich, Jane, and Ben W. Ansell(2014). 'Sorting for schools: Housing, education and inequality.' *Socio-Economic Review* 12.2: 329−51.

Gingrich, Jane, and Ben Ansell(2015). 'The dynamics of social investment: Human capital, activation, and care.' In Beramendi, Hänsermann, Kitschelt and Kriesi, eds.(2015), 282−304.

Goldin, Claudia, and Lawrence F. Katz(2010). *The Race between Education and Technology*. Harvard University Press.

Goldin, Claudia, and Robert A. Margo(1992). 'The great compression: The wage structure in the United States at mid-century.' *The Quarterly Journal of Economics* 107.1: 1−34.

Gondermann, Thomas(2007). 'Progression and retrogression in Herbert Spencer's Explanations of Social Inequality.' *History of the Human Sciences* 20.3: 21−40.

Goodin, Robert E., and Kai Spiekermann(2018). *An Epistemic Theory of Democracy*. Oxford University Press.

Graefe, Andreas(2014). 'Accuracy of vote expectation surveys in forecasting elections.' *Public Opinion Quarterly* 78.S1: 204−32.

Greenwood, Jeremy, Nezih Guner, Georgi Kocharkov and Cezar Santos(2014). 'Marry your like: Assortative mating and income inequality.' *American Economic Review* 104.5: 348−53.

Grogan, Colleen M., and Sunggeun Park(2017). 'The racial divide in state Medicaid expansions.' *Journal of Health Politics, Policy and Law* 42.3: 539 – 72.

Haas, Linda, and C. Philip Hwang(2019). 'Policy is not enough — the influence of the gendered workplace on fathers' use of parental leave in Sweden.' *Community, Work & Family* 22.1: 58 – 76.

Habyarimana, James, Macartan Humphreys, Daniel Posner and Jeremy Weinstein(2007). 'Why does ethnic diversity undermine public goods provision?' *American Political Science Review* 101.4: 709 – 25.

Hacker, Jacob S.(1999). *The Road to Nowhere: The Genesis of President Clinton's Plan for Health Security.* Princeton University Press.

Hacker, Jacob, Ben Jackson and Martin O'Neill(2013). 'The politics of predistribution: Jacob Hacker interviewed by Ben Jackson and Martin O'Neill.' *Renewal* 21. 2 – 3: 54 – 65.

Hacker, Jacob S. and Paul Pierson(2005). *Off Center: The Republican Revolution and the Erosion of American Democracy.* Yale University Press.

Haerpfer, Christian, Ronald Inglehart, Alejandro Moreno, et al., eds.(2022). *World Values Survey: Round Seven — Country-Pooled Datafile Version 4.0.* JD Systems Institute & WVSA Secretariat. doi.org/10.14281/18241.18.

Hale, Thomas(2020). 'Catalytic cooperation.' *Global Environmental Politics* 20.4: 73 – 98.

Hall, Peter A., and David Soskice, eds.(2001). *Varieties of Capitalism: The Institutional Foundations of Comparative Advantage.* Oxford University Press.

Harrison, Kathryn(2013). 'The political economy of British Columbia's carbon tax.' *OECD Environment Working Papers* 63.

Heinrich, Tobias, Yoshiharu Kobayashi and Kristin A. Bryant(2016). 'Public opinion and foreign aid cuts in economic crises.' *World Development* 77: 66 – 79.

Herrmann, Michael, Simon Munzert and Peter Selb(2016). 'Determining the effect of strategic voting on election results.' *Journal of the Royal Statistical Society: Series A (Statistics in Society)* 179.2: 583 – 605.

Herzog, Lisa(2018). 'Durkheim on social justice: The argument from "organic solidarity".' *American Political Science Review* 112.1: 112 – 24.

Hill, Terrence D., Catherine E. Ross and Ronald J. Angel(2005). 'Neighborhood disorder, psychophysiological distress, and health.' *Journal of Health and Social Behavior* 46.2: 170 –86.

Hills, John(2017). *Good Times, Bad Times: The Welfare Myth of Them and Us*. Policy Press.

Hillygus, D. Sunshine, and Sarah A. Treul(2014). 'Assessing strategic voting in the 2008 US presidential primaries: The role of electoral context, institutional rules, and negative votes.' *Public Choice* 161.3: 517 –36.

Hix, Simon, Ron J. Johnston and Iain McLean(2010). *Choosing an Electoral System*. The British Academy.

Hoffman, Mitchell, Gianmarco León and María Lombardi(2017). 'Compulsory voting, turnout, and government spending: Evidence from Austria.' *Journal of Public Economics* 145: 103 –15.

Holden, Steinar(2013). 'Avoiding the resource curse the case Norway.' *Energy Policy* 63: 870 –76.

Hopkin, Jonathan, and Mark Blyth(2012). 'What can Okun teach Polanyi? Efficiency, regulation and equality in the OECD.' *Review of International Political Economy* 19.1: 1 –33.

Hoppit, Julian(2002). 'The myths of the South Sea Bubble.' *Transactions of the Royal Historical Society* 12: 141 –65.

Horowitz, Michael C.(2019). 'When speed kills: Lethal autonomous weapon systems, deterrence and stability.' *Journal of Strategic Studies* 42.6: 764 –88.

Horton, Chris(2018). 'The simple but ingenious system Taiwan uses to crowdsource its laws.' *MIT Technology Review*, 21 August 2018.

Hotelling, Harold(1929). 'Stability in competition.' *The Economic Journal* 39.153: 41 –57.

Howard, Christopher(1999). *The Hidden Welfare State: Tax Expenditures and Social Policy in the United States*. Princeton University Press.

Huntington, Samuel P.(1993). *The Third Wave: Democratization in the Late Twentieth Century*. University of Oklahoma Press.

Hurwicz, Leonid(2008). 'But who will guard the guardians?' *American Economic Review* 98.3: 577 –85.

Intergovernmental Panel on Climate Change(2019). *Global Warming of 1.5°C*. Scientific report.

International Social Survey Program: Role of Government(2016).

International Social Survey Program: Social Inequality(2019).

Irwin, Douglas A., and Randall S. Kroszner(1996). 'Log-rolling and economic interests in the passage of the Smoot-Hawley Tariff.' *Carnegie-Rochester Conference Series on Public Policy*: 173 – 200 45 NBER.

Iversen, Torben(2010). 'Democracy and capitalism.' *The Oxford Handbook of the Welfare State* ed. Francis G. Castles, Stephan Liebfried, Jane Lewis, et al., 183 – 95. Oxford University Press.

Iversen, T., and P. Rehm(2022). *Big Data and the Welfare State: How the Information Revolution Threatens Social Solidarity*. Cambridge University Press.

Iversen, Torben, and David Soskice(2001). 'An asset theory of social policy preferences.' *American Political Science Review* 95.4: 875 – 93.

Iversen, Torben, and David Soskice(2006). 'Electoral institutions and the politics of coalitions: Why some democracies redistribute more than others.' *American Political Science Review* 100.2: 165 – 81.

Jacobs, Alan M.(2011). *Governing for the Long Term: Democracy and the Politics of Investment*. Cambridge University Press.

Jacobs, Lawrence R.(2019). *The Health of Nations*. Cornell University Press.

Johnston, Norman Bruce(2000). *Forms of Constraint: A History of Prison Architecture*. University of Illinois Press.

Jones, Calvert W.(2015). 'Seeing like an autocrat: Liberal social engineering in an illiberal state.' *Perspectives on Politics* 13.1: 24 – 41.

Jones, Calvert W.(2017). *Bedouins into Bourgeois: Remaking Citizens for Globalization*. Cambridge University Press.

Keohane, Robert O., and Michael Oppenheimer(2016). 'Paris: Beyond the climate dead end through pledge and review?' *Politics and Governance* 43: 142 – 51.

Kim, Taeho(2019). 'Facilitating police reform: Body cameras, use of force, and law enforcement outcomes.' *Use of Force, and Law Enforcement Outcomes*, 23 October.

Kim, Taeho(2022). 'Measuring police performance: Public attitudes expressed in Twitter.' *AEA Papers and Proceedings* 112: 184 – 7.

Kinder, Donald R., and Cindy D. Kam(2010). *Us Against Them: Ethnocentric Foundations of American Opinion*. University of Chicago Press.

Klein, Ezra(2020). *Why We're Polarized*. Simon & Schuster.

Kleven, Henrik, and Camille Landais(2017). 'Gender inequality and economic development: Fertility, education and norms.' *Economica* 84.334: 180-209.

Kohler-Hausmann, Julilly(2007). '"The crime of survival": Fraud prosecutions, community surveillance, and the original "welfare queen".' *Journal of Social History* 41.2: 329-54.

Korpi, Walter, and Joakim Palme(1998). 'The paradox of redistribution and strategies of equality: Welfare state institutions, inequality, and poverty in the Western countries.' *American Sociological Review* 63.5: 661-87.

Kremer, Michael(1993). 'The O-ring theory of economic development.' *The Quarterly Journal of Economics* 108.3: 551-75.

Krueger, Alan(2012). 'The rise and consequences of inequality.' *Presentation Made to the Center for American Progress, January 12th.*

Kurlansky, Mark(2011). *Cod: A Biography of the Fish That Changed the World.* Vintage Canada.

Kuznets, Simon(1955). 'Economic growth and income inequality.' *American Economic Review* 45.1: 1-28.

Kydd, Andrew H.(2015). *International Relations Theory.* Cambridge University Press.

Kymlicka, Will(2002). *Contemporary Political Philosophy: An Introduction.* Oxford University Press.

Lake, David A., and Matthew A. Baum(2001). 'The invisible hand of democracy: Political control and the provision of public services.' *Comparative Political Studies* 34.6: 587-621.

Leeson, Peter T.(2007). 'Better off stateless: Somalia before and after government collapse.' *Journal of Comparative Economics* 35.4: 689-710.

Leeson, Peter T.(2009). 'The laws of lawlessness.' *The Journal of Legal Studies* 38.2: 471-503.

Leonard, Andrew(2020). 'How Taiwan's unlikely digital minister hacked the pandemic.' *Wired*, 23 July.

Levenson, Eric(2020). 'These GOP governors long resisted mask mandates and coronavirus rules. Now their states are in crisis.' CNN website, 17 November. Available at https://lite.cnn.com/en/article/h_ac45098a5d54038d61449dcf93727488.

Levitsky, Steven, and Lucan A. Way(2002). 'Elections without democracy: The rise of competitive authoritarianism.' *Journal of Democracy* 13.2: 51-65.

Levitsky, Steven, and Daniel Ziblatt(2018). *How Democracies Die.* Broadway

Books.

Lewis, William Arthur(1954). 'Economic development with unlimited supplies of labour.' *The Manchester School* 22.2: 139 – 91.

Lewis, W. Arthur(1976). 'Development and distribution.' *Employment, Income Distribution and Development Strategy: Problems of the Developing Countries,* 26 – 42, Palgrave Macmillan.

Lieberman, Evan S.(2003). *Race and Regionalism in the Politics of Taxation in Brazil and South Africa.* Cambridge University Press.

Lijphart, Arend(1999). *Patterns of Democracy: Government Forms and Performance in Thirty-Six Countries.* Yale University Press.

Lindert, Peter H.(2004). *Growing Public: Social Spending and Economic Growth since the Eighteenth Century,* Vol. 1: The Story. Cambridge University Press.

List, Christian, and Robert E. Goodin(2001). 'Epistemic democracy: Generalizing the Condorcet jury theorem.' *Journal of Political Philosophy* 9.3: 227 – 306.

Locke, Richard M.(2001). 'Building trust.' *Annual Meetings of the American Political Science Association, Hilton Towers, San Francisco, California.*

Lum, Kristian, and William Isaac(2016). 'To predict and serve?' *Significance* 13.5: 14 – 19.

Lupu, Noam(2016). 'Latin America's new turbulence: The end of the Kirchner era.' *Journal of Democracy* 27.2: 35 – 49.

Lynch, Julia(2020). *Regimes of Inequality: The Political Economy of Health and Wealth.* Cambridge University Press.

Maddison, Angus(2006). *The World Economy.* OECD Publishing.

Maskin, Eric, and Amartya Sen(2014). *The Arrow Impossibility Theorem.* Columbia University Press.

Matthews, Dylan(2019). 'Bernie Sanders's most socialist idea yet, explained.' *Vox,* 29 May.

Mazzucato, Mariana(2011). 'The entrepreneurial state.' *Soundings* 49: 131 – 42.

McCarty, Nolan, Keith T. Poole and Howard Rosenthal(2016). *Polarized America: The Dance of Ideology and Unequal Riches.* MIT Press.

McGann, Anthony J.(2006). *The Logic of Democracy: Reconciling Equality, Deliberation, and Minority Protection.* University of Michigan Press.

McInnes, Roderick(2021). 'Pensions: International comparisons.' House of Commons Briefing Paper. Number CBP00290, 9 April.

McLean, Iain(2002). 'William H. Riker and the invention of heresthetic(s).'

British Journal of Political Science 32.3: 535 –58.

McLean, Iain(2010). *What's Wrong with the British Constitution?* Oxford University Press.

McLean, Iain, and Fiona Hewitt, eds.(1994). *Condorcet: Foundations of Social Choice and Political Theory.* Edward Elgar Publishing.

Meltzer, Allan H., and Scott F. Richard(1981). 'A rational theory of the size of government.' *Journal of Political Economy* 89.5: 914 –27.

Messer, Lynne C., Jay S. Kaufman, Nancy Dole, et al.(2006). 'Violent crime exposure classification and adverse birth outcomes: A geographically-defined cohort study.' *International Journal of Health Geographics* 5.1: 1 –12.

Mettler, Suzanne(2011). *The Submerged State: How Invisible Government Policies Undermine American Democracy.* University of Chicago Press.

Michener, Jamila(2018). *Fragmented Democracy: Medicaid, Federalism, and Unequal Politics.* Cambridge University Press.

Miguel, Edward, and Mary Kay Gugerty(2005). 'Ethnic diversity, social sanctions, and public goods in Kenya.' *Journal of Public Economics* 89. 11 –12: 2325 –68.

Milanovic, Branko(2016). *Global Inequality: A New Approach for the Age of Globalization.* Harvard University Press.

Milanovic, Branko, Peter H. Lindert and Jeffrey G. Williamson(2011). 'Pre-industrial inequality.' *The Economic Journal* 121.551: 255 –72.

Miyajima, Takeru, and Hiroyuki Yamaguchi(2017). 'I want to but I won't: Pluralistic ignorance inhibits intentions to take paternity leave in Japan.' *Frontiers in Psychology* 8: 1508.

Morris, Norval, and David J. Rothman, eds.(1998). *The Oxford History of the Prison: The Practice of Punishment in Western Society.* Oxford University Press.

Morse, Yonatan L.(2012). 'The era of electoral authoritarianism.' *World Politics* 64.1: 161 –98.

Mueller, Dennis C.(2003). *Public Choice III.* Cambridge University Press.

Müller, Miriam(2005). 'Social control and the hue and cry in two fourteenth-century villages.' *Journal of Medieval History* 31.1: 29 –53.

Murr, Andreas Erwin(2011). '"Wisdom of crowds"? A decentralised election forecasting model that uses citizens' local expectations.' *Electoral Studies*

30.4: 771 – 83.

Murr, Andreas E.(2015). 'The wisdom of crowds: Applying Condorcet's jury theorem to forecasting US presidential elections.' *International Journal of Forecasting* 31.3: 916 – 29.

Murr, Andreas E.(2016). 'The wisdom of crowds: What do citizens forecast for the 2015 British general election?' *Electoral Studies* 41: 283 – 8.

Murray, Charles(2016). *In Our Hands: A Plan to Replace the Welfare State*. Rowman & Littlefield.

Nietzsche, Friedrich Wilhelm(1974). *The Gay Science: With a Prelude in German Rhymes and an Appendix of Songs*. Vol. 985. Vintage(originally 1882).

Nooruddin, Irfan(2010). *Coalition Politics and Economic Development: Credibility and the Strength of Weak Governments*. Cambridge University Press.

North, Douglass C., and Barry R. Weingast(1989). 'Constitutions and commitment: The evolution of institutions governing public choice in seventeenth-century England.' *The Journal of Economic History* 49.4: 803 – 32.

OECD Income Distribution Database(2015). Accessed July 2022. https://stats. oecd.org.

Okun, Arthur M.(2015). *Equality and Efficiency: The Big Tradeoff*. Brookings nstitution Press(originally 1975).

Olson, Mancur(1965). *The Logic of Collective Action*. Harvard University Press.

Olson, Mancur(1993). 'Dictatorship, democracy, and development.' *American Political Science Review* 87.3: 567 – 76.

Olson, Mancur, and Richard Zeckhauser(1966). 'An economic theory of alliances.' *The Review of Economics and Statistics* 48.3: 266 – 79.

Ornston, Darius(2013). 'Creative corporatism: The politics of high-technology ompetition in Nordic Europe.' *Comparative Political Studies* 46.6: 702 – 29.

Owen, John M.(1994). 'How liberalism produces democratic peace.' *International Security* 19.2: 87 – 125.

Parijs, Philippe van(2017). *Basic Income*. Harvard University Press.

Pasotti, Eleonora(2010). *Political Branding in Cities: The Decline of Machine Politics in Bogotá, Naples, and Chicago*. Cambridge University Press.

Pew Research Center(2016). 'Partisanship and Political Animosity in 2016.'

Available at https://www.pewresearch.org/politics/2016/06/22/ partisanship-and-political-animosity-in-2016/.

Pfeffer, Fabian T., and Nora Waitkus(2021). 'The wealth inequality of nations.' *American Sociological Review* 86.4: 567–602.

Piketty, Thomas(2014). *Capital in the Twenty-First Century.* Harvard University Press.

Piketty, Thomas, Emmanuel Saez and Gabriel Zucman(2018). 'Distributional national accounts: Methods and estimates for the United States.' *The Quarterly Journal of Economics* 133.2: 553–609.

Pinker, Steven(2011). *The Better Angels of Our Nature: The Decline of Violence in History and Its Causes.* Penguin Books.

Pontusson, Jonas(1993). 'The comparative politics of labor-initiated reforms: Swedish cases of success and failure.' *Comparative Political Studies* 25.4: 548–78.

Pontusson, Jonas(2005). *Inequality and Prosperity: Social Europe vs. Liberal America.* Cornell University Press.

Pontusson, Jonas, and Sarosh Kuruvilla(1992). 'Swedish wage-earner funds: An experiment in economic democracy.' *ILR Review* 45.4: 779–91.

Portes, Jonathan(2016). 'What do the people really want? The Condorcet paradox and the referendum.' *LSE Brexit Vote Blog*, 15 June. https:// blogs.lse.ac.uk/brexit/2016/06/15/what-do-the-people-really-want-the-condorcet-paradox-and-the-referendum/.

Posner, Eric A., and E. Glen Weyl(2018). *Radical Markets: Uprooting Capitalism and Democracy for a Just Society.* Princeton University Press.

Pritchett, Lant(1997). 'Divergence, big time.' *Journal of Economic Perspectives* 11.3: 3–17.

Putnam, Robert D.(1992). *Making Democracy Work: Civic Traditions in Modern Italy.* Princeton University Press.

Putnam, Robert D.(2000). *Bowling Alone: The Collapse and Revival of American Community.* Simon & Schuster.

Quistberg, D. Alex, Leah L. Thompson, James Curtiu, et al.(2019). 'Impact of automated photo enforcement of vehicle speed in school zones: Interrupted time series analysis.' *Injury Prevention* 25.5: 400–406.

Rachman, Gideon(2022a). 'Russia and China's plans for a new world order.' *Financial Times*, 23 January.

Rachman, Gideon(2022b). *The Age of the Strongman: How the Cult of the Leader Threatens Democracy around the World*. Random House.

Reeves, Richard V.(2018). *Dream Hoarders: How the American Upper Middle Class is Leaving Everyone Else in the Dust, Why That is a Problem, and What to Do About It*. Brookings Institution Press.

Reich, Rob, Mehran Sahami and Jeremy M. Weinstein(2018). *System Error: Where Big Tech Went Wrong and How We Can Reboot*. Hodder & Stoughton.

Riker, William H.(1986). *The Art of Political Manipulation*. Yale University Press.

Rodrik, Dani(2000). 'Institutions for high-quality growth: What they are and how to acquire them.' *Studies in Comparative International Development* 35.3: 3-31.

Romer, Paul(2010). *Technologies, Rules, and Progress: The Case for Charter Cities*. No. id: 2471.

Ross, Michael L.(2001). 'Does oil hinder democracy?' *World Politics* 53.3: 325-61.

Ross, Michael L.(2008). 'Oil, Islam, and women.' *American Political Science Review* 102.1: 107-23.

Rothstein, Bo(1998). *Just Institutions Matter: The Moral and Political Logic of the Universal Welfare State*. Cambridge University Press.

Rothstein, Bo(2020). 'Why no economic democracy in Sweden? A Counterfactual Approach.' *Paper in Conference: Democratizing the Corporation*.

Rousseau, Jean-Jacques(2018). *The Social Contract and Other Later Political Writings*. Cambridge University Press(originally 1762).

Rubin, Ashley T.(2021). *The Deviant Prison: Philadelphia's Eastern State Penitentiary and the Origins of America's Modern Penal System, 1829-1913*. Cambridge University Press.

Rueda, David, and Jonas Pontusson(2000). 'Wage inequality and varieties of capitalism.' *World Politics* 52.3: 350-83.

Russett, Bruce(1994). *Grasping the Democratic Peace: Principles for a Post-Cold War World*. Princeton University Press.

Saez, Emmanuel, Joel Slemrod and Seth H. Giertz(2012). 'The elasticity of taxable income with respect to marginal tax rates: A critical review.' *Journal of Economic Literature* 50.1: 3-50.

Saez, Emmanuel, and Gabriel Zucman(2019). 'Progressive wealth taxation.' *Brookings Papers on Economic Activity* 2019.2: 437–533.

Saez, Emmanuel, and Gabriel Zucman(2020). 'The rise of income and wealth inequality in America: Evidence from distributional macroeconomic accounts.' *Journal of Economic Perspectives* 34.4: 3–26.

Sagar, Rahul(2016). 'Are charter cities legitimate?' *Journal of Political Philosophy* 24.4: 509–29.

Satterthwaite, Mark Allen(1975). 'Strategy-proofness and Arrow's conditions: Existence and correspondence theorems for voting procedures and social welfare functions.' *Journal of Economic Theory* 10.2: 187–217.

Scheidel, Walter(2017). *The Great Leveler: Violence and the History of Inequality from the Stone Age to the Twenty-first Century*. Princeton University Press.

Schelling, Thomas C.(2006). *Micromotives and Macrobehavior*. W. W. Norton & Company(originally 1978).

Scheve, Kenneth, and David Stasavage(2009). 'Institutions, partisanship, and inequality in the long run.' *World Politics* 61.2: 215–53.

Schumpeter, Joseph A.(2013). *Capitalism, Socialism and Democracy*. Routledge(originally 1942).

Schwartz, Christine R.(2010). 'Earnings inequality and the changing association between spouses' earnings.' *American Journal of Sociology* 115.5: 1524–57.

Schwartz, Christine R.(2013). 'Trends and variation in assortative mating: Causes and consequences.' *Annual Review of Sociology* 39: 451–70.

Scott, James C.(2008). *Seeing Like a State: How Certain Schemes to Improve the Human Condition Have Failed*. Yale University Press.

Scott, James C.(2010). *The Art of Not being Governed: An Anarchist History of Upland Southeast Asia*. Yale University Press.

Seamans, Robert(2021). 'Tax not the robots.' *Brookings Institute*, 25 August. https://www.brookings.edu/research/tax-not-the-robots/.

Sen, Amartya(1982). *Poverty and Famines: An Essay on Entitlement and Deprivation*. Oxford University Press.

Sen, A.(1985). *Commodities and Capabilities*. North-Holland.

Sen, Amartya(1995). *Inequality Reexamined*. Harvard University Press.

Shaw, T. M., and United States(2015). *The Ferguson Report: Department of*

Justice Investigation of the Ferguson Police Department. New Press.

Shepsle, Kenneth A., and Barry R. Weingast(1981). 'Structure-induced equilibrium and legislative choice.' *Public Choice* 37.3: 503-19.

Silverman, Bertram(1998). 'The rise and fall of the Swedish model: Interview with Rudolf Meidner.' *Challenge* 41.1: 69-90.

Simas, Elizabeth N., Scott Clifford and Justin H. Kirkland(2020). 'How empathic concern fuels political polarization.' *American Political Science Review* 114.1: 258-69.

Singh, Prerna, and Matthias vom Hau(2016). 'Ethnicity in time: Politics, history, and the relationship between ethnic diversity and public goods provision.' *Comparative Political Studies* 49.10: 1303-40.

Sloman, Peter(2018). 'Universal basic income in British politics, 1918-2018: From a "Vagabond's Wage" to a global debate.' *Journal of Social Policy* 47.3: 625-42.

Sorge, Arndt, and Wolfgang Streeck(2018). 'Diversified quality production revisited: Its contribution to German socio-economic performance over time.' *Socio-Economic Review* 16.3: 587-612.

Standing, Guy(2017). *Basic Income: And How We Can Make It Happen*. Penguin Books.

Stavins, Robert N.(2019). 'Carbon taxes vs. cap and trade: Theory and practice.' Harvard Project on Climate Agreements Discussion Paper ES 19-9.

Surowiecki, James(2005). *The Wisdom of Crowds: Why the Many are Smarter Than He Few*. Anchor.

Teele, Dawn Langan(2018). *Forging the Franchise: The Political Origins of the Women's Vote*. Princeton University Press.

Temin, Peter, and Hans-Joachim Voth(2004). 'Riding the South Sea Bubble.' *American Economic Review* 94.5: 1654-68.

Tetlock, Philip E.(2017). *Expert Political Judgment: How Good is It? How Can We Know?* Princeton University Press.

Thelen, Kathleen(2004). *How Institutions Evolve: The Political Economy of Skills in Germany, Britain, the United States, and Japan*. Cambridge University Press.

Thomasson, Melissa A.(2003). 'The importance of group coverage: Howt ax policy shaped US health insurance.' *American Economic Review* 93.4: 1373-84.

Tiebout, Charles M.(1956). 'A pure theory of local expenditures.' *Journal of Political Economy* 64.5: 416 – 24.

Tilly, Charles(1975). 'Reflections on the history of European state-making.' Charles Tilly, ed. *The Formation of National States in Western Europe*. Princeton University Press, 3 – 89.

Tilly, Charles(1998). *Durable Inequality*. University of California Press.

Tomz, Michael R., and Jessica L. P. Weeks(2013). 'Public opinion and the democratic peace.' *American Political Science Review* 107.4: 849 – 65.

Tufte, Edward R.(1978). *Political Control of the Economy*. Princeton University Press.

Uslaner, Eric M.(2017). *The Historical Roots of Corruption: Mass Education, Economic Inequality, and State Capacity*. Cambridge University Press.

Valentino, Lauren, and Stephen Vaisey(2022). 'Culture and durable inequality.' *Annual Review of Sociology* 48: 109 – 29.

Wallace, Danielle, Michael D. White, Janne E. Gaub and Natalie Todak(2018). 'Body-worn cameras as a potential source of depolicing: Testing for camera-induced passivity.' *Criminology* 56.3: 481 – 509.

Wang, Xin Yuan(2019). 'China's social credit system: The Chinese citizens' perspective.' *Anthropology of Smartphones and Smart Ageing Blog* UCL, 9 December. Available at https://blogs.ucl.ac.uk/assa/2019/12/09/ chinas-social-credit-system-the-chinese-citizens-perspective/.

Weitzman, Martin L.(2017). 'Sustainability and technical progress.' *The Economics of Sustainability*, ed. John C. V. Pezzey and Michael A. Toman, 329 – 41. Routledge.

Weyland, Kurt(2014). *Making Waves: Democratic Contention in Europe and Latin America since the Revolutions of 1848*. Cambridge University Press.

Wilkinson, Richard G., and Kate Pickett(2009). *The Spirit Level: Why More Equal Societies Almost Always Do Better*. Allen Lane.

Wolff, Jonathan(1998). 'Fairness, respect, and the egalitarian ethos.' *Philosophy & Public Affairs* 27.2: 97 – 122.

Yang, Dali L.(1996). *Calamity and Reform in China: State, Rural Society, and Institutional Change since the Great Leap Famine*. Stanford University Press.

들어가는 글

선견지명이 빛나는 발데마르 캠퍼트의 〈뉴욕타임스〉 기사는 다음에서 확인할 수 있다. https://www.nytimes.com/1956/10/28/archives/science-in-review-warmer-climate-on-the-earth-may-be-due-to-more.html.

1.5도 상승이라는 최상의 시나리오에 대한 추측은 기후 변화에 관한 정부 간 협의체[Intergovernmental Panel on Climate Change(2019)]를 참조했다. 2040년에 대한 IPCC의 예상은 다음에서 확인할 수 있다. https://www.ipcc.ch/report/ar6/wg1/figures/summary-for-policymakers.

민주주의에 대한 지지는 다음에서 확인할 수 있다. World Values Survey: question 238, 2017-22 wave: Haerpfer, Inglehart, Moreno, et al.(2022). 소득 차이에 관한 데이터는 다음을 참조했다. International Social Survey Program(2019) on social inequality: questions v21, v22, v26. 의료보험에서 정부가 역할을 맡아야 한다는 주장은 다음을 참조했다. International Social Survey Program(2016) on the role of government: question v23. 자유보다 안전을 더 중요하게 여기는 입장과 경찰에 대한 신뢰를 지지하는 입장은 다음에서 확인할 수 있다. World Values Survey: questions 150 and 69, 2017-22 wave. 2016년이 역사적으로 가장 폭력적인 해라는 주장은 Braumoeller(2019)에서 확인할 수 있다. 부모보다 더 나은 삶과 환경 보호에 관한 데이터는 다음을 참조했다. World Values Survey: questions 56 and 111, 2017-22 wave.

교육 및 이기심과 관련해서는 다음을 참조했다. Ansell(2008a, 2008b, 2010). An excellent summary of the Cod Wars can be found in Kurlansky(2011).

1부

1장

영국 헌법에 관한 이언 매클레인의 저서는 McLean(2010)을 참조했다. 영국의 다양한 선거 시스템에 관한 그의 분석은 다음을 참조했다. Hix, Johnston and McLean(2010).

2장

민주주의에 대한 지지는 다음을 참조했다. World Values Survey: question 238, 2017-22 wave. 민주주의에 대한 슘페터의 정의는 다음에서 확인할 수 있다. Schumpeter(2013, originally 1942).

민주주의와 독재 체제의 성과와 관련해 유아 사망률과 백신 접종, 글을 읽고 쓰는 능력은 Lake and Baum(2001)을, 교육에 대한 공적 지출은 Ansell(2010)을, 전 세계 초등 교육 시스템 발전은 Ansell and Lindvall(2021)을 참조했다. 민주주의 사회에서 기근이 좀처럼 나타나지 않는 이유는 Sen(1982)에서 확인할 수 있다. 경제 성장과 관련해서 독재 국가들의 성공과 실패는 Rodrik(2000)을 참조했다. 민주주의가 더 높은 경제 성장을 직접적으로 강화한다는(장기적으로 약 20퍼센트의 성장) 오늘날의 합의는 다음을 참조했다. Acemoglu, Naidu, Restrepo and Robinson(2019). 여성 참정권과 관련해서 영국은 1918년에 30세 이상 여성에게 투표권을 부여했지만 선거 연령에서 21세로 남성과 평등해진 것은 1928년이었다. 여성 참정권에 관한 포괄적이고 통찰력 있는 분석은 Teele(2018)에서 확인할 수 있다. 고대 아테네와 관련해서는 Carugati(2020)을 참조했다. 민주주의 물결에 관한 고전적인 설명은 Huntington(1993)에서 찾을 수 있다. Weyland(2014)도 함께 참조하라. 후쿠야마의 '역사의 종말'에 관한 주장은 Fukuyama(2006)을 참조했다. 선거적 독재주의와 관련해서는 Morse(2012)와 Levitsky and Way(2002)를 참조했다. 미국을 비롯해 민주주의 사회의 붕괴를 일으키는 위험에 관해서는 Levitsky and Ziblatt(2018)을 참조했다.

3장

장 자크 루소는 《사회 계약》의 2권인 Rousseau(2018, originally 1762)에서 '일반의지'라는 개념을 제시했다. 그가 일반의지를 집단적으로 내린 결정으로 이해했는지 혹은 결정에 도달하기 위한 신중한 절차로 봤는지에 대해서는 논란이 있다. 이는 Canon(2022)에서 확인할 수 있다. 폴란드의 세임과 리베룸베토에 관해서는 Ekiert(1998)을 참조했다. 좀 더 보편적인 패자의 동의와 스페인 인민전선에 관해서는 다음을 참조했다. Anderson, Blais, Bowler, et al.(2005), p. 4.

콩도르세의 배심원 정리와 관련해서는 Goodin and Spiekerman(2018)을, 좀 더 대중적인 설명은 Surowiecki(2005)를 참조했다. 구성원들이 진지하게 투표하지 않을 것이라는 점에서 배심원 정리에 대한 합리적인 근거가 존재하는지에 대한 논의는 이 장의 핵심이다. 다음을 참조하라. Austen-Smith and Banks(1996). 콩도르세의 역설과 관련해서는 McLean and Hewitt(1994)를 참조했다. 브렉시트와 콩도르세의 역설과 관련해서 Portes(2016)은 국민투표의 결과가 나오기 전에도 문제가 됐을 것이라고 주장했다. Eggers(2021)은 대중의 선호를 적용한 다양한 투표 시스템이 딜과 노딜 그리고 체류 사이에서 구체적인 결과를 만들어냈을지에 대해 보여준다. Arrow(1950)은 불가능성 정리에 관한 그의 첫 번째 주장을 담고 있다. Maskin and Sen(2014)는 탁월한 회고적인 글들을 싣고 있다. 불가능성 정리와 관련해 내가 선호하는 증거는 Mueller(2003)에서 찾을 수 있다.

순환의 문제에 대한 전통적인 해결책은 '구조 유도 평형(structure-induced equilibria)'이다. 이는 순수한 민주주의의 몇 가지 측면을 제한하는 제도를 말한다. 이에 대해서는 Shepsle and Weingast(1981)을 참조하라. 벨기에가 정부를 꾸린 과정에 관해서는 Van Aelst and Louwerse(2014)를 참조했다. 적어도 세 가지 선택지가 존재하고, 선호에 제한이 없고, 독재자가 없을 때 전략적 투표가 불가피하다는 증거는 Gibbard(1973)과 Satterthwaite(1975)를 참조하라. 그리고 이는 '기바드-사데르스웨이트(Gibbard-Satterthwaite) 정리'라고 불린다. 전략적 투표가 종종 역효과를 불러일으킨다는 주장은 Herrmann, Munzert, and Selb(2016)을 참조했다. 스무트-홀리 관세법과 관련해서 '결탁'에 대한 설명은 Irwin and Kroszner(1996)을 참조했다. Aidt, Grey and Savu(2021)은 브렉시트와 관련해 의미 있는 투표에 관한 흥미로운 분석을 보여준다.

Anthony Downs(1957)은 Hotelling's argument about firm location(1929)를 기반으로 중위투표자 정리와 정당 포지셔닝에 관해 중요한 설명을 제시했다. 단일 정점 선호는 Black(1948)과 Arrow(1951)이 개발했다. '중심에서 벗어난' 정치의 개념은 Hacker and Pierson(2005)에서 확인할 수 있다. 미국 의회에서 드러나는 양극화의 심화 현상은 McCarty, Poole and Rosenthal(2016)을 참조했다. 쉽게 읽을 수 있는 대중적인 자료로는 Klein(2020)을 추천한다.

상대 정당을 국가에 대한 위협으로 바라보는 당파적인 시각을 말해주는 설문조사에 관한 논의는 Pew Research Center(2016)을 참조하라.

상대 정당의 당원과 결혼하는 자녀에 대한 태도를 말해주는 설문조사는 다음을 참조했다. https://today.yougov.com/topics/politics/articles-reports/2020/09/17/

republicans-democrats-marriage-poll(미국의 경우). https://yougov.co.uk/topics/lifestyle/articles-reports/2019/08/27/labour-voters-more-wary-about-politics-childs-spouse(영국의 경우).

잭 볼킨(Jack Balkin)의 백금 동전 플랜은 처음에 Balkin(2011)에서 언급됐으며, 이후 Buchanan and Dorf(2012)에서 논의가 이뤄졌다. Lupu(2016)은 최근 아르헨티나 정치에 대한 훌륭한 논의를 담고 있다. 쿠즈네츠의 언급은 *Economist*(2019)에서 확인할 수 있다. 브라이언 배리는 Barry(1989)에서 바뀌는 다수에 대해 논의했다.

4장

중국과 러시아가 주도하는 '신세계 질서'에 관한 논의는 Rachman(2022a)를 참조했다. Rachman(2022b)는 이 주제를 책 한 권 분량으로 훌륭하게 다뤘다. 유권자들이 지나치게 비이성적이라거나 정보가 빈약하다는 주장은 Caplan(2011)과 Brennan(2017)을 참조했다. 민주주의와 기술에 관해서는 Reich, Sahami and Weinstein(2021)을 참조했다. 엘리트에 관한 주제는 Hacker and Pierson(2005)에서 확인할 수 있다. 민주주의 사회의 시장, 제곱 투표, 다양한 흥미로운 시장 혁신에 관해서는 Posner and Weyl(2018)을 참조했다.

민주주의의 인식론적 이론과 콩도르세의 배심원 관계에 관해서는 List and Goodin(2001)을 참조했다. 마오쩌둥의 대약진 운동에 관해서는 Yang(1996, p. 65)를 참조했다. 군중과 전문가의 지혜와 관련해서는 Tetlock(2017)을 참조했다. 군중의 지혜와 선거 예측에 관해서는 Murr(2011, 2015, 2016)과 Graefe(2014)를 참조했다. 다중 정점 선호를 해결하기 위한 논의에 관해서는 Dryzek and List(2003)을 참조했다. 아일랜드의 시민 모임에 관해서는 Farrell, Suiter and Harris(2019)를 참조했다. 브이타이완과 오드리 탕에 관한 이야기는 Horton(2018)과 Leonard(2020)에서 확인할 수 있다.

공감 및 낙인이 찍힌 집단에 관해서는 Batson, Daniel, Polycarpou, Harmon-Jones, et al.(1997)을 참조했다. 공감과 심각한 양극화에 관해서는 Simas, Clifford and Kirkland(2020)을 참조했다. 미국 프라이머리에서 전략적 선거에 관한 이야기는 Hillygus and Treul(2014)에서 확인이 가능하다. 오스트리아에서 의무 투표에 관해서는 Hoffman, León and Lombardi(2017)을 참조했다. 그리고 호주의 경우는 Fowler(2013)에서 확인이 가능하다. 링컨과 헤레스세틱스의 개념은 Riker(1986)과 McLean(2002)를 참조했다.

순환으로 소수 집단의 이익을 보장하는 비례대표제의 장점은 McGann(2006)에서 확인이 가능하다. 더 높은 공적 지출과 더 많은 좌파 정권을 포함하는 비례대표제 시스템에 관해서는 Crepaz(1998)과 Iversen and Soskice(2006)을 참조했다. 비록 Scheve and Stasavage(2009)는 이런 패턴이 제2차 세계대전 이전에는 나타나지 않았다고 경고하고 있기는 하지만, 비례대표제와 더 낮은 불평등 사이의 관계는 Lijphart(1999)에서 확인할 수 있다. 비례대표제와 정책 안정성에 관해서는 McGann(2006)과 Nooruddin(2010)을 참조했다.

2부

5장

베이조스의 소득을 평균적인 아마존 직원의 급여와 비교한 BBC 기사는 BBC 뉴욕 비즈니스 특파원 킴 기틀슨(Kim Gittleson)이 작성한 것으로 다음에서 확인할 수 있다. https://www.bbc.co.uk/news/business-45717768. 제임스 블러드워스는 설득력 높은 《하이어드(Hired)》를 통해 루겔레이 아마존 풀필먼트 센터에서의 경험을 자세하게 들려주고 있다[Bloodworth(2018)]. 상위 1퍼센트 소득자와 하위 5퍼센트 소득자에 관한 데이터는 Piketty, Saez and Zucman(2018)을 참조했다. 상위 0.1퍼센트의 부에 관한 데이터는 Saez and Zucman(2020, p. 10)을 참조했다.

6장

드워킨은 Dworkin(1983)에서 '평등주의 고원'의 개념을 제시했다. 킴리카는 Kymlicka(2002)의 3~4쪽에서 평등주의 이론에 관한 포괄적인 설명을 들려줬다. 아마르티아 센은 Sen(1995)에서 '무엇의 평등인가?'라는 중요한 질문과 더불어 공평무사와 평등 사이의 관계에 관해 설명했다. 골상학에 대한 스펜서의 집착은 Gondermann(2007)을 참조했다. 니체의 인용문은 Nietzsche(1974, p. 377, originally 1882)에서 발췌했다. 낮은 불평등에 따른 다양한 이익에 관한 정보는 Wilkinson and Pickett(2009, Chapters 6, 8, 10)을 참조했다. 이 데이터는 국가 차원에서 상호 관련이 있다는 점에 유의하자. 변화가 국가 간 불평등에서도 더 나은 결과로 이어지는지에 관한 논의는 더욱 까다롭다. 불평등과 의료보험에 관한 최근 분석은 Lynch(2020)을 참조했다. 세전, 세후 불평등에 관한 데이터의 출처는 OECD Income Distribution Database(2022)다. 부의 불평등에 관한 데이터는 Pfeffer and Waitkus(2021)을 참조했다.

샤이델은 Scheidel(2017)에서 '대 불평등화'라는 개념을 제시했다. 또한 전쟁과 기근, 역병이 "평등을 강화하는 중대한 사건"이라는 주장과 함께 수렵채집민들의 불평등에 관한 증거도 제시했다(p. 37). 고대 및 중세 시대의 불평등에 관한 정보의 출처는 Milanovic, Lindert and Williamson(2011)이다. 이들 저자는 '불평등 가능 곡선'과 '불평등 추출비(inequality extraction ratio)'라는 개념을 제시했으며, 이를 통해 사회가 얼마나 불평등해질 수 있고 특정 사회가 거기에 얼마나 근접해 있는지 측정했다. 삶의 기준이 향상되면서 중세 시대의 불평등이 얼마나 심화됐는지는 Alfani(2015, 2017)을 참조했다. 도시화를 통한 경제 발전이 부분적으로 불평등을 심화한다는 정통적인 주장의 출처는 Kuznets(1955)다. 이와 관련해 Acemoglu and Robinson(2002)는 흥미로운 이론을 제시했다. 또한 쿠즈네츠는 불평등이 개발 과정에서 완화될 것이라고 주장했으며, 이는 실제로 20세기에 나타났다. 그러나 그는 Piketty(2014)가 언급했던 것처럼 이후에 한 차례 더 높아질 것이라는 예측은 하지 않았다. W. 아서 루이스(W. Arthur Lewis)는 Lewis(1954, 1976)에서 도시화 및 불평등과 관련해 개발이 이뤄진 주요 지역에서는 소득 급증에 따라 불평등은 심화되지만 다른 지역에서는 그대로 유지된다고 주장했다.

Goldin and Margo(1992)는 대 압축 시대의 개념을 제시했다. Scheve and Stasavage(2009)는 전쟁과 경제 침체가 불평등 감소의 주요한 원인이라고 주장했다. Scheidel(2017) 역시 똑같이 주장했다. Goldin and Katz(2010)은 교육과 기술 혁신이 불평등에 미치는 상반된 효과를 책 한 권의 분량으로 다뤘다. Rueda and Pontusson(2000)은 임금 협상과 불평등에 관한 증거를 제시했다. 상위 1퍼센트가 차지하는 소득 비중에 관한 국가별 데이터의 출처는 세계 불평등 데이터베이스(https://wid.world)다. 밀라노비치는 Milanovic(2016)에서 불평등과 세계화에 관한 알기 쉬운 설명을 제시하고 있다.

7장

Iversen(2010)은 민주적인 자본주의에 내재된 교환을 잘 요약해줬다. Meltzer and Richard(1981)은 멜처-리처드 모형을 제시했다. '로빈후드 역설'은 Lindert(2004)가 제시한 것이다. 제럴드 앨런 코언은 Cohen(1989)에서 '평등주의 정신'의 개념을 제시했고, Cohen(2008)에서 이를 확장했다. 조너선 볼프(Jonathan Wolff)는 Wolff(1998)에서 뛰어난 분석을 내놨다. Okun(2015, originally 1975)는 효율성과 평등 사이의 교환과 관련해 '새는 양동이' 비유를 제시했다. Hopkin and Blyth(2012)는 유용한 비판과 더불어 '트레이드오프(trade-off)'와 '트레이드인(trade-in)'의 가능성을 제시했다. 더 높은 세금이 현실적으로 세수를 줄이는 '래퍼 곡선(Laffer curve)' 유형의 비효율적인 과세 상황은 Saez, Slemrod and Giertz(2012)에서 다뤘다. 우파 정당이 '중심에서 벗어나도록' 만드는 힘은 Hacker and Pierson(2005)와 McCarty, Poole and Rosenthal(2016)에서 확인할 수 있다.

그리고 Bonica, McCarty, Poole and Rosenthal(2013)은 이로 인해 정체 효과가 발생했으며 복지 정책의 확대를 힘들게 만든다고 주장했다. '기회 사재기'는 Charles Tilly in Tilly(1998)에서 제시한 개념으로 Reeves(2018)을 통해 널리 알려졌다. 이와 관련해서 Valentino and Vaisey(2022)는 뛰어난 논의를 보여줬다.

스칸디나비아와 민주적인 사회주의에 관한 버니 샌더스의 언급은 다음을 참조하라. https://edition.cnn.com/2016/02/17/politics/bernie-sanders-2016-denmark-democratic-socialism/. 민주적인 사회주의 그리고 재분배와는 달리 근로자의 기업 소유에 관한 논의는 Bolton(2020)에서 확인할 수 있다. 렌-메이드네르 모형과 메이드네르 플랜에 관한 논의는 메이드네르와의 인터뷰를 담은 Silverman(1998)과 Pontusson(1993), Pontusson and Kuruvilla(1992), Rothstein(2020)에서 확인할 수 있다. 직원의 기업 소유에 관한 샌더스의 주장은 Matthews(2019)를 참조했다. '위대한 개츠비' 곡선은 Alan Krueger(2012)를 참조했다. 이탈리아 시장에 대한 강한 규제는 Hopkin and Blyth(2012)를, '노타이오'의 역할은 *Economist*(2015)를 참조했다.

민주화의 재분배주의 모형은 Boix(2003)과 Acemoglu and Robinson(2006a)를 참조했다. 불평등 수준이 높을 때 민주화의 가능성이 크다는 주장은 Ansell and Samuels(2014)를 참조했다. 19세기 중국의 불평등 수준은 Milanovic, Lindert and Williamson(2011)을 참조했다. 푸틴 치하에서 올리가르히의 운명에 대한 논의는 Frye(2022, p. 9)에서 확인할 수 있다.

Kleven and Landais(2017)과 Bertrand(2020)은 여성의 고용 참여율과 국가 간 성별 급여 차이에 대한 탁월한 분석을 제시했다. 국가 간 성별 격차와 가사 노동의 격차, 출산 후 임금 하락 및 코로나의 영향에 대해서는 Andrew, Bandiera, Costa-Dias and Landais(2021)의 포괄적인 검토를 참조했다. 스웨덴 남성의 육아 휴직과 관련해서는 Haas and Hwang(2019)과 Ekberg, Eriksson and Friebel(2013)을 참조했다. 그리고 노르웨이의 경우는 Dahl, Løken and Mogstad(2014)를, 일본의 경우는 Miyajima and Yamaguchi(2017)을 참조했다. 선택적 결혼이 증가하지 않았다면 미국 사회의 불평등은 25~30퍼센트 정도 더 낮았을 것이라는 추정은 다음을 참조했다. Greenwood, Guner, Kocharkov and Santos(2014). 그리고 선택적 결혼에 따른 세대 간 유동성 감소는 Ermisch, Francesconi and Siedler(2006)을 참조했다. 덴마크에서 선택적 결혼은 Breen and Andersen(2012)를, 덴마크와 독일, 노르웨이, 영국은 Eika, Mogstad and Zafar(2019)를 참조했다. 동유럽과 스칸디나비아 사이의 비교는 Eeckhaut and Stanfors(2021)에서 확인할 수 있다. 크리스틴 슈워츠의 언급은 Schwartz(2010, pp. 1524-5)를 참조했다. Schwartz(2013)은 선택적 결혼에 대한 탁월한 분석을 제시했다.

8장

래리 서머스와 이매뉴얼 사에즈의 논쟁은 2019년 10월 17일, 피터슨 국제경제 정책연구소(Peterson Institute for International Economics)에서 2년마다 열리는 '불평등과의 전쟁' 회의에서 있었다. 그날 나는 앞서 발표했다. 흥미진진한 논쟁 영상은 다음에서 확인할 수 있다. https://www.piie.com/events/combating-inequality-rethinking-policies-reduce-inequality-advanced-economies. Saez and Zucman(2019)는 워런 및 샌더스의 플랜과 더불어 '급진적인' 부유세 정책을 제시했고, 다양한 정책을 기준으로 억만장자들의 부를 추산했다. 스웨덴에서 높은 수준의 부의 불평등은 Pfeffer and Waitkus(2021)에서 확인할 수 있다. 피케티의 글로벌 부유세에 관한 논의는 Piketty(2014, Chapter 15)를 참조했다. 여론과 부시 감세에 대한 래리 바텔스의 분석은 Bartels(2005, 2016)을 참조했다. 다양한 세금의 공정성에 관해 질문했던 2015년 영국의 여론 조사는 유고브(YouGov)에서 실시한 것이다. 다음을 참조하라. https://yougov.co.uk/topics/politics/articles-reports/2015/03/19/inheritancetax-most-unfair. 상속세의 선호도에 관한 내 연구는 Elkjaer, Ansell, Bokobza, et al.(2022)에서 확인할 수 있다. 상속세 대상인 영국의 부동산 비중에 관해서는 다음을 참조했다. https://www.gov.uk/government/statistics/inheritance-tax-statistics-commentary/inheritance-tax-statistics-commentary. 소득과 부에 대한 과세를 주제로 한 온라인 실험은 Ansell, Bokobza, Cansunar et al.(2022)에서 확인할 수 있다. 유산이 평생 현금 흐름에서 차지하는 미미한 비중은 다음을 참조했다. Black, Devereux, Landaud and Salvanes(2022).

로봇세의 위험과 전망에 관한 논의는 Seamans(2021)을 참조했다. 로봇이 근로자를 대체한다는 주장에 대한 근거는 Acemoglu and Restrepo(2020)을 참조했다. '사전 분배'의 개념은 제이컵 해커(Jacob Hacker)가 제시한 것으로 Hacker, Jackson and O'Neill(2013)을 참조하라. 사회적 투자와 사회적 소비에 관한 탁월한 논의는 Beramendi, Häusermann, Kitschelt and Kriesi(2015)의 머리글에서 확인할 수 있다. 그리고 내가 사회적 투자의 정치와 관련해서 제인 깅리치와 함께 쓴 글은 Gingrich and Ansell(2015)에서 찾아볼 수 있다. 고등 교육 지출에 관한 내 입장은 Ansell(2008a, 2008b, 2010)에 소개되어 있다. 적절한 일자리를 잡지 못한 대학 졸업생에 대한 논의는 Ansell and Gingrich(2017)에서 찾아볼 수 있다. 독일의 견습제와 보완 기관의 역할에 관해서는 Hall and Soskice(2001)을 참조했다. 영국과의 비교는 Thelen(2004)에서 확인할 수 있다. 데이비드 소스키스의 언급은 다음을 참조했다. https://www.ft.com/content/f8bacb60-d640-11e4-b3e7-00144feab7de.

3부

9장

루이스와 카슨, 클리버 하원의원에 대한 욕설을 다룬 CBS 뉴스 기사는 다음을 참조하라. https://www.cbsnews.com/news/rep-protesters-yelled-racial-slurs/. 그리고 클리버의 사무실에서 내놓은 좀 더 긴 분량의 설명은 〈뉴욕타임스〉에 소개됐다. 다음을 참조하라. https://prescriptions.blogs.nytimes.com/2010/03/20/spitting-and-slurs-directed-at-lawmakers/. 1960년 이후로 그런 말은 들어본 적이 없다고 했던 클리번의 말은 다음을 참조하라. https://www.politico.com/story/2010/03/dems-say-protesters-used-n-word-034747. 미국을 비롯한 여러 나라의 의료보험 비용에 관한 데이터의 출처는 세계은행 데이터뱅크다. 다음에서 확인할 수 있다. https://data.worldbank.org(기호는 SH.XPD.CHEX.PC.CD와 SH.XPD.GHED.GD.ZS.) 보장을 받지 못하는 인구 비중에 관한 데이터는 Cohen, Terlizzi and Martinez(2019)와 https://www.census.gov/library/publications/2021/demo/p60-274.html을 참조했다. 미국 의료보험 시스템의 개선과 세제 혜택의 중요성에 관한 역사는 Thomasson(2003)과 Catlin and Cowan(2015)를 참조했다. 클린턴 의료보험 플랜의 실패와 관련해서는 Hacker(1999)를 참조했다. 미국의 메디케어와 영국 국민의료서비스의 기원과 관련해서는 Jacobs(2019)를 참조했다. 메디케이드 확대와 인종을 기준으로 한 여론과 관련해서는 Grogan and Park(2017)과 Michener(2018)을 참조했다.

10장

에밀 뒤르켐은 Durkheim(2019, originally 1893)에서 유기적이고 기계적인 연대의 개념을 제시했다. 사회적 정의와의 관계에 관한 흥미로운 분석은 Herzog(2018)에 소개되어 있다. 복지 정책의 다양한 요소와 그 개발 방식에 관한 기존의 설명은 Esping-Andersen(1990)과 de Swaan(1988)에서 찾을 수 있다. 사회적 보험을 잠재적으로 뒷받침하는 부에 관해서는 Moene and Wallerstein(2001)과 Iversen and Soskice(2001)을 참조했다. '탈상품화'라는 개념은 Esping-Andersen(1990)에서 다뤘다. 사회적 지출에 관한 데이터의 출처는 2017년 OECD 사회적 지출 데이터베이스(SOCX)다. https://www.oecd.org/social/expenditure.htm에서 확인 가능하다. 자선 기부에 관한 데이터는 Charities Aid Foundation(2016)을 참조했다. 연금의 규모에 관한 데이터는 McInnes(2021)에서 확인할 수 있다. 실업 급여 권리에 관한 정보는 다음에서 국가별로 확인할 수 있다. https://ec.europa.eu/social/main.jsp?catId=858&langId=en. 연대의 역사는 de Swaan(1988) 그리고 '내부 확장'의 개념을 제시한 Ansell and Lindvall(2021)을 참조했다. 틸리의 언급은 Tilly(1975)를 참조했다. 사회적 지출의 증가에 관한 뛰어난 설명은 Lindert(2004)에서 찾을 수 있다.

11장

낙관주의 편향과 건강 위험에 관해서는 Bränström and Brandberg(2010)을 참조했다. 신용 제한과 고등 교육 접근성에 관해서는 Barr(2012)를 참조했다. Barr(2001)은 역선택과 도덕적 해이를 비롯해 복지 국가의 정치 경제를 훌륭하게 설명했다. 평생에 걸친 복지 정책의 혜택과 비용에 관한 존 힐스의 탁월한 저서는 Hills(2017)이다. 프랭클린 루스벨트와 사회적 안전의 사례는 Jacobs(2011, Chapter 5)를 참조했다. 토니 블레어의 '베이비 채권'은 '이해관계자 사회(stakeholder society)'에 대한 논의로부터 영향을 받았다. 이는 UBI와 달리 미국 정부가 출생 시 8만 달러를 지급할 것으로 예상했다. Ackerman and Alstott(1999)를 참조하라.

린다 테일러의 흥미로운 설명은 Kohler-Hausmann(2007)에서 확인할 수 있다. 미국 복지 시스템에서 인종적 정치에 관한 마틴 길렌스의 분석은 Gilens(2003, 2009)를 참조했다. 민족적 다양성과 사회적 지출에 관한 정치경제적 자료는 방대하다. Alesina and Glaeser(2004), Lieberman(2003), Habyarimana, Humphreys, Posner and Weinstein(2007), Singh and vom Hau(2016)을 참조하라. Miguel and Gugerty(2005)는 케냐의 공립학교 기금 모금을 살펴봤다. 민족적 다양성과 집단의 소득 사이의 관계에 관해서는 Baldwin and Huber(2010)을 참조했다. 민족적 다양성과 '현물' 복지에 관해서는 Dancygier(2010)을 참조했다. 그리고 공공 주택에 관한 빈의 사례는 Cavaille and Ferwerda(2022)를 참조했다. 셸링의 유명한 분리 모형은 Schelling(2006, originally 1978)에서 확인할 수 있다. Kinder and Kam(2010)은 미국 사회의 사회보장 및 해외 원조를 비롯해 자기민족중심주의와 여론을 다룬 중요한 자료다. 해외 원조에 대한 유럽의 입장은 Heinrich, Kobayashi and Bryant(2016)을 참조했다. 포괄적 민족주의와 인도의 깃발 지도는 Charnysh, Lucas and Singh(2015)를 참조했다. 백인 근로 계층의 투표 행동과 급진적인 우파의 지지에 관해서는 Gest(2016)과 Gest, Reny and Mayer(2018)을 참조했다. 파나마 페이퍼스와 노르웨이 세금 회피에 관해서는 Alstadsæter, Johannesen and

Zucman(2019)를 참조했다. 영국에서 사기로 인한 60억 파운드 손실에 관한 기사는 다음에서 확인할 수 있다. https://www.theguardian.com/world/2022/feb/11/hmrc-accused-of-ignorance-and-inaction-over-6bn-covid. 오클라호마에서 발생한 엄청난 규모의 코로나 사기 사건은 다음에서 확인할 수 있다. https://www.justice.gov/opa/pr/woman-pleads-guilty-438-million-covid-19-relief-fraud-scheme. 영국의 사기 규모에 대한 과대평가는 Geiger(2018)을 참조했다. 비만과 사망의 관계에 대한 추산은 WHO Global Health Observatory와 the IHME, Global Burden of Disease(2019)에서 확인 가능하다. 각각 https://ourworldindata.org/obesity를 참조하라. 도덕적 해이로 실업보험의 규모와 지급 기간 사이의 관계를 설명하는 방식은 Chetty(2008)을 참조했다. 국가에 걸친 실업 급여 규모와 실업률 사이의 비례 관계는 Estevez-Abe, Iversen and Soskice(2001)을 참조했다. 이 주장에 관한 나의 실증적 분석은 Ahlquist and Ansell(2022)에서 확인할 수 있다. 영국의 헬프투바이 모형의 실패에 대한 분석은 Carozzi, Hilber and Yu(2020)을 참조했다. 영국과 웨일스의 학교 선택 및 선별은 Gingrich and Ansell(2014)에서 확인할 수 있다. 더 일반적인 선별에 관한 기존 자료에는 Tiebout(1956)이 있다.

12장

보편적 기본소득의 최고 입문서인 Standing(2017)은 매니토바주 도핀을 비롯해 초기 프로그램 사례를 소개하고 있다. 저자는 또한 그 정책의 핵심 지지자이기도 하다. Bidadanure(2019)는 UBI의 정치적 이론에 관한 심도 높은 논의를 보여준다. Sloman(2018)은 영국과 그 외 지역의 UBI에 관한 흥미로운 논의를 소개한다. UBI의 핵심 창시자로 필리프 판 파레이스(Philippe van Parijs)를 꼽을 수 있다. Van Parijs(2017)은 이에 대한 탁월한 검토를 제시한다. 복지 정책을 공식적으로 대체하는 UBI에 관한 보수적인 정책은 Murray(2016)에서 찾아볼 수 있다. 기존 보험 모형에서 인공지능과 빅데이터의 위험성은 Iversen and Rehm(2022)에서 잘 다루고 있다. 코르피와 팔메는 Korpi and Palme(1998)을 통해 재분배의 역설을 소개했다. 중산층을 '끌어들이는' 보편주의와 그 능력에 대한 가장 광범위하고 설득력 높은 지지는 Rothstein(1998)에서 찾아볼 수 있다. 미국의 육아 비용에 대한 추산은 다음에서 찾아볼 수 있다. https://www.epi.org/child-care-costs-in-the-united-states/#/MA. 미국 복지 정책에서 '감춰진' 측면은 Mettler(2011)을, '감춰진' 방식은 Howard(1999)를 참조하라. Gingrich(2014)는 어떻게 복지 정책의 '가시성'으로 시민들이 정책을 선거 정치와 연결 짓도록 할 수 있는지 보여준다. Bleemer(2021)

은 캘리포니아 ELC가 저소득 계층 및 소수 민족 집단의 학생들의 UC 입학을 높였다는 사실을 보여준다. UT 시스템의 도움을 받은 학생들이 교육 및 소득에서 더 나은 성과를 보여준다는 주장은 Black, Denning and Rothstein(2020)에서 찾을 수 있다. 부모들이 자녀의 대학 입학을 위해 다른 학군으로 이주했다는 사실은 Cullen, Long and Reback(2013)에서 다뤘다.

4부

13장

데이비드 애들러와 유안 양에게 그들의 코로나 경험에 대해 자세한 이야기를 들려준 것에 대해 고마움을 전한다. 중국과 이탈리아, 미국에서 코로나로 인해 사망한 인구의 수는 WHO에서 확인할 수 있다. https://covid19.who.int. 크리스트 놈의 언급은 Levenson(2020)을 참조하라. 스터지스에 관한 〈뉴욕타임스〉 기사는 다음에서 확인할 수 있다. https://www.nytimes.com/2020/11/06/us/sturgis-coronavirus-cases.html. 코로나 백신 접종에 대한 기피와 사회적 거리두기를 주제로 내가 수행한 설문조사는 Ansell, Bauer, Gingrich and Stilgoe(2021)에 소개되어 있다. 국가 간 사회적 거리두기 행동에 대한 분석은 Ansell, Cansunar and Elkjaer(2021)에서 확인할 수 있다.

14장

지역의 혼란과 부정적인 심리적 영향에 관해서는 Hill, Ross and Angel(2005)를 참조하라. 조산이 범죄가 높은 곳에서 더 일반적으로 나타난다는 주장은 Messer, Kaufman, Dole, et al.(2006)에서 확인할 수 있다. 올슨이 제사한 '정착한 강도'라는 개념은 Olson(1993)을 참조하라. '도둑이야'에 관해서는 Müller(2005)를 참조하라. 치안과 교도소의 기원 그리고 디포의 언급은 Ansell and Lindvall(2021, p. 68)에서 확인할 수 있다. 내가 사무실에 꽂아놓은 교도소에 관한 신비의 책은 Johnston(2000)이다. 교도소 역사에 관한 최고의 비교 분석 자료는 Morris and Rothman(1998)이다. 19세기 초 처벌에 관한 통계 자료는 Ansell and Lindvall(2021, p. 97)에서 확인 가능하다. 동부 주립 교도소와 관련해서는 Rubin(2021)을 참조했다. 현대적인 처벌의 초기 상황에 대한 미셸 푸코의 분석은 Foucault(1977)을 참조했다.

치안의 기원에 대한 탁월한 검토는 Bayley(1990)과 Emsley(2014)에서 확인할 수 있다. 〈데일리유니버설레지스터〉에 대한 언급과 경찰력의 기원은 Ansell and

Lindvall(2021, Chapter 3)에서 확인할 수 있다. 핑커는 Pinker(2011)에서 더욱 강력해진 평화에 관한 주장을 제시했고, 브로멜러는 Braumoeller(2019)에서 이에 반박했다.

15장

보호자 집단과 관련해 게임 이론에 대한 논의는 Binmore(2004)를 참조했다. 오링 문제는 Kremer(1993)을 통해 널리 알려졌다. 이 문제에 대한 해결책으로서 민주주의에 대한 논의는 Hurwicz(2008)을 추천한다. 미주리주 퍼거슨의 사법부에 관한 기사는 Shaw and United States(2015)에서 확인할 수 있다. 유사 도덕적 규범은 Elster(2015)에서 다뤘다. 안타나스 모쿠스의 보고타 시장 시절은 Pasotti(2010)에 소개됐다. 소말리아에 대한 피터 리슨의 분석은 Leeson(2007)을 참조했다. 내전이 발발하면서 소말리아에서 발생한 피난민의 수는 UN 자료에 나와 있다. https://www.un.org/development/desa/pd/content/international-migrant-stock. 덴마크 사회적 평등을 뒷받침하는 얀테는 Uslaner(2017)을 참조했다. 얀테가 사람들이 서로 신뢰하지 못하도록 만든다는 사실을 확인한 노르웨이 사회학자들은 Cappelen and Dahlberg(2018)이다. 로버트 퍼트넘은 Putnam(1992, 2000)에서 사회적 자본 이론을 제시했다.

기술 변화에 대한 기존 엘리트 집단의 반감은 Acemoglu and Robinson(2006b)에서 확인할 수 있다. 슘페터는 Schumpeter(2013, originally 1942)에서 '창조적 파괴'의 개념을 제시했다. 그렇다. 그가 '민주주의'를 정의했던 바로 그 책이다! 국가가 시민이 '글을 읽고 쓸 수 있도록' 만드는 방법에 대한 제임스 스콧의 분석은 Scott(2008)에 소개되어 있다. 그리고 조미아 고원 지역 사람들에 대한 그의 분석은 Scott(2010, p. 9)에서 확인할 수 있다. 특별 도시의 최고 전도사는 Romer(2010)의 폴 로머다. Sagar(2016)은 특별 도시의 합법성을 심도 있게 비판했다.

16장

과속 카메라 도입으로 영국에서 교통사고가 줄었다는 발견은 Gains, Heydecker, Shrewsbury and Robertson(2004)에서 확인할 수 있다. 시애틀의 학교 안전 구역에서 과속이 감소한 현상은 Quistberg, Thompson, Curtin, et al.(2019)에서 확인할 수 있다. 〈파이낸셜타임스〉의 유안 양은 내게 중국의 사회적 신용 시스템이 무엇을 할 수 있고 무엇을 할 수 없는지에 대한 아주 유용한 지침을 줬다. 신 유안 왕이 사회적 신용과 관련해서 중국 시민들과 나눈 인터뷰 내용은 Wang(2019)에서 확인할 수 있다. 로지어 크리머스(Rogier Creemers)는 Creemers(2018)에서 사회적 신용에 대한 탁월한 논의를 펼쳤다. '국가 의존'으로 이어지는 예측 치안의 문제점은 Lum and Isaac(2016)에서 확인할 수 있다.

리알토의 보디캠에 대한 1년 동안의 연구는 Ariel, Farrar and Sutherland(2015)를 확인하자. 보디캠이 경찰서 전체에 영향을 미칠 수 있다는 증거는 Kim(2019)에서, 카메라와 소셜 미디어 게시 글 사이의 관계는 Kim(2022)에서 확인할 수 있다. 제임스 코미는 2015년 10월 23일 시카고 로스쿨 연설에서 디폴리싱(de-policing, 소수 인종 시민의 사소한 위반을 봐줌으로써 인종차별에 대한 비난을 피하려는 경찰의 태도-옮긴이)에 대한 우려를 드러냈다. 스포캔 지역에서 디폴리싱에 관한 연구는 Wallace, White, Gaub and Todak(2018)에서 확인할 수 있다. '경찰 예산 삭감' 주장에 관한 의미 있는 분석은 Cobbina-Dungy and Jones-Brown(2021)을 참조했다.

민주적인 평화의 다양한 형태는 Russett(1994), Owen(1994), Tomz and Weeks(2013) 등에서 확인할 수 있다. '자본주의 평화'는 Gartzke(2007)을 참조하라. 우크라이나와 NATO에 대한 논의는 Frye(2022, pp. 162-3)을 근거로 삼았다. LAWS에 대한 뛰어난 분석은 Horowitz(2019)를 확인하라.

5부

17장

파리 기후 협약과 관련해서 자신의 경험을 들려준 토머스 헤일(Thomas Hale)에게 감사를 드린다. "국가는 냉혈 괴물이 아닙니다"라는 로랑 파비우스의 주장은 다음에서 확인할 수 있다. https://www.ft.com/content/c2a54a0e-89fb-11e5-90de-f44762bf9896. 그리고 기초보고서와 인종차별 정책의 비교는 다음에서 확인할 수 있다. https://mg.co.za/article/2015-10-20-south-africa-compares-global-climate-plan-to-apartheid/. 세계적인 배출의 비중에 관한 데이터의 출처는 클라이밋트레이스(ClimateTrace)다. https://climatetrace.org/. 신중함과 애매모호함을 기반으로 한 파리 협약의 실효성은 Keohane and Oppenheimer(2016)을 확인하라.

18장

Coyle(2015)는 흥미롭고 정보로 가득한 GDP의 역사를 들려준다. 또한 이탈리아의 비공식적인 영역에 관한 이야기도 담고 있다. 또한 GDP가 무엇을 빠뜨리고 있는지도 자세히 논의한다. 빅맥 지수에 대한 최신 정보는 다음에서 확인할 수 있다. https://www.economist.com/big-mac-index. IMF의 대화형 맵을 사용해서 PPP가 국가별로 얼마나 다양하게 나타나는지는 다음에서 확인할 수 있다.

https://www.imf.org/external/datamapper/PPPPC@WEO/OEMDC/ADVEC/ WEOWORLD. 앵거스 매디슨의 GDP에 대한 역사적 추산은 Maddison(2006)을 참조했다. 센의 가능성 접근은 Sen(1985)에서 확인할 수 있다. 쿠즈네츠의 번영 지수에 관한 논의는 Coyle(2015)에서 확인할 수 있다. 정치인들이 선거 전에 경제 성장에 박차를 가하게 하는 동기는 Tufte(1978)과 Duch and Stevenson(2008)에서 다루고 있다. NNP에 관한 논의는 Weitzman(2017)에서 확인이 가능하다. 유지 가능성에 관한 애로와 동료들의 우려는 Arrow, Dasgupta, Goulder, et al.(2004)에서 찾아볼 수 있다.

맬서스주의의 덫에 관한 논의는 Allen(2003)에서 확인할 수 있다. 성장률은 Maddison(2006)과 Pritchett(1997)을 참조했다. 성장 이론의 다양한 시대에 관한 유용한 논의는 Acemoglu(2008)에 담겨 있다. Acemoglu, Johnson and Robinson(2001, 2002)는 부의 역전에 관한 논의를 담고 있다. Acemoglu and Robinson(2012)는 포괄적 제도와 배타적 제도의 개념을 설명한다. 명예혁명과 확실한 제약에 관한 이야기는 North and Weingast(1989)를 살펴보라.

19장

Gibbons(1992)와 Kydd(2015)는 게임 이론을 훌륭하게 소개하고 있다. 이와 관련해서 Dixit and Nalebuff(1993)에서 대중적인 설명을 확인할 수 있다. 남부 이탈리아 지역의 조세 회피는 Galbiati and Zanella(2012)를 참조했다. 팃포탯 전략은 Axelrod(1984)를 참조했다. 국경법에 대한 논의는 Leeson(2009)에서 확인할 수 있다. 미래의 그림자를 늘리는 것은 1980년대 국제 관계 논의에서 핵심 주제였다. Axelrod and Keohane(1985)를 참조하라. 올슨은 자신의 중요한 저서이자 정치경제학 분야의 뛰어난 작품인 Olson(1965)에서 집단행동 이론을 제시했다. NATO와 집단행동에 관한 논의는 Olson and Zeckhauser(1966)을 살펴보라. 버팔로 모차렐라 이야기는 Locke(2001)에서 확인할 수 있다. 기후 변화가 (집단행동이 아니라) 분배적인 문제라는 주장은 Aklin and Mildenberger(2020)과 Colgan, Green and Hale(2021)에서 확인할 수 있다. '촉매적 협력'은 Hale(2020)을 참조했다.

'네덜란드 병'에 대한 기존의 분석은 Corden(1984)에서 확인할 수 있다. 사우디아라비아 국세청과 관련해서는 Chaudhry(1997)을 참조하라. Ross(2001)은 정치적인 차원에서 자원의 저주에 대한 전통적인 설명을 제시했다. 산유국의 교육비 지출이 낮다는 주장은 Ansell(2010)에서 확인하라. Ross(2008)은 중동 지역에서 여성의 정치적 참여가 저조한 이유는 이슬람이 아니라 석유 때문이라고 주장한다. 교육과 볼거리를 통해 현대화를 이룩하려는 몇몇 걸프 지역 국가의 노력은 Jones(2015,

2017)에서 다루고 있다. 남해 포말 사건과 여기에 편승하는 기회는 Temin and Voth(2004)에서 살펴보고 있다. 비트코인과 관련해서 엘살바도르의 경험은 다음에서 살펴보라. https://www.nytimes.com/2021/10/07/world/americas/bitcoin-el-salvador-bukele.html.

20장

독일의 '다각화된 품질 생산'에 관해서는 Sorge and Streeck(2018)을 살펴보라. 마추카토는 Mazzucato(2011)에서 '기업가적 국가'의 개념을 제시했다. 핀란드를 비롯해 스칸디나비아 국가들의 혁신 정책에 대한 뛰어난 분석은 Ornston(2013)과 Breznitz and Ornston(2013)을 확인하자. Breznitz(2021)은 대기업의 설립과 성공에서 '기술 10대'의 중요성을 논의하고 있다. Holden(2013)은 자원 관리에 관한 노르웨이 모형의 성공을 잘 설명했다. 불평등과 신용 거품에 대한 '세금' 해결책은 Ahlquist and Ansell(2017)을 참조했다. 캐나다 은행과 미국 은행의 상대적인 경험은 Calomiris and Haber(2015)를 살펴보라. Stavins(2019)는 탄소세와 배출권 거래제에 관한 방대한 논의를 잘 요약했다. Harrison(2013)은 영국의 컬럼비아 탄소세와 그 성과를 다루고 있다. 다른 국가들 역시 탄소세를 도입할 것이라는 설명을 들었을 때 탄소세에 대한 지지가 높아진 현상은 Bechtel, Scheve and van Lieshout(2019)에서 확인할 수 있다. Gaikwad, Genovese and Tingley(2022)는 탄소세에 대한 강한 지지를 끌어내는 방법을 다뤘다. 글로벌 탄소세에 대한 조사 분석은 Carattini, Kallbekken and Orlov(2019)를 참조하라.

나가는 글

McGann(2006)은 비례대표제에 따른 부수적인 이익에 대해 자세하게 논의했다. 국부펀드를 택하지 않은 영국이 입은 손실에 대한 추산은 Atkinson and Hamilton(2020)을 참조했다.

분열의 시대를 극복하기 위한 문제 제기

정치는 왜 실패하는가

제1판 1쇄 발행 | 2024년 3월 11일
제1판 2쇄 발행 | 2025년 1월 10일

지은이 | 벤 앤셀
옮긴이 | 박세연
펴낸이 | 김수언
펴낸곳 | 한국경제신문 한경BP

주   소 | 서울특별시 중구 청파로 463
기획출판팀 | 02-3604-556, 584
영업마케팅팀 | 02-3604-595, 562   FAX | 02-3604-599
H | http://bp.hankyung.com   E | bp@hankyung.com
F | www.facebook.com/hankyungbp
등   록 | 제 2-315(1967. 5. 15)

ISBN 978-89-475-4944-8 03340